清算
华尔街的日常生活

Liquidated:
An Ethnography of Wall Street

Karen Ho

（美）何柔宛（Karen Ho）著

翟宇航 等 译

华东师范大学出版社
·上海·

图书在版编目（CIP）数据

清算：华尔街的日常生活/（美）何柔宛著；翟宇航译．
— 上海：华东师范大学出版社，2018
ISBN 978-7-5675-6652-1

Ⅰ．①清… Ⅱ．①何… ②翟… Ⅲ．①金融投资—研究—美国 Ⅳ．① F837.124.8

中国版本图书馆 CIP 数据核字（2017）第 168755 号

清算：华尔街的日常生活

作　　者	何柔宛（Karen Ho）
译　　者	翟宇航 等
责任编辑	顾晓清
审读编辑	吴飞燕
封面设计	周伟伟
出版发行	华东师范大学出版社
社　　址	上海市中山北路 3663 号　邮编　200062
网　　址	www.ecnupress.com.cn
网　　店	http://hdsdcbs.tmall.com/
邮购电话	021 — 62869887
印 刷 者	上海华顿书刊印刷有限公司
开　　本	890×1240　32 开
印　　张	18.5
字　　数	353 千字
版　　次	2018 年 2 月第 1 版
印　　次	2022 年 1 月第 4 次印刷
书　　号	ISBN 978-7-5675-6652-1/F.391
定　　价	79.80 元
出 版 人	王焰

（如发现本版图书有印订质量问题，请寄回本社市场部调换或电话 021—62865537 联系）

献给我的女儿和儿子

米拉和奥古斯特,希望

他们这代人会看到更美好的

社会经济的平等

目 录

001　致　谢

009　中文版序言　写在《清算》出版十年后
015　导　论　人类学走进华尔街
073　第一章　领导权列传：关于聪明文化、投资银行的招聘与建造
127　第二章　华尔街的入职培训：剥削，授权和努力工作的政治学
205　第三章　华尔街的历史叙事与股东价值革命
277　第四章　股东价值的叙事起源及其新古典主义经济学基础
339　第五章　裁员者面临裁员：工作的不安全性与投行的企业文化
395　第六章　流动的生命，薪酬体系和金融市场的制造
469　第七章　全球的危机与杠杆支配

515　参考文献
538　英汉人名对照表
553　注释

致 谢

本书源于一种知识分子对经济和社会的正义感。我试图理解美国商业实践过去30年的巨大变化，这一兴趣带我来到了华尔街投行的面前，而华尔街并不是一个传统的人类学田野调查地点。我的研究生导师埃米丽·马丁十分支持我的研究项目，对于大多数人类学家来说，美国的权力中心仍旧是一个未知的领域。我仍然记得在我得到了一份投资银行的工作之后的情形：我急急忙忙地打电话给我的导师埃米丽，因为华尔街那边要我立即回应工作意向，我几乎没有时间思考我要如何协调工作和可能要做的田野工作。我的导师在电话那头的声音既兴奋又充满关切，并且马上就知道我应该要做什么。"接受这份工作。"她回答道。她察觉到了其中的机遇并愿意信任我在人类学与民族志中的敏锐性。接受了这份工作不久，我向研究生院请了假，并和我的同事说了自己未来的研究意图。尽管学科的趋势再度严谨化，但是她也坚信，民族志研究正在挑战现状，事实上，这一挑战的步伐已经开始迈出。她教导我，对社会变革的激情和渴望不应当被视作学术秉性中的非理性噪音，而应该作为开创性研究的一个组成部分。

华尔街的工作让我直接深入到金融市场的腹地，最终使得这本书的创作成为可能。我也因此受到信孚银行管理咨询组的诸多关照——在开始田野工作之前，我在那儿担任商务分析师一职。我要特别感谢托尼·布朗、理查德·吉布和金伯利·托马斯。他们不仅在招聘环节上帮了我一把，还慷慨地给我介绍了一些有影响的联系人，我才得以建立起一个庞大的受访者网络。当然，我欠我所有的华尔街受访者和信息提供方一个衷心的感谢，他们与我分享经验，将我带入他们的社会关系网和同事圈中，让我了解他们的世界观、价值观和实践。我非常感谢一些华尔街的组织，像华尔街证券业协会和杰西·杰克逊华尔街项目，他们为作为研究生的我免除了巨额的会议费用。我同样要特别感谢安吉尔·劳，她是一位经验丰富的华尔街人，一位亲爱的朋友，也是知识的源泉，她回答了我成千上万关于财务的蠢问题。

住在布鲁克林进行田野调查的那段时光对我来说是终生难忘的冒险经历。之所以能拥有这样的时光，部分原因是我的运气好，我回复了一则合租科布尔山附近公寓的广告。我后来的室友雷吉娜·韦伯认为我这个陌生人是个理智的正常人，并且看上去很有趣。她当时并不知道，她将不得不忍受一箱箱无穷无尽的书、田野文件以及三年中不断涌进的研究对象的电话。对于她的耐心和宽容，我深表感激。我还要感谢当时住在纽约的大学同学们——比阿特丽丝·黑斯廷斯、尤尼斯·李以及艾琳·郑——给我带来了许多的欢笑，也解了我田野调查中的许多燃眉之急。

要想将田野调查转化为一篇成功的论文，必须要得到系里和学术共同体的支持。普林斯顿大学人类学系不仅给我提供了人类学的训练，还提供了一笔丰厚的研究生奖学金。我要感谢丽娜·莱德曼、卡罗尔·格林豪斯、文森·亚当、吉姆·布恩、加纳纳斯，以及兰基尼·奥贝耶塞克雷、拉里·罗森、华里克，特别是卡洛琳·洛兹，感谢他们的学术建议和对我的鼓励。我还要感谢人类学系管理员卡罗尔·赞卡，是她的支持和专业的组织、管理助我顺利毕业。我还要感谢在我普林斯顿研究生生涯中一直陪伴我的知识和友谊的共同体，他们是赛尔维·波特兰、米格尔·森特诺、弗朗西斯·陈、简·陈、丽贝卡·克莱、赫戴·杜克雷、谢莉尔·希克斯、艾莉森·莱克、劳伦·列韦、何塞·安东尼奥·卢塞罗、温德·伊丽莎白·马歇尔、托尼·蒙桑图、内尔·佩因特、塞缪尔·罗伯特以及埃伦·索林顿。美国比较政策研究中心、普林斯顿大学伍德罗·威尔逊学院研究员计划，以及美国国家科学基金会文化人类学论文发展资助资金为本书提供了必要的研究资金，以资助实地考察的完成。

将论文修改成一本书是在明尼苏达大学完成的。我非常感谢人类学系的全体教员对我研究的共同支持，我也同样要深深感谢特里·瓦卢亚、艾米·马诺德以及苏珊·洛什卡在管理方面的支持与技术。我的研究助手阿瓦·罗斯塔姆和詹妮弗·沃克在我准备原稿交付印刷时提供了莫大的帮助。他们细心地组织文件和参考文献，他们的奉献精神堪称模范。我非常幸运地在明尼苏达大学获得了各种研究经费，使得本书得以完成：教师多元文化研究总统奖、教师夏季研究基金和麦克奈特夏季研究基金、全球研究集体智慧机构、人文学院学期假以及人文学会和亚裔美国人研究项目为本书提供的研究经费。我还要特别感谢进修研究机构提供的教师住宅资助项目和明尼苏达大学的麦克奈特"赠地"教授基金*提供的资金支持以及至关重要的假期支持，使得我有时间对手稿进行修改和编排，形成最终稿。我人类学系里年长的同事还支持我参加麦克奈特教授职位的评选：我要特别感谢格洛丽亚·拉赫贾、威廉·比曼、约翰·英汉姆、萨利·格雷戈里·科尔施泰特，以及玛莎·塔潘对我的支持。

在明尼苏达大学，我很有幸找到了一个学术共同体，以及一群志同道合的朋友，以支持这一项目的进行。我首先要感谢我写作小组的成员们，虽然小组内的成员这些年也发生了一些变化，但是组内从没有失去求知的活力和协作的温暖，他们是班纳特·卡斯特利亚诺斯，大卫·张、特雷西·多伊奇、卡莱·法哈多、马林达·林德奎斯特、斯科特·摩根森、

---

* Mcknight Land-Grant Protessorship. 是明尼苏达大学对 associate protessor 的一项资助计划。

基斯·梅斯、水野裕美、凯文·墨菲、蕾切尔·舒尔曼、胡恩·宋、达拉·斯特洛维奇、夏登·塔杰丁、凯伦-苏·陶西格，以及大卫·瓦伦丁。我还要感谢特雷西·多伊奇和乔治·亨德森，在五年中他们和我共同组织了"时代中的市场：资本主义与权力"这一合作研究项目，该项目提供了一个思维碰撞的环境，全面考量以跨学科方法研究金融市场。来自明尼苏达大学其他系所（包括美国研究，社会学，性、性别与女性研究）的报告和慷慨的读者反馈，使我进一步思考了我的手稿。我同样要感谢大学里其他人的指导，特别是约瑟芬·李、季格娜·德赛、罗德里克·弗格森、珍·朗福德，以及凯伦-苏·陶西格。

在开始这一项目时，我怀着宏大的愿景，希望能够用民族志的方法从头开始剖析市场，而这样做就必须反驳社会科学将市场看作是无法破译的、抽象的、总体性的和全能的这一倾向。在这一过程中，我有时发现自己恰恰也陷入了我试图批判的黑箱假定之中，是比尔·毛雷尔、安娜·青，以及西尔维娅的学识、智慧和宝贵的建议帮助我解决了最为棘手的金融资本问题。他们在本书中留下了不可磨灭的印记，我欠他们的人情无法偿还。我能做的，就是希望能够将他们智识上的慷慨品质传递给我的学生和同事。

我的部分手稿也受益于在小组讨论和修改文章期间与许多学者的对话和他们的反馈，其中安·安娜诺斯特、汤姆·波尔斯托夫、杰西卡·卡特林诺、朱莉·朱、保拉·布隆、朱莉娅·埃利亚查、伊兰娜·格尔森、简·盖耶、迈克尔·费舍尔、梅丽莎·费希尔、艾伦·科利马、梅·李、罗娜·罗德以及大卫·瓦伦丁的建议,使我受益匪浅。我还要感谢加州大学伯克利分校人类学系以及芝加哥大学人类学系和康奈尔大学人类学系的同仁对本书不吝赐教,提供了诸多深刻的见解。

虽然言语无法穷尽我对家人的谢意,但我还是要特别感谢我的家人。感谢我的父母,Jiunn H. 和 Jene Y. Ho,他们是我漫漫求学路上的力量支柱,他们的支持和鼓励陪我走完每一步。即使在我自己都不相信这个项目能够顺利完成的情况下,他们仍旧相信我能够度过难关。我还要感谢我的公公婆婆 T. N. 和琼·陈这些年来对我无私的支持。感谢我的姐妹钱达·何和我的兄弟拉尔夫·何,他们是我最好的朋友,总是给予我无条件的关爱。因为他们,我才能做得更好,并且知道这一切是值得的。我的丈夫杰夫·陈是我最坚定的支持者,他总是对我的研究表现出兴奋和兴趣,经常让他商业世界中的同事们对他的伴侣正在研究"他们"感到惊讶。本书写作的每个阶段他都一直伴我左右,我真的非常感激有他的陪伴。我们四岁大的女儿米拉·何-陈见证了本书的两次修订。她对这个世界强烈的喜爱、兴趣和投入,激励了我产生必要的创造力和精力来完成最终版。我的儿子奥古斯特·何-陈恰好在今年 8 月出生,彼时本书正要交付印刷,他的到来激励我在他出生前完成本书。

本书创作的整个过程离不开我朋友们的支持。他们的声音总是能鼓励我前行，我要特别感谢克里斯蒂娜·贾、詹森·格伦、艾琳·杰恩、尼克尔·约翰逊、安吉尔·劳、梅·李、乔治·麦金尼、克里夫·黄和很多其他人带来的欢声笑语、中肯的建议和积极的鼓励。

虽是最后，但谢意不减，我要深深地感谢盖里·埃什韦尔和大卫·瓦伦丁的才智和情感投入，盖里是我的自由编辑，他阅读和忍受了本书多个版本的修改。盖里敏锐的编辑眼光、杰出的智慧以及时时刻刻的冷静清醒推动了本书的前进，并鼓励我坚持到最后。大卫是一位卓越的人类学家，他也为本书的形成提供了巨大帮助，助我打破了许多僵局。大卫不仅有充沛的精力，而且是一个很好的倾听者，可谓是梦想中的好同事，他还把他的厨房计时器和幸运铅笔借给了我。

此外，还要感谢肯·威斯克和杜克大学出版社的编辑团队（蒂姆·埃尔芬拜因、切利·威斯特摩兰以及许多其他人），谢谢他们对本书的信心和耐心。正是肯的巨大热情和支持使得本书成为现实。

中文版序言

写在《清算》出版十年后

十年前,当《清算》首次出版时,美国金融体系所基于的组织形态似乎正在走向崩溃。在这一组织形态中,各类异质性的意识形态、实践、模型、网络、行动者及基本原则曾经拼凑整合在一起,并转化(尽管并不均衡)为主流金融结构的形成与组织力量,而这些异质性的聚合在当时正分崩离析。

在《清算》一书中,我指出,通过在许多社会经济领域中追求收入多元化和资产证券化,华尔街的价值与实践造成并加剧了债务负担、贫困与不平等。我认为,数十年来,华尔街致力于将那些过去稳定的公司进行精简和重组,从而将这些公司转化成为金融资产,也就将其相当比例的收益重新分配给了这些投资者、高管、提供重组建议并撮合交易的财务顾问。事实上,华尔街一直为自己创造了金融转型的社会条件而引以为豪——将全球金融与投资者的期望和假设投注到诸如住房抵押贷款和助学贷款市场,按此前与现在完全不同的标准来看,这些都是稳定且有长期潜力的市场。

《清算》一书的一个核心议题是，这些越来越有影响力的金融模型和准则本身就是明确的文化与价值载体。股东价值与投资者的支配地位的前提是对历史的特定诠释和起源神话，是对"聪明"、"地位"、"工作"及"应得价值"的文化理解，是公司与组织由何构成、如何管理、服务于谁的不断变化的文化假设。在这个意义上，本书的工作在于超越既往贪婪和市场周期的一般假设来展现一组具体的历史和文化结构，通过这一历史和文化结构，一系列特定的价值和特定的行动者能够效忠于更为宏大的经济体系。这种做法在概念及方法论意义上是十分必要的，因为关于资本主义，特别是关于金融和金融化的学术批评，往往是从综合性的角度，从宏大理论或总体框架开始讨论。显然，《清算》一书是一次鲜明的尝试，也是对前述视角的批评。通过呈现那些具有异质性的要素、关系及范畴的构成与发展过程，以及它们反过来被形塑、束缚并相连来产生资本主义的结构的过程，本书努力分析的是资本主义的权力。我认为，把金融视作不可避免、理所当然之物，并将其作为总体性来组织，这将会过分增强当代资本主义体系的权力，而非对其构成挑战。

因此，主流金融体系参与市场与组织过程所具有文化独特性和自利性的方法，对收入现金流的孜孜以求，并不应该被简单理解为必然发生的或是与生俱来的牟利行为，相反，复杂金融的干预总是伴随着频繁的社会化过程。华尔街的短视，不顾质量与结果的交易冲动，以及其作为"屋子里最聪明的家伙"

的认知合法性,都不是偶然的。我在《清算》一书中试图展现的是,华尔街强加于其他行业和领域之上的特定社会经济模式和意识形态,也在华尔街公司内部生根发芽并自我繁衍。

华尔街特有的工作不稳定性和高薪酬,以及银行家们认为自己是经济体中"最优秀、最聪明的"、"最有价值"的劳动者的高度社会化过程,催生了一种交易决策中将短期"收益"视作理所当然的特殊利己主义文化。这一高度不确定和高特权属性的独特激励搭配创造出了这样一种社会环境,身处其中的每一个人都预期"我随时都会离职,你也随时都会离职"。金融从业者所有的动机均是被这种独特的紧迫性所塑造的,他们既坚信自己有着超凡的才华,又非常急于在离职前拿到自己的奖金。通过对华尔街制度文化的批判性分析,《清算》一书阐明了华尔街的日常实践很可能是导致后资本主义的不可持续性逐渐增强的最重要的因素。

我们将注意力重新放到2008年的那场大规模金融危机上,华尔街的崩溃以及随之而来的毁灭是短暂的。事实上,华尔街的主要金融机构在催生和引发这一场全球性金融危机中起到了主要作用,但是他们却获得了托底、救助和持续性的补贴,而为获取救助付出的改革代价却微乎其微。美国国会最初授权7000亿美元的问题资产救助计划(TAPP)来"稳定"美国的金融体系,而这一计划的资金以美联储和美国财政部数万亿美元未公开的担保和贷款(更别提利率还很低)作为支撑:这些大张旗鼓地给予金融业补贴并为其服务的政策不仅将他们从本应自作自受的危机中拯救了出来，而且使得他们积累了更多的财富，这是其他行业所没有的华尔街"规范性"的日常结构优势。

但是，在金融危机之后，我经常问自己——为什么？在这一金融模式和实践遭遇如此重大的失败之后，在华尔街的合法性在世界范围内遭受如此广泛的挑战之后，为什么银行家仍旧被允许重新巩固自己的权力？为什么我们又回到一个金融继续对企业、国家和经济施加过分影响的世界之中？

经过反思，我认为拯救华尔街并延续其统治地位的一个关键原因是，在过去三十年中，至少是美国中产阶级的社会安全网已经在很大程度上要仰赖于华尔街。由此，金融市场才自诩为普通民众的金融市场。因为上中产阶级的退休金现在是由金融投资机构来管理（而不是由学校或是企业来保护和保证），并且从保险政策到普通银行的存款所涉及到的所有事务，均由保险公司和银行管理，或者说是置于不受管制的金融市场之中，从结构上来说，金融可以被看作"是"经济了。如果金融体系失败了，那么保险公司就无法支付"普通人"的政策保险费用，年长者也无法退休。这就是美国政府别无选择只能挽救华尔街的逻辑。不幸的是，这些紧急援助并没有"惠及"（trickle down）大多数美国人，使得人们开始责备政府，认为政府从危机前就是华尔街的代理人。一种新的"茶党"保守主义将此次政府救助和精英金融等同起来，当奥巴马政府试图进行渐进改革时，布什-奥巴马时期的补贴使得这一改革仍被解读为是有瑕疵的。凭借大量美国人日常储蓄，一个不正当的金融民粹主义得到了合法化，华尔街声称拯救华尔街也是在拯救更多的民众。最终，华尔街不仅囤积了救助资金，而且还利用这一资金重回往日的经营，进行着仿佛毫无休止、愈演愈烈的金融交易、企业重组以及不断增长的不平等现象。占据主导的金融体系将事物之间的广泛联系当作一种战略，这个世界越买金融及其产品的账，金融越能将这个世界挟持。

然而，虽然这一更为宏大的叙事可以清晰地阐释救助的驱动力和这一自相矛盾的政策（Catch-22）的本质，但是并没有完全解释华尔街人在接受救助后，仍旧信心满满、看上去值得信赖并充满专业光环地指挥着市场这一现象。华尔街所宣称的精英治理的专业性不曾被动摇，这一点并不令人惊讶，因此，来自政府和各行各业的掌权者会继续依靠金融家来解决自己搞砸的事情。尽管如此，我发现我对金融家惯习中欺骗、利用、弄权等不端行为的恶劣程度感到惊讶，但他们并不将其视为负面特质，而是视为自己拥有能力、进取心和创造性思维的象征。换句话说，他们逃避监管和引发危机的能力是他们"聪明文化"的一个组成部分，并保证了他们在资本主义等级体系中的地位。因此，充满讽刺意味的问题在于，2008年的金融危机被重新解读成另一种彰显美国金融家和金融市场应该成为世界榜样的范例：他们是最无耻、狡猾和冒险的行动者，同样，尽管他们有"错误"，他们仍被认为是致力于开创和攫取利润的全球化和创新行动的唯一可能的代理人。

导　论：人类学走进华尔街

1995年9月21日,我开始对研究美国华尔街产生兴趣[1]。因为在这一天,AT&T(美国电话电报公司)宣布将现有机构分为三个独立的公司。这是美国历史上最大的几宗公司分拆案之一:77800位经理人被买断工龄,而48500位员工被裁员。当时我住在新泽西,大规模裁员给员工带来的心灵创伤令我沮丧,但是接下来听说的事情更加令我忧虑,在公告发布的第一天,AT&T的股价上涨6.125美元至63.75美元/股,涨幅为10.6%,公司市值增长97亿美元。但最让我感到震惊的是,经过进一步的调查,我发现华尔街投行们的股票价格都随之上涨。这中间到底有怎样的联系呢?

AT&T大规模裁员与其股价飙升之间的关联看起来违背常识,却不是个案。根据《纽约时报》在AT&T重组当天发布的新闻报道,在那段时间,兼并与重组活动增多,对未来通信产业重组的预期增强,而负责发起、组织并为这些活动提供建议的华尔街投行,股价同样上涨很多。"券商股是当季最强板块,分析师认为成交量会持续上涨,兼并活动也会继续。"(Sloane,1995)摩根士丹利(Morgan Stanley)、美林(Merrill Lynch)和雷曼兄弟(Lehman Brothers)这些投行股价的上涨,都是基于这样一种假定。作为通信行业的领头羊,AT&T已经进行了重组和裁员,其他企业也会跟随这一"商业潮流",从而为华尔街投行带来更多的商业机会(Klein,2000:199)。[2]

在过去的30年里,正是这种对常识的颠覆,刻画出企业的景象,以及裁员、企业收益和股价之间的关系。在被誉为美国历史上最鼎盛的经济繁荣时期(从1990年代早期到2000年),美国经济不仅见证了创纪录的公司利润和最长时间的股市持续上扬,也见证了史无前例的企业裁员(O'Sullivan,2000)。根据芝加哥一家再就业咨询公司查林杰公司作出的报告,在1994年,(全美)有516000位员工被裁,而当时正值"那几年里美国企业盈利最多的年份";"而1995年,尽管企业收益更好,但裁员数量仍旧达到440000";"在1996年和1997年,总体裁员数量分别为447000和434000,当然,企业业绩依然可观"。(O'Boyle,1999:219)与此同时,以道琼斯工业平均指数来看,美国股票市场从1995年2月的4000点上涨到1997年2月的7000点以上,1999年更是飙升至11000点,但企业平均每年裁员300多万人导致的工作不安全感也与日俱增(Oldham,1999;*New York Times*,1996)。再举一个例子以展示这种新的主导商业的文化模式,1995年,美孚公司（Mobil）宣布第一季度企业收入前所未有地达到 6.26 亿美元，扭转了上一年度亏损 1.45 亿美元的境况，然而一个礼拜之后，公司却宣布计划削减 4700 个工作岗位。华尔街分析师对这一新闻"反响积极"，他们高度赞扬了美孚公司的进取精神：他们"惊喜地"发现，不仅裁员数量超出预期，而且裁员范围还包括原本薪酬更高的精炼技术人员和美国境内营销人员。华尔街的机构投资者们将股价推高至 52 周的高点来表达他们对美孚公司的信心（Ritter，1995；Fiorini，1995）。

更引人注意的是，华尔街以一种庆祝的语调来宣布公司裁员，对公司重组的事实更是欢欣鼓舞[3]。在整个 1990 年代中期，无数的财经新闻和文章都证明了这种新"情感结构"（structure of feeling）的存在。再次回到 AT&T 案例中来，据《华尔街日报》报道，AT&T 宣布从根本上改组企业并把业务拆分成三个公司，这一举动备受华尔街分析师的赞扬，而几个月之后，也就是 1996 年 1 月，AT&T 又宣布在未来 4 年里计划裁减 4 万个工作岗位，《华尔街日报》报道说：

> 如此大规模裁员的计划甚至令一些资深的 AT&T 观察者都感到震惊。这一举动发出了一个信号，那就是对于大多数的美国企业，大规模重新调整业务的渴望及迫切感始终没有下降。尤其是 AT&T，在"旧贝尔系统"帝国解体的十多年里裁减了 85000 多名员工后，雇员仍然

过多，这一点是显见的……"这是一个大数字，一个非常非常大的数字。"布莱克·巴恩，一位桑福德·伯恩斯坦（Sanford Bernstein）公司的分析师说，"比华尔街预测的要大很多。"但华尔街对此反响很好，AT&T 的股票在一天时间里每股上涨了 2.625 美元，达到 67.375 美元。（Keller，1996）

事实上，华尔街对这一大规模裁员表示如此兴奋，以致于所罗门兄弟投资银行（Salomon Brothers）臭名昭著的通信行业明星分析师杰克·格鲁曼都认为，有必要为投资者热烈的情绪降降温，并警告称，"投资者不应该预期削减成本就能带来营收的飞跃，因为 AT&T 将省下来的资金用于加快布局无线和当地服务的再投资中"，他还强调，"虽然这是一次有益的进取之举，但是能够驱动未来的收益还是少之又少"。（Keller，1996）也就是说，在不远的将来，AT&T 仍需寻找更多的途径来提升它的股价。紧接着，在 1996 年 3 月，AT&T 收回了将裁员 4 万员工的声明，并宣布仅计划裁员 18000 人。《今日美国》一篇文章分析称，"观察员们认为，AT&T 精心设计，通过夸大它原本的裁员数量来吸引华尔街注意，因为华尔街一直把裁员看作提升利润的好办法。这就使得 AT&T 自 1 月份公布消息之后股价在两天的时间里就上涨了 6% 之多。"（D. Lynch，1996）

虽然对资本积累的渴求由来已久，但近来在美国资本主义发展历程中却出现了极为特殊的现象，就是所谓公司最重要利益和大多数员工的利益早已分道扬镳[4]。仅仅在25年前，美国的上市公司还被认为是一个稳定的社会机构，持续提供产品和服务，负责通过协商上至股东下至员工，从而从他们那里获得更多的支持，同时超越华尔街为释放即时投资收益而采用的短视的财务预期，从长远的角度做出决断[5]。(O'Sullivan, 2000) 而如今，恰恰相反，企业的主要目标被认为是提升股票价格，以实现它们"真正的拥有者"——股东的利益（也就是创造股东价值）。那些处于公司核心目标之外的员工，则只能为股票价格的上涨而被随意清算。在二战后福利资本主义的影响下，职员们努力争取并（偶尔）获得一定份额的（但仍旧不公平）公司收益。但时至今日，即便是这样的传统资本主义等级制也已经被消灭，以至于员工常常无法从公司的盈利中获益（甚至常常受损）。这就是我在接触华尔街文化时遇到的新逻辑，对它的研究也贯穿于这本民族志之中[6]。

看看面前这兴高采烈的华尔街，金融资本名义上的统治地位——我将论证其显著地刻画了我们的时代特征——具体意味着什么呢？一个关于华尔街投行、关于使其最终灭亡的运作流程的深度民族志调查，会怎样帮助我们理解发生在美国企业身上的时代剧变呢？这些投行家们是怎样积极做市（*make markets*）：通过日常的文化实践来创造股票市场的主流敏感点，并塑造华尔街的金融规范的呢[7]？华尔街投行家们又是怎样在大规模裁员、股东价值与市场危机的制造之间权衡关系，从而导致整个主流商业价值的更迭,并最终将其传导到华尔街自身的清算与颠覆上的呢?在学术训练和政治信仰支持下,我认为一个公司的健康程度与雇佣关系密切相关,我想美国的主流文化也会认同这一点,那为什么会出现这样的现象:一个创纪录的,公司利润与股票价格暴涨的时代同时也是一个大规模裁员,弥漫着工作不安全感的时代呢?更进一步来说,如此严重的社会错位是如何发生的呢?这一错位被大多数社会科学家归结为全球资本主义的逍遥法外——公司与政府的安全网正在解体;企业裁员、兼并与重组的浪潮迭起;成功职员的定义在改变;财富日益向顶部集中;金融繁荣与萧条引发社会暴力等。这些问题促使我在华尔街开展实地调研,以分析股票市场和华尔街在这些社会经济的剧烈变迁中所扮演的角色。

华尔街的惯习:清算的文化生产

在这本民族志中,我的核心主旨是分析华尔街在美国企业重塑的过程中所扮演的角色,厘清其对市场的形成带来的相应影响,以及展示华尔街是如何促成这些改变的[8]。至于华尔街,我主要关注它的金融机构和行动者网络[9](如投资银行、养老基金和共同基金、证券交易所、对冲基金和私募股权公司),它们代表了特定的金融气质、一套行为准则,并为美国资本主义的全球化充当主要发言人[10]。我着重分析了投资银行的价值取向和行动,美国企业相应的重组行为,以及市场的建构,特别是金融市场的盛衰这三者之间的关系。我对华尔街的投行家和投行是怎样从日常的层面出发，帮助从文化上构建出一个金融主导却很不稳定的资本主义感到好奇：是何种经验与意识形态塑造了投行家的行为方式，他们又是如何被授权来创造这些转变的，而这些转变又是如何实现并且被认为是正当的。由此，通过在研究中使用实地调研的民族志方法，本书将对以美国资本主义全球化为主题的人类学研究作出贡献，反驳认为资本主义全球化是一种抽象的元叙述和均质化力量、极难应用民族志研究方法的普遍看法。

华尔街与美国的金融市场由多种多样的关键职能和机构组成。除了投资银行，还有资产管理公司（对冲基金、养老基金和共同基金以及私募股权公司）和证券交易所。金融企业内包括分管交易和销售、企业金融、并购（M&A）、行业研究和投资管理等不同业务的部门，每个部门都在目标、方法和立场上有着些微的区别。在这一宏大图景中，我将主要调研地点设定在处于华尔街中心的标志性机构——一流的投资银行，例如摩根士丹利和美林银行。在这些投资银行中，我又将目光投向那些通常被认为是投资银行核心的部门——企业金融部门和并购部门，因为这些部门能够直接证明金融与实体市场、金融与企业机构的内在关联。作为美国大多数企业的财务顾问、股票与债券市场专业的评估师与发言人，投资银行的中间人角色使他们致力于将企业的财富传递和转移到大的股东（也包括他们的财务顾问）手中，促使企业为创造短期股东价值的行为和价值负责，并通过发行债券和证券资本为这些商业行为提供资金。正是在这些企业-金融相关的部门活动中，我们最能看清实体经济、投资银行和金融市场的交叠作用。华尔街的作用不只是在全球金融市场中进行交易和兑换，它更是与企业的重组和相应的企业价值变化紧密相联。

理解华尔街投资银行与美国企业之间的关联与区别是非常重要的。尽管从组织层面来看，投资银行也是有其特定文化的企业组织，但他们还额外发挥着金融市场传声筒的作用，同时宣称自己代表数以百万计的股东利益。于是，投资银行拥有一种独特的社会地位：他们既代表"市场"，也代表那些服从于市场的企业实体。通过用独特的机构文化对想象中的抽象市场进行定位，来定位市场，能够揭示市场的具身性特点，以及它是如何被灌输投资银行组织战略的[11]。

尽管最近"华尔街之死"的说法备受关注，但值得注意的是，本文中我用"华尔街投资银行"所表示的金融文化，并不对应某些特定的机构或组织。我使用的这一名称从广义上代表一种精神气质与一整套实践，它们已嵌入我们称之为"高级金融"的错综复杂的机构、投资和人员网络之中。除此之外，我始终认为大家所相信的投资银行的终结，并不代表华尔街意识形态或商业实践被彻底击败。恰恰相反，不稳定性和危机塑造了独特的流动性文化，显示的不是华尔街的衰落，而是其价值和实践的影响。在最近金融资本主导的美国商业活动中，华尔街——包括几乎所有华尔街投资银行的名字、实际位置、机构身份和结构——都通过兼并、收购、破产和倒闭实现了自身的持续转变。

下面这一结论,无论从方法论上还是理论上来说,都是本书的核心主旨:揭示华尔街投资银行酝酿并推广的,以半强制半推荐的方式带给美国企业的根本性变革。这一变革甚至也发生在华尔街自己身上。这种由华尔街创造并培育的特殊文化系统,包括加强无计划的冒险与追逐创纪录的利润之间不稳定的联系、以短期股票价格作为金融市场永恒的认同,以及持续的企业裁员,这些文化不仅被强加给美国企业,并且也成为华尔街自身的基本特征,仅作用于其自身。事实上,由于华尔街一直认为自己是市场的化身,这些投资银行对自身的影响远比它们带给其他企业重组的影响要明显。

从华尔街最近的发展历史就可以看出,华尔街的没落表明了它的企业文化。尽管在我的研究时间范围内,从1996年到1999年,与历史上最长的股票牛市一起发生的是,很多我的核心田野地点中的机构身份和位置都发生了彻底的改变。例如,1997年,信孚银行(Bankers Trust)买下了精品投行亚历克斯·布朗(Alex Brown),却在1998年被德意志银行(Deutsche Bank)收购,于是信孚银行被并购而退出市场;1993年,旅行家集团(Travelers Group),一个保险和金融集团,买下了同时作为经纪公司和中型投资银行的美邦公司(Smith Barney),然后又在1997年收购了一家大型投资银行——所罗门兄弟,组成了所罗门美邦(Salomon Smith Barney);而在1998年,旅行家集团与花旗公司(Citicorp)

合并，诞生了巨头花旗集团（Citigroup），一家银行持股公司。2000年，J·P·摩根（J. P. Morgan）与大通曼哈顿银行（Chase Manhattan Bank）合并，创造了摩根大通公司（J. P. Morgan Chase）。在花旗集团与摩根大通成立的过程中，曾经的大型投资银行所罗门兄弟从此彻底消失了，而 J·P·摩根，俨然一个投资银行与商业银行的"混血儿"[12]，巩固了其作为银行持股公司的地位——这也是高盛（Goldman Sachs）和摩根士丹利公司在2008年9月所选择的方向。丝毫不令人惊讶的是，1990年代末的并购狂潮、股市上涨与互联网泡沫，不仅导致千禧年的崩溃和前所未有的大裁员，同时也导致了我所研究的大多数华尔街投资银行的重组（见地图1和地图2）。

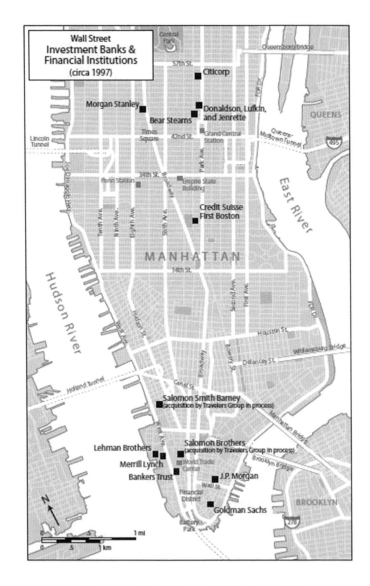

地图 1　作者田野调查之初时田野地点概况

导　论：人类学走进华尔街 | 027

地图 2　五年之后

值得注意的是，虽然我认为这些公司解体的原因萌生于投资银行特殊的企业文化，但政府大规模放松管制和股东价值革命也帮助催化了这一文化体系。1990年代末期，金融服务法案撤销了格拉斯-斯蒂格尔法案*中的大多数规定。格拉斯-斯蒂格尔法案诞生于大萧条时期，是为了防止吸收存款的商业银行在金融市场从事投机活动而设立的。法案规定将日常的银行、保险业务与处于风险较大的资本市场的投行业务隔离开来，从而保证存贷业务的安全性。然而，自1980年代以来，华尔街投资银行的名望、势力与盈利能力不断上升。商业银行，这些"低端"金融中的巨人，迫切希望能够参与并获得投资银行业务。与此同时，许多投资银行也受到并购潮的裹挟，希望转型成体量巨大的、企业客户的"一站式购物机构"。这种举动被认为是增加股东价值的表现。更不用提这些企业的高管从马不停蹄地参与及为各种交易和业务提供建议的过程中获得的天文数字般的金钱激励了。在金融市场最新趋势的管理环境中，投资银行们参与了自己的解体，也就是说，他们放弃了"纯粹"的投资银行的理念。金融机构被允许"拥有一切"，这是商业银行和投资银行共同的野心[13]。

并不意外地，正是华尔街的影响和成就本身——在全球

---

* 英文为Glass-Steagall Act，又称《1933年银行法》，法案中规定投资银行业务和商业银行业务需严格分开，禁止银行包销和经营公司证券，促成了美国金融业银行与证券分业经营的模式。

范围内营销其产品，鼓吹其信条——不仅创造了创纪录的利润，同时也带来了经济波动、危机和持续徘徊在毁灭边缘的现实（对它自己，也同时对美国企业而言）。例如，正像1990年代的并购潮和互联网金融与千禧年的次贷繁荣与破灭具有相似性，"狂热的八十时代"（ga-ga eighties）杠杆收购运动则不仅导致了内部的交易丑闻、垃圾债券危机和1987年的股市大跌，也致使了那个年代最大的投资银行之一——德崇证券（Drexel Burnham Lambert）的破产，以及基德·皮博迪公司（Kidder Peabody）的清算。在过去的三十多年中，考虑到华尔街商业实践的持续复苏，我认为华尔街的自我毁灭甚至是自相残食，并没有导致它在美国商业中文化实践和力量的消亡，反而导致了持续的金融危机，扩大了社会经济的不平等。尽管华尔街投资银行引发的次贷危机获得了联邦救助，却在世界范围内引起了信用恐慌。此次危机因其规模之大和范围之广，被认为是自大萧条以来最严重的金融危机，带来改革和制度层面的巨大海啸，但华尔街独特的投资银行气质是彻底消亡还是以一种全新的多样的制度形式存在，就像它在1980年代经常出现的那样，这还值得我们进一步观察。正像《财富》杂志的总编苏安迪所说："华尔街的狂欢在其卷土重来之前已经暂告一段落……这样的轮回我已见得太多。这些人得到了他们的雪茄和香槟。他们度过了一段美好的时光。整件事情闹得很大。但多少年后他们又复出了。这非常不好。但是我并不认为华尔街已死。"（Boudreau, Fitzpatrick & Zamost, 2008）

我的田野调查现场——华尔街投资银行——在 2008 年的表面消亡,并不是一次彻底的局势转变,事实上这是华尔街独特的企业文化所带来的可以预见的结果。这本民族志的核心思想指出,投行家们的日常行为和意识形态(自华尔街主导了美国企业并获得全球影响以来,便得到巩固并流行开来)为华尔街的潜在清算和重建做足了铺垫。这种洞见之所以被渲染成不可见的,是因为无论是华尔街的投行家们还是学术或金融机构的分析师,都将这一切诉诸他们所谓的抽象的"市场"来解释这些危机。垃圾债券、并购狂潮、互联网泡沫、高杠杆下的房产市场崩溃和次贷危机都被误认为是市场周期的根本结果(世事有起必有落),同时掺杂着一些人类本性里的贪婪和狂傲。于是,经济繁荣与衰退都被简单地与"市场"混为一谈,而忽视了华尔街金融机构(特别是投资银行)特殊的职场模式、企业文化和组织价值,以及为之效力的那些独特的个人经验。

在这本书里,我试图通过分析投资银行文化的核心理念和实践方法来帮助我们解开资本市场运作的谜团,洞察所谓市场的文化运作方式。为达到这一目标,我借鉴了皮埃尔·布迪厄的"秉性"和"惯习"概念,"秉性"指的是"存在的方式"、"趋向"、"倾向",通常体现于身体。集体的秉性构成了惯习,即"一个系统的秉性",惯习反过来形塑了行为,"创造出实践",并建构了社会结构和整个世界(Bourdieu,1990:73—87、214)。值得指出的是,我分析了投资银行家们的惯习的结构和形成过程——他们如何形成投行气质和与之相配的一系列经验，使他们有能力将制度化的重组和交易方式强加给美国企业，并最终引发了金融市场的危机。本书揭示了诸如一个投行家是如何将个人经历与工作状态和职场经验相结合，塑造了关于华尔街分析和建议是正当的这种常识性的认知。这些毕业于名牌学校、被誉为"聪明绝顶"的投行家们，陷入了华尔街猖獗的不安全感、繁重的工作压力和过高的"绩效薪酬"补偿这种职场氛围之中。在这种工作环境中进行锤炼是投行家们的独特惯习，也正是这一惯习让他们欣然接受信奉"员工流动性"的组织模式，并将这些经验灌输给所有员工。这些工作环境造就了华尔街的臭名昭著，即使在牛市的时候，华尔街也可以一年多次裁掉那些高级投行家。要想回答包括裁员在内的频繁的公司清算是如何在华尔街成为一件正当的、值得庆祝的事的，就必须理解那些宣告裁员的华尔街人是如何体验这一过程的。

然而，华尔街投行家们理解在这种声名狼藉的不安全的工作环境中工作的必要性，他们并不认为这有什么不好，而是将其视为一种挑战。由于只从常青藤盟校，或者一些与之相称的例如麻省理工和斯坦福等名校招聘员工，这些银行家们被教导成自视为"最棒最聪明的人"，对他们而言，工作的不稳定性是他们"聪明"和卓越的标识，这一标识能够帮助他们适应这种令人焦躁的工作环境。被这种文化资本、庞大的精英网络和提供以交易数量为前提的丰厚薪酬的组织结构所激励，投行家们成功地经受、熬过（和制造）危机，直到下一次经济复苏。

他们认为缺乏稳定性的工作环境是对他们"勇气"的测试和培养[14]。在这种优越感和不安全感并存的环境中,投行家们在实际操作层面被物质刺激激励,逐渐学会无情地将更多的交易(通常是为刺激股价上涨的短期交易)强加给美国企业。通过挤压这些企业,投行家们将他们自己的员工清算模式传输给美国企业,从而为市场危机的爆发埋下了伏笔。在我的记录中,以股东革命为支撑,华尔街拥有了形塑和规训美国企业的权力,这种关系允许华尔街将自己的组织实践,那种银行独有的行业文化,随心所欲地灌输给其他企业。华尔街并没有意识到这种频繁交易和猎猇的员工清算是他们自己的"地方性文化",我在华尔街的访谈对象将他们的组织实践,与他们作为市场文化诠释者的文化角色混为一谈,他们并不是在描述自己的工作和生活环境,而是在解释所谓的"自然的"市场周期和经济法则。

布迪厄的解释模型是有预见性的:这些日常实践中充满焦虑的交易行为、聪明的外在表现和市场的即时性成为惯习和场域之间、文化结构和习惯之间的纽带,贯穿于个人和组织的身体和心智,甚至在更大范围内锚定了世界性的社会关系场域。因此,我选取职场中投行家们日常的实践活动和企业的文化价值作为我的观察现场,将投行家们的文化架构、秉性和惯习与更为广义的美国公司的重组与金融市场沉浮联系起来(Bourdieu,1990)。本书的组织结构本身:以传记为开篇,逐步深入到强大的意识形态与制度转变层面,最后以导致的危机作结;映照出本书的写作初衷:以实证方法展现华尔街的主体性、实践的独特性、约束条件和制度文化之间动态的相互作用，形成了强大的系统性力量，作用于美国的企业、金融市场以及其他方面。本书致力于为人们揭开文化性的劳动图式，有助于构建关于华尔街模式的支配地位和金融资本行动者的社会性和历史性现象。

然而，华尔街金融共同体本身就是一种异质性的所在，因而我的意图并不在于断言其一手造成了大量企业的转型，因为除了投行、证券交易所、投资基金外，还有很多行动者和机构卷入其中，包括：政府政策、联邦对企业的"管制"、高校经济学院系和商学院领域内新自由主义的复兴、利益驱动和公司高管行为选择导致的多样危机、新金融工具的诞生和流行诸如垃圾债券和共同基金以及由种族主义和性别不平等不时打断造成的工人运动的妥协等因素。这些因素都能帮助金融市场的价值观和行动者巩固它们对美国企业的影响，也有助于加强股东价值是衡量商业成功的主要方式这一信条，但描绘所有这些复杂繁多的条件和实践并不是本项目的研究范围。

华尔街的制度文化：进入、缘起及方法

为了打破安全和公共关系的障碍，我在"学习"（studying up）时采取了基于制度性亲属关系的独特研究策略[15]。为了使这一研究成为可能，我动用了我的社会背景和精英学府中的关系——这些大学是华尔街的投行唯一进行招聘和雇佣员工的地方。当我还是斯坦福大学的本科生时，我第一次了解到华尔街可以作为一种职业选择，然而，需要承认的是，华尔街并非我大多数朋友的目标（他们的目标为研究生院、非营利组织；当然，硅谷是更大的诱惑）。（当我展开田野调查时，我请在华尔街工作的斯坦福校友担任我的联络员和潜在访谈对象。）随后，我成为了普林斯顿大学的一名研究生，这里也刚好是投行招聘青睐的地方。正是在普林斯顿，我不仅获得了和校友联络的机会，更得以亲自参与到工作招聘过程中去。我之所以能够进入华尔街，是因为特定的大学和华尔街之间具有一种制度化的、精英式的"家族"联系，从名牌大学毕业的校友们可以通过内部通道进入华尔街。因此，可以毫不勉强地说，"精英亲属关系"（elite kinship）建立了接近金融资本的桥梁或社会网络。正如柳迫指出的那样，将亲属和家庭视作二元对立于或外在于资本形成的特定过程的观点，忽略了关系的中心性和使资本主义生产成为可能的亲属情感（Yanagisako，2002）。

为了接近投行精英的生活世界，我采用了模糊人类学和社会学边界的独特研究策略。我在华尔街的投资银行找了一份工作，这一策略既遵循了社会学先例，又遵循了人类学的伦理规范，因为我没有偷偷摸摸地进行民族志的研究。1996年，我参加了普林斯顿大学的春季招聘。在紧张激烈的面试过程中，我才第一次意识到，人类学关于全球化的话语不仅被华尔街的投行家们所赏识，更与他们自己对全球化的认识大同小异。那年六月，我被美国信孚银行雇佣[16]，这家银行是投资银行和商业银行的"混血儿"。我的工作身份是"内部管理咨询"分析师,这是一个作为银行内部不同业务部门的"变革的经办人与顾问"(agent and advisor of change)的部门。当我收到工作邀请时,我告诉我老板(当我入职后,也会告诉我的同事)有两个原因促使我暂停研究生学业到信孚银行工作。第一,我真诚地想要更为深入地了解金融世界,并且获取"真实世界"的工作经验。第二,我想未来回到研究生院继续研究华尔街文化。在信孚银行,我首先是一名雇员,其次是一个朋友,最后才是一名田野工作者。因此,尽管我从这段经历中学到了许多,但大部分的田野工作是在我离职后开始的。我并没有在工作场所秘密进行田野调查,相反,为了记录最初的奇异感,"民族志式经历"的惊喜和进入华尔街后的觉悟,我用日记记录下了个人的反思和经历,努力不去详细描绘"上班时"的同事和朋友们的想法和行动,尽管他们知道我的研究兴趣是什么。正因如此,与这一阶段有关的经历都来自于我的个人观察和日记撰写,并不包含任何私密的、专属性的信息。

  作为信孚银行的内部管理咨询分析师,我在银行许多业务部门之间轮岗,为很多项目给出不少关于战略、工作流程效率、运营和变革管理方式的建议。尽管我没有直接参与投资银行的业务(例如去企业金融部),在担任投行内部的金融服务咨询顾问时,我已然被华尔街金融实践的观点和习俗熏陶并浸润在其中了。咨询顾问的角色允许我接近并联系银行的许多部门,同样也使我接触到许多年轻的华尔街投行家。通过密集参与会议和金融业社交事务,再加上下班后和同事们的社交活动,我将接触面扩展到许多机构。我这一年的目标就是通过深入的参与式观察,学习华尔街普遍的、理所当然的术语,领略华尔街的风景,同时建构一个受访者网络以便我在辞职之后进行"真正"的田野工作。

我住在纽约布鲁克林附近的卵石山/卡罗尔花园(Cobble Hill / Carroll Gardens)中的一套合租的两居室公寓里,这里的房租比普林斯顿便宜些(每月 425 美金),也给了我同时在信孚银行上班和进行田野工作的情感寄托。尽管现在我的朋友们告诉我,这个社区正是年轻的专业人士应该居住的地方,包括华尔街从业者们(现在一居室每月的租金高达 2000 美元)。不过 1990 年代末的事实是,几乎没有一个来自华尔街的人住在这里,这个社区中绝大多数是拉丁裔、白人少数族裔*和阿拉伯裔美国人,但正因此,我能够在此安居三年。在这三年内,我穿上西服,搭乘 F 列车进入被股东价值最大化的支持者们"净化"的世界,这里喷涌着华尔街牛市的傲慢。我可以在古巴三明治和披萨的香气中回家,这些披萨是如此鲜美多汁以至于对折才好品尝。我大约会在 8 点半时走到家,我很享受与门廊和人行道上的人闲聊的感觉,他们总是好奇为什么我回家总是如此之晚,看起来异常凄凉,不过用华尔街的标准来衡

---

* 美国社会学界在描述来自以下地区或民族:欧洲中部、东部和南部,凯尔特民族以及中东、北非和拉丁美洲的移民及其后裔组成的白人少数族群使用的术语。

量，我的下班时间还算早的。

在信孚银行的工作即将结束时，我已经达到了工作压力的极限。为了表现出我的聪明、努力工作的能力和承担交易决策的雄心，我在压力的驱使之下不断争抢更多的项目，我被期许用对金钱源源不断的欲望，来证明我已经以恰当的方式吸收了这些新的情感。认真地说，作为一名习惯于1000美元就能过一个月、以学习民族志的知识和关系为目标的研究生，我不情愿地被推入了另一个空间和时间概念体系之中。激励着每个人的那种紧迫感（更别提那种孤注一掷的拼命感）也同样令我窒息。

1997年1月，受雇于信孚银行的内部管理咨询团队八个月之后，我被裁员了。在预调查的中段，我本来已经准备好研究投资银行在美国企业裁员过程中的角色，却意外地被裁员了，许多潜在的受访者也面临同样的遭遇。信孚银行给出的裁撤该部门的理由是，我们是减少股东价值的一笔固定开支。信孚银行的内部管理咨询顾问是正式员工，负责对银行进行持续的监管，并且给出业务战略和流程优化的建议。但是核心高级管理经理认为，我们的工作可以外包给其他管理顾问公司。我们的工资是对股东价值不必要的拖累[17]。两年后，就连信孚银行自己也被德国巨头的德意志银行收购了，用行话来说，是被"吞并"了。

这一时刻似乎富有民族志意义：金融家们，全美大型企业重组的煽动者们，他们自身也被裁员了。颇为讽刺的是，信孚银行的损失也是人类学家的意外收获。这些看似平凡的裁员经历和极不稳定的职位在投行内每天都会出现,为我们了解当代金融危机和全球化提供重要的洞见。我明白,银行家的制度文化和他们自身被裁员的经历,不仅可以揭示出华尔街的目标和实践是如何重塑全球资本主义的,而且可以揭示出他们是如何反过来在华尔街内部产生冲击的。投行家们同样经受着,甚至痛苦地遭受着,他们施诸旁人身上的理念和实践。

在我被裁员两个月后,我们组的一位副总裁莱西·梅多斯叫我到她的办公室去。她那时正在领导"客户服务部项目",并且通知我她已经选择我担任她的项目顾问,成为她的"左膀右臂"。"你知道我为什么选择你么?"她问我。我耸耸肩,有点预感到接下来将会发生什么。她说:"因为你是如此地平易近人,你是一名人类学家,你可以理解他人的感受并与他们共情。我们需要一个能够倾听顾客倾诉的人,你刚好有能力赢得他们的信任。"不用说,当她吐出"共情"这个词的时候,我已经开始害怕自己即将要扮演的角色——潜在合作者,或者更直率地说,她的裁员同伙。我刚刚被要求精简一个支持信孚银行"前台"投资管理的"后台"部门,该部门负责加工贸易、管理分类账目、管理顾客账户。考虑到投资银行的等级结构,"前台"的工作者们,如投行家、交易员、凭借盈利和成交交易获得收益的投资经理们,都依赖于"后台"部门的日常支持,却同时想方设法地想要改组这些"消耗成本的中心"。我立刻知道我将会抗拒;对我来说,这意味着成为一名未来田野工作者的自由。

具体来说,我被要求对他们的工作时间进行泰勒主义的时间-动作分析，其实就是绘制图表，测量任务的种类和完成任务的必要时间，以此评判多少工作人员是必需的。我坚定地打算不推荐任何裁员。在对有色人种和白人妇女占绝大多数的工作者的访谈中，我偶尔试着向他们保证，我的结论会强调他们劳动的必要性，并且保护他们的职位。（当然，我也承认，鉴于投资银行家和咨询顾问的既定角色就是重组的代理人，这种行为很可能被视作耍滑头，企图"安抚"他们。）当我和我的团队成员（他们两个都处于华尔街等级制度里的较高阶层——一名副总裁和一名拥有MBA学位的经理）交谈时，我非常谨慎地用证据质疑这一项目的议题本身：为什么这些工作人员不是必要的？如果他们被"重组"了，谁会来做这些工作？信孚银行是否准备好适应这些改变？我的顾问同事们尚不清楚我为什么要为客户服务部的人辩护，更别提那些我恳求过的投资银行家们了。仅仅用"不尊重"一词来形容华尔街对"后台"工作人员的态度简直是太客气了。尽管没有公开的贬低，"后台"工作人员被戏谑为"朝九晚五的上班族"；他们的职业道德被质疑，同样被质疑的还有他们的智力、驱动力和创新能力。他们真的具有可以直接提高收入或股价的"增加附加值"吗？我们团队中的经理质疑我们为什么要浪费如此多的时间在客户服务部项目上；客户服务部的项目不仅声誉较差，而且与他想参与的那种金融交易决策格格不入。

与此同时，我无法解释为什么华尔街的从业者，特别是那些刚刚同我一起被裁员的人们，并没有同情那些刚刚被裁掉的组员。看起来好像这些享有特权的银行家和咨询顾问们并没有真正失去他们的工作,好像重组将不会以同样的方式施加在他们身上,好像永恒的不安全感引发的焦虑并没有使他们怀疑自己的金融技能或自己对于雇主的重要程度。对这一困惑的探索将是我田野工作的中心。我开始逐渐理解,不仅是投行家们的裁员经历从性质上不同于大多数职工的裁员经历,而且投行的制度文化也有助于制造一种劳资关系的模式,这种关系对分析和理解金融资本对美国就业显而易见的影响和对市场的塑造具有至关重要的意义。鉴于最近金融领域的社会研究已经证明,经济学和金融学的模型和理论不仅描述和分析金融市场,而且执行和制造金融市场(Callon,1998;MacKenzie,2006),因此,研究投行家们的个人危机极有可能提供一个观察企业重组和金融危机产生的独特视角。作恶的不单单是银行家,他们推荐给其他工作者使用的雇佣旋转门模型(the revolving-door model of employment)*也限制了他们自身,尽管特权、出身、薪酬和人际网络的特定混合使得他们从裁员和不安全感中学到的教训与众不同。通过调查华尔街自身的雇佣文化,我可以研究在过去几十年中金融精英行动者们如何从根本上改变了美国企业的本质,从而最终塑造出一个充满着社会经济不平等、不

---

* "旋转门模型"通常指政府部门官员从作为立法者或者执法者的角色转换为受到立法和执法行为约束的业界任职现象。这里作者指华尔街投行有关就业的理念既灌输给美国企业,也影响投行自身。——译注

安全和危机的世界,以及他们为何这样做。

至于我在客户服务项目中担任的角色,经过了许多不眠之夜和比青少年时期更可怕的粉刺爆发之后,我制作的电子表格证明,尽管一些沟通渠道和重复劳动可以加以改善,一些零碎的任务可以加以合并,这里还是需要那么多的工时和那么多的工作人员来完成必需的工作。换句话说,我认为劳动量与目前雇用的人数相符。副总裁在查看我的表格时质问道:"怎么会所有的事情都协调地如此完美?你有没有做什么手脚?"我回答:"信孚银行内部缺乏自有秩序,我们才刚刚裁员,所以我认为重组客户服务部比任何现实的长期节约开支都能制造出更多的低效率。"最后,客户服务部没有被裁撤。我怀疑这和我可能没多大关系——虽然我们团队证明了这一裁撤缺乏正当理由——但华尔街甚至在追求短期利益时,也是臭名昭著地缺乏计划和后续行动。

被裁员一年后[18],我进行了 17 个月的田野调查,从 1998 年 2 月到 1999 年 6 月,我调查了华尔街主要的金融机构中不同职位的投行从业者们。我依靠校友会的联系和预调查时期的关系网,接触了许多银行,其他田野调查地点还包括从酒吧到再就业辅导中心,从会议到小组讨论等。我进行了参与式观察,完成了 100 多个访谈。如果我没有在那里工作,而是仅仅依靠校友的关系建立一个受访者网络,我将只有访谈一个工具。如果我仅仅依靠工作和在信孚银行的联络人,我将学会金融业的术语和伦理规范,但我的民族志将会局限于一家投资银行围墙内的东西,可能无法将华尔街视作一个广阔的职业社区[19]。因为我的研究目标是分析关键金融能动者们是如何塑造市场以及他们对社会经济不平等的影响的,我设计了一套浸入和运动相结合的方法,既能够包容华尔街的世界观和实践活动,又能够理解特定规范是如何在一个特定机构内的日常基础上被建构出来的。考虑到田野调查的过程既构成又束缚研究者的民族志结论(毕竟方法论即理论),在这片田野中,我不仅仅将我的研究聚焦在"专家们作为精英的内部生活"诸如此类,"而是理解他们的框架……追踪全球化的轨道,并从他们的视角接触其机制"。(Holmes and Marcus,2005:248)

部分是计划好的,部分是偶然的,我进入华尔街的生活世界的途径是对多元田野地点和调查技术进行探索与合并的结果,与休·盖斯特森所说的"多元参与"*有些类似。他不再强调参与式观察在学习中的作用,因为这常常不太可能实现。相反,他写道,有强大的需求推动民族志记录"在大量分散的地点同访谈对象进行接触,而非仅在一个当地社区中,有些时候还以一些虚拟的形式接触;并且还意味着用各种方法从一系列不同的资源中兼收并蓄地收集数据(例如)……正式访谈……广泛阅读报纸和官方文件……密切关注流行文化",同样还有

---

* "参与的人类学"(engaged anthropology)挑战了传统的认为人类学应该保持客观不介入的立场,主张为弱者奔走呼吁,强调伦理与美德,主张与被调查者分享人类学家自身的理解同样是对被调查者的尊重和关怀。——译注

公司办公室和实验室之外的非正式的社交活动（Gusterson，1997：116）。这并不是说浸入不再是人类学众多工具当中最重要且不可或缺的部分，而是说，这种方法是被描绘文化的特定方式和恰当的人类学主题构成的。在洛克菲勒家的后院，J·P·摩根的大堂或者纽约证券交易所的地板上搭帐篷不仅是不可行的，并且用这种方法研究"权力精英"[20]很可能既有局限又不适当。

虽然在田野调查期间我本可以进行大量参与式观察，但大多数观察都是在预调查期间进行的，因为我没有获得在办公室里"闲晃"的投行官方许可（当然这也不是我的目的）。采取这种策略会使我被直接丢到公关办公室里去。在"真正的"田野调查期间，我主要依靠访谈，部分的"伪装"和参与行业会议、小组讨论、正式社交场合和非正式社交活动等方式。给予（同时也限制）我机会接触潜在访谈对象的这种环境、联系和亲和关系同时也是一种面向更多的潜在访谈对象的有益的展示。首先，由于我在信孚银行的工作和后续的裁员经历，我毫不费力地就制造了一个规模庞大的访谈对象网络，特别是通过直接引荐的过程。在华尔街采用这种策略通常可能导致我的网络主要是同质性较强的白人男性群体。但是，凑巧的是，我是内部管理咨询团队中的一员，这一部门刚好是信孚银行"前台"和"中台"中最具多样性的。这一部门领导是一位非裔董事总经理，他经过努力协调后建立了一支半数是女性和三分之一是有色人种的团队。我同事的引荐也同样反映出这种多样性。例如，通过我的领导，我认识了托马斯·道格拉斯，信孚银行的一位非裔董事总经理，他将我介绍给克里·费希尔，先锋投资（Vanguard Investments）的非裔董事总经理和罗伊·艾伦，富达投资（Fidelity Investments）的白人董事总经理。朱莉·库伯曾经是内部管理咨询团队中的一名白人经理，当我们被裁撤后，她在高收益的投资银行业务部门中得到一个职位，并且将我介绍给她的整个团队，团队中包括了白人董事总经理约翰·卡尔顿、亚裔副总裁克里斯汀·张和白人分析师克里斯·罗根。幸运的是，这些联系往往像滚雪球一样越滚越多。

我也依靠校友和朋友的关系网络。在斯坦福时，我的社交网络并不存在什么商业成分，不过我曾经积极参与族裔研究和多种亚裔学生组织。我同时还生活在亚裔和非裔"主题"的宿舍里。因此，我在这些年中和许多亚裔及非裔的职场精英建立了紧密的联系（通过自己努力和朋友介绍），我的访谈对象，如帝杰证券公司（DLJ）经理约瑟·蔡、雷曼兄弟的高级副总裁马林达·范、摩根士丹利的经理琼尼·郑、雷曼兄弟的分析师蕾娜·班纳特、帝杰证券的合伙人杰森·珂。他们之中的许多人将我引荐给他们的领导（大多数都是白人），因为我非常热切地想要听到高级银行家和他们的朋友（他们非常多元化）的想法。不幸的是，在普林斯顿，尽管几乎40%的本科生毕业后都去了华尔街工作，但身为研究生的我却连一个本科生也不认得。此外，因为普林斯顿没有商学院，我无法通过MBA项目建立关系网络，同时，我在斯坦福的熟人在1990年代末尚未毕业，因此我也无法打入可能充满 MBA 精英的研究生网络中——虽然杰森·珂确实将我介绍给他在投行工作的哈佛商学院两个同学。当然，其中有我在斯坦福和普林斯顿都认得的人，他们知道我在学校是一个学生活动积极分子和女性主义研究者/人类学专业学生，因此很怀疑我的研究：有一个在华尔街拥有大量投行家社交网络的人因此拒绝提供帮助。

我曾经尝试用"电话突袭"的方式和那些居住在纽约的投行家们社交，结果不理想。在某些情况下，我发现亚裔男性和女性比较容易接近，特别是那些苦苦寻求着什么才是美国式亚裔职业精英的人（有关向上流动的预期、相对特权阶级、种族歧视、工作中的刻板印象、双重文化认同的建构），他们常常同意接受访谈。在其他情况下，我从大型活动和会议的闲聊中获取了大量、非正式的轶事，但没有一个人愿意或能够坐下来进一步深聊。在纽约举行的一次经济公正组织的志愿活动中，我偶然遇见了一位白人女性主义官员，他的伴侣雅各布·卡努瓦曾经在华尔街工作过。原来，他是普林斯顿 1980 年代的毕业生，并乐意将我介绍给"普林斯顿毕业生同学会"，据他所说，两位高盛的高级银行家"不停地抱怨他们那一年仅仅赚了 2000 万"。不幸的是，我只能够通过电子邮件和他们沟通。最后，在我参加的 SEO（"教育机会赞助者"的缩写，该协会致力于资助精英大学中的少数族裔走向华尔街和管理咨询）会议中，我和许多年轻的非裔投行家成为了好朋友。通过这些互相联系和偶然的机会，我有足够的能力组建一张遍布华尔街各等级的多样化网络。大约 40% 的访谈对象是有色人种，男性人数刚刚超过半数。

正如注释所示，所有的访谈对象使用的都是假名，虽然我曾经挣扎过是否将金融机构也匿名化，但我最终决定不那样做。首先，这个项目聚焦于广义上被感知的华尔街投行文化，因此我希望收集的是具有普遍性的民族志资料，而不是某个特定银行的私有信息。此外，正因为我想要面对和分析那些声称代表市场和美国企业发言的、强有力的全球化金融机构，就更有必要点出这些机构的名字，并且呼吁人们关注它们的声明、战略和影响，正如我关注新闻媒体披露的华尔街首席执行官和高管们的讲话和宣言一样。同样值得指出的是，用假名来伪装华尔街的金融机构是徒劳的，因为在金融市场普遍的文化规范下，企业的名称、地位及身份都在随时发生变化。例如，1997 年一家零售券商添惠公司（Dean Witter Discover）和著名的投行摩根士丹利（Morgan Stanley）合并，形成了摩根士丹利添惠公司（Morgan Stanley Dean Witter Discover）。然而 2001 年，为了重新利用威望和知名度，这家公司去掉了名字中的"添惠"，复名为"摩根士丹利"。

股东价值，主流模型和历史的去中心化以及民族志再现的政治学

当我搭乘着地铁去华尔街时[21]，我就已经暗下决心，不把"关于股票市场的研究"都"留给经济学"（Hertz, 1998：

16），此时的我已被各种印象和表述狂轰滥炸了，比如美国是股东和投资者的国度，以及美国的股票市场是由全民授权的民粹主义场所。比尔·克林顿总统曾经做过许多关于"新经济体"的演讲，认为美国空前的繁荣，依靠的是历史上持续时间最长的牛市，以及比任何时候都多的全民持股的现实状况（尽管实际上很多持股是通过年金和养老基金的形式）。白宫的数据显示，整个股票市场的所有权大约掌握在1.5亿的美国人手中，不断攀升的股市已经被视作大多数美国人经济生活水平提升的主要标志。1999年，《财富》杂志的封面文章将美国称为"交易员的国度"（a Trader Nation）："无论是在工作还是在家，无论是白天还是黑夜，每个人无时无刻不想着从股市中分得一杯羹"。文中写道："现在正进行着一场革命，这场革命将改变我们投资、工作和生活的方式。我们的金钱不再由那些经纪商和基金经理控制。我们的钱将由我们自己来控制。"（Serwer，1999：116）那篇文章中还配有一幅插图，图中有四只拳头，其中三只紧握着鼠标，将一个印有"华尔街"的标志碾得粉碎。这种"革命"的表现形式在1990年代末随处可见（Serwer，1999：118）。

在华尔街通过股东价值展现出来的市场民粹主义的新修辞中，"每个银行或者券商取得的大众市场的成功，都会被夸耀成是一场民主'革命'的胜利"。（Frank，2000：125）托马斯·弗兰克举了一个例子，他阐述了亿创理财（E*Trade）如何剽窃民权运动和女权运动中的话语和意象，"1999年亿创理财的年终报告就起了一个'从一个革命向下一个迸发'的标题,他们使用了一张图片,图片中是一位黑人坐在巴士的后座上",图中的文字为"他们说平等只适用于我们中的一部分",以表明他们在打破华尔街排他主义和精英主义中所扮演的角色,以及在个体投资者的大众胜利中所发挥的作用(Frank,2000:91)。就这样,华尔街与普通民众结盟,建构了一个亲华尔街的民粹主义,并且将过去没有权利进入股票市场的人们纳入这崭新、精彩的图景之中,通过上述行为,来表示新的华尔街和过去那个陈旧、庸俗的老华尔街的决裂。

在做田野调查的同时,我还碰到了杰西·杰克逊的"华尔街项目"(Wall Street Project),这是杰克逊基于纽约市开展的彩虹/人道联合(PUSH)联盟*的一个分支,这一项目试图将非洲裔美国人和其他一些团体纳入股票市场。这一项目成立于1997年,从三个方面直接对华尔街发起了挑战:华尔街和美国企业雇员的多样性和代表性,股票市场的民主化以及让资本走入内城区与阿巴拉契亚地区**的资本通道[22]。1999年,杰克逊在世贸中心举行的华尔街项目会议上发表了演说,他提出了问题:"为什么作为股票市场的一员,非裔美国人选择'投

---

* PUSH 的全称是 People United to Serve Humanity,彩虹人道联合联盟是由 Jesse Jackson 所创建的两个民权组织彩虹联盟(Rainbow Coalition)和人道联合组织(PUSH)整合而成。——译注

** 内城区一般指大城市中心地区的贫民区,阿巴拉契亚地区是美国的贫困地区。——译注

资'乐透彩票,而不是不断攀升的牛市呢?为什么我们的年轻人宁愿花几百元买耐克鞋,而不是耐克的股票呢?"[23]

或许这并没有那么讽刺:当杰克逊千方百计地将那些边缘群体吸纳进入那场股东价值革命时,我在华尔街的那些受访者们已经开始担忧逐渐胀大的泡沫是否快要破裂了。老华尔街的一条格言可以很好地描述当时的情况:当出租车司机都开始询问投资建议和挑选股票时,就到了要撤离股票市场的时候了。所有华尔街的人都懂得这个道理,一旦炒股的知识已经渗透到了广大民众之中,牛市就要开始转向泡沫经济了。当然,这一假定要想成立,必须建立在这样的一个前提下,那就是股市的成功依靠场内人的知识、市场的炒作和时机三者脆弱的平衡[24]。华尔街见证了股票参与的民主化过程,民主化是超额认购的前兆,也是业内人士准备卖出的信号,接到最后一棒的"迟来者"不得不承受市场崩溃带来的所有损失。

尽管华尔街和美国的大型企业不断宣称,他们将股东的价值置于公司其他利益之上,但是事实上,重视股东价值并不必然要以增加股票所有者的财富为实现条件,或者也不一定要授权给股东去做那些有关企业管理的决策。2002年2月25日,美国《商业周刊》用封面故事刊登了名为"被背叛的投资者"一文,该文记录了那些真正信仰股市的人的变化,在2000年春季的股市投资中,他们损失了近5万亿,30%的股票价值瞬间蒸发。他们是那些1990年代才刚刚涉入股市的投资者,这些投资者大多是中产阶级或者是在婴儿潮时出生的郊区市民，这场巨大的损失使得他们不得不开始怀疑他们曾经信任的股票市场是否真的"对待每一个人都是公平的"[25]（Vickers and McNamee，2002：105）。最典型的例子就是安然公司，这家公司的高管、华尔街的投行，以及一些会计事务所——诸如亚瑟·安立信（Arthur Anderson）——一直声称将股东价值当作工作的中心目标，然而事实上他们的行为更多地是为了自己的利益而不是股东价值而做出的。为了将股票价格"人为地"拔高，那些拥有股票期权的高级管理人员（他们掌握着内部信息，在股票价格一泻千里前就把他们持有的股票卖掉了）和那些拿着公司上百万顾问费和交易费的投行合谋，寻求和制造出一套新的财务结构，进行着一些"假想的交易"，来计入一些不存在的暴利并试图将大量的债务隐藏在资产负债表之外。当安然公司崩溃之时，不仅雇员没了工作和积蓄，那些买了安然股票的大众投资者即安然的股东们更是损失了大约2000亿美元（McClean and Elkind，2003）。

如果股东价值革命并不能稳固地增加一般投资者的财富，而且这些投资者的401（k）计划*的账户增值几百块钱（如果

---

* 401（k）退休福利计划，是美国于1981年创立一种延后课税的退休金账户计划，美国政府将相关规定明订在国税法第401（k）条中，故简称为401（k）计划。美国的退休计划有许多类，像公务员、大学职员是根据其法例供应退休金，而401（k）只应用于私人公司的雇员。计划是自愿性质，劳工可依其个人需求自由选择政府核准过的个人退休金计划。内容为要求雇员定期拨金钱至个人的退休计划，同时公司将拨部分资金至每位雇员的401（k），直到雇员离职。而雇员可自行决定拨钱的数目多寡。——译注

能的话）的同时却要冒着面临失业的危险，那么华尔街真的完成了增加股票价值这一他们声称的中心任务了吗？当我在信孚银行工作时，我常听说有公司通过彻底地削减开支，使他们的季报盈利立刻产生显著的提高，股票价格应声上涨，但同时公司的研发经费减少，生产能力的建设被忽略，从长期来看，股东价值没有增长甚至反而下降了。这种股东价值的矛盾正是问题的要害所在，也一直贯穿于我的田野调查之中。

回到我之前对 AT&T 的讨论上来，一个鲜为人知的有关 1995 年 AT&T 大规模重组的背景故事，是一场针对 NCR（美国国家收银机公司）的灾难性收购。这段历史之所以重要，是因为四年前，即 1991 年，AT&T 在摩根士丹利的鼓动之下（合作关系在这次失败的收购后告吹），用 74 亿美元恶意收购了 NCR（Zuckerman，1995）。这一侵略性的举动不仅导致了 NCR 的"老家"——俄亥俄州的代顿（Dayton，曾经是一个稳定而又繁荣的公司城镇）陷入了大规模的裁员和不安之中，而且对 AT&T 来说也是一个灾难，"仅在 1995 年的前九个月，AT&T 就因此损失了 15 亿美元"。（Rimer，1996）绝望之余，为了抬高股价，AT&T 的首席执行官罗伯特·艾伦决定将公司拆分成三部分，以此化解这次对 NCR 失败的购买对公司的影响。然而，距这次"大胆的"拆分不到两年时间，到 1997 年时，AT&T 的股票仍不尽如人意，每股为 33.625 美元。虽然在 1991 年至 1995 年进行了重组，但艾伦持续面对长途电话服务在新经济时代的盈利能力的质疑，最终辞去了首席执行官一职。不过他依旧辩称道,"之所以选择拆分,是因为这能使得 AT&T 的股东的 400 亿美元解套",他坚持认为"一切都是为了避免股东价值的毁灭"。(Landler,1997)

摩根士丹利的建议似乎是在为股东价值考虑,这笔交易的确为那些企图在价格短期暴涨时套现的股东创造了爆炸性的财富,但事实上,从长远来看却危及了 AT&T 的股票价格。记住,投行家们只要达成了交易就能拿到高薪酬,而不论结果如何。风险越高,交易越大,越是风云变化,华尔街的人们赚得也就越多,即使这种重组或是合并从长远来看会损害股东价值,他们也并不在乎。由于一些没有预见到的困难,许多合并企业最终都没能达到合并前的预期利润[26]。

尽管由于 AT&T 采取了摩根士丹利的建议而导致了失误,瑞士信贷第一波士顿公司(CSFB)和高盛投资公司还是建议新任的 AT&T 首席执行官——迈克尔·阿姆斯特朗——买下电视电讯公司(TCI)和美国第一媒体公司,这两家公司是美国最大的电视以及调制解调器公司。这两笔交易发生的年份之后被华尔街的商业类杂志《投资交易商文摘》命名为"并购年"(指 1998—1999 年度)。虽然 AT&T 的收购热潮在 1990 年代末被斥为好战之举,阿姆斯特朗也被称为像他的华尔街顾问一样贪婪,但更值得注意的是,投行在这次并购潮中赚了超过 1 亿美元。并且在 2000 年,AT&T 宣布再次分裂成四个独立的公司,将两年前的各种努力都毁于一旦(Stokes,2000;Waters,1999)。供职于独立研究所的电信工程分析师斯科特·克里兰将那次交易称为"数十亿美元打水漂"(Hiltzik, 2001)。阿姆斯特朗花了112亿美元扩展公司，但是到2002年已经亏损了600亿元。而2002年时AT&T的股价已经跌到了13.51美元每股，远低于1999年最高的49.77美元每股。2004年4月，AT&T从道琼斯工业平均指数成分股中被剔除，成为了历史。

因此，本书想要讨论的一个中心问题就是，为什么华尔街上的投行们总是无法实现他们的"初心"(raison d'être)？为什么投行家们总是一以贯之地做出那些看起来不甚理性的举动呢？比如他们宣扬股东价值，然而实际上他们不仅在损害股东价值，还在制造企业和金融的市场危机。作为股东价值的拥护者，华尔街投行言行不一，难以捍卫股东价值，那么股东价值又是如何一直保持着一种文化的合法性的？

当人类学研究当权者时，常常会遇到民族志再现与方法论的两难，因此解决上述问题比较复杂。比如，人类学家无法将"社会分析的客体"（通常是一些边缘群体）看作是"分析的主体"，部分代表性问题和人类学反思性转向的危机正是症结于此。而且，人类学家甚至没有充分地定位和认识到他们的关注点、他们的影响抑或是他们作为写作者的支配地位（Rosaldo, 1989：207）。然而，这种历史性的错误只有在（研究者）头脑中保有一种"典型"的权力结构时才说得通，比如一些中上层的白人男性人类学家在殖民和后殖民环境中，研究那些权力弱小的"土著"时更容易出现上述问题。潜藏在这样再现的政治之下的是（研究者）隐去的专家身份和凸现的主体身份。为了修正这种错误，许多人类学家，我指的是那些试图让自己的研究对象发声的人类学家，"不得不冒着将表达的重担从人类学家自己身上转移到了研究对象那里的风险"，使得研究对象的表达成为"更高的'真实'"（Yanagisako，2002：48）。考虑到研究对象的声音和研究者的声音历史性的不平衡时，这种赋予研究对象自己发声权利的策略是可以理解的。然而，当人类学家要研究当权者时，这种方法就不再适用了，因为会给予研究对象过多的权力。

我的受访者——华尔街的人们，不仅具有代表性的权力，发明了许多极富影响的模型、给出了历史性的阐释，也为资本主义、自由市场和全球化创设了诸多理论，因而他们的声音响亮而清晰，即使与研究他们的人类学家相比也是如此。我的任务不是简单地将华尔街的人们作为一个行动主体给"辨识"出来，而是在与其他文化模式、历史和话语的比较中，对华尔街的世界观进行定位与批评。比如，在田野研究中，我自己会为华尔街最有影响力的股东价值这一模型所着迷。我深入探究了那些银行家错综复杂的对股东价值的声明和解释，将这些声明和解释单独作为重要的研究对象，当然我并不仅仅在公司文化里面理解这些话语，他们正是通过公司文化发声。我发现华尔街投行并没有多么地将股东价值视为一个独特的叙述并按照理想化或模型化的股东价值行事，而是将股东价值与其自身作为投行家的公司文化和经验相调和——而这在很多情况下事实上损害了他们宣扬的股东价值。

与之相似地,我发现如今这种对基于现代中心观的股东价值理想的鼓吹是部分根植在一种主流的历史叙事之中的,这种历史叙事将华尔街人的身份合法化成股东价值的捍卫者,并准许其在形塑美国企业过程中的角色和实践[27]。股东价值这一概念的使用还从属于更广泛的意涵,它声索一种对权利和继承的还原叙事,这样,华尔街的投行家们能够定义那些他们宣称是最有利于我们的经济发展的贡献。华尔街的文化的合法性以及股东价值得以保存下来,依靠的是"起源神话"(origin myths),特定的对于新古典主义经济学的理论解释和在投行历史上存在的股东权利。

更确切地说,我的研究对象都将自己视作资本的采集者和供应商,而这些资本形成了美国企业、公共事业以及美国的私人财富的基础并使它们的成长与扩张成为可能。这一点也不稀奇,有关华尔街的从工商管理到法律类的学术文献,都在不断地复制与强化着投行家对他们自己以及他们的专业历史的预设。这一预设是关于投行为美国企业的体系的产生本身提供了资金支持,并且在整个历史中为这些体系不断输送着新鲜的资本血液,维持着美国企业并使他们有能力扩张。这一想法是如此地根深蒂固,以至于想要弄清楚"华尔街到底在做些什么"比我想象的还要复杂许多,因为大多数谈到华尔街的文章(无论是流行杂志,华尔街的刊物,还是学术类文章)都被这样一种被视为理所当然的关于华尔街角色和责任的叙事所限定,这一叙事建立在美国企业和金融历史的特定解释之上。迈克尔·詹森在《理财师》（Jensen，1976）这本书中描绘了典型的投行家的生活肖像，这可以看作是华尔街主流文化的一种代表，不仅神秘而且深奥，就像我们资本主义体系中最重要的那部分一样：

> 他们是华尔街的精英，他们的办公室用昂贵的古董和名画装饰着。他们身着至少500美元的西服套装，当普通的美国人给自己的邻居打电话时，他们却忙着给罗马、苏黎世或者法兰克福打电话。他们掌控着数百万美元的交易，虽然仅仅是收取一些手续费，但足以让他们成为世界上薪水最高的那一部分人。他们就是华尔街上的投行家们，他们为美国的大型企业动辄融资数十亿美元……他们不为公众所熟知，连隔壁的储蓄银行也无法理解他们，就像国际电话电报公司（ITT）的哈罗德·杰林家附近的熟食店老板不了解他一样，投行家就是这么神秘。大多数美国人对他们在做什么仅仅有一点点模糊的概念……他们的艺术是神秘的。古时候有求雨师（rainmaker）为农民的庄稼召来降雨，这些现代的华尔街"求雨师"们为那些有求于他们的人们和企业召来了美元，为这个国家建起工厂……到底什么是投资银行？简单来说就是为他们的客户召钱的艺术。(Jensen, 1976: 1—2)

华尔街的投行家们保持自己现在和将来作为建造国家工厂的资本喷泉形象的一个重要手段，就是牢牢抓住过去。这种传奇的角色，将表面上对私利的追逐转变成最终增进社会公益（social good）的力量，他们声称，私利的激励终将导致更富效率的经济，更伟大的创新及更好的工作。

为了指出华尔街的投行追求股东价值的前后矛盾之处及其带来的种种失败和恶果，同时关注其解释力，那么采用一种将华尔街的模型、历史和话语去中心化的多元方法就十分必要。首先，为了弄清华尔街主导的股东价值模型内的裂痕，对既有的有关金融领域的社会研究进行调研是至关重要的，这些研究包括华尔街平常的金融文化、金融危机、金融产生的影响以及实际与金融模型间的关系（这种关系通常是不可预料的）（J. Guyer，2004；Maurer，2002；Miyazaki，2003、2006；Miyazaki and Riles，2005；MacKenzie，2006）。简·盖耶（Guyer，2004：4）指出，"人们之间的信息交流"不仅从所谓"本质的或者典型的"模型或者说交易模式中构建出来，而且还贯穿于所谓的"一般惯例"和"市场经验"，因而重新认识模型和结果间的相互影响关系是十分必要的。宫崎广和和万安黎（Miyazaki and Annelise，2005：320）发现，鉴于"一系列人尽皆知的金融失败和金融市场的崩溃"，对于"市场的参与人"来说，"经济学的知识在预测、计划和管理市场方面的失败应该是不证自明的"。然而，我的问题是，我的研究对象怎样并且为何继续制造失败，这样的错误不仅与他们声称是自身价值的股东价值相悖，而且还加剧了他们工作的不安全性。

从现有的针对金融的社会研究所展现的模型和内容来看，对权力的影响和股东价值的失灵以及华尔街构建的各种主流模型和理念的研究还有很大的发展空间。这些金融学的理论和模型都是"我们文化中最具有权威解释力的金融市场模型"，面对这一局面，分析的关键在于理解他们是如何运作的以及实际上他们到底在做些什么（MacKenzie，2006：275）。唐纳德·麦肯齐和比尔·毛雷尔认为，这些金融模型既形塑了市场，也展现了模型的局限性，这一点在我的案例中以股东价值为表现。"注意到操演性（performativity）之后，我们仍旧要问：如果这些模型传播甚广，会有怎样的影响？"更进一步，我们要问"这些模型'准确'吗，以及'我们希望看到一个什么样的世界'？"（MacKenzie，2006：275；Maurer，2006）考虑到股东价值模型的局限性以及理论和现实间的鸿沟，我们需要寻找其他一些金融文化价值与规范来思考这些问题，这些价值与规范超越了那些"权威的模型"，而形塑了华尔街投行对美国企业和金融市场的重构过程。

其次，为了直接考察对华尔街的这些特定陈述为何以及如何拥有这样的解释力和影响力，我探寻了华尔街关于股东权利的历史和华尔街在其起源神话中以世界资金筹集者自居的自我概念。这一自我概念表明了一种特定的世界观和社会经济利益，而不是追求一种对客观现实的描述。布罗尼斯拉夫·马林诺夫斯基（Malinowski，1984：96）对神话和社会实践之间的关系进行过阐述,他写道,"一个部族的语言、神话、传说故事一方面与他们的仪式、道德、社会组织有紧密联系,另一方面也与他们的社会实践活动密不可分"。我会论述华尔街如何通过长存于美国文化规范中的新古典主义欲求,唤起构建旧有秩序的合法性。

同样地,为了阐明华尔街所使用的话语、他们那些世界性的观点并对他们的"真实"进行去中心化,我分析了一些投行家对股东价值的叙述。同时,我还分析了那些历史上曾经与华尔街以金融为中心的方法斗争过的那些商业团体的叙述。[28] 依照上述资料,我试图勾画出两种观点间的差别和争论,即资本家扮演的角色,到底是一种向着更好的方向前进的推进器,还是一个由投行家们历来使其普遍化和理所当然的假设。通过审视竞争资本主义世界观和战后的实际实践间的争论,我发现资本主义的世界观绝不是单一的、不变的、整体性的,由同质的资本家们建构起来的。柳迪在她关于意大利资本主义家族企业的民族志中指出:有些当权者拥有相当的对自我的呈现和意义领域的解释性控制,对这些当权者进行研究关键是要超越他们的"官方"版本,以便能够用其他的理解来"补充、挑战和解释"他们的统治和权威话语。[29] 在"描述"华尔街时面临的问题是:为什么一些特定的叙述和社会团体能够主导华尔街,以及,在对这个世界形形色色的看法中,真正重要的是什么。

最后,以民族志的方式呈现及解释当权者的政治学,超越于他们的模型和历史去中心化,以何种手段获得他们的声音也会对民族志的发现有一些影响。比如说在"学习"的情境下，访谈这种方式通常是最容易获得证据的，在我的案例中，大多数记录下来的民族志资料来自于和投行家们事先预约的访谈之中，我在华尔街的参与式观察与工作经验提供了资料的补充。所以，我记录下来的大多数田野调查集中在投行家的"谈话"上，这也是我的研究所围绕和问题化的部分。米歇尔·德·塞托（Certeau，1984：77）曾写道："如果谈话的艺术本身就是操作与思考的艺术，那么无论是实践方法还是理论的源泉，都可以呈现于其中。"他更进一步解释道，"故事"服务于一系列社会实践的"认可"与"发现"，界定并开辟一个"社会行动的剧场"（Certeau，1984：123）。与之相类似的，特丽莎·卡尔代拉（Caldeira，2000：19—20、78）指出了"罪之话语"，通过不断地"重复历史"和刻板化，"在一个似乎已经失去一致性的世界中建立秩序"，再次揭示出"隔离与排外是城市空间与运动的中心逻辑"，重新构建出一个"静止不动的世界的画面"，这个世界"通过极其简单的词语表达，依赖于制造界限分明、相互对立的范畴"，并且形塑了"社会互动的情境"。正如上述观点，我认为华尔街有关股东价值的叙述重新标示了商业图景，这个图景所带来的方法，不仅使得美国企业加剧了经济社会的不平等，而且也阻挠了企业管理的民主化。银行家这种股东价值的话语体系简化了企业的历史，限制了那些主张公司利润的声音，还排除了更大范围的公平的企业实践的可能。就像末代拉指出的"罪之话语"一样，这类话语"并不是试图把这个世界讲清楚，而是符号化地进行组织和分类"。银行家们关于股东价值的话语并不反映那些复杂的公司之间争抢资源的斗争史，而是在重构企业历史和价值，这样特定的利益就可以在企业的决策和利润层面获得垄断地位。这样的故事不断地循环往复，将公司作为社会的组成部分之一的说法"去合法化"，而将公司是极少数人的私人投资工具这一说法"合法化"了。

另一方面，仅关注官方言论在方法论上是有局限性的，因为这样很容易把受访者所说的和所做的分离开来。这是在没有相应的参照物和无法持续进行参与式观察时，对有权势的受访者进行的访谈的特质。如果我们仅仅将注意力集中在那些话语、逻辑、理由以及关于股东价值的讨论上，而没有相应地去分析投行家们到底做了些什么——正是这些实践使得股东价值这一特定版本获得了话语权——那么这不仅在民族志写作上是粗浅的，而且还假定了一个关于自我服务模型和世界话语的自我实现。意识到文化和生产力的影响并不像他们的权力以及合法性逻辑那样清晰，我试图将我的观察、田野的笔记以及我的所见所感——这些感想是我的社交网络、华尔街的工作和田野工作的特定混合——都纳入一个统一的分析框架之中。因而我发现将这种"行动中的世界观"里的互动、裂缝与摩擦[30]整合起来是十分重要的，尤其是在研究华尔街文化的生产与影响上。虽然与那些身居高位的受访者的对话是十分有趣而且有益的，但使我的受访者"倾囊相授"往往只是问题的一小部分，并不是分析的目标。对于这一不常被质疑的华尔街的股东价值以及市场真理的话语,人类学与其他方法相比,可以用民族志描述华尔街的制度实践是如何使股东价值的话语活灵活现,从而协助揭开华尔街的暗箱。

反抽象化,金融市场建构及全球资本主义的特殊化

如果人类学在研究"市场"、"资本主义"和"全球化"的实然与应然时,摒弃自上而下的范畴、区隔和定义方式,对人类学研究而言意味着什么?如果人类学家将市场作为一系列日常的、具身性(embodied)的实践与模式又会如何?在1990年代中后期新自由主义话语与实践复兴的背景下,"市场"(通常指金融市场)占据了主流,占据了金融和社会科学理解中日渐居于主导地位的、全球化的规范空间,而这本书正要检视这一宏观结构的基石。华尔街的投行家们在他们的自我呈现以及对真相与权威的主张方面光彩照人,然而他们的日常实践及行为假定从文化层面上却不为人所知。所以,通过直接接触被认为是全球资本主义市场的缩影的华尔街,这一变革中的关键能动者,我试图聚焦于这些对全球经济具有构造世界的影响意义并进而影响普通大众生活的行动者和机构。

在当今这个新自由主义的时代,新的金融市场结构引发了大量的社会经济不平等现象,对其进行解释的需求,在人类学中催生了一种理解金融学的方法,这种方法可能会阻碍对影响力非凡的金融行动者的文化分析,并且再生产出对于全球经济中"成王"和"败寇"的权力负载假设。把金融资本视作抽象概念的假定使得金融资本与生动具体的现实相分离,变得去情境化,并反过来以一种神秘的方式形塑与侵蚀社会关系。一旦我们将这种假定置于我们分析的中心位置,我们就将冒着让全球经济中的精英们获得更大的空间去定义与解释我们的社会经济生活的风险(Gregory,1998;Tsing,2000a)。当然,至关重要的是,人类学家长期处于从文化路径理解经济问题的前列,尤其批评了新古典经济理论仅是一个狭隘的思想模型,脱离了并且难以再现经济事实,特别是在"非西方"社会中(Dalton,1961;Dilley,1992;Gudeman,1986;Sahlins,1972)。这些思想馈赠很大程度上来源于卡尔·波兰尼,他挑战了"自由主义经济思维的'经济学家谬论'","这一思维将市场关系视为人类行为的普遍模式",并且认为,经济活动是嵌入在社会网络、关系和制度中的(Slater and Tonkis,2011:94)。不管怎样,波兰尼及其后的社会科学家的分析所依赖的这一系列二元对立依然在持续地产生影响。非市场的、前现代的经济被认为是嵌入在社会关系之中的,而现代工业社会的市场则总是被想象成按照正统而抽象的经济模型运转。在这一表述中,具体/抽象、嵌入性/去嵌入,以及文化/经济这些二元对立暗含其中并始终存在。

近来的人类学和社会学的研究对这些被视为理所当然的二元对立发起了挑战,这些研究论证了经济活动发生在复杂的、在形式和发展阶段方面不断变化的社会关系网络之中。正如精致的计算在很大程度上刻画了"非市场"的礼物交换,"市场经济比波兰尼严格区分的情况更加全面地嵌入进社会网络之中"(Slater and Tonkiss,2001:101)。[31] "现实的经济实践"反对包罗万象的市场概念:"高级金融与很多事物有广泛的联系,个体、个人的额外收入、小利益团体、声望、幻觉,几乎包括了所有东西,但就是没有一样叫作市场。"(D. Miller,2002:224、228)而且,人类学家关于"自由市场"的研究已经解构了西方文化中的市场概念,这些研究论证了市场的意识形态是怎样与英美的自由主义、财产和新古典经济学的概念紧密联系在一起的。

尽管这些研究作出了重要的贡献,但是随着新自由主义的兴起,作为其表现形式的抽象的全球化市场也开始复苏,于是许多学者重新回到了那些二元对立的假设中,特别是在提及西方货币与金融方面的时候,在这些二元对立的假设之下,投资银行的金融支配地位通常被归因于抽象的、全能的全球化市场。在这样一个金融与股票市场成为资本主义实践的统治范式的时代,许多对于市场原教旨主义批评的学术研究都不经意间将这样一些概念作为了其基础:经济开始从社会之中"去嵌入化",金融市场逻辑——作为一种乌托邦的理想——抽象化地形塑了社会关系,引发了全球范围的社会冲突与不平等。依据那些给予精英机构和跨国公司以特权的虚拟的经济模型,新自由主义的行动者和制度正在重构社会世界(Carrier and Miller,1998)[32]。极端地去理解,这种关于货币和金融的叙事预示着一个均质化、具有还原论性质的"全球化"世界，其中，"地方性的"社会关系被缩减到一个抽象的、单一的底线标准之中，并被这一标准所评判，而世界则被金融逻辑的图景重建。我将这些对新自由主义的学术批评描述为"新自由主义例外论"，社会经济不平等的状况激励着学者们更为关注遥远的逻辑，而非探索特殊性和实地文化分析，而这（具有讽刺意味地）又强化了新自由主义的影响。

那么，在叙事演变过程中抽象化程度不断提高的危险是什么呢？金融逻辑的一般化与资本主义全球化成为了占据统治地位的叙事，这不仅使得华尔街实践与影响的独特性和异质性日渐模糊，阻碍了对于华尔街投资银行霸权主张的质疑，而且具有讽刺意味的是，它将市场图景与华尔街资本主义缔造者大肆宣传的外在表现等量齐观。[33] 最近，一些社会科学领域有关金融的创新性研究将金融市场的建构及全球化过程的关键部分作为他们研究的主题（以及研究客体），这些都是应对那些具有统治地位的题目的核心研究，它们使得那些在金融领域富有权势的行动者在文化上变得可知并嵌入进社会性新的形式之中。[34] 比尔·毛雷尔（Maurer，2006：15、19）恰当地指出，抽象、孤立的货币概念是一个具有统治地位的"西方通俗理论"，在分析市场、货币和金融时，"人类学过于频繁地重复着同样的故事——从社会性嵌入到去嵌入性的抽象经济形式的'大转型'"。对于货币的叙事吸收这一逻辑的过程，毛雷尔是这样描述的："在学界和民间，货币的故事都在这样一个基调下被讲述,货币在演化的过程中越来越远离现实的事物,越来越与具体的物质相分离,它处在一个单线进化的轨迹之中:从物物交换到金属货币,到以金属为本位的纸币,再到由国家命令为基础的有价纸币,最后或许是复杂的像衍生品似的金融事物,与未来相关,而不像从前那样有现实基础。"(Maurer,2005:100)类似地,宫崎广和万安黎(Miyazaki and Annelise,2005:321)观察到现在学术研究对"金融奥秘"的关注阻碍了"民族志对平凡事物的平凡品质的关注"。倘若我们将金融与货币视为"新的异域",对金融的不足和平凡的独特性的描述就变得更加关键了(Maurer,2006:18)。

简而言之,将金融简单地抽象理解就放过了对其研究的可能。我试图证明,大量的公司重组并不是源于抽象的金融模型,而是源于投行家的地方的、文化的惯习,股东价值的任务导向性叙事以及华尔街的制度文化。尽管我赞成对公司裁员以及工作不稳定性随着抽象性的增强而蔓延的现象进行解释,但是我的研究主要还是想呈现那些似乎抽象的东西还是可以在事实上被文化解码的。诉诸于抽象的批评不仅仅唤起了我们自己的二元对立遗产,也唤起了新古典经济学,其中存在着"很强的价值无涉,致力于理性的分析"(Nelson,1998:78)。金融资本领导下的资本主义充斥着裁员、股价和市场危机等概念,在民族志解释的层面上,意识到这一资本主义并不是有关"去嵌入性"至关重要,因为它牵涉着权力关系和不同价值、不同世界观的社会领域之间不平等的冲突。但我首先要指出的是,抽象化对于亟待解决的社会问题而言是一个有力的解释工具。

毫无疑问,那些具体的经济测量,从价格到利率再到道琼斯工业平均指数,形塑着我们的生活。在过去的20年间,那些强大的知识制造者们,从金融经济学家到公司高管再到华尔街银行家们,越来越依赖于这些指标自上而下地进行有关就业与政策的各种决策。对于这些深刻的变化,人类学家詹姆斯·卡里尔(James Carrier)认为,伴随着越来越强大的制度权力的新古典经济学,正致力于"有意识地使得真实世界遵从虚拟图景"。恰恰是经济思想"变得越来越抽象和虚拟"才创造出了一套有关现实的规范模型,一个"虚拟的现实",它是简化的、错位的、与丰富和可靠的社会关系相分离的(Carrier, 1998: 2、5、8; Carrier and Miller, 1998)。特别是考虑到我们现在生活在这样一个商业环境之中,企业的决策很少依据来自于组织实践的战略知识,而是依据金融方面的判断,股价以及华尔街投行的预期,那么抽象化难道不是一个合适的判断标准吗?[35] 正如卡里尔(Carrier, 1998):"作为一种去嵌入性的表现,企业的解体及日渐增长的临时工使用状况并不鲜见,因为曾经发生在企业内部结构之中的经济活动、长久的雇佣关系以及其所包含的制度关系现在都在向外部转变,因而需要相对去个人化的、临时的市场关系。"这些事例似乎描述了这样一种"外在的"力量,它"去嵌入"于地方性和组织化的文本,仅忠于金融指标,如股价、收益增长率,它不仅松懈了社会联结,还通过抹杀我们对日常生活和困境的不安制造了社会经济最大的不平等。

  本文中的部分观点认为,"感觉像是"从边缘化的观点中通过犀利的、相异的抽象化而胜出的不同价值观、偏好顺序与利益交织,造就了强有力的社会转型,而这种抽象化的建构,或者说是一种感觉,毫无疑问,正是关于这场变迁中的权力和等级制度。比如,很多被裁掉的雇员认为,股价只是许多价值中的一种,像稳定的工作和美国梦这些其他的价值更为重要。从剥夺的立场来看,金融参数'比如股价'超越了其他的价值,从而对不同地位的人施加了不平等的影响。有权和无权在优先级和议程上不平等的冲突,很可能让人感到是"头上有一个美元符号",更遑论裁员了。然而对于这一现象更好的解释应该是权力关系具体表现的社会效应,而不是抽象化。

  类似地,当一个人直接去审视权力的时候,被称为"抽象"的是有关其独特的价值、利益和起源神话(的事物)。从我本土化的观点来看,他们使用股票价格作为评价公司的基本尺度并不是说抽象化是好的、重要的,而是要重新唤回"正确的"企业所有权(股权)和控制权的统一,这种统一在管理资本主义、福利资本主义的全盛期被分离,而管理资本主义和福利资本主义培养了关于责任、效率和独资经营的价值观。对股票价格的执着仅是一个任务导向的起因,而不是为克服错误资本配置的冰冷的抽象。作为一系列价值的表现,股东价值使得银行家可以将其转化为具体的数字价值,因而具有它独特的解释力。但是当强大的金融机构通过利用股东价值的世界观宣扬他们的世界图景，争取精英阶层的利益而将短期的、金融市场为基础的决策方式强加给企业的时候，股东价值就不是一个切题的策略了。与此同时，作为华尔街投行家世界观的股东价值也并不总能发挥作用。尽管我会论证因为股价被裁掉的员工并不意味着是为了抽象的数字而消灭地方性的价值，我还会通过案例阐述华尔街并不仅仅依赖股价裁员：其他的模式以及文化和制度方面的规范也在发挥作用。

既然在华尔街中，金融模型在实践中并没有完全实现，那么"虚拟"模型和它的"真实"影响之间的间隙就是一个十分关键的分析领域。在此，米歇尔·卡龙（Michel Callon）和丹尼尔·米勒（Daniel Miller）之间激烈的学术论辩富有教益。卡龙表示，金融经济学的模型和理论并非虚拟，正如米勒所声称的，它在经济实践运行并发生在建立在日常基础上的"理性经济人"假设意义上是"真实"的。经济实践对多种能够使经济思想实现的条件和框架进行了社会建构。在这种脉络下，卡龙（Callon, 1998）拒绝抽象/真实这一二元对立。然而我将要论证的是，在有关经济学与市场之间，理论与实践之间，卡龙和米勒定义的假设都要么工作还不够，要么走得太远。不过，沿着卡龙和米勒的解释路径下去，我们就可以将股东价值现在的统治地位作为例证：理性经济人是存在的，金融经济学是与市场实践接轨的，市场机制将社会关系依据虚拟的、乌托邦的资本主义幻想抽象化了。我认为，经济学的理念既没有完全进入具体化的真实中运行，也没有用虚拟代替"现实生活的复杂性"。要想分析华尔街的投行家们在实际中究竟扮演怎样的角色,就必须对虚拟与真实、模型和效果之间的相互关系给予充分注意,同时也去注意其他将会影响这一互动的关键文化情境。

当华尔街的行动被表述并解读为"人们因股价被裁员"或漫不经心地表示为"市场崩溃"时,投资银行实践就作为一种抽象被呈现和解释,"市场"也就与社会决策相隔绝了。社会经济错乱更多的是有关现实中时而发生、能被我们经历到的权力,而非在抽象之中。当不平等的价值和利益冲突主要在抽象层面解释的时候——这种抽象反过来又被视为金融的核心特点,这些假设就将进一步混淆华尔街中最基础的行动者的任务。

脱离对作为种族建构的白人权力的类比,有关抽象和权力的讨论是不完整的。理查德·戴尔(Richard Dyer)(1997:38—39)曾指出,白人认同的主要标志之一就是"利益无关地位的获得——抽象的,有距离的,分离的,客观的"。然而,尽管推崇普遍性、抽象化和隐私化,白人又矛盾地主张个体概念,一个特别强调精神与个性的概念,就像一种有特权的"种族"。戴尔(Dyer, 1997:39)论证道,代表性的白人权力——它的灵活性,生产效率,贪得无厌以及排他性——来自于它"既包罗万象又一无所有,既绝对存在又完全缺席的能力"。所以毫不奇怪,金融市场的话语权的一部分恰恰是这种抽象的表征,伴随着特定任务并要求自由、民主、财产和繁荣,它无处不在又要无觅处。市场权力在这种代表性的灵活性中成长：尽管它的受益者可以在必要的时候成为一个利益群体，但是通常情况下这种权力隐匿在抽象与普遍性之中。与戴尔的主张进行对比是有益的，他认为"将权力放置并具身于一个白人的特定经验之中"可以挑战白人的权力（Dyer，1997：4）。在这篇民族志中，我将挑战灵活而富有生产力的市场权力，赋予其具体性，并展现投资银行决策以及具体的投行家的经历都受着文化价值以及有关种族、性别和阶级的社会关系的影响。我希望能够绘制一幅具身的、缤纷的、具有独特性的华尔街图景。

对资本市场全球化以及对金融行动者价值和策略的两方面民族志研究工作都要去认识他们的权力，并展现他们的地方性和不稳定性，甚至是他们的脆弱性。[36]一方面，我要强调华尔街实践在美国的位置以及特定的投资银行主体及行动是如何通过它们的金融品牌制造出美国的霸权的。因此，尽管力量强大且伴随着全球化进程，华尔街的金融与全球金融，与美国利益都有区别，不能将它们混为一谈。另一方面，美国的银行和投行家们经常宣称自己的全球性影响：他们引发连锁反应，带来全球的变化，他们将自己视为推动全球资本主义进步的终极行动者。正如道格拉斯·霍姆斯（Douglas Holmes）和乔治·马尔库斯（George Marcus）（2005：237）所写到的，"当代的技术官僚体系设计并创造了将全球视为日常实践的观点。中央银行的运作并不只是受到技术快速发展的资本主义的影响；他们在创造和影响中央银行的运作中扮演直接的角色"。

当然，尽管这些行动者强烈地形塑了社会关系，展现华尔街的地方性还需要把这些因素纳入进来加以强调：夸大的宣传、误算、全球战略及实践的差异，特别是全球范围内的中心角色以及权力在投行家的自我呈现中的意义。[37] 我们无需假定行动者的计划是完美设计和执行的，就可以去认识华尔街的投资银行实践及其世界观的影响并在全球扩散。正如迈克尔·费舍尔（Michale Fischer）指出的，世界是"多中心的"：不论多么均质，它都与多重性、动态、地方性以及独特民族志的生产并置（Fischer, 2003）。专家也会犯错误，玩弄舆论者也会机关算尽反误己，所以世界的主宰也会被狂妄败坏。我对华尔街投行家的研究反对将完美无缺和必要性归因于投行家的文化实践这样一种倾向，而是通过探索市场实践的脆弱性以及专家意见的不一致性，特别是在影响世界的股东价值崩解的时候。正是世界对于他们才能的信心才使得他们能够行动无碍。

1.

第一章 领导权列传：
关于聪明文化、投资银行的招聘与建造

1998年到1999年之间我开始进行田野调查，当我联系在斯坦福大学、普林斯顿大学和信孚银行结交的同事和朋友时，令我印象深刻的是我的受访人经常凸显并标榜自己的"聪明"。这一词语似乎在华尔街的词典里非常重要。我的受访者声称，全世界最聪明的人都来这里工作；在他们眼里，华尔街创造了迄今为止全世界最精英的工作社会。几乎我遇到的所有行政管理人员都一再强调他们的同事如何聪明，他们这家银行富有多么"深厚的才华"，以及只要一个企业雇佣了"最聪明的人"，那么其他的一切自然顺理成章。刚刚毕业于普林斯顿的克里斯·罗根和尼古拉斯·伯恩，分别就职于信孚银行和美林银行，他们提到，从新人的角度来看，华尔街最令他们觉得文化上与众不同的是伯尔尼称之为置身于"最聪明和最富有雄心的人们"之中的体验。罗根补充了在华尔街成功的三个素质，即"聪明、努力和进取心"，"其他的一切都被认为无关紧要"。而据毕业于斯皮尔曼学院、曾任摩根士丹利前研究员的凯特·米勒称，被面试者通常会被告知，他们将会与"世界上最聪明、拥有本世纪最伟大的头脑的人"一起工作。

这样的情绪并不仅仅属于那些充满渴望的年轻分析师，和那些炫耀他们的行业来获得应聘者的敬畏的投行代表。刚刚拿到哈佛 MBA 学位的胡里奥·穆尼奥斯是帝杰证券*（Donaldson, Lufkin and Jenrette, DLJ）的一名合伙人，这是一家颇有声望的精品投行，最近刚刚被瑞士信贷第一波士顿公司（Credit Suisse First Boston, CSFB）收购。他说，投资银行最突出的特征就是他们的聪明和排他性：

> （华尔街的）人们真的很聪明。事实上他们从来不招聘任何（不符合要求的人）……招聘标准很高。他们真正关注的，也是将投资银行与其他工作环境区别开来的，是他们只针对那些拥有良好学术背景的有经验的应聘者。（这就）为投资银行营造了一个高度的精英社会——那些拥有途径进入某几所（顶尖）大学就读的人。如果计算投资银行招聘范围内的大学数量，不会超过 15 到 20 所。

与此相似，约翰·卡尔顿，一位信孚银行的高级董事总经理，曾经在诸如皮博迪、瑞士信贷第一波士顿公司在内的很多家投资银行工作过，也认为华尔街投行家的关键特点在于他们

---

* 有关帝杰证券的详细介绍见第二章。

的聪颖过人、富有进取心和自信心："聪明人聚集的地方总是有溢价的……因此，这里总是竞争激烈的。最经常出现的是，很多人会说，'看，那些最优秀最聪明的人都要去华尔街工作。我也很聪明，我也应该去（那儿）。而且，顺便说一句，我会收入颇丰。'"在评论对冲基金是如何从投资银行那里吸引最有智慧的人才时，雷曼兄弟并购部门的副总裁罗伯特·霍普金强调道："我们是在谈论世界上最聪明的那些人，是的，他们就是世界上最有智慧的人。如果你（一个平均水平的投资者或企业）什么都不知道的话，为什么不和这些世界上最聪明的人一起投资呢？他们肯定知道自己在做什么。"[1]

这种"聪明文化"对于理解华尔街金融机构以及理解投行家们如何从个人和机构的途径获得权力，践行他们的世界观、输出他们的实践，并成为影响深远的社会经济变革的典范来说，非常重要。在华尔街，"聪明"远不只意味着个人智慧，更传达出一种象征精英、"深刻印象"、高端地位和专业性的自然而又普遍的感觉，而这些被用作彰显甚至证明投行家作为美国企业的顾问乃至是作为全球金融市场领导者的价值。在华尔街被称为"聪明"，意味着被裹挟进一张关于情境化的实践与意识形态的网，这张网是由多种机构、流程和整个美国文化共同制造的，赋予高级金融以权威和合法性，带给部门以巨大的影响力。这种聪明的文化不只是华尔街的一种优良品质，更是一种通货，一种能够带来利润积累与全球技艺的驱动力量。

聪明的关键标准在于具备能令客户发出"哇"的惊讶声音

的能力，通常而言，这些客户都是财富500强企业的高管。从这个意义上而言，虽然专业技能和商业悟性有助于在华尔街创造聪明的头衔，但它们都被认为是次要的，能够"在工作中"学会的。这个世界上"最优秀的"、"最伟大的"、"最聪明"的人才，是通过一套认证程序识别和挑选出来的，而这套程序主要靠外表和绩效来支撑。换句话说，聪明必须通过一种能带给别人深刻印象的特别的外表和身体技艺来表征和强化；毫不意外，这些诸如穿着无可挑剔的得体、外表时尚、智力敏捷、体力充沛、充满进取心和活力的特点，是参考了那些典型的上层阶级、男性、白人和父权主义的完美投行家形象。尽管此处我主要关注作为聪明的核心要素的精英主义，但在下一章节，我将深入探讨聪明被识别和传递的"整体包装"。

是什么使得投行家们可以自认聪明，又是什么在最初的时候界定和合法化这种聪明，而正在实践中的聪明又是哪种独特形式呢？这些问题在投行家的身份与社会形成过程中愈见明晰：这一过程包括对新近毕业的大学生和MBA的招聘、技能训练和入职培训，使他们初入华尔街世界。由此便可以觉察出，正是华尔街行动中的文化价值观，特别是对霸权式的精英主义的建构和维护，创造了金融市场中的"专家"知识，这一发现真是一种残忍的安慰。通过招聘和入职培训的持续实践，华尔街实现并重塑了它的合法性根基。

经过招聘与入职培训的流程，投资银行在观念上定义了他们概念中在全球资本时代成为一个成功人士所需付出的努力与代表的意涵。为了能够扮演好"世界主宰"的角色，华尔街不仅需要大量的自信和制度合法性，同时也需要一系列对于华尔街在世界中的角色和他们本人在华尔街中的自我角色的特殊信仰。投行家被训练成能够运用特殊的、高度意识形态化的视角来看待金融市场与美国企业，更被灌输进一种自认为是社会经济变迁的代理人和模范的个人模范意识——这种意识必须被具身化、被深信不疑，并且需要持续不断的"鸡血"。投行家们是如何被赋予建议和影响美国以及全球企业发展方向的权力的，并且这种权力是如何与他们的个人发展轨迹、声誉、人脉、协会组织和身份建立密切关系的？在回答这个问题的过程中，我试图揭示传记和制度在实现全球资本主义变革过程中的重要性。主流资本主义实践的构成要素也是个人化和文化的；人们的经验、就读的大学、职业路径与选择，都由资本主义霸权构成；整个金融完全是一种文化的存在。

我格外关注"聪明的投行家"的建构：他们是由精英学校校友组成的类似于"家庭"延伸网络的成员，是专业技术和全球性机构的鲜活象征。残酷而高强度的工作以及不安定的工作环境巩固并证明了他们带给人的深刻印象及其金融影响，这反过来也让他们能够将自己的分析与推荐建议的价值内化。在被广泛构建的华尔街制度文化中——工作经验和职场激励映射到精英的成长传记里——投行家们不仅自身吸收了关于股东价值的独特意识形态，同时也将它传播到美国企业中，而且也推动社会按照华尔街投行家的形象对数以百万的工作生活进行重新设计与重建。

通过研究同时作为个人和变迁的集体行动者的投行家,我并不想假设一个前提,即"市场"总是行使权力,而是认为那些既在其所处的文化和制度位置中获得权力又受其限制的投行家们的人生经历、体验和实践,在日复一日中创造了社会变迁和金融的霸权地位。就像那句话,"只有通过那些'小故事',一个人才能开始破解和挑战那些嵌入观念中的均质化话语,例如全球化、'这个'市场和'这个'国家,通过指出市场不过是由每天的日常和琐屑构成,我们就能将市场去中心化成一个抽象的能动者和强大的力量,这有助于我们在关于它的独特性与情境性的全部语境下,理解这种领导权的创建。否则,我们只能冒着特权化、均质化市场中的元叙事的风险,或者将其视为理所当然,讲述一种大故事。"(Crossa,2005:29;S. Smith,2005)

关于招聘

我在初入投行的文化世界时付出了艰辛的应聘努力,而这是华尔街在多数精英学校所采取的方式。作为一个人类学的研究生,尽管我个人对华尔街抱着矛盾冲突的心态和神秘莫测的感觉,但普林斯顿大学与投行之间的职业渠道提供的直接联系使我能够参与到招聘过程的每一个环节中,更不用说进入田野调查地点了。从某种意义上来说,是华尔街走向了我。尽管我当时很难意识到,但是华尔街在校园中无处不在,大学生对投行的兴趣之强,意味着仅仅作为普林斯顿的一名学生,在某种程度上已经可以自动进入对这个社会的参与式观察中了。在田野调查之后,我回到普林斯顿大学撰写学术论文,自认为已经摆脱华尔街,返回到象牙塔中来做一些严肃的思考和写作。但相反的是,这却像返回到虎穴一般。我当时是一个本科生宿舍的毕业咨询师。入职的两周后,我在饭后散步时,碰上一群穿过街道走向拿骚堂(Nassan Hall)的本科生(其中两个住在我所负责的学生宿舍)。在我不知情的情况下,他们已经把我带进了美林证券的演讲!这大批聚集在各种招聘宣讲与信息发布会的学生,造成了类似于音乐会开场和散场时的校园交通状况。我曾参与过1996年的招聘流程,但在大约四年后的今天,由于牛市的推动,校园招聘更加密集,我发现自己参与了无数关于投行的食堂讨论,参加了更多的演讲,阅读《每日普林斯顿人》上无休止的投行广告、动态、新闻与参考建议。在2000年,我同样有机会接触到很多华尔街在哈佛大学的文化类演讲和实践活动,因为我的妹妹那时是哈佛大学的一名学生。她为我介绍了很多正参与招聘流程的朋友,使我能够继续了解她朋友中又有多少人在他们的大四学年猛然觉悟到他们真正的职业"志向"——进入华尔街投行或成为管理咨询师。加上我之前的投行受访人很多是哈佛毕业生,所以我能够充分观察华尔街与这两所精英学校之间的联系。

比起其他的常青藤学校,哈佛大学和普林斯顿大学更是"这些声名显赫的华尔街、管理咨询和其他一些能够提供类似工作的企业最主要的招聘基地","普林斯顿这块牌子更是张有力的入场券"（Karseras，2006）。就像我的很多受访者所说，"如果你去了哈佛、耶鲁或者普林斯顿，那么只有两种职业路径可供选择：投行和咨询。"（Duboff，2005）这令人惊讶的狭隘性通过我在普林斯顿和华尔街的那段时光已经得到证明：我发现不只是大多数银行家来自于少数几个精英学校，而且大多数的本科生甚至研究生都认为，从普林斯顿毕业后唯一合适的生活方向——也是唯一能够提供一种真正的"普林斯顿式的工作"的岗位——首先是投资银行，其次是管理咨询[2]。由于有着广阔的校友网络和拥有主宰力量的招聘，华尔街"是近些年来毕业生离开普林斯顿大学后事实上的家，其中很多人继续生活在一起，即使他们开始了新的职责和生活方式"（Hall，2005）。

作为或许是华尔街最重要的雇员来源学校，一般情况下普林斯顿会输送数量惊人的新职员到金融服务机构，特别是投资银行。据职业服务办公室称，2001级毕业生中有30%，2003年有37%，2005年和2006年有40%的学生毕业后进入金融服务机构（Chan，2001；Creed，2003；Easton，2006；Henn，2001）。尽管从2000年到2005年，有470名普林斯顿学生去修习法律或医学学位了，"但仍有520位普林斯顿学生——大约是普林斯顿毕业后直接选择全职工作学生总数的40%——决定入职金融服务部门"，这是占比最高的一个行业（Hall，2005）。而在不断挑战普林斯顿作为华尔街雇员的主要生产者地位的哈佛大学，投行（也包括管理咨询）同样为它的学生在毕业时提供了大多数的工作岗位（Lerer，1997）。根据哈佛大学职业服务办公室报告，在2005年，将近一半的哈佛学生通过"招聘流程去竞聘投资银行和咨询的工作"（Huber，2006）。

就像《每日普林斯顿人》的一位学生作者德文·彼得森在2002年观察的那样，"每年许多（普林斯顿）学生加入金融帝国是一件习以为常的事情，这就造成了这样心情愉悦却有几分自嘲的笑话，哲学专业（的学生）成为投行家，而曾经很有前途的小说家进入了华尔街。"（Peterson，2002）这么多在进入机构之前没有任何投行专业知识的学生是如何在他们要毕业的时候意识到他们原来一直想去的是华尔街呢，而且这些学生可能曾经一度非常渴望成为作家或者老师。这些富有天赋又出身名门的学生，本来拥有无限可能的未来，又是如何相信投资银行是他们毕业后唯一可及的最有声望的职业选择呢？我认为只有打开这种生命进程中的转折和与之相伴的话语转换的暗箱，才能理解整个招聘流程要求并在这过程中使之形成的独特世界观、文化关联和倾向性。

将这些大学生推向投资银行的力量显然有很多，举几个为例：独特的校园文化，校友和同辈网络的影响，成功、聪明与华尔街之间的文化联系，职业选择等级化的缩窄和构成声望的诸多因素。也许解释华尔街招聘霸权地位的最不证自明的原因就是它的存在主导了整个校园生活：招聘者差不多每周都去学校访问,即使周末也如此;他们最频繁地出现在校园论坛、专题讨论会和社交活动中;他们在信息通报会上发布广告、安排"见面会",他们发放免费饮料和精致小吃,这些新闻占据了每日的校园报纸;他们的企业文化和申请表极容易获得,既可以通过校园招聘点拿到,也可以在线申请。

整个招聘流程从每学年的第一天开始几乎,渗透到校园生活的每一个角落。投资银行和咨询公司主导了初秋的人才招聘会,定义了构成成功职业的所有条件(揭示了它到底是什么样的),他们的出场总是绚烂夺目、光彩照人,人数极多,吸引着学生们的眼球。他们分发最好的礼品包,最有趣的磁贴、马克杯、飞盘、水壶、帽子和T恤衫,这样过几天之后,数以千计的学生就变成了他们的移动式广告牌,带着他们的标识行走于校园生活中。在2006年普林斯顿招聘会上,104家企业中有60家企业是金融服务类和咨询类企业(Rampell,2006)。在2003年的哈佛招聘会上,与会的接近百家的企业中有超过一半是投资银行、普通金融公司和咨询公司(Urken and Habib,2003)。将自己定位成一般化的职业探索本意味着吸引各种各样的学生和路径,但这些招聘会实际上成为投资银行和咨询公司"规模庞大的招聘"(*Harvard Crimson*,1995)。这种为象征着抵达华尔街职场做出的很早而又密集的品牌化活动,这种将投资银行与通常意义上的"职业"相等同的做法,使学生对成功的观念变得狭窄,除了投资银行和咨询公司外,别无其他(Guyer,2003)。

陶菲克·拉希姆是《每日普林斯顿人》的一位专栏作家，他在一篇他称作"狩猎季节"的文章中写道："他们就在这儿。我能够看到他们。我能够闻到他们。他们就在我的收件箱里，就在我的邮筒中，在我的语音信箱里，他们就在我的门外，就在校园中。他们闻到了血腥的气味……他们就是投资银行、咨询公司：麦肯锡、高盛、贝恩和美林。"（Rahim，2003）在下图中，我重新制作了高盛在新千年针对哈佛在校生的"招聘日历"（参见表1）。整个招聘日程非常详细，煞费苦心：

图 1

部门	日期	事件
全公司	2000年9月6日	第十三届女性领导力研讨会小组讨论，上午10:00—11:30
全公司	2000年9月14日	哈佛学生处商业领袖晚宴，查尔斯宾馆，晚上6:00—8:00
全公司	2000年9月27日	简历制作工作坊，职业服务办公室，下午12:00—3:00
全公司	2000年9月27日	公司宣讲会，查尔斯宾馆，晚上6:00—8:00

续表

部门	日期	事件
投资管理	2000年10月2日	部门宣讲会,查尔斯宾馆,晚上6:30—8:00
投资银行	2000年10月3日	部门宣讲会,查尔斯宾馆,晚上6:30—8:00
权益部门	2000年10月5日	部门宣讲会,查尔斯宾馆,晚上6:30—8:00
全公司	2000年10月11日	哈佛学生处职业周,"我的职业"座谈会
全公司	2000年10月13日	职业论坛,戈登轨道与网球运动中心
销售与交易部	2000年10月16日	部门宣讲会,查尔斯宾馆,晚上6:30—8:00
所有部门	2000年10月19日	简历投递
企业财务	2000年10月25日	简历投递(开放)
企业财务	2000年10月27日	2小时全职分析师公开面试
全公司	2000年10月30日	小范围活动(暂定)
固定收益,货币与商品部	2000年10月30日	简历投递(开放)

续表

部门	日期	事件
固定收益，货币与商品部	2000年11月1日	1.5小时非公开全职分析师面试，1.5小时公开全职分析师面试
投资银行	2000年11月2日	3小时全职分析师封闭面试
权益部门	2000年11月3日	3小时全职分析师封闭面试
投资研究	2000年11月9日	2小时全职分析师封闭面试（其中1小时面试伦敦公司）
投资管理	2000年11月9日	2小时全职分析师封闭面试
全公司	2000年12月4日	妇女活动（暂定）
分公司	2001年1月30日	1小时全职分析师封闭面试
权益部门	2001年2月2日	3小时全职分析师封闭面试
固定收益研究与策略	2001年2月7日	3小时全职分析师封闭面试
固定收益，货币与商品部	2001年2月7日	1.5小时非公开全职分析师面试，1.5小时公开全职分析师面试
权益部门	2001年2月9日	3小时全职分析师封闭面试
投资研究	2001年2月13日	1小时全职分析师封闭面试

续表

部门	日期	事件
投资银行培训及职业发展	2001年2月21日	1小时全职分析师封闭面试，1小时暑期分析师封闭面试

（这些活动）展示出他们对哈佛学生的积极追求：以确保无遗珠之憾。就像普林斯顿职业服务中心的负责人对学生们作出的关于华尔街雇主的警告那样："他们会追逐你。即使你躲到床下，不想和任何人说话，他们也会过来抓住你。"（Shapira，1998）

而招聘宣讲会当天（通常大多数投行会举办多场校园活动，独立部门也会安排他们自己的演讲和面试），投行的代表们会成群结队踏进校园的中心区域，通常都是学校附近最昂贵的商务酒店。就普林斯顿而言，投行家们会包租一辆大巴，几辆豪华轿车，甚至一些出租车，来将包括投行家、分析师、交易员在内的30—50人的团队（他们通常都是校友，并且承担招聘人员的角色）从纽约载至普林斯顿的拿骚酒店。对哈佛大学也是如法炮制。在剑桥的查尔斯饭店或者职工俱乐部举办精心制作的招聘宣讲；正在华尔街工作的数十位新近毕业的哈佛学生和经验丰富的校友挤满了这些房间。包括近期在哈佛和普林斯顿举办的招聘在内的活动让这些潜在的雇员见证到师兄师姐是何等聪明和成功，因为他们成功地实现了从学生生活到进入华尔街职业快车道的转变。

1995年,作为研究生的我正在考虑研究华尔街现象。我参加的第一场华尔街宣讲会,是由高盛组织的活动。高盛作为华尔街久负盛名的私有制投资银行,在这些潜在雇员中广为人知。我抵达普林斯顿镇神圣的拿骚酒店时有些迟了,迎面而来的是一群身着炭灰色、海军蓝和黑色商务西装的人。人数上肯定超过150位,这些在校生顶着精心打理过的发型、穿着职业而笔挺的西装,涌入酒店的大厅,去听16位高盛高管——大多数是普林斯顿的毕业生的演讲。忧惧和渴望充斥着这个房间:这不是社交的时候,而是一场对"会面时间"和雇主良好第一印象的激烈争夺。这些大三、大四的学生没有与朋友寒暄,而是巡视着这个房间,期望能够留下自己的印记。作为整个房间里唯一的研究生(我可以看得出这一点),我笨拙地试图观察并参与整个招聘流程。而且,我穿着一条皱了的灰色便裤和牛仔布的背心(这是我的整套着装),感觉到与环境极不相称。

灯光很快变暗了,以便展示介绍的幻灯片和一段视频报告。这是对曼哈顿全景的叙事性记录,那些快节奏的"国际范的"、西装革履的职员到处旅行或者健步走进企业大楼,精心打扮的投行家们正在开视频会议或者正卷起袖子与他们的团队一起工作。叙事者解释道,华尔街的职业全部都是"与变革打交道","世界的变迁越来越迅速,我们需要像你一样的人"。当灯光再次亮起,我们将目光转向招聘团队。我数了一下,一共有 8 位白人男性、5 位白人女性、1 位拉丁裔男性、1 位南亚女性和 1 位黑人男性。其中一位相对年纪较长的白人，是董事总经理（普林斯顿 1982 级），开始用一种骄傲的语调讲话："我们是普林斯顿的大家庭。我在这里遇见了我的妻子。普林斯顿的学生会成为最优秀的分析师，所以我们会在这里招聘很多人。"其他的演讲者都是新近毕业的，通过细数他们的学校来介绍他们自己：哈佛大学、威廉姆斯学院、哈佛大学、普林斯顿、沃顿（宾夕法尼亚大学沃顿商学院）、普林斯顿、普林斯顿、普林斯顿。"我来自芝加哥大学。"那位南亚女性苦笑了一下，说，"我没有其他人那么聪明。"接下来那位普林斯顿的董事总经理转到商业问题上，"两年的项目弹指一挥间。你们的学习和成长曲线呈指数型上升。你们将与客户真正地交流互动。你是我们企业团队的一员；你们的职责可不是复印材料。我们专门雇了 10 位员工去复印材料，那是他们的全部职责。我们需要的是你们的智慧。"毫无疑问这就是晚上整场活动的导向性主题。"那么为什么你要在这里工作呢？"一位刚从哈佛毕业的白人男性校友问道。"这是因为，如果你与愚蠢的人在一起，你学到的将会是愚蠢的东西。在投资银行，人们都非常聪明；因此他们才能得到这份工作。这是一份快节奏的、非常具有挑战性的工作；而且，你能学多快，他们就能教多快。"一些演讲者强调高盛的职位提供的成为能人的机会，"我们的分析师可以走向世界各地。"其中一位白人男性副总裁，沃顿的校友，说道，"在香港，在悉尼，在伦敦都有我们的分公司。"当然,他把话题一转,回到整场演讲的中心主旨上,用一种赞赏的目光扫射全场,宣称,"你们都那么聪明!"最后,普林斯顿的董事经理起身并宣布:"让我们去拿骚酒店的酒吧间休息一下,饮料免费畅饮!"一大群在校生们径直走向招聘团队,希望能与真正的高盛高管见面,而我却在座位上犹豫。决定加入到这混乱的人群中时,我俯视了一下全场,发现每一位投行家们至少被围上了2—3层的学生:第一层的学生正争相去给投行家留下印象,并拿到他们的名片,第二层的学生开始快速地挤进"面谈"的位置。人群中给我留下的唯一空间实际上是在演讲者的背后,而且还没有等候线!在那个位置上,我整个晚上主要是在观察,只有一个人转向我跟我交谈,就是那个来自芝加哥大学的年轻的南亚裔美国分析师,我热切地握住她的名片,表示我进入了这个疯狂的流程。

在后续的招聘演讲中,我体验到的情形大致相同:身着西装的校友进行宣讲,"我们只雇佣超级明星","我们只从五所学校里招聘","你们是精英"。在这些活动中,我被这些精英主义的宣言(包括"世界级的"大学,关于聪明和全球化的宣传话语)所触动,看起来这些宣言体现了每一家投行如何看待自身、世界和他们身处其中的位置的核心思想。呈现一个"每个人都聪明"的世界和排他性似乎不仅从根本上与成为投行家的标准密切相关,同时也揭示了他们在做的事情的本质。精英主义和他们践行的金融专业知识与全球梦想之间,华尔街对聪明的宣称和他们承诺的全球范围的强大能力之间,究竟是何种联系呢？我很大程度上被这些慷慨激昂的演讲触动，因此想去理解这些宏大的，甚至令人迷惑宣告，我决定去华尔街找份工作。所以我从研究院请了一段时间的假，参与到"真实的"过程当中。

"充满活力的校园招聘季"通常以一场精致华丽的"签约日"活动作为结尾，敦促大四的学生们接受这份工作。给出的一些特殊待遇包括"犹他州的滑雪旅行和拉黑尔酒店的晚宴"（拉黑尔是普林斯顿的四星级酒店）（Easton, 2006；Shapira, 1998）。我访谈的每一位大三和大四学生都在谈论着整个招聘环节的诱惑：应接不暇的酒会和晚宴；弥漫在这些高档酒店和俱乐部当中的精致气息。据《每日普林斯顿人》的特约撰稿人爱丽丝·伊斯顿所描写：

> 身着西装和配戴领带数月之久，前往纽约或者拿骚酒店，试图用他们的专业技能和社交技巧来给招聘团队留下深刻印象，那些申请金融和咨询暑期实习项目的大三学生现在可以收获他们努力的果实了：精心打造的"签约日"用来说服他们接受这份工作……"他们付好了纽约一家豪华酒店两晚的住宿……他们租下了一座展览馆来举办鸡尾酒会，接下来又在 Soho 的夜总会定好了 VIP 包间"……之后公司还会给他们邮寄巧克力……（他们向应聘者）展示了一整套的生活方式。（Easton, 2006）

这里明显的暗示就是如果哈佛和普林斯顿的学生加入他们的企业，那么过不了几年，他们也可以拥有这些。

在 2000 年我去哈佛大学拜访我的妹妹期间，我联系到肯德拉·林，一位医学专业预科学生，她并不想进入投行，但希望去理解"这些天花乱坠的宣传到底是什么"，对她的同学们如此着迷于华尔街表现出一种纯粹的好奇心。除了参加各种各样的职业论坛，通过跟就业服务办公室（OCS）签订协议来正式参加整个招聘流程，许多哈佛学生也同样参与到专门的体验项目中去学习关于华尔街和管理咨询的事情。所以，在那段时间，在招聘季开始时，哈佛学生服务公司（Haward Student Agency, HSA）*，携手哈佛商业学院、一些顶级投行和管理咨询公司，资助了哈佛商业领导力项目（BLP），包括几周的招聘、培训、社交和关于华尔街金融机构、管理咨询和一般商业实践的简单情况介绍。能够被选拔参加 BLP 项目本身就意味着一个寻找"商业领导者"的充满挑战的过程，作为很多学生组织的领导者，林完全符合标准。

在描述她对 BLP 项目的印象时，林说演讲者中给她留下最深刻印象的还数高盛的代表们。"他们的确是投行中的精英，能够为很多美国企业的主管提供关于并购和证券发行的意见。在举例中，他们谈的是在中国和西班牙如何管理大型企业的私

---

* 哈佛学生服务公司（Havard Student Agency, HSA）是完全由哈佛学生创办运营的集团公司，包括出版、零售等各项业务。——译注

有化过程。"而一些非投行的金融机构和一些规模更小的初创型公司（这只是少数）对林而言显得很平凡，只有像摩根大通、高盛和例如波士顿等咨询公司才"看起来如此有成就感"并"自视甚高"。这样的结果就是，所有的哈佛学生都成群结队地去跟他们攀谈。而在演讲结束后的鸡尾酒会和晚宴上，投资银行们又强调说哈佛大学培养了最杰出的员工。在谈话的结尾，林讲到高盛带给她的愉悦的印象：

> 我真的很喜欢高盛——插一句，这些公司在招聘学生方面真的很有本事。他们使得哈佛学生感觉他们是最优秀的人。我们有着最聪明的头脑。这种对哈佛学生的印象通过这些招聘者和商学院里的人而变得更加深刻。在这一星期中我听到了无数遍这样的话：哈佛学生是最优秀的商业人才，因为无论你给他们何种难题，他们都会是那个最快给出解决方案的人……当我离开演讲时，我认为高盛是所有投资银行中的哈佛，只因为他们都知道如何把他们自己很好地销售出去。

高盛，正如林所描述的那样，非常努力地把自己营造成哈佛大学的延伸，通过这种方法，确证哈佛大学就是"优秀"这一品质的发祥地。

根据林的说法，投行家们强调他们是如何"拥有完美的生活"。"一位经理说他住在郊区，有一辆小型货车、一条狗和两个孩子。这是在说真的！他的妻子毕业于普利兹克（Pritzker，芝加哥大学医学院），现在是哈佛医学院的教授，而他呢，则是一位富有的副总裁。"听完林对于华尔街招聘演讲的最初印象，我向她询问了她在 BLP 项目里一周的体会——包括那些晚宴、社交活动和商学院的案例研究中，她喜欢的是什么，不喜欢的又是什么。

林：全都是些毫无意义的闲谈。你不得不迎合你的招聘者。你必须掌控很多轮面试和随之而来的更多的溜须拍马，而你一旦进入那里，你就不得不按照一个商务人士的"生活方式活着"，经常社交、喝酒、参加聚会，奉承更多的人，而且……实际上没有任何对社会变迁的承诺。

何（作者）：有意思的观察。你是如何通过这一星期、在这么早的时候就意识到，人们不得不"过着那样的生活"？哪些线索让你觉察到这点？

林：我想是整个 BLP 项目的创立就已经给了我提示：我是说，他们提供我们所有的饮食，我们的宴会全部是在查尔斯酒店，这些对这样一群象牙塔里的孩子来说实在太奢侈了。哦，注意，我是很爱吃鸭子和寿司的！在我们进入酒店开始晚宴前，有一个社交环节，他们提供饮料和苏打水，就是这个给我造成了很大影响。基本上你能够看到所有这些学生挤成一团围着那些投行家和咨询师们去拍他们的马屁。每一个人都是盛装打扮——这完全是一种不同的文化。与电影中那些关于商务人士的刻板印象联系在一起，你看到的差不多就是那个样子。

这种将精英学校与投资银行、"完美的生活方式"联系在一起的方法对整个招聘流程而言非常关键，正像它所做的那样，再现了华尔街鸡尾酒会上的氛围，投行家们用一种极为慷慨的、无可挑剔的迎合方式来"奉承客户"。这些规范是为学生们量身定做的，一旦向他们展示出来，就像林一样，这些学生立刻就会注意到表现"聪明"的重要性，更不用说华尔街的商业成功是怎样以出身、竞争式消费和父权规范为前提了。

毫不奇怪，华尔街对普林斯顿、哈佛和其他一些学生的格外青睐和坚持不懈的追求，已经间接影响到学生文化。报纸和宿舍间充满着对投行工作生活利弊的争辩，充满着有关投行家们"实际上在做什么"的兴奋讨论，并到处流传着曼哈顿上流生活的浪漫故事。学生们开始将"投行"看作是一个"神秘而迷人的，相对不确定的世界"（Hall，2005）。普林斯顿和哈佛大学的校园出版物就可以见证这种集体的沉迷，连篇累牍的新闻报道和评论文章，记录着"招募疯狂"，"拒绝投行的阴影"，"拿骚酒店中的溜须"，"为那站不住脚的职业辩护"，"招聘的致命诱惑"，"雄心勃勃的戈登·盖柯*"，"新员工"，"未来金融家涌入达尔文式盛宴"，"银行之痛"，"投行之怒"，

---

* 戈登·盖柯：Gordon Gekko，是电影《华尔街》中的主人公。——译注

"投行如何销蚀了我的生活","投行之外是否还有更多的生活"。热烈的校园专题讨论辩论着投行和咨询的优缺点,这些专题小组成员们(公司的代表,通常是往届的该校学生)以两种职业选择的成本收益分析方法来展开对峙,并利用这个平台来进一步争取学生加入他们的阵营。如此,那些会讲述神话的投资银行把他们自己描述成解决毕业后焦虑的最好选择就一点都不令人奇怪了。

尽管我参加的大都是校园招聘的本科生组(同时我也通过了分析师校招项目),但那些从精英商学院招聘 MBA 作为合伙人(比分析师高一个等级)的项目流程也大抵相同。他们中大部分都是来自颇有声望的商学院的毕业生,例如来自哈佛商学院、沃顿和(麻省理工学院)斯隆商学院、哥伦比亚商学院等,都有着金融从业经历。大多数都在投行或者在一些管理咨询公司做过分析师;而那些没有金融背景的也有大量的机会在商学院里修习金融作为"专攻"。毫不夸张地说,所有的 MBA 学员都遭到各种招聘演讲和信息发布会的狂轰滥炸,而这些往往都是商学院自己的学生金融俱乐部、协会和华尔街投行们自己赞助的。

从第一年开始,MBA 学员们就意识到要想在两年硕士项目结束后进入投行工作,他们就必须在第一个暑假到华尔街做实习生并在实习 13 周之后得到一个工作聘任机会。正像比尔·海斯,一位刚毕业的麻省理工学院斯隆商学院校友,同时也是高盛的合伙人,描述的 2001 年的整个流程一样:

在学校开学的一个月之内，所有人都开始行动了。酒店演讲、见面会……他们邀你出去喝东西是为了能够吸引最优秀的和最聪明的人来申请他们的项目。只有华尔街大投资银行实力集团不需要推销自己（而小投行就不得不如此），因为所有的学生都受他们的强烈吸引。我认为也只有他们有能力负担得起。他们将会组织一个招待会，你必须去见这些人士并希望能够取得一些联系。而对于美林，我去了他们的宣讲会，投递了我的简历，然后他们就打电话给我了。而高盛则率领一批沃顿校友招摇而来，之后又去了哈佛商学院。就在这一切发生的同时，我们有学校金融俱乐部组织的与一些顶级公司投行家们的小规模见面会，差不多MBA班里一半的学生都出席了，或者这些俱乐部也会举办一些信息"学习"研讨会，例如"投资银行101"、"岗位上的一天"等，这些都是很小的规模，你总是希望能够与一位最近毕业的校友取得联系，发给你一个"进入"邀请。你必须发送跟进的邮件和感谢信给每一位你联系过的人。我们的金融俱乐部也组织模拟面试，简历工作坊和"华尔街之旅"，允许所有人进入并参观所有的银行机构。我拜访了摩根、高盛和雷曼。你走到他们的办公室，希望能够让自己脱颖而出……他们只从这些精英学校里招聘，因为这些学校已经起到过滤器的作用。这让你自我感觉良好，因为你已经被提名了。投行家们会说，

"你也许会问为什么我们会问你的绩点和考试分数,这是因为我们将高等学府的高绩点、高分数与组织里的绩效做了相关性分析,我们认为你会成功的。"

华尔街之于商学院学生生活中就如同商学院之于大学学生生活。不同的是这些精英 MBA 项目将自己明确地描述成进入华尔街的敲门砖和在华尔街内部游走的通行证;他们从不强调通识性人文教育。学生进入这些机构就是明确为了在金融领域获得工作。就在角逐顶级华尔街投行工作才开始没几个月,首轮面试名额就已经满了。

对于那些 MBA,推销"这种完美的生活方式"一方面被认为是理所应当、意料之中的,但另一方面,也非常具有讽刺意味,因为大多数毕业后就在华尔街工作过的 MBA,已经体验过他们的"生活方式"是多么令人疲惫、带有剥削性。然而,对精英社交关系网络和华尔街影响美国企业的预测则更具有诱惑力。这种圣意遴选(anoint)在哈佛商学院女性专题研讨会上是很明显的,这是一个为迎合那些年轻职场女性社交和申请商学院而成立的组织,由哈佛商学院赞助,1999 年由花旗总部在纽约筹建。虽然被设计成一个开放式的职业论坛,但哈佛商学院的女校友成员们谈论的却大多只是金融和管理咨询:"哈佛商学院的女性中 30% 要去咨询,40% 会去金融和投行工作。""投行实习来得非常快。你会在你的实习决策前收到一对一的职业咨询。招聘者很早就在那儿了。"最让我惊讶的是，小组成员之一的乔丹·汤普森在哈佛和华尔街之间的对比："我从来没有去过如此多的正式晚宴。我被邀请参加了很多聚会，在那儿你可以看到，即便在社交生活中人们也总是带着与他们在工作中一样多的认真、热情和野心。我曾经组织过酒店狂欢夜和跨部门聚会。当你在哈佛商学院做过外联，那你就获得了一定的全权授权，可以与企业首席执行官进行对话并召集他们。"在班级中做过外联的汤普森的经历反映了华尔街与美国企业的关系，拥有哈佛商学院毕业生的头衔，就拥有了"全权授权"，可以在最新的交易和预期中为首席执行官们提供建议。

精英主义的交流互动

他们被宣称是"最优秀和最聪明的"。他们会很快习惯来自同龄人、父母、求职者和全社会的尊敬、给予他们的地位和钦佩的赞赏。那些最迷恋和依赖于他们所拥有的公认的"精英圈"资格的人，总是想方设法保留并继续享用他们早已习惯的高地位，尤其当毕业即将到来。就像一位《每日普林斯顿人》的学生作者德文·彼得森观察到的关于"精英工作的诱惑和缺陷"那样："四年的时间里，我们一直享受着自己是最优秀学校的孩子的事实，在这个历史上最精英、绝对强大的国度……这些投行企业为我们提供了一种保持我们在社会上优势地位的方法，通过提供其他职业不能提供的通向财富与权力的途径。"（Peterson，2002）彼得森提到自己正处在权力顶峰，这对于我们理解未来投行家身份建构而言非常重要。戴芬娜·霍克曼，一位《哈佛深红报》（The Harvard Crimson）的学生作者，同样认为，理解这一现象的核心要义，不仅在于对哈佛学生来说，被荣誉、地位和聪明所界定的，必须成为最优秀的是多么的重要，还包括到底是什么赋予了华尔街在招聘中的这种关键性的竞争优势。华尔街能够如此有效地推销自己，是因为他们知道什么最吸引这些学生：这同样也是投资银行自己所寻求的东西。霍克曼（Hochman, 1999）观察到，"整个商业世界非常明显地希望榨取我们的思想、年轻、创造性和职业道德。他们也正确地评估了到底需要用什么来吸引我们：表现出有竞争力的、负有名望和能够向上流动……他们知道早在四年前，我们就希望绝对地优秀。我们从不满足于大学排名里的第三或第四名。他们捕捉到我们企图寻找所有事情中的'哈佛'这样的意愿：在活动中，暑期工作中，人际关系中，而现在又表现在职业上。"

精英学生与毕业后的生活

暗含在这种从大学生到投行家身份转变中的是华尔街的概念，那就是如果有学生不在毕业后选择华尔街，那么他们在某种程度上就是"不聪明的"，因为聪明是被追求精英地位的持续拼搏努力行为所界定的。对特定类型投行家的培养和将精英规范特权化，暗含了种族歧视，这一现象在凯特·米勒的职场生涯中得到了淋漓尽致的体现。在1997年，米勒，摩根士丹利的前任分析师，是公司从曾经的黑人学校中招聘来的第一批职员之一。在以下描述她与一位高级经理的工作经验中，米勒深入展示了所谓的"聪明"与否，明确取决于学校出身和种族。

> 好吧，有几位职员以人品好、对有色人种非常公平而闻名。非常有趣的是，我当时在文字处理中心（是投行中的一层，投行达成交易所需的所有文件都是在那里专业付印的）工作。在那里，我正与几位助手处理一份文件，一位主管（principle，相当于高级副总裁）来到了文字处理中心，谈论到那一年他的招聘经历。然后他转向了我，当然，他正在跟另一位分析师说话，"你知道的，我确实对我们在曾经的黑人学校招聘存在一些看法。我是说，我知道人们会说，那些能够上得了这些学校的学生，都足够聪明，完全可以上得了哈佛和斯坦福，能够进得了这些顶级机构，只是在实际上选择了到黑人学校读书而已。然而，我就不同意这种说法。如果他们那么聪明，他们拒绝过这个国家中顶级学校中的一所，那么我认为这就显示出了他们较差的判断力，我们真应该重新思考一下这种人是否是我们想要为公司招聘的。"他是这么说的，我无意中听到，我猜他一定认为我去的是一所常青藤学校，因为他后来转向我说，"那你怎么看呢，凯特？"然后我说道："好吧，我去的就是一所黑人学校；我读的是斯贝尔曼（Spelman）。"接着他看着我，意识到自己犯了一个惊

人的错误，然后说道："好吧，我想我是误解了情况。我想你已经有力地反驳了我。"我只是耸了一下肩。那你会说什么？你已经在那工作了五个月了。你从来没有真的跟这样一个人共事过。你们俩不像是有很密切的关系。但仍然很尴尬，特别是想到此人是那群真的认为应该提高公司内部多元化的人中的一员。

由于"选择"了斯贝尔曼学院，米勒就被认为缺乏判断力；她不仅从量上看"不够聪明"，因为她没有选择去哈佛或斯坦福大学，而且她还是乡下而粗野的，不够全球化。将聪明与这些机构画上等号，将历史上的白人学校识别为世界性的、全球化的机构，同时又抹掉了嵌入这些学校中的白人上层男性特权，这些做法只是如何理解优秀的不可或缺的一部分。华尔街构建自己优势地位的核心必然带来如此的推论，那就是其他的企业、行业"比不上"他们——没有那么聪明，缺乏效率，缺乏竞争力，缺乏国际化，缺乏努力工作——所以也就不太可能在全球资本主义的需求中存活下来，除非他们按照华尔街的标准来重构他们的文化价值观和实践。就在这样一种精英治理的反馈回路中，他们不断增长的影响力逐渐成为证明他们事实上是"最聪明"的证据。

这里有必要停下来强调一句，事实上很多学生都已意识到这种聪明的文化，由精英学校、学生和华尔街共同创造，正利用、垄断着并缩窄了学生们的兴趣。凯瑟琳·莱利，一位《每日普林斯顿人》的专栏学生作者,呼吁她的同学们去寻找"抗拒把我们伺候得很好的制度系统的勇气":"我们不应该让那些被成功、金钱、权力或者对最终堕落在普林斯顿'可以接受的'成就范围之外的恐惧所驱动的优秀,来指引我们应该怎么生活。"(Reilly,2003)与此相似,戴芬娜·霍克曼控诉哈佛,将华尔街的招聘流程描绘成每一个学生的职业必经阶段:这种混为一谈"反映了哈佛隐秘而并不那么微妙的尝试,企图挑战我们的价值观,蛊惑我们的个人目标,改变我们多样的兴趣和天赋,使我们都接受这种受尊敬的校友的理想模式"。(Hochman,1999)《哈佛深红报》的学生作者马修·西格尔则怀疑,"这是可能的么:哈佛的成功文化能驱使人们直接跳过最重要的认知环节——即认识自己、了解自己的需求——相反,直接将他们送入摩根人力资源部门的怀抱?"(Siegel,2003)非常有意思的是,关于投行为什么如此吸引哈佛在校生的问题,他的回答并没有从核心上将投行视为罪魁祸首:"这不是投行的错。这是因为我们整日忙于奔波来取悦他人,以至于很难清楚我们自己真正想要的东西。"(Siegel,2003)很多学生意识到这种霸权行为体现在投行和咨询已经占据了他们对未来的期待,已经认识到参与这一招聘流程阻碍了他们对"我们处在世界中的位置和特权"这一问题的反思,因为对紧握特权的渴望已经在这种招聘过程中自然化了(Suleiman,1998)。如果一个人的人生目标是使得"资产数百万的企业变得更加富有",这是一回事,而如果一个人的目标是"如果不进入高盛，就不幸福"，那这就是另外一回事了，但问题的难点就在于学生很难质疑或者反思他们真正对什么有热情，更不用说反思与他们已有的特权相矛盾的事情了（Graham-Felsen, 2003）。相反的是，这些学生更可能依然维持着"明年只有一件事情要做这种可笑的印象"，也就是求诸已被设置好的"典型的普林斯顿工作"。他们认为，这是实现持续向上流动的下一个步骤，是一种确保自己确实是最优秀的和最聪明的不可置疑的迹象（Suleiman, 1998）。

可以肯定，这种精英管理的巅峰必然是危险的：充满了阶级、种族和性别秩序；充满了关于聪明的持续而急迫的表现；充满了依靠位居高处的特殊族群而进行的颇具声望的品牌化，然而这品牌除了等待贬值并没有什么用。正像凯瑟琳·纽曼在很早之前就不断指出的那样，美国文化事实上没有一种文化语库（cultural repertoire）能够帮助中产阶级理解向下流动的含义，这一事实对那些精英，对那些认为超出或者偏离那维持地位的狭窄通道就是一种地位滑坡或者堕落的人而言，可能更加正确（Newman, 1999）。哈佛毕业之后上哪儿再去寻找"哈佛"？这种复制的推力极其强烈，令人备感折磨。就像德文·彼得森（Peterson, 2002）观察的那样："也许最难克服的是放弃社会地位和精英生活方式这一本质上就很艰难的任务。"

第一章 领导权列传：关于聪明文化、投资银行的招聘与建造

"华尔街大学"：亲属关系网络和精英扩展

华尔街和精英学校们一起努力来培养和开发这种"寻找下一个哈佛"的需要，在这一过程中创造出一种能够深化每个机构的梦想、目标和实践的共生关系。华尔街得益于与这些重量级的常青藤学校的长久历史关系，这种关系为美国企业培养了一代又一代的金融家和咨询师。自从1980年代开始，就是这一时候，华尔街开始努力巩固自己在很多美国企业中的专业影响力，这些历史关系已经转变成庞大的服务提供网络。投资银行已将自己塑造为精英学校毕业生的首要目的地，作为将华尔街掌控美国企业加以巩固和合法化的一部分，不管这一建议的"质量"如何。并且，在过去的25年中，学生们对于保持他们精英地位的焦虑不断加剧，使得华尔街成为一个比以往更加吸引人的可能选择，这至少保持到2008年中期。我认为，正是这些演变，一齐造就了一种"聪明者生存"的文化。

直到1980年代早期，华尔街都没有成群结队地在精英的东海岸学校招聘学生。在整个20世纪中叶，精英学校的毕业生们感兴趣的商业职位都是一些工业、航空或化工企业的管理培训生项目，而不是华尔街公司（*Harvard Crimson*，1963；Wilentz，1975）。几十年里，一般而言，对于大多数企业而言，"开放的"招聘并不是一种标准动作：常青藤的毕业生们依靠家庭的财富与社交网络，进入研究生院，或者通过"'老男孩'社交圈"被一些金融或企业聘用并获得快速提升、培

养；大多数的常青藤教员，渴望将象牙塔模式传承下去的，都被"招聘激怒了"（Beniger，1967）。在1950年代的哈佛，华尔街的金融家们只是从大学部（Harvard College）修建好的民用住宅里招聘很少的一些人，通过在诸如罗威尔舍院的公共休息室和艾略特堂的餐厅中举办一些氛围亲切的小型见面会和研讨会（*Harvard Crimson*，1953，1957）。这些招聘都是小规模的，因为在大萧条之后，人们对证券市场的兴趣骤然下降，而华尔街也不再是那些充满活力和雄心壮志的在校学生的第一选择。此外，华尔街和其他的一些企业也在商学院招聘管理者，而不是着眼于本科生培养计划（Masters，1986）。一般而言，对于中上阶级和中产阶级而言，战后经济平稳，毕业找工作并不是那么令人焦虑，而到了后来，焦虑才如影随形。大多数精英毕业生的就业都是"未来工作唾手可得，以至于他们从不需要寻找"（Wilentz，1975）。注意到一种"毕业后就工作"的"趋势"，《哈佛深红报》的作者杰弗里·森杰（Senger，1984）报道称，直到1984年，大多数哈佛、耶鲁和普林斯顿的毕业生在毕业后才开始找工作；在1974年，只有三分之一，而在1959年，只有十分之一。例如，带着一种令人意外的些许焦虑，《哈佛深红报》在一篇名为"失业的'72级'"的文章中写道，"出于选择或者出于运气，1972级超过一半的学生发现他们毕业后无处可去，无工作可做。"罪魁祸首并不是经济上的困难时期，这是因为事实上"那些计划开始商业生涯的学生并没有意愿做出长久的承诺"，而且那些即将继续读研的人"也希望在学术训练之后得到休息"（Bennett，1972）。值得铭记的是越战时期的校园文化比起后来，对大型企业充满了敌意，（例如）1967年学生抗议凝固汽油弹制造商陶氏化学公司（Dow Chemical Corporation）企图在哈佛招聘这件事就可以证明（Beniger，1967）。

1980年代，由于华尔街投行在对美国企业不断增长的影响力中获得了巨额利润，他们开始大规模地从精英学校招聘，创造出两年的分析师项目，目的明确地希望将本科生从学校吸引出来。这些新的员工骨干，不再是从家庭、朋友和亲密商业伙伴的小规模网络中挑选而来，而是将更多的优秀标签贴在他们招聘的高校上，从而使员工招聘得到了合法化。替代个体的精英家庭的是那些精英的"普林斯顿"或"哈佛"家族，主要依靠新的基于校友的亲属关系，而不是"老男孩"社会网络。回想我自己初入"普林斯顿家庭"的经历，即1995年我参加的最早的招聘会，那位已经是高盛董事总经理的普林斯顿校友强调听众是"普林斯顿大家庭"的成员，来建立一种"我们"之间的联系和精英选择的感觉——就像不是每一个人都能成为普林斯顿的学生，投行也不是所有人都能进入的职场。"普林斯顿的女校友是最优秀的分析师。"在这一过程中并不将女性和少数族裔排除在外是精英管理这一崭新意识形态的关键一部分。

尽管，将专属性扩展到所有校友可能会稀释精英主义，表面上看，构成这一精英——机构——校友的坚固连接的是从沃顿蔓延到华尔街并弥散着的有关"最优秀的"类属文化。通过吸引大量的精英学校校友到华尔街,投行和大学一起创造了一种精英主义的扩展和转移,经由我称作"人类亲属关系桥梁"(a human kinship bridge)的这种途径。例如,在2004年,当高盛首席执行官汉克·保尔森向沃顿商学院MBA学生发表主题演讲时,他在宣布"2004年高盛营收达到230亿美元"后的第一点就是,"公司的重点就在于'聘用和保留那些最优秀的人'来保持这种'卓越的文化'"。保尔森之后着重强调了与沃顿商学院亲密的、深厚的关系,声称"2004年从这所学校录用到高盛工作的人数超过整个国家中其他任何一所学校"。(Siegal,2005)

当哈佛或者普林斯顿的教育被视作规范性的"基准"血统,这就变得非常平常,同时也是集体性的、大范围的,甚至是普适的。华尔街式的"聪明",在于某种意义上是"通用的",正是这种精英主义的观点扩散成一种司空见惯的事,"聪明"普遍流传,巩固了华尔街不平凡的头衔。特别是,认为华尔街每一个人都是"聪明"的,都来自于普林斯顿或哈佛,这种观点已经成为一种预设;由此,这种"聪明"就普遍适用于这一阶层或这类的所有成员,并且是通过一种自然化的,完全是描述全体员工的方式。关于华尔街式聪明的概念如此根深蒂固,以至于无须强调是"特别"或有资格的;于是,聪明就不再是一个"品牌名称"或外部的标签,而是一个总括性的,对所有投行家们的全方位概括。华尔街通用的聪明如此广泛,意味着全球范围内适用于所有成员。当然,虽然普林斯顿和哈佛是顶级的"商标名称",他们在华尔街的普适地位更加深刻地证明了功绩的累积在投行是多么地特殊。

与普遍认为是聪明的投行家们的密切关系保证了那些学校在美国文化中的社会特性能够得到扩展和巩固,与此同时,巧妙地掩盖了其中的规范性和未被注意的特权。而那些耀眼的投行家,总是努力寻求普遍意义上的同类性(和普遍意义上的聪明),会在日常生活中感到内在矛盾的冲击。凯特·米勒发现,"当我在摩根士丹利工作的时候,由于伴随的各种负面刻板印象,我从未如此强烈地感到自己是一位黑人女性。"她选择了(或者说是被劝阻)不在投行里继续追求自己的事业,所以她的故事展示了某种意义上对华尔街文化与价值观的疏离。她用这种方式来描述她的早期工作经历:

> 我觉得人们看到我时,第一印象不是一个被分析师岗位录用的聪明的人,而是一个黑人女性。而且与我一起工作的大多数人都很少有与其他种族接触的经验。我确定其中的一些男性在职场中都很少接触到女性。即使整个行业都做出了很多改革来更加接受女性,但我始终认为白人男性经理更加偏好与白人男性分析师一起工作。

这种排外的模式,即白人男性副总裁选择白人男性分析师进入他的团队,耶鲁毕业生寻求与其他的耶鲁校友一起工作,很大程度上影响到了米勒继续在"更高级"的项目中工作和与可能的职业导师联系的可能性。很多第一年的分析师通过各种正式与非正式的母校联谊活动结识更高级别的银行家们。米勒辛酸地发现,"如果你是一个来自达特茅斯的分析师,而且有15位来自达特茅斯的董事总经理,那么你就会认识这15位经理。那么,如果是斯贝尔曼学院毕业的呢,你猜会怎样?在这里没有董事总经理、副总裁,甚至没有经理是毕业于斯贝尔曼学院的"。鉴于在金融亲缘网络中,驱动商业和社交机会的聪明和成员身份很大程度上取决于精英机构和一个人与这种秘而不宣的、通识规范的密切程度,米勒这种作为来自斯贝尔曼的黑人女性的多重身份,使得她被认为是不聪明的、缺少同类的,再延伸一点,就是不太像一个投行家。

创造巅峰地位与通用的聪明

巩固华尔街作为超级精英学校的"那种"延伸,需要囊括学生们的渴望、精英向上流动的文化压力,华尔街对校友亲属关系的重塑与对整个招聘流程的营销和垄断。在这一部分中,我揭示了一种具体方法将这些盘根错节的精英主义"操作化",通过进一步缩窄上层的空间,使得那些最令人梦寐以求的投行和"最"顶级的名校不仅彼此之间相互联系,而且可以从"常规"的名校中区分出来(从而被更加渴望)。我认为,通过招聘流程大费周章地将精英学校之间和学校内部进行区别化和等级化,投资银行可以进一步将他们的身份与这些顶级名校结合起来,创造出对他们工作和机构的渴望,并巩固他们与聪明的联系。

正像我所描述的,有两所学校是顶级华尔街投行最常招聘的,没有任何专业和学院的限制,那就是哈佛和普林斯顿。这就造成与其他名校的招聘在形式上是不同的。例如说,尽管投资银行在耶鲁也进行大规模的招聘,耶鲁对投行和咨询而言也是与哈佛和普林斯顿齐名的"前三"学校之一,然而在华尔街的口碑却落后于另外两所学校。根据一名在华尔街工作的耶鲁校友所说,因为从耶鲁的很多学生身上"投行家们感到敌意","他们主要将他们的招聘精力放在普林斯顿和哈佛……他们期望从哈佛和普林斯顿大规模招聘学生,而不顾事实上每所学校的应聘人数基本相同。"(Tanenbaum,2005)很多投行的受访者都表示,耶鲁被认为是更加"自由主义和'艺术家气质的'",在某种程度上缺乏自由市场导向,甚至也许被纽黑文市,这座充满大量工薪阶层、美籍非裔的城市所污染。除了不像在哈佛和普林斯顿那样在耶鲁大范围招聘,投行可能还需要耶鲁学生证明他们的定量能力,也就是,需要是经济学专业或者从事过金融实习(Engler,2006)[3]。

在宾夕法尼亚大学也发生了同样的现象。在那里也一样,投行并没有对所有应届生都积极招聘,尽管很多来自宾夕法尼亚大学著名的沃顿商学院的本科生和研究生都是最炙手可热的。"一些大四学生说,没有沃顿的血统很难找到从事投行和咨询的机会。如果你只是本科生院的就更难(确保金融工作)

了。"(Miley, 2000)"沃顿也许是那些大名鼎鼎的投行被吸引到宾大的原因。"在2005年,超过一半的沃顿毕业生去投行工作(Steinbery, 2006)。与耶鲁相似,宾大非沃顿的应届生反映称他们需要证明他们的技术性或金融专业知识才能吸引华尔街的投资银行。

相反的是,投行的招聘者在普林斯顿和哈佛却明确表示他们是如此不看重应届生是否有金融专业背景,因为一个专业背景的或已经获得技术知识的人并不真的是他们正在寻找的人。就像吉亚·莫伦,高盛的媒体和招聘发言人告诉《哈佛深红报》的,"我们发现金融上的知识很容易教会——事实上,技能训练是一个新雇员培训很重要的一部分——但是,一些最成功的职员所具备的技能却是很难教会的:活力、卓越和充满成就的历史,领导力和人际交往能力,这些是其中最重要的。"(Ho, 2003)根据普林斯顿的本科生凯特·达维奥(2006届)所说,"他们理解那些实习生来的时候基本上什么都不知道——但是如果你够聪明而且品貌兼优,那么你就是非常值得他们雇佣的。"《每日普林斯顿人》的作者凯瑟琳·拉姆佩尔说,从与那些潜在华尔街雇员的接触中她发现,大多数人甚至不知道"金融服务"是什么。"大多数人进入金融是因为他们还没有想出来他们还能做什么",然而"金融雇主们却把他们挑选出来,告诉他们很适合金融",不管他们受过的训练、专业或学院——只要他们来自普林斯顿。"他们用食物、邮件、普林斯顿的校友联系和他们常讲的"我们是合格的"这种话语来诱惑我们,即使我们从来没有'从事过一份真正的工作',我们也是如此完美地合格。"(Rampell,2006)

这种在普林斯顿和哈佛的开放式的、"一般化的"招聘不仅使得那里的学生自然而然地是"最优秀的",是精英中的精英,而且也让那些真正构成华尔街聪明的要素沾了光。作为最优秀的和最聪明的,特别对大学毕业生而言,并不意味着拥有实际的技术技能,或者金融背景,甚至或者是一种关于投行的特殊天资。相反,普林斯顿和哈佛的招聘带来的只是综合素质的关联:他们既没有太技术化或"极客"(geeky)(如麻省理工学院),也没有太自由主义(如耶鲁),也不是很远(如斯坦福),并且他们的学校承载了比其他常青藤学校(布朗、哥伦比亚、康奈尔、达特茅斯、宾夕法尼亚大学)更多的历史声望。拥有很多传统的优良品质、排名和出身,他们可以通过他们学校(可能的)特有的选拔机制来初步证明他们的"优秀";同时他们也证明出自己会持续地追求进一步的"优秀",通过参与密集的招聘和他们对一个高地位、上流社会生活方式的明显渴盼来证明。

最终,华尔街保持了这种巅峰地位,并通过使用配额制度和其他一些区分方式来对精英学校进行区分,从而重塑了华尔街与大学的等级。我在此分享一个来自麻省理工学院商学院(斯隆商学院)的校友的经验,他现在在美林证券担任合伙人。他以匿名方式重新计算过他在商学院第一年中与华尔街的面试次数。为了在毕业后获得一份投行工作,一位MBA学生必须在他/她进入商学院第一年的第一个月里就参加招聘,这是暑期员工项目的一部分,否则就会冒完全出局的风险,因为毕业后的全职工作只针对那些从暑期实习项目中"存活"下来的人,这就是十四周的面试过程。在秋季,所有MBA学生必须被"邀请参加面试",针对某一投行分配给每一学校的一定数目的空缺职位。这就意味着这些面试是"封闭的",学生们已经完成了必要的"简历填写"、面试培训、一般化的华尔街教育和社会交往,从而获得了一份面试机会。我的受访者又细致地重新计算了一下:

> 这就是美林证券在斯隆商学院招聘的方式。他们让30个人参加在职业服务中心或周边一所宾馆的首轮面试。有两位面试官,一位是合伙人(通常也是斯隆校友),另一位职位更高些。在前一晚,你被邀请参加在查尔斯酒店(位于哈佛广场)酒吧里的非正式酒会。你被分入你将参加面试的特定小组(根据行业来划分,例如电信或能源);小组里有一定的人员数量要求。你可以见到面试官。这是一套配额制度。他们希望从沃顿、哈佛中录取一定比例的人。第二天就是全天面试,同时针对美林所有办公室和岗位——包括纽约、香港、伦敦……接下来会有一场晚宴,但并不是所有人都会被邀请。他们会打电话给你让你知道是否需要参加晚宴。如果你接到了宴会邀请电话——位于

梅森罗伯特餐厅的宴会——这就意味着你成功进入了第二轮面试。第二轮面试就在第二天，与另外一群人一起。这就是全部了。他们会在一两天之内通知你结果。如果你被录取，并且你也接受他们，你就会得到一个"限时录取通知"，这就意味着有时间限制，比如直到一月末，你都可以接受。于是，你就会有一个暑假那么长的工作面试。在美林有很多的斯隆校友。摩根士丹利的第一场面试就在斯隆，总共有30个人参加；10个人将会进入到第二轮的面试，接着摩根会告诉你，我们只有一个位置留给斯隆的学生，只有一个人能够得到它。没有晚宴。与执行董事会面，由他来面试在波士顿添惠（Dean Witter）办公室的每一位应聘者。这个过程更加精挑细选，也会有更多的职位留给其他学校。对于高盛，我没有被邀请参加他们的第一轮面试。我获得了花旗公司的邀请，但没有参加第二轮面试，我也取消了美国银行的面试。

令我感到惊讶的是配额制度。尽管我知道摩根士丹利和高盛被认为是最有威望的投行，我并没有意识到他们对特殊的学校有配额。这就意味着这些面试是"封闭的"而且有一个针对每一所学校不同配额的系统，以此来确保哈佛、沃顿、斯隆和哥伦比亚大学的比例是平衡的（或者不平衡的）。例如，摩根士丹利只留一个职位给斯隆商学院，因其本身就是一所"顶级"商业项目，他们会留更多的职位给沃顿和哈佛商学院的毕业生。而同时发生的是，尽管花旗和美国银行非常希望能够录用斯隆的学生，但我的受访者中很多人都对他们没有兴趣，因为商业银行和投资银行的"混血儿"被认为没有那么高贵。当然，在美国银行购买美林证券（这也显示了商业银行希望加强他们的投行身份与能力的持续渴望与长久野心）和出现所有投行都在转型混合型机构的明显趋势之后，这一声望等级结构如何重构值得继续关注。

投资银行从一堆"具有排他性的多元化"大学中招聘他们的分析师和经理。正像我论证的那样，当他们从哈佛、普林斯顿、耶鲁、沃顿、斯坦福、麻省理工、杜克、哥伦比亚等大学招聘"前台"雇员的时候，他们却把更多的职位留给"俱乐部"里面的某些学校。尽管投资银行鼓励其中多数学校的学生进行申请，但只有在普林斯顿、哈佛和沃顿，他们才保持最活跃的招聘身影。并且有些被认为值得一试的学校，却没有符合标准。例如，许多受访者评价说事实上投资银行会在纽约大学招聘，不是因为它的声誉，而是因为它在地理位置上靠近华尔街。萨拉·麦克拉纳罕说，在纽约大学的斯特恩商学院，250名大四学生参加了高盛的招聘会，角逐88个面试资格，在这些人中高盛预计招聘8到10名斯特恩的毕业生。这些职位包括信用风险分析和全球融券业务，这些主要被认为是"中台"或"后台"的工作，而不是在投行里那些更体面、报酬更好的"前台"工作，销售与交易和投资管理这些岗位通常都是注定由哈佛和普林斯顿大学的毕业生去的（McLanahan，2003）。

普林斯顿与哈佛大学拥有与其他精英学校不同的待遇，体现在投行的绝对存在与绝非凡类，对在校生生活起到了重要影响。例如，一位普林斯顿大四学生，克利本·沃尔福德，2005级学生，总结的他的经历中的不同（或奇特之处）："这里存在的网络早已准备好帮助你了。我很多去家乡的州立学校的朋友们毕业后发现不幸的是，他们根本没有真正'进入'这种职业。并不只有州立大学出局。尽管我采访的大多数校友都说他们与由不同学校、不同背景的人构成的多元化小组一起工作过，但这些投行只积极录取少数几个校园的学生——即哈佛、耶鲁、普林斯顿和沃顿。"（Hall，2005）

正是这些"永远聪明"和"合格地聪明"之间，这种无法质疑的、普遍意义的、自然化的聪明与那些必须被证明的聪明之间的区别，建立并巩固了精英主义赖以维继的等级制度。学校为了最精英的地位绞尽脑汁，投资银行，同样也在追求地位，以此利用学生的渴望，来实现超凡的独占权。在这一场舞会中，精英主义和"聪明"是一齐被制造和自然化的。

全球金融市场中主导地位的合法化：显而易见的聪明文化

华尔街作为全球专家地位的形成和合法化是从世界上最优秀的人开始的。以最为基础性的聪明作为先验前提和平台，投资银行创造了最优秀的全球化员工（并且掩盖了他们潜在的金融建议的负面影响），而这反过来将投资银行在全球市场中的支配地位合法化了。华尔街的身份和它的商业战略的手段，完全依赖于与精英学校的亲密关系，这就确保了它在金融市场中的专业技能、地位和影响力。而它的全球权威取决于能否吸引"顶级人才"。在投行，聪明是一种巅峰地位，在每天的话语与实践中，"全球化"和市场主导地位自然地联系在一起。而涉及招聘这一问题时，"世界上没有人能够做你们（华尔街投行）这些人做的事情"，也很少有谁能够冒更大的风险，因为投行招聘的不只是一些年轻的雇员；他们招聘的是这些人作为全球金融市场中专家的地位（Rubalcava，2001）。

投行对普林斯顿自身"荣耀"的绝对依赖——包括它的名字、它的声誉、凝结的能力与智慧，以及全球化的文化资本——在社会经济衰退中被完全放弃。面临经济的艰难时期时，华尔街会立刻进行残酷而持续的裁员。然而，华尔街对精英学校的依赖意味着即使在经济衰退期，当他们不知羞耻地通过裁员来为他们的高管保留充裕的奖金池时，他们也没有停止在他们偏爱的那些学校里活跃地招聘。当我向J·P·摩根通信技术行业的副总裁，曾在加拿大接受教育的艾哈迈德·贾马尔，询问关于华尔街和它的文化实践中哪些部分令他印象最深时，他的回答并不令人感到陌生：

首先，你所观察到的华尔街，对我而言，首先就是员工的质量……当然这里有一些例外，但你将这儿的员工

第一章 领导权列传：关于聪明文化、投资银行的招聘与建造

质量与其他行业相比较，（就会发现）——他们绝对只招聘最优秀的人。这里非常强调招聘最优秀的员工。即使在变迁和企业重建的年代，你知道的，这种招聘人才的努力从未停止。他们总是积极派员工去最顶级的学校，然后招聘最优秀的人才。

就像即使在牛市也有裁员发生，在经济衰退、市场崩盘的时候（投行）也会持续在精英学校进行招聘[4]。吉梅内斯·李是麻省理工学院斯隆商学院的MBA学生，他说，从一个精英学校的学生的视角、从大学招聘或者就业指导中心的角度来看，投行在其声誉方面犯下的最主要错误在于其对招聘流程管理不善——招得太少，关系弱化，录用协议的毁约。在2001年市场崩盘及后续的余震当中，亚历克斯·鲁瓦尔卡瓦在《哈佛深红报》一篇颇有预见性的文章中就嘲笑了那些投行，因为居然想要在2001年"削减"在哈佛大学的招聘（计划）。例如，他观察到，"一所投行的核心竞争力……这些企业带给世界和股东的真正价值是他们在招聘那些从常青藤学校刚毕业的新面孔中表现出来的无可匹敌的能力。"他继续说道，"请记住，只有那些不能创造任何价值的企业才会通过雇佣最好的人才来显得充满活力和创新性，这样可以混淆事实，实际上他们只是在做一些无意义的工作。"因此他建议投行"多带些玩意儿来"，把他带到"资本格栅"餐厅去，出现的时候穿着一身不亚于"2000美元的杰尼亚西装"的衣服；他希望"从一

个潜在雇主那里获得最好的"。正是那些"与董事总经理们的铺张的晚宴,那些饰有摩根士丹利标识的压力球,那些毫无止境的第一轮、第二轮、补充面试,现场与线上面试,群面、案例面,正式的和非正式的面试"使得"我同辈中最优秀的人追随你们的疯狂,被喂得脑满肠肥,穿着爱马仕的衣服,天一亮就拖着身子从市中心的大街穿过,直到深夜才带着项目建议书满大街地打车回家"(Rubalcava,2001)。在一篇题为"大四的觉悟"的文章中,《哈佛深红报》的作者艾伦·维兹比基,与鲁瓦尔卡瓦一样,警告他的同学们,"大多数公司想要你们的程度远远高于你们需要他们的程度。"这是"招聘中不可告人的秘密"。可以说,维兹比基作为一个"地道"的参与式观察者,一针见血地指出了"管理咨询公司和投行在互相激烈竞争,只能依靠吸引名牌学校的毕业生来提高他们的声誉"(Wirzbicki,2000)[5]。

聪明被战略性地运用在了支撑华尔街的合法性、日常的实践以及投行家们作为全球能动者中精英群体的影响力上。投资银行当然要冒很多风险来利用哈佛和普林斯顿的"晕轮效应"*,使华尔街独特的金融手段能够在美国企业中得以被接受和传播的部分原因就在于它们与这种精英主义的密切关系和对其进行的战略性利用。我的受访者强调,当投行企图赢得金融

---

* 晕轮效应由美国心理学家凯利(H.Kelly)提出,指对某人或事物某方面好的印象会造成对其其他特质均持正面评价。——译注

第一章 领导权列传：关于聪明文化、投资银行的招聘与建造 | 121

业务或者与客户达成交易时，让那些常青藤们去主持商谈一般都很有效，即使他们毫无经验可言[6]。当企业得知一个"普林斯顿或哈佛的人"将参与项目时，他们通常更愿意做这笔生意[7]。例如，在一家华尔街投行和他潜在的客户初次会面时，董事总经理通常会介绍"交易团队成员"（副总裁、经理和项目上的分析师）作为开场，其明确目的在于使客户敬畏他们的聪明和由此而带来的专业感。整个演讲（都包括在"项目建议书"中）不只包含了商业策划案、市场概述和竞争者分析，整个项目的金融基本原理和影响，同时还包括相关的个人资料和团队成员的照片，这是在煞费苦心地展现出他们富有声望的机构背景，同时也简要描述出他们在客户商业领域中的项目经验和行业知识。在叙述业绩的过程中，我的受访者们描述了一个项目经理是如何在会议开始时，通过"介绍这些行家"来支撑华尔街声称客户将会拥有"世界上最聪明的人来为你提供咨询"的话语："在摩根，我们只有最优秀的"；"在高盛，我们有最充足的人才库"；"这个人曾经去过世界上所有最优秀的机构"。通过利用精英机构的光环，将他们自己描述为比美国企业更聪明、更有见识、更先进的，投行构建了一个在市场与常青藤联盟大学之间相互强化的联结：因为我们有"最聪明的人中的最优秀的人"为我们服务，于是我们对整个市场的观点就必须得到相信，我们设想的交易就必须被执行。出于同样的原因，他们这种内化的聪明就可以抹去他们的金融实践和建议通常会导致股东价值的崩溃，企业的衰退和金融危机的事实。聪明也可以掩盖权宜的（有害的）短期决策。

聪明可以确立市场主导地位，不仅是因为明确存在着对才干与公信力的预设，同时也是通过一种前提，即聪明是具有空间性的，它作为全球市场领导力的内在决定因素和诠释者应该正确地传播、开拓，它有必要被展现出来。例如，2000年，美林证券和摩根士丹利在普林斯顿大学举办招聘宣讲会时，两家公司的招聘者都鼓吹着精英机构、超凡聪颖与全球化平台的内在联系，就像当时高盛在我参加的第一场招聘活动上所做的宣传一样（见图1）。主题发言人大卫·派勒，是固定收益部门的董事总经理（同样也是普林斯顿1971级学生），阐述了摩根士丹利的愿景是"成为一切领域中的佼佼者"：

> 我们的目标是成为卓越的全球企业，保持我们现在已经取得的地位——最优秀的。我们希望我们的员工每天早晨进入工作后的时时刻刻知道我们是最优秀的，并且总是在努力保持巅峰状态。我们是全球性的；如果你不是全球性的，那么你无法成功……员工是我们唯一最重要的资产……我们的员工是世界上最聪明的……这个世界上没有人是我们无法接触到的，那是多么强大的力量啊。我们参与一切，我们有着雄厚的资金和人力资产，同时我们也希望招聘那种总是想要更多、不喜欢变成第二的那种人……我们的主旨就是"以世界为舞台"。

第一章 领导权列传：关于聪明文化、投资银行的招聘与建造

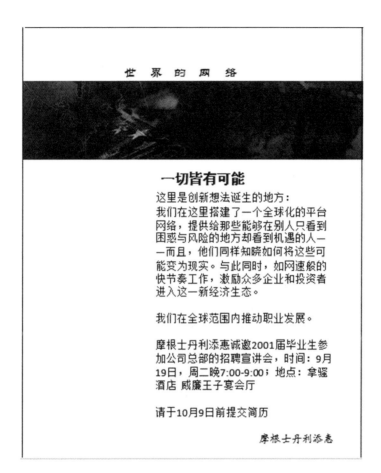

图 1 摩根士丹利添惠在 2000 年 9 月于《每日普林斯顿人》上发布的招聘广告。

这只是那一学年向普林斯顿在校学生发起的猛烈攻击之一。使用"全球性的"这样的字眼表达了投行"实时的"市场权力、速度、连通性、洞察力与专业性。

同样地，美林银行的首席招聘官，一位白人男性董事总经理，声称能够在美林工作的关键原因在于它的"全球足迹：它是如此地全球化，你可以去你任何想去的地方"，还在于它的"文化"，其核心特征就是充满了"华尔街上最聪明的人"。这一环节结束后，另一位白人男性董事用词考究地问道，"对美林银行来说，'全球性的'意味着什么呢？只是意味着你在法兰克福和东京拥有办公室么？不是，其含义肯定不只是'全球范围的'，而是它意味着你是主导者。"他继续说，"美林在所有产品领域与其他任何人相比或者实力相当，或者强于它们；我们有着顶级团队的心智。"

在这些世界观中，聪明和精英地位创造出了华尔街文化上的优越性，它的职位就好比精英管理下优秀的"典范"，反过来也成为传播华尔街文化和主导地位的正当理由与催化剂。这些演讲者，通过"世界上最聪明的人是如何到华尔街工作的"这种咒语一样的语言，喋喋不休地强调着对投行的精英主义而言，集体的精英制度是组织的基本原则。与此同时，回想一下摩根士丹利那个怀疑凯特·米勒的"聪明度"的资深银行家，只是因为她"选择"了就读斯贝尔曼学院而非世界上最"优秀的"大学就得此判断。这中间暗含的假设就是常青藤联盟大学毕业的学生不仅是血统上的传承者，更是一种全球化的、世界性视野的，有着良好市场悟性的人，这些都是造就金融市场影响力的关键先决条件。通过到处宣扬这些机构和个人拥有普适性的聪明这块招牌并认同这种观点，华尔街投资银行建构起

"最优秀的文化"，并导致了他们在市场中的全球领导力和不证自明的正确性，这不只有助于扩张，而且在很大程度上影响了美国企业和金融市场的方向。以聪明和精英主义为根基，他们向世人宣告自己在全球社会秩序中的地位，包括他们的企业正在如何努力来重塑全球商业格局，以及他们为员工提供的全球化的机会。那些强大的行动者围绕聪明建立了全球化的亲属关系，这正是全球金融网络的构成要素。当这种亲属关系与那些资源充沛的企业的紧密联系，会刺激金融交易和金融资本的不断积累。聪明的文化在全球范围内传播，合法化了金融在全世界的影响力，同时也将这种帝国主义实践变得自然化，从而创造了金融的主导地位。

第二章 华尔街的入职培训：剥削、授权和努力工作的政治学

在1990年代后期，约瑟·蔡从哈佛法学院毕业。在纽约著名的律师事务所工作两年后，他决定进入帝杰证券这家投行*。他在律所工作时就非常羡慕投行家，因为别人曾经告诉他，在华尔街"是你告诉企业律师做什么，并且能够赚取更多的钱"，他当时有一种终于梦想成真的感觉。当他和一群刚毕业的MBA学生一起进入帝杰证券时，约瑟·蔡跑去购物，精心装扮了自己的衣橱，从暗淡的企业律师装扮转变到他想象中的投行中层经理（等级高于分析师，但低于副总裁）应有的装束。受戈登·盖柯（Gordon Gekko）**启发，他第一天出现

---

*注：帝杰证券（Donaldson Lufkin & Jenrette）是最早依靠研究咨询业务成为投资银行领域佼佼者的公司。帝杰证券发现，当时的华尔街没有独立提供高质量公司研究服务的投资银行，于是该公司于二十世纪八九十年代大获成功。——译注

**戈登·盖柯（Gordon Gekko）是1987年著名电影《华尔街》中金融大亨的名字，他贪婪成性，最终受到了惩罚。迈克尔·道格拉斯凭此角色荣获1987年奥斯卡最佳男主角奖。——译注

第二章 华尔街的入职培训：剥削、授权和努力工作的政治学

时穿了吊带裤。他对我说：

> 我觉得头几周我穿吊带裤时，人们都会看我一眼，然后我就想，"好吧，这到底是怎么回事？"随后我注意到，职位低的人不穿吊带裤。看起来只有董事总经理才穿吊带裤之类的东西。有人向我解释道，你不应该穿吊带裤，因为看起来你花了太多时间修饰你的外表，你本应该努力工作的。你不应该浪费早上的时间穿吊带裤。另外，你应该在任何时候都看起来非常职业化，特别是在见客户的时候……你应该穿得好看，但不是过度修饰。

像蔡一样，刚被提升为经理的摩根大通企业并购部分析师安东尼·约翰逊描述道，许多年轻的分析师刚到华尔街的时候"穿着过于隆重……你会认为他们是董事总经理"，然而一周内，他们就会意识到"分析师是绝对没有理由戴劳力士的"。正如前摩根士丹利分析师凯特·米勒所说："分析师认为他们将要在华尔街工作，成为前途无量的投行家。他们误以为自己将过上曼哈顿上流社会的生活，得了吧，他们不过位于图腾柱的底端，会经历：被彻底剥削两年——憎恨这样的生活——去商学院读书——两年多后再回来——年收入达到25万美元的循环。"[1]

那些从精英本科学校和专业院校毕业的访谈对象通常期待着毕业后就可以享受乘着飞机到处旅游、挥金如土的奢侈生

活,然而这种想法立刻就被高强度的艰苦工作改变了,这种工作强度足以改变他们的原有观念,使其重新认识到成为金融资本世界中的成功者意味着什么。我的大多数访谈对象最初都被华尔街的巨大工作量震撼了,然而过了一段时间以后,他们开始声称努力工作是荣誉和杰出的勋章。重要的是,努力工作逐渐被理解为消除不平等的区隔的解决方案,以及名声显赫的投行家们的象征,这些银行家也同样试图成为全球范围内金钱精英制度中无人盯防的专家。不同于新自由主义经济时期的大多数工人们,华尔街精英们依旧感受到努力工作、货币回报及向上流动的紧密关联——尽管这一联系严重依赖于名校、社交网络和崇尚聪明的文化。通过对华尔街核心价值观"聪明"和"努力工作"的分析,再加上对华尔街投行组织文化的深入检视,我们可以以民族志的方式深入洞察华尔街究竟是如何重塑美国企业、金融市场以及在美国工作的实质的。

入职培训

几乎每一个投资银行都有一套精心制作的、针对大学和MBA应届毕业生的入职培训和介绍项目。在秋季工作正式开始前,分析师们通过长达一个月的金融训练课程开启华尔街的生活,这些课程的主要目的是帮助非金融专业的学生更好地适应金融计算的强度(MBA应届毕业生一般不用参加这些课程,因为他们已经被认为是投行业内人士)。他们经过课堂测验、完成作业,并且按照表现排名。由于一些投行并没有确定将这些应届毕业生分配到哪些具体部门,因此在最开始的几周内,毕业生们必须拼命抢夺好的部门。在一些情况下,金融培训课程中表现出色的分析师会被声名显赫的部门所追捧。在第一个月中,分析师将再度经历面试和测试。我的一些访谈对象开玩笑地说,甚至在正式工作开始前,他们就常常在培训室里熬夜到凌晨2点,努力准备各种就职面试和笔试。从一开始,分析师就适应了不稳定和竞争性的文化,他们在这种环境中必须快马加鞭。

长达一个月的培训期之后迎来的是入职介绍,通常是三到四天的异地会议和团队建设狂欢会,使得这些新的分析师和MBA开始融入企业的"文化"中:人事、工作环境、历史、内部组织结构和银行的思维模式。尽管培训的气氛是既残酷又令人头晕眼花的,但在入职介绍中,这些新雇员是被正式欢迎的,银行给予他们皇室般的待遇。首席执行官、首席财务官、首席技术官、部门负责人以及董事总经理们都"从他们日理万机的行程中拨冗",参加聚会并给予导引性的演讲,从而揭晓新一年的业务目标和主题。高级管理人员用公司的"核心价值"、战略和自我介绍轰炸热心听众们。当我参加美国信孚银行在1996年秋季举行的介绍会时,"聪明"、"全球化"、"金钱"、"奋斗"、"关系"和"技术实力"的主题几乎弥漫在每一个演讲之中。新员工被反复称赞为百里挑一的精英,被告知他们一开始就能进入这家全球性的公司是多么幸运,在这里金钱、智慧和机会可以自由流动。墙上挂着巨大的地图,彰显着该公司的全球影响力（范围）。演讲嘉宾包括信孚银行拉丁美洲区私人银行的首脑和亚洲业务部主管。新入职雇员把大部分时间都花在团队建设训练上，参加体育活动，与高层社交；在夜间，开放的酒吧，流动的盛宴和乐队，方便他们与高官们进一步小酌清谈。

入职介绍的第一天通常以众人无精打采地坐下来吃早餐为开端。接着，一个30多岁的白人男性董事总经理（许多人认为他即将成为银行的主席）走上讲台，并在房间里大喊，"给我钱！""你将会赚到比你梦寐以求更多的钱。"他这样告诉新入职的MBA学生们，于是观众都站起来，挥舞着拳头，欢呼雀跃。"但是，仔细想想，"他接着说，"你们中的一些人如果在麦当劳煎汉堡会挣得更多。如果你不含奖金的年薪为5万，并且每周工作超过100个小时，其实就相当于在最低工资标准之下。"[2] 听众们窃笑起来，尽管他们听懂了这个笑话。在这里，永远都是有报偿的。引用华尔街在1980年代和1990年代早期的故事，他回忆起"我们是如何挣得比你们挥舞魔杖那样还要多"，并保证说这家新成立的投行一定会让金钱像以前一样涌入。

一开始，我惊讶于华尔街人坦率地认识到他们对分析师（和许多经理们）的剥削，并且敢于以此自嘲。后来我意识到，最初两年经常每周工作至少100小时不仅是稀松平常的，更是被广泛接受的，甚至被吹捧为投行工作中颇具吸引力的部分。当我1996年7月开始在信孚银行工作时（并且贯穿我田野工作始末），我开始亲身感受到了努力工作、聪明的文化是如何与精英主义、隔离政治密切合作的。例如，在和大约30名应届毕业生共同参加的、为期六周的"GFMTP"（全球金融管理培训计划）过程中，我从第一天就明显察觉到房间里的紧张气氛，因为对员工的筛选和分类已经开始了。转瞬间，我和其他三个来自普林斯顿或哈佛大学的内部管理顾问，已经被其他培训生打上"聪明人"的标签，其他培训生大多毕业于公立学校或是"二流"私立学校，例如，利哈伊大学（Lehigh University），纽约州立宾厄姆顿大学（SUNY Binghamton），纽约大学（New York University），科尔盖特大学（Colgate University）和罗格斯大学（Rutgers University）。我有些尴尬，因此不断提醒我的同事们，我的金融知识和他们相比简直苍白得可怕，他们足以当我的老师。我们培训项目中二等精英大学的毕业生占多数，因此这一情况使我误以为信孚银行正在消除这个旧有的区隔。结果我错了。

开始时，我们之中没有一个人意识到，就在不同楼层中还有一个平行的培训班，叫做"全球企业金融培训计划"（GCFTP）。在这个项目中，所有的培训生都来自沃顿、普林斯顿、哈佛、杜克、斯坦福和麻省理工学院等大学，这些学校都被我在GFMTP项目中的朋友称为"你们那类学校"。此外，除了我们四个内部管理顾问，GFMTP组中的每个人都被分配成"后台"工作人员了（尽管也是管理岗位），然而"精英"组中的每个人都被分配到企业金融组，成为"前台"投行家。他们有更精致的食物、更优越的后勤服务,更有一个专门的脸书(Facebook)主页,上面详细地介绍了他们的出身和个人经历,附有高清的个人照片。正是在那一刻,GFMTP成员意识到,不仅有我的存在,更有整个"精英集团"的存在,他们发现我们和他们正在驶入不同的人生轨道,获得不平等的职位。他们刚毕业就在纽约的跨国投行找到一份工作的期望与激动,全都讽刺性地化为泡影。尽管我不断地贬低自己,并且表现得很不称职,我的同事们却认为我是真正的华尔街人。当与我同时培训的人被分配到名望较低、薪水较少的银行部门时,不平等的标签和分类的全部负荷都压在他们身上。从那时开始,我GFMTP的朋友们就会早回家,因为他们意识到,就算他们再怎么在6点之后加班,再怎么积极表现,他们都始终被排除在"前台"岗位之外:对他们而言,努力工作已经和晋升、奖金再无关系。带着一种悔恨和抗拒的混合心情,他们开始讲述GCFTP和我将如何通宵达旦地为公司干活的故事,而他们则可拥有"固定"的工作时间。训练结束后,除了早有计划的聚会,我很少碰到同期的培训生。这并不是偶然,它反映出建立在华尔街的非常结构和精神之上的、隔离的文化地理学。

分层电梯:投资银行概览

理解空间区隔的重要性对于解读华尔街错综复杂的交织结构具有核心作用,正是这种形态建构了华尔街关于工作以及"聪明"的文化,也是他们精英主义核心观念赖以存在的基础。没有什么能像投资银行中电梯的位置安排和起点终点那样明显地展现精英机构中众多的重叠与区隔、分工、种族、性别和阶级。在信孚银行工作的时候,我一直在估算从一层到另一层需要花费多少时间。比如说,从22楼到45楼,必须先返回门厅,然后走到门厅最远的那端乘坐另一部电梯。能够抵达大楼不同区域的电梯群或电梯组,位于大厦一层完全分离的地方;也就是说,只能到达低楼层的电梯是最方便的、最靠近门厅的,而到达高楼层的电梯则离门厅最远。在信孚银行,有三组电梯(以声望为标准升序排列)分别服务于低层、中层和高层,它们粗略地对应银行的"后台"、"中台"和"前台"。一开始,我以为这种等级制只有这栋楼才有。后来当我在其他银行做田野调查时,发现纽约城里每一家投资银行都用类似的方式安排它们的电梯,低楼层中是声望低的部门,高楼层则是最精英的员工。这些领域被种族、性别、阶级、工作日程和着装风格严格地隔离。在很多大厦中,首席执行官有个人专属的电梯。

"前台"的员工——即银行的"官员"——是最有价值的雇员,因为他们被认为能够为公司赚取收入。只有他们被大量招募,参加多种入职训练和介绍会,并获邀参加各种外出进修、会议和社会活动。"前台"办公室包括三个主要部门或者业务单元:企业金融(也被简称为"投资银行业务")、销售和贸易以及资产管理。实际上在企业金融部门的员工也被称作投行家,因而"前台"的这一部分几乎等同于机构本身。这一称号彰显着该部门的重要性和赫赫声威，甚至与其他部门相比也是如此（更不用说"后台"部门了）。研究分析师所在的研究部门，在历史上一直被认为只是投行家和交易员们的"支持部门"，他们调查世界500强公司的特定行业部门，如食品饮料、电信或能源，分析公司发展战略和股票债券市场，以此来帮助投行家和交易方完成买卖，而不是自己进行交易。在1990年代的牛市期间，本应发挥独立职能的研究部门和企业金融部门日益合流，研究部门的分析师开始主要发布"买入"建议，从银行利益角度监控采购和维持交易，为客户股票提供支持。既然现在研究部门已经直接参与创收，而不是提供"客观"分析，他们已经一跃成为羽翼丰满的"前台"部门。他们大力推广股票，对资产负债表欺诈和市场泡沫置若罔闻，因此很快就深陷丑闻泥沼。同样作为"前台"之一的企业并购部有时以独立部门形式存在，或者被看作是企业金融的一部分。

在信孚银行，我所在的内部管理咨询团队是"中台"部门，它包括风险管理和内部咨询等部门。虽然，从技术上讲这些部门可以"给客户开账单"，但是他们的客户都是银行内部的其他部门；因此，"中台"的员工占据了中间地位，他们并不能积极创造收入，因而也不像"前台"员工那样收入颇丰或被众星捧月。但是，"中台"员工仍然被认为是银行的"官员"，正因如此，员工从和"前台"一样的精英院校中招聘。

除此之外的银行里的其他人几乎都被认为是"后台"支持人员（其中包括运营、客户服务、贸易协调、技术支持、文字处理），并被视为"消耗成本的中心"——他们被理解为耗尽金钱的部门，因此投行否认和拒绝估算他们为银行创收作出的贡献。大多数"后台"员工不被认为是银行"官员"（除少数高级管理人员），因此不参与精心设计的介绍会、培训课程、鸡尾酒会、报告会、花式晚餐和各式招待。他们往往来自中产阶级或工薪阶层，有色人种和女性的比例很高，而且倾向于通过职业介绍机构、职业技能培训网络、广告招聘和口口相传等方式找到他们的工作。通常情况下，"后台"员工并不在银行总部大楼出现，而是在布鲁克林区较便宜的地段、曼哈顿的其他区域或河对岸的泽西市办公。"后台"部门工作人员确实也是从名牌大学的应届毕业生和 MBA 学生中招聘的经理，但这些学校名望要稍差一些，例如佩斯大学，利哈伊大学，偶尔也有波士顿大学和纽约大学（纽约大学也为"前台"和"中台"提供雇员）。

这种强大的阶级空间部署使得单一、同质性的华尔街雇员的概念土崩瓦解。前、中、"后台"之间的界限复刻了社会阶层的划分。毕业于佩斯大学的亚裔美国人理查德·潘，一名美林银行"后台"技术与运营部的经理，描述了不同部门之间获得机会和薪酬的差别：

> 大多数华尔街人想在"前台"工作……因为那里是所有金钱的所在地。如果你想赚钱，我说的赚钱指的是超过 50 万美元，在"前台"你可以赚取超过 100 万美元。

你看不到任何一个"后台"人员能够赚取超过100万美元的。你必须要么是操盘手,要么是投行家,或者类似的……但要得到这些工作是非常困难的。如果你调查一下"中台"或"后台"的人,问他们,你们之中有多少人想去"前台"工作,我敢肯定超过一半的受访者会说,"是的,我愿意。"但他们没有机会……看看投资银行吧——他们不可能雇佣的——你不能跑去找猎头公司,说你要在投行工作,然后他们就会给你找个工作。来自常青藤的人才会被雇佣。无论是雇佣本科生的分析师项目,还是雇佣MBA学生的合伙人项目,他们都会从同样的学校招聘,或者通过口口相传完成,几乎不会像招聘我们这样放出招聘信息。他们根本不张贴这类职位的信息。

进入"前台"工作的机会是高度排他的,只开放给特定的阶级和教育背景。虽然在分析师这一级中有同等数量的白人女性和相当多数量的亚裔美国人,但是大多数"前台"员工是中上阶层的白人男性,薪酬优渥。加上奖金,即使是最低级的投行家也能获得六位数的薪水。"按部门效应来计算,企业金融部的员工比那些男性占主导的、支持性部门的同龄人多挣173%的薪酬,销售和贸易部专业人士的薪酬是支持性部门薪酬的210%。这些部门也是最多男性主导的(Roth, 2003:792)。此外,"前台"和"后台"工作人员甚至在工作时间内也不互相来往(分层电梯使交往变得异常困难)。一年中唯一的"前台"和"后台"工作人员可以互相交往的时间就是部门圣诞晚会,不过"前台"工作者还有好多其他聚会的邀请。

但是,"前台"和"后台"工作人员确实有一些共同点,即工作的不稳定和简陋的工作环境。事实上,"前台"部门,我将在后面的章节中详细介绍,比其他银行部门要忍受更多的工作调整,因为他们更频繁地被裁员,以及为了更高的薪酬而跳槽。尽管"后台"会不断因为新技术和廉价劳动力地点迁移而受到成本削减措施的冲击,但大多数投资银行会制造无数需要处理的信息使得"后台"工作是相对稳定的。例如,霍华德·森本,麦肯锡咨询公司的亚裔美国人管理顾问,接手了一家投行客户服务部的成本削减项目。这一"后台"部门负责为客户账户处理行政和会计等琐事(处理交易后的文件,整理核实交易记录,诸如此类的)。森本和他的研究小组分析了客户服务部的运营方式并和员工们当面交流,遍寻各种方法来简化流程。他甚至还调查了如果将银行这一部门搬迁到田纳西州可能节约的费用[3]。最后,除了少量裁员和一些细微的政策调整,几乎没做出什么真正的改变。理论假设技术升级将最终允许银行削减该部门的许多职位,但银行却不愿立刻花这笔钱,所以客户服务部的工作者暂时是安全的[4]。下面是森本对"后台"部门的观察:

> 那些在投资银行的"后台"部门工作的人看起来完全不同于,比如说,交易楼层的人。在某种意义上,他们依

旧为投行工作而深感自豪，他们还是觉得，"是啊，我是银行的一部分，"但在另一种意义上，我感觉，好吧……你不是在创造收入的那一边，你只是一直提供支持，所以"后台"人员觉得有点被忽视。他们希望表现得非常完美，因为这是他们的工作，况且，一旦出任何差错，立即有人向他们发火。你明白的，没人注意他们就说明他们正在良好运转，这就是他们被预期的状态——匿名。你可以看到，遵循这种职业生涯的人也想要找到称心如意的工作，甚至是进入创收的那一侧，或确保他们已经在公司里建立了足够的"公平"，他们希望自己能晋升，就算他们的贡献不能以收入来衡量。他们也许可以通过节约成本实现这一愿望，但作用是非常有限的。他们背负着污名，并且这一污名的标签几乎被贴在每个"后台"工作人员的身上。

鉴于投行评估员工的主要方法就是看他们为公司创造了多少收入（或是声称创造了多少），"后台"工作人员，被他们作为消耗成本的中心的结构性角色所限制，始终被认为是"不值得的"，只有在削减成本和"停止损失"的时候才能被认为是为公司盈利"作出了贡献"——而这主要是通过大幅削减工资或减少岗位实现的。

出人意料的是，"前台"的工作环境也类似于"后台"。作为一个田野工作者，我想象中华尔街的投资银行内部是大理石大厅和全套的红木家具，结果我被许多投行"前台"工作者的破败工作环境而震惊了。从梅林到所罗门兄弟等大多数投行，"前台"分析师和经理们都向我描述了他们第一次看到掉漆的墙面、破旧的地毯、过时的电脑和狭小隔间时的震惊。交易和技术层的确有最新的技术、快速的网络和多层次的数据存储（特别是在"9·11"之后），但与流行的看法相反的是，投行的其他部门往往滞后。同样地，摩根大通和高盛的分析师和经理们通常觉得很尴尬而不愿意向我展示他们的桌子，因为符合投行家伟大形象的职业场所是他们的大厅、会议厅、高级经理们的餐厅及办公室。

当我在信孚银行工作的时候，大部分的"前台"楼层和部门刚刚重新装修，所以我的经历和许多受访者们并不相同。然而，在当时，信孚银行深陷丑闻、面临在投行界丧失代表性和地位的危机。位于更高楼层的"前台"部门正是一个不稳定因素的所在地，毫不夸张地说，这些楼层被精心粉刷过了。信孚银行非裔投行分析师吉莉安·萨默斯观察到：

> 这很有趣，因为如果你在不同楼层之间走动，你可以轻易分辨出不赚钱的楼层和赚钱的楼层。这就是他们设置一切的独特方式……如果你走出电梯，踏入其中一个"后台"所在的楼层，你可以看到绿色和紫色的地毯，也可以直接走到他们坐的地方，一切都看起来老旧而且破败不堪。你到负责金融工作的楼层时，发现它是刚装修过

的,看起来很棒。你到我们这层来,这层看上去算好的。你到四层,一切看起来都很寒酸。你到十层,可以看到虫子到处爬。你到九层,它看起来像一个病房,一看就很糟糕。而赚钱的楼层有两个看上去像保镖的人站在那里。

值得注意的是,信孚银行在1990年代初达到实力巅峰的时候,并没有刻意去改造它的前办公室。在牛市的巅峰中,许多银行都在大规模地改造,或是搬进新的大厦。"9·11"事件后,许多投资银行从华尔街搬到了曼哈顿中城,这里的许多建筑无论是在规模上,还是在装饰上都更新、更豪华。然而需要意识到,在整个1990年代末,大多数"前台"楼层都没有翻新或装修,而且办公室的装饰并不总能将"前台"与"后台"整齐地一分为二。维护不善的"前台"员工还能对投行的工作文化说什么呢?

一般而言,投资银行客户,如大型企业的老总,是不会到投资银行来的;而通常是银行家去见他们。他们或在打球时,或在豪华酒店的会议室和宴会厅、高档餐厅、客户的办公室达成交易——几乎从不在银行。的确,有时地理位置和投资银行的外部建筑结构可以成为银行威望和影响力的重要表征,正如20世纪末人们目睹的那样,一些公司开始在纽约总部的外墙上安装巨大的平面屏幕,以显示股票市场价格的实时报价。但总体来说,大部分投资银行没有显眼的标志或布告显示他们的办公室所在地,这种做法可追溯到19世纪,摩根大通在纽约

第二章 华尔街的入职培训：剥削、授权和努力工作的政治学

证券交易所对面建立了他的银行，并且故意拒绝做标识，作为一种排他性的无形象征。很多投资银行里发生的事情都受到严密看管，始终保密。大多数随机受访者都和我谈到过华尔街投行的保密性和神秘性；这种体验是被故意建构的，投资银行不是"展览厅"；他们并不接待走到他们总部的个人客户，通常他们也没有很多访客。

如果银行并不是针对客户和高层会议的"展览厅"，那么这些空间是如何被利用的呢？在投行内部发生了什么？有什么他们不想让"他者/其他人（这个地方是否需要用人类学术语呢）"看到的？我认为，对许多"前台"的投行家而言，工作经历非常类似于吉尔·安德斯基·弗雷泽所说的"白领血汗工厂"。事实上，许多投行家不时需要每周工作 110 小时，这些事实往往被飞机商务舱座位和五星级酒店住宿掩盖起来（或缓和）（不过在遭受重大市场冲击后的一些时间里，华尔街的投行家们甚至也需要提前订票坐长途大巴）。因此，投资银行的日常工作环境看起来更像是一个简陋的白领工厂，而不是大众想象的一系列豪华（但密集）的高层会议、闪烁着诱人光芒的美食和高科技的环境。在这里，高薪的职员们经常忍受着未经装修和非人性化的工作环境，炮制出无数财务分析和预测，他们在这里等待文字处理中心打印出他们的作品，使他们能够在企业客户演示前进行一轮又一轮的修改。

白领血汗工厂

路易斯·沃尔特斯,所罗门美邦设施和建筑服务部的白人副总裁,生动地描述了这些工作环境。作为一家投资银行的空间规划师,沃尔特斯帮助我了解了工作空间的"地理学",以及投资银行是如何看待他们的员工与员工所做的工作之间的关系。

> 大约在五年前,我们在实际操作中提高了空间密度。一开始我们的每个雇员只拥有6×8英尺的座位,这是我们的标准工作隔间;随后,我们开始采用6×6英尺的方式把更多人塞进更小的空间里——这部分是由成本控制造成的。我记得我得走过长长的一排椅子,我们全都挤在一起。6×6英尺不是一个很大的空间,并且只有很矮的隔断。他们之中的许多人个子比较高,但基本上,这里只有一长排低矮的灰色座位。我看了这个普林斯顿的纪念杯,大概是哪个班之类的。随后,我一直在想他们的心理历程。他们需要历经多少困苦才能考上普林斯顿,他们要付出多少汗水才能到达梦想园地,随后,从那里毕业后,他们成为百里挑一或者今天所说的精英中精英的那种无与伦比的成就感,最后全都终结在这个6×6英尺的小格子间里,这里只有摆放小杯子的一点点空间。这个杯子好似一个残留的标记,提醒你,你是一个独一无二的人。

当然，白领血汗工厂本身就是分等级的，这进一步证明了投资银行经历的异质性；不同电梯组之间的部门划分，"前台"、"中台"和"后台"之间，只是多轴的权力关系中的一个。尽管投资银行自我表述为扁平的、灵活的工作场所，他们声称在这里，拥有最佳点子的人和对成交利润作出最大贡献的人都能获得成功，但日常现实却是完全不同的。在信孚银行工作的第一年的分析师吉莉安·萨默斯在一般意义上描述了投行的等级结构。

何：你觉得VP（副总裁）们和MD（董事总经理）们总是在发号施令呢，还是更随机应变？团队处在一种网状结构中，还是一种已经设置好的等级结构中？

萨默斯：等级结构已经在很大程度上被设置好了。经理们根本不能告诉VP们接下来该做什么。VP们可能会说，"我要这笔交易成交，无论你想怎么做，把它搞定"或者，VP告诉经理们，"这就是我想要做的"。然后，经理们来找你（分析师），并告诉你，"好吧，这就是我想要做的。"另外，他（经理）会补充一些其他的东西，只是为了显示他那两分钱的身价。我的意思是，你（分析师）做一切都不顺。有些东西你真的觉得不必要，你可能回去找经理说，"我不认为我们需要做这个。"但是他会很生气，并说我们不得不这样做。所以，你坐在你的办公桌上闷闷不乐，因为你明知道这将是浪费时间，并在一天结束的时候，你发现确实就是在浪费时间。如果你能回去找经理，并说服他，"好的，这才是我们真的应当关注的"，这是不错的。但是，多说无益。再者，经理们是刚从商学院出来的，他们自视甚高。他们进到这里来，却又不关心处理过程。他们知道如何使唤分析师做这些事。

在"前台"的办公室里，职位和"交易团队"通常是由一到两位分析师、一位经理、一位副总裁（有时是一位高级副总裁或董事），以及一位董事总经理组成的。"前台"层次结构中最底层的是分析师[5]，他们是从美国少数精英院校中雇用的大学毕业生。许多前分析师把这一过程比作"两年的新兵训练营"。分析师的主要工作是"做财务"，收集和处理公司财务数字，从而吸引新客户或维持交易。在交易的开始阶段，在电子表格中捣鼓完数字后，分析师将这些数字放到 Word 或 PPT 模板上，并最终形成精心加工的"项目书"（称为"项目建议书"），并呈现给潜在的企业客户。分析师两年后自愿离开银行，找到一份新的工作，或进入一个 MBA 项目研修；事实上，大多数分析师只能签一个 2 年"合同"，不过他们可以在任何时候终止合同。在利润特别丰厚的时候，一些工作第二年的分析师可再被挽留一年，偶尔也有分析师被"内部"提拔到经理级别（即使没有 MBA 学历）。除经理外，分析师的工作时间最长。如果分析师每周工作 110 小时以上（一个月都有

第二章 华尔街的入职培训：剥削、授权和努力工作的政治学

4—5天熬通宵），那么分析师年薪5万美元也不过就是比最低工资稍微高那么一点点。只有每年2万至5万美元（对一年级分析师而言）的浮动奖金，才能使分析师的薪水显著高于纽约市的最低工资水平[6]。

经理通常是毕业于少数精英院校MBA项目的学生。除了分担许多分析师的"数字运算"工作，经理通常是分析师和副总裁之间的联络人。他/她负责监督分析师的工作，使数字能够"讲故事"，这意味着金融计算在解释过后能够用来证明某一特定战略，或论述投资银行的某一主张。随后，他/她带着这份分析去见副总裁，请副总裁过目审核，进行必要的修改，然后编辑并将最终草案提交给文字处理部门，将材料修饰成美观的、可供演示的项目建议书。一边是分析师和经理，另一边是副总裁、董事和董事总经理，这种工作在两头不断反复进行，这就是经理和分析师工作时间如此之长的关键原因。当我问一名副总裁为什么即使是在工作量很"少"的时候，他也总是要待到晚上10点以后（除了偶尔周五或周末的晚上），他回答道："因为董事总经理及其他高级管理人员从来不在晚上6点或7点前把他们的反馈意见发给我，这是他们下班的时间。"投资银行从事的是持续不断的交易，快速高效地响应客户和市场需求，因此必须保持24小时都在营业。如果高级投行家们能够享有正常工作时间的特权，那么他们就会要求"第二天早上当他们上班时，桌子上必须有他们要的东西"，结果分析师和经理们就必须从晚上7点奋战到凌晨时分。

第一年经理,就像分析师一样,是一个支持性的角色,因此,一般不参与客户会面的演示与会议。那些一直在做投行相关业务的人——取决于项目进程中的许多相关因素——可以经过三年左右晋升为副总裁。刚从商学院毕业的经理们通常只有 9 万美元的基本工资,以及 9 万至 18 万元的浮动奖金。副总裁们是企业客户、董事总经理及经理和分析师队伍之间的连接纽带。他们负责监督每一天的交易。副总裁以上的高官们享受至少 30 万美元到超过 50 万美元的薪酬待遇。尽管投行的等级结构不尽相同,一般来说在副总裁和董事总经理,也就是金字塔顶端之间,存在着几个"中间层",如"高级副总裁"(SVP),"董事"(Principal)或"总经理"(Director)。这些"迷你层"存在的理由之一就是拖延或阻止副总裁晋升为董事总经理。大多数投行家们,不管他们的任期有多长,都从未晋升到董事总经理,多种原因都可能造成这种现象。首先,董事总经理,通常霸占了奖金池中的最大部分,分层可以防止"稀释"他们的份额。最普遍的晋升标准是"发起交易",意思是董事总经理通常为银行发起和带入新的交易(或至少他人相信你能够办到),这通常需要和世界 500 强企业的首席执行官和首席财务官的私人的接触,更不要提与政府官员了。发起交易的奖金通常意味着董事总经理的工资几乎没有上限:尽管他们每月工资不到 25 万美元,年薪平均却可以达到 200 万到 400 万之间。当然,薪酬体系和收入界限偶尔也有灰色地带,例如第二年的经理可能比副总裁的薪酬更高,或者由副总裁而非董事总经理发起了一笔交易。大多数情况下,董事总经理是因为他们被感知到的能力和可以发起交易的广泛的人脉而被提拔的,并非因为任何特定的管理技能。事实上众所周知,华尔街高级管理人员管理技能极差,因为华尔街重视短期、有竞争力的个人主义,不重视团队合作、长期培养或联合领导等精神。

当投行家做到了副总裁的位置,他们不会守着中层的荣耀固步自封,而是"不断推高"他们的工作时间和承诺,以证明自己不仅对最新产品了如指掌,而且对更令人垂涎的董事总经理位置虎视眈眈。同时,越是"明星职员",他们越是被期待着在他们所处的行业里不断地进行社交工作,从会议室、酒吧到高尔夫球场都需要培养人际关系。当然,这种双重棘轮效应(dual ratcheting)*依赖于包括互助医疗保健和食品采购在内的一切丰富资源,同时也依赖于构成金融权威的某种具身性的载体,通常在华尔街是那些出身纯正的白人男性。具体来说,由于华尔街有过"背信弃义的历史",他们的"歧视行为臭名昭著,薪酬发放远远偏离同工同酬的要求",所以,尽管华尔街的银行"不愿透露他们招聘及保留的女性雇员"和少数族裔的数据,在"《纽约时报》承诺收集数据并不外泄"之后,九家顶级投行同意这样做了。数据显示,尽管女性在分析师中占

---

* 棘轮效应是指消费者易于随收入提高而增加消费,但不易随收入降低而减少消费,大概意思是"上去容易下来难"。在这里指副总裁们拥有一定资源才能被提拔上来,而他们上台之后就想更上一层楼,因而需要掌握更多的资源和人脉。——译注

比可达33%,"只有25%女性即将成为全职经理",并且只是"14%的女性成为董事总经理";少数族裔,特别是在高管这一级中,占比还不到白人女性的一半(Anderson,2006)。

努力工作

华尔街的白领血汗工厂会使哪怕是最刻苦的分析师和经理们也大吃一惊。这里的工作强度对许多二十多岁、自以为成功了的年轻人来讲是极为深不可测的。很多未来的投行家通过暑期实习得以体会华尔街的工作状况,实习尽管要求苛刻,但由于实习生要回学校继续大四学业,实习时间是有限的。一位摩根士丹利1999年的暑期实习生乔纳森·赖特在《每日普林斯顿人》的评论版回顾了他的实习经历,他既详细讲述了这份工作令人亢奋的雄性气质,又讲述了他为了在大四结束后能在摩根士丹利拿到一份极为吃香的全职工作而付出的"代价"。"在最后那5个星期的时间里,我每周平均工作90到100个小时。我在公司的最后3天根本没有睡觉。整个暑假我休息了2天。一天是7月4号,另一个是一个星期天。"尽管他"整日、整夜、每天、每晚"地工作,但他很欣赏投行家们"对资本教皇戈登·盖科的隐秘情怀"、他们的金融力量(虽然管理咨询顾问提出许多行动建议,却是像盖科这样的银行家们将其变为现实的),以及与那些将他带入诸如"斯考尔斯"(Scores)等绅士俱乐部的"牛人"们共同工作时那种"雄性的激情"(Right,2000)。

一旦赢得了珍贵的工作机会、成为曼哈顿投行家的狂喜已然平复，恒定每周工作100小时的夏天突然结束，却延伸到未来可预见的两年，分析师已经将他们的比喻从戈登·盖柯换成了相当蛮不讲理的形象。每逢重大交易时，分析师和经理们经常工作到凌晨两三点，甚至通宵达旦，周六和周日也都要工作。一个分析师和经理们经常分享的可怕笑话是："如果除了你婚礼那天，你还能多请一天假，那你真是太走运了。"富达投资现任董事总经理罗伊·艾伦讲述了他在1980年代在所罗门兄弟公司做分析师的情况："文化是非常残酷的……它非常倾向于适者生存。你可以只做你的工作，如果你非常出色，那你可能混得还不错，但如果你只是平庸，你会被碾碎（责备），并被搅拌（搡）出去，其他人将被安置在你的座位上……我们平均一天工作16小时。我们在很多个夜晚一直工作到11点，打了辆出租车刚回家就要回去上班。我的意思是你像一只狗一样工作。大量的周六、周日时间也都消耗在工作上，没有例外……你是底层中的底层人。"《哈佛深红报》和《每日普林斯顿人》的页面上充斥着刚毕业的校友们前两年在投资银行工作的反馈，他们讲述曾经在几个月的时间内根本没有在午夜之前回过家。摩根大通的分析师基斯·哈恩（哈佛2003级）这样描述他的工作量："我曾看过在帕坦（原文如此）死亡行军＊和

＊ 实际应为"巴丹死亡行军"，指二战时期在菲律宾巴丹半岛上，美菲战俘受日军迫使在酷暑之下长距离行军。

大屠杀的纪录片，所以我觉得我已经为日复一日的投行生活做好了准备。"（Widman，2004）帝杰证券的分析师汤姆·J·谢（哈佛1997级）指出，"这项工作是一个做金融领域内其他业务的绝佳跳板。但这是万分艰苦的。它类似于奴隶制，它会令你整个人土崩瓦解。"（Schwartz，1999）另一个哈佛校友，一名不愿透露姓名的高盛分析师声称，"在一年的时间里，你没有个人的生活。我几乎没有洗衣服的时间。"他最糟糕的一周工作长达155小时，留给他的只有13个小时的睡眠。伦敦摩根士丹利的分析师史蒂夫·斯奇瑞认为伦敦的工作环境更轻松，尽管如此，他说："我当时处在我最有冒险激情的阶段，没有任何责任或包袱，却决定每天花费17个小时待在办公室里，一周七天日日如此。它使你开始怀疑。"（Widman，2004）"你会软得像条绒丝带一样，"哈佛校报作家内森·施特劳斯在《"极端工作"威胁性生活》一文中抱怨道，"听好了，潜在的投行家：最新《哈佛商业评论》研究表明，只工作，不玩乐，会造就糟糕的性生活。"（Strauss，2006）我的受访者菲利普·杨，美林并购部门的经理，附和道：

> 最倒霉的人每周工作100小时，对朋友爽约将成为你的家常便饭。它甚至变得如此司空见惯，以至于人们不再打电话给你了。他们每次打电话给你，和你约时间，你总是说："我现在不行，我可以一个小时后到那儿——但我现在不行，要不我们推后一个小时吧。"等到半夜或凌

第二章 华尔街的入职培训：剥削、授权和努力工作的政治学 | 153

晨 1 点时，你只好说："我很抱歉，我不能去了。"他们很失望，撕破脸皮到居然说出这种话："听着，你总是不遵守我们的约定，所以你为什么不在你有空的时候给我们打电话呢。"所以，当你终于自由了，你也无法与任何人接触，因为每个人都已经出去玩了。你不能提前约人。

许多投行家坦率地告诉我，华尔街刻意招收刚从学校大门里出来的大学生（不是那些离开大学一段时间的人），以便挑选最积极、涉世未深、刻苦勤奋又尚未成家的年轻分析师，这样他们就可以工作到即将崩溃的极点。正如所罗门美邦的副总裁萨拉·基特里随口说的，"如果你是单身，并且你的家人住得很远，比如在加州，那么你将是分析师的更好人选。"她介绍道，尽管大多数分析师在开始的一年都有男/女朋友，"突然"，几个月后，每个人都开始发现他们单身了。投资银行扭曲的工作时间已经变成了一种象征，她随后评论道，"如果你能每天工作 12 小时还能找到平衡，投资银行将是一个很好的工作，就是这么回事。"同样地，信孚银行的分析师克里斯·罗根说他"知道华尔街对年轻人都做了些什么"："我有一个相当不错的普林斯顿的朋友……曾任职于摩根士丹利商业银行，一个臭名昭著对年轻人最苛刻的地方，我看到了他们对他做了什么。他过去在学校里是一个快乐的年轻人，他们把他变成了恶声恶气的……令周围人相当不舒服的家伙。他体重增加了至少 30 磅，并且从来不笑。不过，罗根自己也是"每周工作 100 小时,每晚工作到凌晨 3 点的",但他把这看作是一种"折衷",相比于摩根士丹利(投行)来说是一种好转。关键是在这里建立了一种毕业后的氛围,工作初始,分析师和经理们开始"住"在那儿,讨论谁走得最晚,谁得到"砰"的关门声最多,更不用说参与凌晨 1 点临时组织的桌上足球比赛了。

投资银行分析师的"办公空间"字面上叫"牛棚"(bullpen)。我在帝杰证券看到一个长走廊大约 150 英尺长,20 英尺宽,由行政人员的高桌划分出界限,行政人员坐在这一层的中心区域,或是经理们的小办公室里。"牛棚"的入口处是一个货真价实的塑料门,这既是一种嘲讽,又是对于投行人生的一种评价。门里面,是局促的办公桌和书架,地板上到处都是建议书、PPT 演示文稿和以前的交易书资料夹,更不用说那些饮料易拉罐、足球、健身袋、哑铃、换洗衣物、除臭剂和一套挂着以防万一的备用套装。美林企业金融部的格局是 U 型的,同样有一种类似的有人居住的感觉,到处充满了工作的碎屑和工作分心的产物:篮框、纸飞机和一堆外卖盒子。

两项组织的"福利"对建构刻苦工作的文化发挥着中心性的作用:这两项福利分别是晚餐服务和车辆接送服务。上班的第一天,投行家们被告知,如果他们在下班时间还留在公司,一般是晚上 7 点,他们可以在公司里叫外卖。没有意外的话,每一个分析师和经理都参与了这一仪式:通常一位分析师负责电话订餐;另一位分析师下楼从快递员手上取回食物。一些投资银行已经在附近的餐馆里设立了账户,分析师们只需点平均每人不超过 25 美元的晚餐就可。马林达·范，雷曼兄弟公司高级副总裁，开玩笑地说，"等到第一年年底，我们的分析师和经理都试过了距离雷曼兄弟 5 个街区以内的所有送外卖的餐厅的所有菜色。"因为没有时间去购买食品或烹饪，他们很快就依赖于外卖服务，甚至当偶尔有一天他们可以下午 7 点前离开，他们也会为了吃饭而留下。

下一个里程碑时间是晚上 9 点，在这之后投行家可以使用公司的电话叫车服务，直接送他们回家。当我第一次在信孚银行任职时，它有一个出了名的自由约车服务政策：我们在 8 点以后下班就可以叫一辆车把我们带回家。其他早下班的投行朋友就可以走过几条街道，从环球金融中心到我们的信孚银行总部来和我们其中一个搭顺风车。不到两个月内，高管们就意识到几乎所有人都会等到足够晚来搭车，所以他们将截止时间重新推迟到 9 点。一名哈佛大四的学生金祯勋花了整个暑假在华尔街实习，警告他的同学们绝不要被这些平凡而具有诱惑的福利所吸引而想"挤进"华尔街："他们习惯了乘坐带有真皮座椅的黑色流线型的汽车回家，每天在公司里吃着昂贵的晚餐。"（Kim，2000）当然，晚餐和坐豪华轿车回家，首先被理解为工作"福利"，后来不仅成为理所当然的，而且是对花费时间的"补偿"。下面是菲利普·谢里尔的叙述，他也是哈佛大学大四学生，整个夏天都被锁在一家投资银行里，讽刺分析师体验过的奖惩措施就是胡萝卜加大棒：

我就是这么个工作狂,事实上,我没有时间进行基本维护或清洁。我有三天没有换衬衣。我在我的办公桌上放着牙刷。棉签隐藏在我的显示器后面。有一次,我在等我们办公室的一位高管从冰岛打完高尔夫飞回来,为了打发时间,我坐在我的棉转椅上大口大口地喝免费可乐,嘴里塞满了我用公司绿卡买的晚餐。我敢打赌,你的雇主对你的喜爱甚至不足够出钱给你购买装在棕色纸袋里的午餐,但我的公司给我买了烤鲔鱼午餐和烧烤晚餐。(Sherrill,2004)

吃饭和坐车回家让分析师及经理们在自己的办公桌上一直待到凌晨,而黑莓手机,它从1999年在华尔街普及开来,让他们无论在家里还是在"度假",都能一直通过"电话"和办公室绑在一起。在周末、旅游、午餐和结束凌晨工作到第二天开始工作的几个小时内,这都是主要的工作通讯方式。黑莓手机远比寻呼机或蜂鸣器更复杂,它拥有全球邮件接收功能(更不用说普通的手机功能),每收到一封新的电子邮件都会发出嗡嗡的声音。我的许多受访者坦承,他们已经在短短几周内对黑莓手机"上瘾"了,并已经掌握了用拇指在两英寸的键盘上打字和在台式电脑上打字一样快的技能。当我问一位瑞德集团(Lazard,也是一家精品投资银行)经理的未婚妻,他们要去哪里度蜜月,她苦笑说:"去任何一个黑莓手机不能正常工作的地方。"

如此长的工作时间引发了一个问题：初级投行家们每天都在做什么？尽管大多数分析师和经理会吹嘘他们作为投行家在全球金融服务公司中所接触的金融和商务信息——包括参与世界 500 强的首席执行官和首席财务官会议、向高级投行家学习交易技术、提高自己财务分析和发展评估的能力——他们同时也承认他们每天的日常生活主要是与金融数据表打交道这类痛苦单调的工作，然后等待董事总经理的反馈。J·P·摩根公司的一位分析师安东尼·约翰逊生动地描绘了分析师角色的双重性，尤其是雄心壮志和现实世界之间的矛盾。谈及分析师是如何经常夸大自身重要性时，约翰逊回忆道："我刚开始工作时见到这位（分析师）……他就说'哎，对，你知道的，我在这家投行工作，日复一日我都负责评估这些商业事务，确定它们值多少钱，然后要尽量去定位产业中其他的竞争者以及他们应该怎么做才能实现价值最大化之类之类的'。这确实听上去很棒，我是说，这家伙让生意实现了价值。"而当约翰逊进入 J·P·摩根工作之后，他改变了自己的最初印象："这家伙可能做的（是）一些多元交易（trading multiples）或可比交易（transaction copararbles），这些是最不吸引人、最不受人欢迎的事情了。所有人都避免做计算工作，他可能做了一些计算，然后把这些数字分成不同的组，将不同组中得到的均值和中位数用到他的生意中，就得出了一个价值。"尽管约翰逊从未怀疑华尔街投行家们重塑经济的重要性和影响力，但他同时也觉得分析师的表现常常需要一种"现实性的检验"，而且"就我们的工作量而言,薪水根本少得可怜"。

在白领血汗工厂,分析家和经理的角色是为每位投行家的两项主要活动提供金融信息和分析,这两项活动就是去赢得业务,以及赢下来之后为其提供服务。在交易的推销阶段,投行分析师要与经理密切合作,必须为销售报告收集、整合并分析所有信息,更不用说还要准备和企业高管进行的首次销售会议,满足整个科层制中从经理到董事总经理的需求。这个"推销阶段"的内容就是银行家说"我们公司如何出色,我有多想为您工作,以及您为什么愿意雇佣我们"。[7] 为了写项目建议,分析师必须深入挖掘信息,就像一位美林的经理所说的,"所有的工作都是了解客户"(通常是世界 500 强公司),客户的产业以及它们的产业在资本市场和金融市场总体上的表现情况。如果,比如说客户是福特汽车公司,那么分析师(用专业金融数据库和网站,如标准普尔公司的 Capital IQ)负责处理和记录福特股票的市场信息,如股票交易与戴姆勒或其他竞争公司股票的相关联系,未来即将进行的股票回购、证券出售、债券发行,标准普尔是将福特公司升级或降级等。在销售推荐期间,投行团队可能会提出以下一些交易情境:

1. 福特应该收购 x,y 或 z 公司
2. 福特应该完全被 x,y 或 z 公司收购
3. 福特可以出售一些特定部门或资产给 x,y 或 z 公司
4. 如果福特不太顺利,我们会帮助提高你们的股票

价格，并获得更多的价值和战略

5. 福特应该发行更多债券或股权

6. 福特应该通过 x、y 或 z 机构来经营自己的养老金计划

通常情况下，该小组将提出一个或两个上述场景。如果他们提出了第一个，他们必须对投行建议福特收购的十家左右的公司"进行全面分析"。分析师将对这十家公司中的每一家都进行描述性概述，找出其股票价格交易如何随时间变化，他们的大股东是谁，以及公司最新的战略举措，这样投行可以对每家公司进行一个收购的案例分析。如果需要为收购筹集资金，投行团队将会进行一个"债务分析"，内容大概是"今日的资本市场如何看待债务、信贷市场状况如何、如果福特发行数十亿的债券会怎么样，包括如何利用不同的债券组合、可转换债券或金融衍生品来将自己的账户区别于他人"。对于第二种情况，分析师必须梳理所有的 SEC 文件、特定行业新闻和过去一年的一般性商业新闻报道，不停学习汽车行业行话，以显示自己是精通福特内部工作方式的专家。分析师还需要负责汇编所有的潜在买家，例如搞清楚私人股份集团是否正在这一领域内进行收购。该小组还必须研究制造商、供应商、经销商和分销商的所有辅助网络。

通常在短短的几天内合并上述所有信息之后，分析师和经理整理信息、创建一系列电子表格、图表、流程图、描述性的总结和战略建议，所有的这些信息将最终用于编写"项目建议

书",即专门为销售会议而精心制作的文档。项目建议书中的一个重要项目就是初步估值,它使用公司收益、现金流、市盈率(PE)和其他指标来计算应该被出售或是被收购的总体股票价值是多少。许多类似情况下的并购交易,投行还要计算大量其他价值,例如"上市公司比较"(public comp)、"并购比较"(the M&A comp)、"杠杆收购分析"(LBO)和"创造与稀释分析"(the creation and dilution analysis)等。上市公司比较是指与可比上市公司比较,即根据同行业中的不同公司情况测算福特的市盈率(每股股价除以每股盈余),从而得出大多数投资者们愿意为福特出的价格。换句话说,如果福特的市盈率是15,而其他汽车公司是20,那么投行将有理由修改对福特的描述,将其以"更高的倍数"卖出,或者像受访者说的那样,"胡吹倍数"。并购比较需要调查"行业内部最近发生的并购",从而弄清出售公司的价值和价格。杠杆收购分析针对"严格的金融买家",他们通常对建构业务本身不感兴趣,买卖只是出于财务上的考虑。这个模型通过将"尽可能多的债务放到公司账目上"预测最低的收购价格,再考虑现金流和公司收入预测情况,随后预测如果金融投资家们仅仅因为投资目的而购买公司,他们能够获得多少潜在收益。"创建和稀释分析"建模表示一个潜在的并购可能对股价造成的累加或摊薄效应。

分析师和经理们不仅被期待着做"批量分析",还要做精确的复制。"你需要复制编辑方式和格式,如果你犯了一个小错误,这将成为解雇你的理由。"摩根士丹利的经理解释说,

"就用项目符号举例,整个演示文稿中每一句话之后和项目符号之间需要保留一定距离,你最好保证没有缺漏。否则副总裁和董事总经理们就会暴跳如雷,你会被骂得狗血淋头。每个格式化的表格需要使用完全相同的单位:每千美元而不是每百万美元。这些全是关于标准化和与之相应的问题的。如果小数点后有一位数字,那么通篇也必须如此。"分析师和经理们因为在专业的演示文稿中有些许轻微失误而被大声斥责,并且被处分。他们负责在晚上校对印刷中心每个小时打印出来的每份文件,一旦被人发现犯了一个小错误,"没有人信任你,并且你接下来几个月将生活在地狱里"。现在已经是美林银行经理的菲利普·杨,这样回忆那些并不令人愉快的美林银行分析师的岁月:

> 这是一个压力非常大的工作。你的客户希望明天就能得到各种材料。如果你犯了一个小错误,人们总是很……(停顿)。我认为,在其他地方(工作),这些错误可能会被忽略,人们只会说"把它订正就好"。但是在这里,每犯一个错误你都会被质疑。他们向我解释道,当你在为这种高级客户工作时,如果他们发现了任何一个错别字、打错的数字或是估值计算失误等小错误,他们都会想,"如果这个是错的,那么可能其他事情也是错的。如果那个是错的,那么整个分析就是错的。"所以,你希望尽可能地精确。每个人都承受了许多压力,长时间地工作,压力令人崩溃。所以,当高级别的人看

到了一丁点错误,他们也会以此大作文章。他们希望一切都是完美的……他们脾气非常暴躁。人们在高压的工作面前就是(这样的)。

甚至连我在信孚银行担任管理咨询顾问的短暂时间内,我也经历了一个高级银行家对演示文稿大动肝火而导致的火力全开。我永远忘不了我的副总裁对我糟糕的"版本管理"能力而进行的残酷的、长篇累牍的叱责。我的任务是记录多个副总裁和经理对PPT演示文稿作出的修改,但我根本跟不上他们的速度[8]。当我的副总裁要求我为他制作最新版本的PPT时,我无能为力,他突然铁青着脸转过身来:"凯——伦!*"他吼道,"这简直太糟糕了。居然没有版本管理!我所需要的不过就是版本管理!这样不行,凯伦。太糟糕了。如果你不掌握版本管理技术,你在这儿不会待很久的。做得太差劲了。"正如我在田野笔记中写的:"这全都是因为版本管理。这也变成了一定程度的纪律问题,以及我没有精确掌握严格遵循职业细节的问题。我依旧不敢相信他居然以这样一种居高临下的方式冲我大吼!"尽管分析师经常需要忍耐长篇累牍的抨击,但要必须牢记的是,经理们才是被上级指定的质量管理者:他们负责质量控制,哪怕有一个标点没有在正确的地方,他们才是那要"被扔进火坑"的人。

---

* 作者的英文名为"凯伦"(Karen)。

如果银行"赢得"了客户,接下来就要开始"忙碌"了。分析师和经理们会 24 小时连轴转进行客户管理。有趣的是,一名经理回忆道,"我们的大多数客户都曾经在投行工作过,所以客户希望我们 24 小时都在工作,因为他们记得这就是他们在华尔街就职时的工作方式。"当然,1990 年代以来的趋势是大部分大型企业会雇佣经历过金融训练的 MBA 学生或是前投行家,而不是那些从组织内部一步步提拔上来的业务经理们,这和美国企业的金融化进程密切相关,并且他们的价值观、实践和期望都与华尔街一致。回到福特的例子上,如果这笔交易建议将福特卖给 x、y 或 z 公司并且需要负责实施,那么分析师和经理们的下一个步骤就是进行尽职调查、撰写 CIM(保密信息备忘录)并组建"数据库"。保密信息备忘录是投行送给潜在买家的,"数据库"则是将公司(在这里指福特)所有"数据转储"到一个安全的网站上。典型的保密信息备忘录包括一部分关于公司的内容:管理、行业、客户、债权人、供应商,还有一部分特殊版块:公司财务信息、金融状况等。为了撰写 CIM,投行团队需要拜访被出售的公司,初步了解管理团队、客户和供应商,并且开始大量数据的收集和编译工作。通常,这个过程是自上而下的:投行家很少"访谈"个别高管、中层管理人员或是普通员工;他们主要处理公司的行业概况,财务报表,SEC 文件,华尔街研究报告或首席执行官和首席财务官提供的数据。这份备忘录还包含一份"买家清单",这是经理和高级银行家们商议后制定出的一长串的潜在买家清单，通常包括竞争对手、供应商和客户，还有投行家们称之为"金融买手"的私人股权投资公司、投资银行和其他不在汽车行业内但有"直接金融需求"的金融机构。并不意外地，金融买手们通常是最热门的人选，并且和代理（并购案）的投行具有非常亲密的"旋转门"关系，这并不稀奇。此外，由于兼并和收购是私下进行的，并不公开发售，潜在的买家需要签署保密协议，避免透露CIM中的内容。从这一阶段到开始竞标，分析师和经理们担任客户服务代理的工作，以备潜在买家和高级投行家们质询，同时还要负责持续更新数据库。一旦买家名单缩短，收购方将列出尽职调查清单，而分析师要搜寻数据库，回答长达数页的问题。（尽管这个例子是从卖出方的分析师和经理的角度讲的，交易的购买方——例如投行的其他部门代理福特的购买方——也会进入数据库建立多个模型，以确定这个公司是否值得购买。）最后的步骤是与最好的投标人进行谈判，确立合同条款，动用所有的律师来起草销售协议，处理债务和赔偿，并用奢华的晚宴或庆功会来结束这笔交易，这顿饭通常由客户来买单。

分析师和经理们必须迎合高级投行家们的时间表，这可能是工作中最令他们感到沮丧的部分，也是他们必须在办公室待到凌晨的主要原因。例如在白天董事总经理可能要求明天早上之前将"甲板"的修改版放到他的桌子上（"甲板"指的是演示文稿的最终版本，可能是项目建议书或CIM）。为了在早上之前完成这个任务，分析师必须待到凌晨两点，然后这一循环再次重演：他们从来不知道 MD 何时审阅文件，早上 9 点抑或是晚上 6 点，但无论何时 MD 修改了文件，分析师必须立刻做出调整。当我问约瑟·蔡，他在帝杰投资银行做经理时，在那里工作最不喜欢的是什么时，他如此形容时间、文件压力和等待。

何：你的工作时间很长？

蔡：最近其实也没那么糟，但是当我为一笔交易而忙碌时，一切都变疯狂了。

何：忙到最疯狂时是怎样的？

蔡：这真的取决于某一笔交易或某些交易——但是，我的意思是，熬过午夜或是凌晨 1 点是家常便饭。每天晚上，包括周末、周末的全天，然后大概每周或是每个隔周都会通宵。

何：哇，这确实是非常残酷的。

蔡：是啊。你在工作之后需要休息。只要有休息，那就很好。没有休息还不停地工作，令人痛苦万分。但问题是你可能只做了很多没有意义的琐事——比如你花了很多时间催稿子，所以在一天结束时，你会怀疑附加值到底是什么。你花了大量时间做这些琐事；你必须非常注重细节，确保一切都是完美的，而且，仅仅只是和这么多人协调就足够让你如坐针毡了。试着让来自资本市场的总经理注意到某件事。打十次电话，他们完全不理你。你需要亲自下去和他们碰面，这就令人痛苦。这些都是我不喜欢的。我喜欢的，仅仅是能够待在（创收的）这一边。我有着法律的专业背景，但我更欣赏能够掌控交易的工作。在某种程度上我们驾驭交易，总是敦促着完成交易，这样我们就可以得到我们的费用。并且财务回报比银行优厚许多。

菲利普·杨说，直到一个朋友真诚地问他"究竟是什么"让他一直工作了这么久的时候，他才不得不思考为什么投行家要如此长时间地工作。他解释说：

> 通常在白天，你要参加很多和高级主管的会议。他们和他们的客户讨论，而当他们需要你把事情完成时，你不会——像是从他们那里得到指令。他们会打电话给你，说："我需要这个，我需要那个。你可以给我这些信息吗？"所以你知道你需要做一系列的分析工作，但你从来没有时间进行真正的分析，直到在这天很晚的时候，你终于自由了，你可以坐下来说："好了，现在，让我清空我的办公桌并且仔细看这些数字。"然后你开始捣鼓并理解这些阅读材料。你在晚上8点或9点之前是没时间真正去做事情的。

我补充："在其他人的事情做完之后才能开始。"他继续说：

对。你必须照顾其他人,因为你通常……同时在六、七、八个项目(业务)上同时工作。所以,在那些项目中……也许有四个……真的很风平浪静,没有什么实质性的进展,但有三个或四个是在实质性推进的,很多事情都在同时推进。客户会打电话。你的高级主管想知道发生了什么。他们需要这些信息或那些信息。他们会打电话过来说客户明天需要这个。这就是为什么你总是这么忙……我想在一个典型的企业世界中,你可能会说,"我有一个月的时间去做这项工作。"但是在银行界,你明天或后天就需要完成它。一切似乎都具有时间敏感性,所以你一直工作到很晚。

除了整天应对高级银行家们的问题,对分析师和经理们而言,"会面时间"也是非常重要的。会面时间指的是你看起来在努力工作的时间,或者至少是你在银行里的时间。威尔·霍华德是一位美林高收益债券部的副总裁,回忆起他是多么讨厌早晨的"会面时间",因为他在晚上一直熬夜,更何况有许多"不必要的工作"只不过是人们让你误以为它比实际情况还要重要和紧迫,"我们在许多完全没必要的情况下长时间工作,但是这也是文化的一部分。"他继续说道,"显然工作就是你的生活……毫无疑问。会面时间是很多的……并且如果你不是一个刻苦工作的人,他们很快就会搁置你。这就好像,'哦,对啊,工作就是你的生活,如果不是这样,你将会被那些这样做的人取而代之'。"本杰明·洪,曾经的 CSFB(瑞士信贷第一波士顿)的经理,15 年前离开了金融业,回忆起过去尽管他"疯狂地工作",他在工作单位也不是非常受欢迎。其中一个原因是,他为了完成应该做的工作而逃避了"会面时间":"我觉得我在身边没有人的时候更有效率——我会大约在下午 12 点时过去。当然,这取决于我正在做什么;如果我在做项目,我会在中午十二点过去,并且一直待到早上 7 点……大概早上六七点。然后,我会回家睡几个小时,大约 12 点或 1 点钟回去继续工作,然后在接下来的一两个月内重复这一过程,直到项目完成。"

大多数分析师都对工作中严格的等级制度不抱任何幻想,他们被要求以最快的速度和最严谨的态度完成令人紧张的、重复性的"脏活儿",而工作量大到几乎深不可测。摩根士丹利的分析师凯西·吴在一次接受《哈佛深红报》的采访时具体谈到了他在投行的担任的角色以及"华尔街炙手可热的工作是如何用美钞捕捞不幸的哈佛毕业生的":"从本质上讲,我的老板和企业的首席执行官们在高尔夫球场闲扯,从大局上说服他们做些事情来赚钱。我则在微观层面上做所有繁重的工作,处理数字和创建演示文稿。"吴表示他可以轻易离开投行的工作,因为他已经完全准备好了,并且已经站在未来大多数金融工作的内侧跑道上,但他只会向特定性格的人推荐这种路径。"你必须热爱金融并且你能够忍耐痛苦。"他说:"(人们)被名气和魅力所吸引，但这里真的没有任何魅力。"（Widman，2004）同样，《哈佛深红报》专栏作家金祯勋，也曾经是一家投资银行的暑期实习生，写道："……完全不同于投行投放的整版广告所许诺的'活力四射、回馈丰厚'的职业前程，华尔街其实是想利用你对繁琐工作的忍耐性……很多很多很多繁重的工作。正是因为（你拥有的）这种能量，所以投行才急不可耐地雇用像你这样人，而不是考虑到你的特殊才智或是你的创造力。"（Kim，2000）

锻造优秀员工

在华尔街，过度工作已然是一个规范性的做法。如果你没有经历过严酷的工作时间，你根本就没有开始体验华尔街的人生。事实上，我经常听到银行家同时抱怨并吹嘘他们如何长时间劳作："我这个星期熬了三个通宵"；"我已经在过去的两周内每周工作110小时"；"我在凌晨3点睡在我的车里，因为我不得不早上6点回来工作"。然而，尽管工作如此繁重，对那些最终返回投行的分析师和留下来的经理们来说，他们认为自己已经成为了商业精英世界中的一分子，成为了对美国企业高层具有影响力的顾问。正如菲利普·杨所说的那样：

> 我不认为有任何其他的工作……可以让你在本科毕业后六个月内与企业的首席执行官、首席财务官、首席运营官们会面并和他们交谈——也许你可能无法和他们对话，

但至少你可以坐在那里旁听这场交谈——听他们讲述他们为什么认为自己的生意好或坏。他们认为从战略上采取什么样的做法来促使其向前推进。需要做什么，行业的动态如何。所以，我认为你处于一个非常高的层次——你关心他们所关心的事情、思考他们所思考的问题。你接触到的都是这些。

保罗·阿彻，现为德意志银行企业战略部的高级副总裁，在1980年代从高盛银行踏入职场。他回忆：

> 在1986年我加入时，华尔街事务非常繁忙，而高盛的工作经历是非常棒的。这是我职场经历的最初体验，但它实在太耗神了。在那两年中，我有90%的周末时间都在工作。我几乎住在这里。我还年轻，所以我可以做令人难以置信的事情——我能连熬72小时，不幸的是，这并不罕见。工作强度是非常高的。但是，如果你在72小时没睡的情况下继续工作，它会教会你一些事情，比如全情投入工作。诚然，有很多事情是机械的，在那个时候，你没有一个框架……来评估你究竟学会了什么样的技能。那时候，你还那么年轻，你只是在想，"哦，这正是我想来的地方。当时我浑身充斥着激情，我们正在做的交易中附加的数字比我见过的任何数字都要庞大，所以，这些事情一定重要。

安德鲁·黄，高盛投行部的经理解释说，因为高盛是华尔街最负盛名的公司，所以分析师们像经理一样被对待和扶植——经过艰苦努力，和最聪明、最有动力的人们浸润在一起，整日接触到的都是"最高层"的商业事务——成为金融精英。黄说道，由于高盛的声望，它往往不必"使劲推销生意"，因为客户会找上门来；其结果是，分析师不必花很多的时间"撰写厚厚的项目建议书"去接新的项目。此外，分析师不仅可以得到和资深银行家们同种类型的笔记本电脑，享受同样的出行待遇，拥有同样的车辆预算和文字处理协助，而且他们还让你参加和"每一个企业大客户开的会议"；他们不把你的职位印在名片上，因为他们将你看作团队中一个永久的成员，并且希望你能够在客户面前看起来拥有尽可能高的职位。黄描述这种累积效应：

> 高盛因为他们的身份和客户而拥有了许多生意。这一切在分析师层面累积成了令人难以置信的差异……没有一个朋友可以享受这样的待遇。这实在太神奇了。我经常出差；我拥有美国银行的白金卡……我独自代表高盛参加过许多会议。我还参加过许多国际会议，在会场中我是唯一会说英文的高盛人，也因此被更资深的顶级客户咆哮，如贝恩资本，他们基本上会说："我他妈再也不会和高盛做任何交易了，因为你们他妈的把我惹毛了。"其他银行

可不会让他们的分析师参与到这些会议中,但是在高盛,从你进来的第一天他们就让你参与类似的正式工作。事实上,我开始工作的第一个月我们就去了加利福尼亚,在汇报前的一个早晨,我们就坐在宾馆里吃早餐,副总裁就这样说:"这部分的所有工作都是你做的,你为什么不来汇报这部分内容呢?"你知道的,这种情况在其他地方根本不会发生。我参加工作的前两个星期就向世界500强的高级管理层做了汇报展示。

黄补充,年轻人在高盛可以承担更多的责任,并且更快得到有趣的工作,因为该公司拥有华尔街上最聪明、最勤奋的资深银行家导师,并且雇用程序是最严格的,更不用说分析师可以依靠优秀的业务支持人员的帮助,"如果将建议书给你的唯一方法是亲自搭飞机飞过去","24×7的人"[*]非常愿意这么做。鉴于高盛有处理"资产负债表"和"花时间核对建议书的专职人员,在短时间内处理项目的琐事就足以让人跨国飞行",分析师有机会"拜访所有的高盛合伙人,而这些人都是极为资深、备受尊敬的人,他们因为所做的事情而成为真正的高层,拥有发言权并能巩固这一切,他们都愿意将时间留给你"。因此,分析师和整个团队"在客户眼中是聪明绝顶的,

---

[*] "24×7"是一天24小时,一星期7天的缩写,即全天候提供服务年终无休的意思,这里指代高盛后勤部门的工作人员。——译注

因为分析师们可以拜访执掌高盛不同部门的最聪颖、最卓越的人,坐下来和他们说'我们客户目前的状况是这样的……作为资本市场的头儿,作为高收益债券部的负责人,或是作为股市研究的专家,你有什么意见吗?'……这样你就可以回到客户那里,将这些意见表达出来,而这些观点事实上来于……那位乐意告诉你如何在杠杆收购中仔细审阅该公司的财务状况的杠杆融资部的合伙人"。由于"高盛的资深人士普遍地、全面地更加努力工作",这不仅让"初出茅庐的人更加如鱼得水",而且让你能更为关注宏观层面的景象。黄认为:

> 我们雇用的人是最有潜力的……当我们寻找分析师时,我们总是寻找成绩最好的、最有说服力的人……在面试时最有自信的人,并不一定是……你认为将成为最好的分析师的人,而是……将成长为优秀高级银行家的人。这是该公司无论在何处招聘都一贯秉承的方式。这里的文化是让年轻人走出去做更有趣的事情,而不那么关注是否所有的数字都是绝对正确,关注 i's 和 t's 是否写错了。他们更侧重宏观上的真实景象。(我们)向他们推荐我们所想的事情,而不是让他们再处理 500 个工作表或试算表。这些工作谁都可以做……真正的事情无非是确保人们都在努力完成交易,并且你可以得到应得的费用。

当然,事实或许和黄的意见完全相反,他暗示高盛的分析师做的垃圾活儿比别人少，但总有来自高盛或摩根士丹利这两家最负盛名的银行的分析师用几乎"住在"银行的故事引我发笑。不过，黄的解释刚好戏剧化地描述了这位崭露头角的"世界的主人"经历的文化修饰。

此外，投资银行经常使用过度工作的文化作为一个标识，重振工作场所等级秩序，并且用臭名昭著的美国工作伦理来判断并隔离他们自己，"前台"和"后台"，甚至是投行和其他美国企业。当我询问信孚银行高收益债券部的副总裁朱莉·库伯她之前在美国企业和在投行工作环境上的区别时，她回答：

> 截然不同。你在大多数情况下被非常、非常聪明的人围绕着，我认为这自然导致了不同。我的意思并不是说我之前的同事人都不（聪明），他们只是完全不同类型的人。我是运营经理。人们努力工作，但这不一样，这里的人所渴望的远远超出"我们在单位努力工作随后就回家"。人们关心他们的工作，但是他们来自不同的背景。他们对于未来的方向有不同的渴望。大多数人享受过大学教育，但有些人不是的，你只是一种人，有些人想要更上一层楼，但有些人并不想。在华尔街每个人都想更上一层楼。这就是真正的差别。你被聪明人环绕着；他们之中的每个人都极具竞争力。你手下有一群尖子生或是至少装作他们是尖子生的人。这是一个很刺激的环境，但我同时也认为这是一个非常令人精疲力尽的环境。我觉得这里的淘

汰率高得惊人。

库伯阐述了许多我的受访者的想法——出于某种原因，投行家和"朝九晚五"的上班族们是性质上完全"不同"的人。他们拥有智慧、野心、拼搏的特定精神组合，并且他们将这种精神组合视为金融市场主导地位背后隐藏的驱动性和合法性力量。后来，库伯用一种夹杂着震惊与告诫的口吻悄悄地明确了她的观点："有一天早上凌晨6点，我为了冲泡一杯咖啡而从电梯上下来，电梯组里面都是空荡荡的，因为"后台"工作人员差不多都在凌晨5点就离开了。"这里的背景情况是，库伯在25层工作，这里从技术上来说是"前台"，但她和15层到24层的"后台"工作人员们共享一组电梯。"他们有不同的职业道德或文化"，她继续说，并表示她几乎从来没有走进过"他们"，因为她平时除了午夜时分，从不出电梯。

安德鲁·黄甚至说得更明确：他用投行的职业道德观念作为评判效率高低的工具，以此划分行业、切分出"现实世界"的平庸废物。

> 如果你到外面的世界里，和普通人一起工作，你就会发现他们并没有同样的激励。在现实世界中做成任何事情都是肉中刺一般的痛苦万分。人们五六点就不再工作了。他们需要一个小时午休来做点这个、做点那个或是其他的。相信我，这是个大问题，如果你和那些整日工作异

常勤奋，并且愿意付出一切把事情搞定的人一起工作，事情将变得极其简单。何况，努力做事可以使人们感觉自己的生活非常美好，使他们觉得自己很重要。这完全是关于自我价值的——埋头做事并将其圆满完成。在一个大企业或是学术界中，你很难把事情做好。（在华尔街中）你与如此多优秀人士为伍，任何一个你能与之交谈的人几乎都是如此地反应迅速、聪明伶俐和富有上进心，这造就了一个相当不错的工作环境。我认为在过去，在1950或1960年代，人们有一种既定的生活模式。他们去上班，缓慢地爬上楼梯，人家让他们做什么他们就做什么。我认为现代人被许多能力所吸引，例如你可以跳跃式前进，你可以带来多大的变化，这会让你感觉到自己是多么地重要……这感觉就好像，你现在极其高效，可以把很多事情都搞定，这种感觉非常吸引人。而这正是为什么现代人拥有超过实际需要的钱财……拥有足够多的尊重，却仍旧牺牲他们的家庭来参与这些交易，因为他们需要感觉自己被人需要。而且，最好的事情无非就是定期把该做的都做完。

许多我访谈过的投行家们都认为美国企业是非常没有效率的，因为人们行动太过缓慢，他们谈论此事时常常带有一种道德优越性，偶尔也有少量的嫉妒。正如黄表现出来的那样，投行家们将自身的过度工作诠释为他们知道"如何将事情搞定"，这种标记方式是极为普遍的做法。他们以此标榜自己

"聪颖",与"真实世界"中的大多数自鸣得意、实则能力低下的工人们形成鲜明反差,因此这些工人需要重组以实现更有效的利用。在宏观层面上,当我询问所罗门美邦的投行经理亚历克斯·贝克,关于华尔街对美国企业的影响时,他告诉我:"我们使每个人都更聪明了。我们更为清楚地知道全球化竞争如何实现以及如何制造效率。以前,在1970年代,企业是非常懒散的;现在他们却进化了。我们是使事情变得更有效率的润滑油;我们比任何人都理解股东价值和战略。"

将黄和贝克的谈话结合起来,可以反映出大多数受访者的核心心态:美国企业有效率的"聪明"完全是依据华尔街的意识形态和期望而重新建立起来的,这反映了投行家的"内在"聪明。这种聪明本身是通过日复一日的紧张勤奋的工作、激励、接触伟大(的品质)、承担风险而被模式化和合理化的,而华尔街具有企业家精神、足智多谋的投行家们也被鼓励要在他们自己的工作环境中展现出这种聪明。我的受访者将聪慧、富有上进心的个性特征与工作伦理混为一谈,将他们自己的行业描述成效率的表率,从根本上改变普通企业的平庸。华尔街对于外部世界工作环境"自鸣得意"式的判断,帮助他们合法化了用更少的人做更多的事的裁员叙事,并建议美国企业应该如何以一种特殊的方式重构自身工作和雇佣方式。当然,与此同时也有必要牢记劳动薪资微薄、临时性工作、大量企业裁员的出现,更不用提血汗工厂、非正规的劳务经济、大多数中低阶层工作者过度工作的主导性环境;投行家们对于自我感觉良好、朝九晚五的"官僚主义作风"的批判,也因此不过是给自己树立了一个假想敌[9]。

这种根植于聪明和艰巨劳作的巅峰地位和市场优越性的特定组合引起了我的思考,什么样的工作才是尊贵的?当我听到帝杰投行部经理杰森·珂的发言后,我开始意识到我的受访者对于努力工作的定义是多层次性的(并且和我自身的概念截然不同)。杰森·珂阐述了华尔街重塑美国企业生产力多的重要性之后,说道:"对啊,我们在项目建议书上花费了太多时间,使它们看起来很好;它们是满篇废话。当我们赢得了这笔交易,我们就把建议书丢进垃圾桶。"这番意见交换后不久,我在我一个经理级受访者的办公室里发现了一张我认为极其精彩的咒骂表,它就放在非常显眼的地方。我问他我是否能够复印这张图,他笑着说,"当然,这就是个内部笑话。"不过他确实嘱咐我不要透露这家高调投行的名字。(请见表2)

表2 高收益交易流程(来自投行经理的桌上)

投资银行流程	实际的交易
1. 向潜在的客户推销,告诉他们我们是多么擅长筹集垃圾债券	1. 为了赢得生意而撒谎、欺骗、偷窃和说竞争对手的坏话
2. 建立金融模型:历史表现情况、预期收益和杠杆率	2. 操纵项目促使信用评级合理化
3. 分析相对高收益的因素,理解市场占有率和回报率	3. 向客户展示最激进的公司

续表

投资银行流程	实际的交易
4. 应有的分析：分析公司并理解它为什么存在和明天是否依旧存在	4. 做一些细小而无用的工作：积累你的航空里程
5. 起草阶段：起草最完善的营销文件，将其带给市场	5. 吃 M&M 豆、雪糕和饼干；变胖
6. 准备评级机构汇报	6. 重点展示公司的一两个优点从而掩盖公司的缺点
7. 准备路演展示	7. 同上——目标是愚弄投资者
8. 路演：在路上紧张工作 8 天	8. 报销单——用客户的钱狂欢！！！

当我第一次看到这张表时，我的反应是将它视为华尔街与企业客户之间华而不实的剥削关系——在某种程度上，这是"真实"的具有生产性的艰苦劳作的对立面。在完成田野工作并仔细思考投行家们的前后矛盾之处后，我发现将胡说八道、天花乱坠的言论和欺骗、利用企业客户和投资人的行为作为华尔街事实上没有努力工作的证据，或者以此证明这同他们对于重要工作的构成的理解相悖，都是在民族志方法上不准确的，并过于草率地采用了二分法。尽管投行家们知道他们确实会哄骗他们的客户，他们通常会认为这种实践能够因他们投入的辛勤工作、他们拥有的有关市场的卓越知识和他们确信经过他们干预后，最终会取得金融利益而变得合理。（同时，这种有意

识的人为修正预示了我在后文中讨论的，投行视"交易"为至高无上的企业文化，这恰恰与华尔街所宣称的理想是背道而驰的。）

华尔街的投行家，凭借他们的聪明才智，相信他们不得不以智取胜、以谋取胜，并在短期内轻松超过大多数美国企业。上述的图表和笑话致力于执行并制造这种优越感和权力感。在一般性的美国企业文化中，努力工作通常意味着"一整天的诚实劳作"，但是在华尔街则预示着一成不变的"24×7"参与和可能被称之为"增值"的工作。对于投行家来说，大多数朝九晚五的工作者是安于现状、死板地例行常规的、诚实（但单调乏味），我的受访者们经常把他们自己同这种工作区分开。大部分企业的工作，从华尔街的视角来看，既不是变革导向、金融创新，也不直接指向股价飙升；它们既不具有前瞻性的思维，也不能与市场步调一致，因此本质上是没有收益的。根据华尔街投行家衡量成功的财务参数，它们并不会"增值"。

同时，在华尔街，拼搏永远等于劳累过度——长时间煎熬地盯着电子表格，完善项目建议书，并且管理客户。投资银行关于自身文化和技术优势的假设依靠精英员工内化的、日复一日的过度工作实现，他们的工作生活提供了一种意识形态化的规训，使他们持续聚焦于市场地位、盈利和股东价值。我的受访者们常常通过他们的职业伦理合法化他们的劳作和他们对企业影响力：他们所管理的企业并购必须是成功的，只因为他们为此事如此辛苦地工作。正是这些被认为使投行家们成为世界

第二章　华尔街的入职培训：剥削、授权和努力工作的政治学 | 181

上最优秀员工的品质，同时合法化了华尔街投行的权力和他们意识形态的主导性，特别是股东价值。对努力工作和持续工作的迷恋支撑了市场需求和市场节奏所需要的超高效率和极速响应。不出所料，努力工作合法化了华尔街投行作为金融市场的代言人和化身的角色。

标记的和未标记的投行家，以及努力工作的政治学

努力工作不仅是一个投行家们证明并内化他们是市场化身的合法性地位的途径，更缓和了矛盾和等级差异。矛盾和等级差异可以区分出华尔街所需要的聪明阶层中不那么称职、被"标记"了的银行家。具体而言，这些投行家期望通过努力工作，抹去他们污迹般的地位，降低他们进入金钱精英帝国的门槛。

聪明被建构为规范性和非歧视性的一种核心方法就是华尔街的"金钱精英制度"概念*。"金钱精英制度"是华尔街正当化自身社会秩序和员工组成的主导（虽然富有争议）叙事。"金钱精英制度"假设绿色（美钞的颜色）是华尔街唯一能看到的颜色，并且由于华尔街对金钱的强烈欲望超过大多数机构，它在不经意间比整个社会拥有更少的种族歧视和性

---

* Meritocracy 指精英制度，一种任人唯贤的用人体制，本书中的"money meritocracy"指的是华尔街认为和提倡的应该按照金钱和"精英程度"划分等级的看法，这里翻译为金钱精英制度。——译注

别歧视。这种逻辑代表了有关17世纪资本主义胜利的政治争论，如阿尔伯特·赫希曼（Albert O. Hirschman）所表述的那样，谋取金钱的激情被看做是一种"良性倾向"，冷静而恒定的"和气商业"*的"利益"，有助于赶超并抵消许多恶劣习性（Hirschman，1997：66）。华尔街认为对于金钱的贪婪和其他更加邪恶的激情，如种族主义和性别歧视，会相互抵消。因为投行如此贪婪，所以他们格外关注金钱，他们变成了金钱精英制度：无论来自怎样的背景或拥有怎样的身份，谁能给他们挣钱就会得到奖励。当然，大多数华尔街人将金钱的欲望视作一种中性的状态，而非将其理解为自身建构的"激情"。同样的，华尔街的口头禅"金钱不歧视"和新自由主义经济学理论的假设形成强烈共鸣，它们认为种族主义和其他偏见构成了有效市场交易的障碍，因此很可能在长期内被创造利润的迫切需求推翻（Browne and Misra，2003：495）。在华尔街，"经济成果"被看作是技能、价值（merit）和教育所建构的产物，而非通过种族、阶级、性别等外部性因素[10]。

用金钱精英制度作为例外论（exceptionalism）的主导话语，投行认为自己不同于美国企业，它们被投行认为已经陷入了传统的"'老男孩'生态"中。不同于大多数科层制企业中触不可及的管理者，华尔街银行家们是现代而反叛的后代，他

---

* 和气商业理论（the doux commerce theroy）是18世纪兴起的一种理论，认为利益会驯化欲望，商业温和无害，可以去除贪图享乐的恶习。——译注

们极其关注金钱,保持对肤色视而不见的天真和客观。美林股票研究部的白人经理彼得·卢卡斯评论道:"这是一个人们不用太过担心细节的地方,并且因为他们明显就是冲着挣钱来的,所以这里唯贤至上,我们没有太多时间为其他事情操心。"在我的田野调查中,许多受访者强调华尔街不再是"保守"的科层制机构;他们大部分都是基于绩效而晋升,并且在招聘中追寻才华横溢者。为了吸引最有才华的人,华尔街的公司声称他们已经采取多元化和具有包容性的方法来招聘:投行家不需要贵族,他们需要的可能是"古怪的数据分析高手"或令人称奇的"街头棋手"。对底线的单一追求遏制了制度化种族歧视、性别歧视和阶级歧视骤然显现的灰烬;将偏见的幽灵清扫到其他机构的地界上。

1998年2月,我参加了一个晚上的小组讨论,"有色人种的华尔街史:21世纪战略和挑战概览",由全国证券从业人士协会(NASP)和所罗门美邦举办[11]。这是我第一次了解到努力工作、金钱精英制度、投行内部分工和令人反感的种族、阶级和性别差异之间的相互关联性。主讲人是非裔债券行业高管(有男有女)。所有人都被介绍为"历史性的人物",因为他们是第一个或第一批在受人尊敬的银行里做到这些岗位的非裔美国人。夏琳·杰克逊是第一个(在1990年代中期)担任所罗门美邦公司常务董事的非裔女性;欧比·麦肯齐是第二个以专业人士身份加入摩根士丹利的非裔美国人;卡拉·哈里斯是第一批摩根士丹利的非裔女性高级副总裁(或"负责人")

中的一个；加德·蔡特林是高盛为数不多的非裔合伙人；福瑞德·特勒尔是瑞士信贷第一批非裔董事总经理之一[12]。许多来自不同投行的有色人种，年轻分析师和经理们，都参加了那晚的会议，特别是来自 SEO 项目的分析师们[13]。这个晚上诞生了一场生动的对话，不仅观众和主讲人互动，主讲人彼此之间也进行了互动，大部分讨论都集中在给华尔街新一代有色人种们传授经验，并且为他们在投行复杂的种族地形中导航。

当天晚上以主讲人在投行的经历等一般性的问题开头，以及他们如何在地方性种族主义这种尚未言明但众人皆知的潜台词下激励自己"勇攀高峰"。主讲人的回答听起来像是在逆境中成功的一般性解释："华尔街是个绞肉机。""我必须比其他人更勤奋地工作。""你必须有兴趣并且喜欢你所做的事情，否则他们将会很快打败你。""这里总有人等着取代你的位置，所以你必须审视内心，检验你是否真的想要它，是否真的可以做到。"加德·蔡特林，高盛的合伙人、董事总经理和企业并购的专家，说到他为了取得事业成功，如此强烈地关注并购交易的复杂性和技术性，所以他的客户和其他团队中的投行家们都"没法聊他们去过哪家乡村俱乐部"。他打定主意"万分辛苦地工作"，确保自己不是"脆弱的"，确保随着时间推移，一旦他和客户建立了更为深入的关系，投行"就不能轻视他了"。蔡特林的策略是通过他的勤奋工作和产品（并购）的专业知识，将种族因素从人们的考虑范围内排除出去。

他的专长，并购，需要严格的时间要求和技术产品[14]的专业知识，并且常常被有色人种受访者们看作是一个比其他部门更合适的岗位[15]。依据我的受访人所说，不怎么需要社交活动和不怎么需要"拍精英马屁"的工作或部门被认为是种族歧视和性别歧视较少的地方，因此是一个对妇女和有色人种更好的工作场所。同样的想法也体现在投行内部，他们将不同部门区分并隔离为"产品方"和"关系方"，产品方被想象成更加唯贤任用、更少依赖社会关系。大多数华尔街投资银行将部门和银行家们组织为：①负责发起交易的企业金融团队，他们负责和首席执行官、首席财务官、首席运营官们不断接触，建议行业内的企业做交易。②产品专家团队，如并购、高收益债券衍生工具及结构性融资，众所周知他们更关注分析和执行交易所必需的技术。当然，这些划分是模糊的，因为许多正在做交易决策的银行家们需要了解各自行业中出现的趋势以及他们所销售的交易，许多"产品导向"的银行家也需要和客户"扯关系"，尤其是在并购上。

蔡特林的陈述呼应了我采访的大部分女性和有色人种的叙述。许多亚裔美国男性和女性指出，他们经常在技术和产品导向的领域做得很好，因为，首先人们认为"无论如何亚洲人都是'定量专家'"，并且顺从刻板印象是阻力最小的职业路径；第二，这些部门更可能根据他们的报告发挥作用，更为关注努力工作和利润，更少关注外显的种族和性别关系网络。莫妮卡·崔，美林投资并购部的亚裔美籍副总裁，对这种策略给出了一个非常有说服力的解释。我问她："并购部的工作环境、节奏、人事、文化和投行其他部门有什么不同？"她的回答完全值得长篇引用下来：

> 我想并购部更容易带出不那么擅长社交的人，因为它非常需要智慧，很可能是在投资银行中最需要智力的……从简单的方面，比如怎样从金融层面使这个案例成型（并购），或者税务层面，或者会计层面。因为当你走过这些工厂并且看到一个公司用这种方式运行，而另一个公司则以完全不同的方式设立，你该如何整合这两项不同的业务？所以，你要了解有关业务的每一个构成因素……我想并购业务的性质就是这样，所以他具有较少的社会性。我认为它确实吸引那些在某些方面不那么完美或缺乏潜力的人，因为公司不会雇佣你，付钱让你穿得光鲜亮丽并且说话滴水不漏。这宗生意的其他方面则多多少少有些像这样，所以环境是完全不同的。与之相对应的，企业金融部就是我所说的关系类型的人。他们基本上都在与客户保持关系。现在，他们不为这些客户提供意见。他们唯一的工作就是保持关系。比如说，X 公司的首席执行官只有一个和美林接触的渠道，并且这个渠道还是一个人。那么这个人的责任是——如果首席执行官说，我需要 XYZ，他必须在公司里找到合适的专家……华尔街投行上的每个人都是被安排好的，所以你总是需要这个关系经理。本质上，你需要和业务那边的人非常不同……因为他们不雇用

你的脑力。如果你很聪明，如果你碰巧是很聪明的，那当然很好……但对业务而言，你需要在社交上有许多关系，要能和首席执行官直接联系……所以作为女性和亚裔的双重少数族裔，我选了并购部门自然就不奇怪了。我是一个产品专家。我是因为我的知识和技能被录用的，所以当他们向我征求意见时，他们不需要真的喜欢我。他们可以说，"哦，她不是个好东西！"但如果你做的是关系类型的业务，那你必须被他们喜欢。所以你看他们（关系经理）的社会礼仪等小细节都更加优雅。他们（这方面）的才能令人惊讶。给你举一个例子，这件事让他们笑了好久，这个星期六，我必须发起一个电话会议。我很久很久没有这么做了，所以我真的不知道该怎么做。我们不得不找了一个关系经理！因为确保客户总能得到他们需要的一切、保证客户非常舒服就是他们的工作，所以他们必须非常擅长的事情和他们学习的技巧都是很不一样的。所以，真的，他们的高尔夫球打得要好多了。这是完全、彻底、绝对真实的。因为当首席执行官有利益时，他们会被邀请去社交。我真的做不到，部分原因是，我真的不知道如何能够那么好地奉承别人。但你真的需要放下你的自尊，竭尽所能地满足客户的需要。因为那个环境关键就是人家喜不喜欢你，非常政治化。它和我这边的业务定义完全不同。（在我们这）要么你了解产品，要么你别在这里。这里（并购业务）也有一些灰色地带……（但灰色地带）相对于那边（关系）业务而言是极少的。因为在那边，人们喜欢你非常重要。可能他们只是觉得你是个非常酷的家伙，或者你是个很酷的女孩或女人——甚至其实是你的父亲是谁，这都很有用。你的背景和你的关系非常非常重要。比方说，有一位分析师刚出大学校门就是业余高尔夫球手，反正是一个非常非常棒的高尔夫球员，只比专业球员差一级，但可以成为专业球员的那种。他和老虎伍兹一起打球，而且和老虎伍兹很要好。我简直不敢相信，这家伙的第一年，整整一年，都没有做任何工作！他所做的全部就是打高尔夫球，因为客户简直爱死他了。他们认为他棒极了。他教他们击球的窍门。这实际上是非常可笑的，之前我要他为我做一些事情，但他完全不知道该怎么办！我当时心想，"一个入职第二年的分析师，竟然不知道如何做到这事？"我（当时）不知道他有什么背景或其他的。所以，我只是告诉他的老板，"他没派上任何用场。我需要其他人。我不能用这家伙。"他的老板只是说，"哦，算了吧，对他好一点。也许他只是需要学习这些东西。"随即我说，"好吧，我没有时间教他。你来教他吧。"我有点困惑——例如，为什么这家伙如此愚蠢？这只是基本的东西。他应该已经学会了。他已经在这里花了一年的时间，结果他甚至不知道投资银行是做什么的。这就是我的发现。我很沮丧，因为我甚至还没有被邀请去参加高尔夫郊游。这是我对此类活动的称呼。结果这个入职一年的、年仅22岁的分析师,却能代表美林去圆石滩打高尔夫*。

蔡特林和崔有类似的职业道路的策略和诠释:他们都致力于成为"产品领域"内的并购专家,并且他们在职业生涯早期就意识到他们没有特殊关系,他们没有被邀请到乡村俱乐部和高尔夫球场。(必须指出,这些地方目睹了白人男性的特权角色,投行允许年轻的白人男性不受限地接触大权在握的、上了一定年纪的白人男性,为他们四处活动设立了平台。)因此,蔡特林和崔都明白突出自己产品专家的身份是为数不多的、公认的凸显自己的方法。除了挑战金钱精英制度的神话,崔的详细阐述还帮助我理解了产品领域是如何为专家们提供庇护和机会的。这些专家的工作不能直接被衡量,也不能因为和白人男性地盘及社交网络的亲密联系而享有单独的特权。

在小组讨论中,蔡特林的意见促使摩根士丹利的欧比·麦肯齐问:"非裔美国人能否通过关系而非产品知识获得成功?你能否忘掉自己是个黑人?"福瑞德·特勒尔,就像蔡特林一样,通过将技能、努力工作与关系在不同职业阶段的叙事分离来回答这个问题:"在职业起步阶段,主要是你的核心竞争力,尽你所能地努力工作,做到你所能做得最好。华尔街确实会奖

---

*圆石滩(Pebble Beach)是美国加州一个著名的高尔夫球场,曾经举办过许多世界最著名的高尔夫赛事。——译注

励好的想法。没有这个基础，你不会进入第二阶段……在职业生涯第二阶段，你就要处理好关系，从而促成交易。你能仅凭博学多才就得到生意吗？"特勒尔没有为大家绘制成为真正的局内人的可能职业路径，而是将功劳的概念作为关系建立替代品："华尔街足够贪婪，所以他们愿意在某种程度上忽略你的肤色。所以，你可能不会和他们在同样的地方度假或被邀请去汉普顿的公寓*，但是谁在乎？"说到底，特勒尔无法想象有色人种能够不依赖技术的核心竞争力进入关系层面的业务。他不认为华尔街上的非裔美国人能够"仅凭知识就得到生意"，但是要通过形成一种策略，即绘制不同职业极端的种族地形图，从而延缓或避免与种族主义的正面对抗，在那之前需要专注于勤奋工作与思想，而不是到汉普顿的邀请函。

特勒尔的解释清晰地反映出华尔街的劳动分隔。在分析师和合伙人的层面上，个人的工作更专注于制作演示文稿、编制试算表，但是到副总裁或更高的阶段，个人只会因为开始向不同企业和机构销售并发起交易才能获得晋升。因此，在第二阶段特权化的社交网络更加明显。在较初级的阶段，尤其是在产品方面，因为这些部门的自身叙事就是主要关注金钱、技能和辛勤工作，所以这里似乎对有色人种和女性来说具有相对较少的障碍[16]。但是夏琳·杰克逊听了蔡特林和特勒尔的意见后，

---

* 汉普顿（the Hamptons）在此处指位于纽约长岛东端的富人区，此处以云集美国境内最昂贵、奢侈的豪宅而闻名。

开始对他们的努力工作与关系的二分法表示出些许愤怒。她强调说：

> 110%到125%的工作量只是其中的一部分。这里有勤奋工作，但也有政治和社交圈。有色人种和女性不知道如何成为政治和社交圈的一部分。我们仍然不能去到我们需要的地方，所以尽管我们工作越发努力，最终却还是被甩在了后面！因此，我们需要找到一个导师，给我们指明方向；我们需要被邀请到乡村俱乐部，和有权势的人物打交道……我们需要知道哪里有地雷。今晚座谈会里的人都有责任。这不只是关于努力工作：我之前学会了如何打高尔夫。

杰克逊的干预是重要的，因为她证明了专注于努力工作、技能提升或寻找到"合适"的部门不能否定社交圈和政治圈的存在和重要性。事实上，只关注努力工作会在某些程度上造成损害，一个人可能"延后（其优先级）"或试图忽略有等级的权力关系网，以及事业成功与"接触高层人士"的内在关联。但是这并不意味着杰克逊不同意蔡特林和特勒尔的策略；相反，她只是给他们的论述补充了细节差别。

一个年轻的黑人女观众十分关注杰克逊强调需要一个导师的意见，她问专家们在专业生涯的什么时候拥有一个导师是最重要的。她是刚刚获得MBA学位的巴克莱银行的经理。卡拉·哈里斯回答了她的问题，认为在华尔街工作的头十年有必要寻找一位导师。在刚工作的头几年,你需要"扩展你的技能",并且"找到一个能帮助你躲避地雷"的人。哈里斯描述了一个晋升的场景:他们会在一个会议上说,"这周我们要搞垮他,但不是他。那时需要有人在那里支持你。因此,不要工作这么辛苦,去找到一个(导师),否则你就是在浪费你的时间。谁将在那个房间里为你而战?"卡拉·哈里斯之后是夏琳·杰克逊,她揭示了类似于蔡特林、特勒尔和崔的策略,表示华尔街是如何戒备森严,以及有些看起来前途无望的人是如何继续晋升的:"如果你是非裔美国人,你需要一个为期五年的退出战略,因为晋升的机会非常渺茫。你必须作出某种决策。你知道的,如果你是非裔美国人,你会是'公共财政'。在如何使用时间的问题上,你应该选择将时间花在关系业务上还是花在产品业务上;在关系业务上,你就不得不谈谈乡村俱乐部;在产品上,你就不必这么做,而只需展现专业知识。如果我留在企业金融部(关系部门),我就不会成为一个 MD(董事总经理)。"在这次对话中,哈里斯和杰克逊都认为一个人无论部门,全身心投入工作或技术知识,在华尔街工作都是社会性和政治性的。容易招致众怒的劳动分隔情况对许多部门都造成了严重影响,因此为了被提拔,你必须有关系,一个导师,或是一个在房间里能够"为你奋斗"的当权者[17]。同时你还必须知道如何打高尔夫。

既然在特定环境下进行社交是工作在所难免的一部分,我的许多"被标记的"受访者发现这个关于分离的叙事(努力工作和关系）不仅是分等级的种族隔离，更有害于未来的晋升，因为它在某种程度上掩盖了工作范围外的一些东西建构了"专业空间"的事实。其他人并没有如此深入地卷入隔离之中，因为他们经历的隔离发生在工作场所之外；对他们来说，这和银行内哪个部门有更少的歧视没什么关系，因为物理上工作地点之外的标记作用更为强大，但在银行内部的总体社会环境中也有隔离，如"职业发展"和"社交网络"等社会背景（但要注意的是，关系部门更强调员工和工作场所之外的互动）。例如，信孚银行高收益部的亚裔美国副总裁克里斯汀·张，给了一个普通但举足轻重的例子以证明她被从"职业发展"中排除出去。

> 我对运动不是特别感兴趣，所以当所有的同事都在讨论它时，我并没有什么特别的东西可以补充。很多华尔街的娱乐项目都包括脱衣舞酒吧。这也不是我特别感兴趣的东西，所以我脱离了娱乐王国。就是像这样的事情。这和没有适应华尔街的文化有关。和人们是否给我机会或职责无关。这些都不是硬性要求。我很幸运我能够这么做（躲开娱乐活动）。真正致命的是，这使我和这个行业中的其他人缺乏共性。这使得情况变得越发艰难。

对于那些在历史上（或现在）都没有被排除在华尔街的"墙"后的人，个人的"社交"生活和"工作"生活交叉并重叠在一起，这样两个领域都在加强这个人的职业网络。因为边界总是近乎隐形的，这两个生活空间存在一些差别，并且很少人能意识到"职场"空间的构成并不仅仅限于办公室的隔间里。更重要的是那些通常被算作是下班后社交场所的地方（从脱衣舞俱乐部到乡村俱乐部）才是隔离一直存在的地方。正因如此，那些在下班后社交活动中遭遇到公然排斥的人非常欢迎进一步缩小"工作"的边界。隔离和界限，甚至那些将一些部门描绘为同背景、关系，进一步地讲，同下班后的社交没什么关系（的言论），在某些情况下可以成为一种保护，虽然这种保护经常妨碍职业目标，并且将权力结构神秘化。那么，真正建构了工作空间的，其实是充满争议的政治化和个人化的奋斗。

卡拉·哈里斯和夏琳·杰克逊"别工作这么辛苦"的号召使我开始警惕，（投行家们）在感知种族和性别歧视环境下引发的危险。这种危险不仅使那些在祛除肤色差异的精英制度下被规训、被迫使的人工作更努力，而且他们还可能被利用，并被认为是没有战略眼光的，因为他们实在工作得太努力了。（他们）被解读为愿意"交出"他们的时间，所以他们的时间被认为是不值钱的。为了仔细说明这种现象，我简单谈谈我的受访者朱莉·库伯在一个大型项目的六个月中，每周至少工作100多小时是如何影响她的生活的。她刚刚成为信孚银行高收益债券部的白人女性副总裁，但她将她的新工作描述为"不可思议地紧张，每个小时都是病态而疯狂的。我的意思是，我平均每天从早上 8 点工作到夜里 2 点，一周五天都是如此，周六周日则每天工作 10 小时……这简直是蛮不讲理"。库伯则描述了一幅她永远忘不掉的工作景象：在婚礼前一晚，她工作到凌晨 3 点。当她离开时，电梯都已经为了迎接早上的人流而转向另一个方向了。但是，可能勤奋工作在华尔街被假设为是件好事，于是我问她："好吧，你是否觉得这至少对你的事业来说是件好事？"

库伯：不，其实我不觉得这对我的职业生涯有帮助。因为我觉得特别是在华尔街，如果你愿意累到因公殉职你可能会认为这是一件好事，但我真的不这么认为。我觉得很多事情都基于你的想法……如果你愿意说，"哦，好吧，虽然我是一名副总裁，你要我做分析师的工作，没问题。无论你想让我做什么，我会都做到的。"最终他们给你越来越多你本不应该做的东西，因为你会让他们如愿以偿的。因此我不认为这是有帮助的。我认为，人们会看着它说"好吧，她做到了，但我们本可以让别人去做的"，而不是"哇，这里居然有人放弃了自己半年的生活"。

何：还把它都做完了。

库伯：都做完了。他们不会想，"我们让她一个人做完了通常需要四个人才能做完的工作。"我认为这笔交易能完成他们会很高兴……但我不这么想，从我的角度来说，这并不是一个好事……关于你在这里被如何对待，有那个等级（来决定），你知道吗？我拿到了MBA学位，我曾经是个经理；你（指的是我）是一个分析师。我从来没有真的相信过这些，但我认为许多人都是这么想的。你进来了，你付了入场费，你做你的工作，如果你愿意做超出分内之事的繁重工作，那么我认为这是个坏事。

何：我也经常听说有人没做任何事——分析师和经理几乎做了所有的事——但是他们这笔交易的功劳却会算在他们身上。

库伯：是的，完全没错……按照其他人的看法，它就好像，"好吧，你正在做一切，但你这么做是非常愚蠢的，因为你不会得到报酬，你也不会被感谢。"例如，我的丈夫……他工作没有我努力，他可能也没有我聪明，但他在华尔街上做得比我还好，因为他对自己有信心。

朱莉·库伯的洞察是非常关键的，她诠释了她的同事和老板是如何理解她的贡献的，有助于将努力工作的政治学放到正确的位置上。许多华尔街的女性感受到压力，于是"像个失败者一样处理别人避之唯恐不及的任务，甚至为了完成老板交代的任务而暂时走了一段职场中的弯路，而她们的老板基本上都是男性"（White and Hymowitz, 1997）。库伯的故事提醒我们，这种努力往往不受重视且没有回报，因为在许多投资银行眼中，这被看作女性能力"有限"（她们能做什么）和她们天性如此（她们应该做什么）。此外，完成了宏大的任务后，这

第二章　华尔街的入职培训：剥削、授权和努力工作的政治学

往往不是给男性的那种高收益工作，女性通常不被诠释为或不扮演"领袖"的角色，而是更多地被看作被工作压垮的人，甚至被减少了工作量。女性被想象为，同样也被结构性地定位为笨得无法超越繁重工作（相对高收益而言没那么有价值的工作）的人，而这仅仅是因为她们做完了这些事情。

在考察大多数女性如何能够通过努力工作和繁重工作的双重考验的问题上，特别是有色人种的女性，需要加入一个新的维度，我将其称之为"阶级下滑"。"短袜和长筒袜"现象就是一个典型案例。雷曼兄弟银行新兴市场的黑人女性分析师蕾娜·班纳特有一天下午和雷曼兄弟银行结构金融部的亚裔女性副总裁马林达·范讨论华尔街有多少女性在上下班路上穿球鞋，一到公司就换上高跟鞋。因为很多女性穿着连衣裙工作，她们在白色运动短袜的里面是穿着连裤袜的。讨论的最终结果是班纳特和范认为这非常"俗气"。因为这种与长筒袜、短袜和球鞋都搭配的套装看上去极其"不专业"。我被她们的观察惊呆了，因为我以为大多数在华尔街（和普通的企业中）工作的女性都会有"换鞋子"的例行公事，特别是在纽约市疯狂的交通状况下。"你们两个不这么做吗？"我问。她们俩同时故作恐惧地看着我，回答说她们是不会的：她们一整天都穿同样的女式船鞋，鞋跟是可靠的中跟。随后，她们其中一人承认她以前做过"换鞋"的事情，但只是在最开始工作的几个月。后来她很快就学会了诀窍。经过进一步的深思，这种换鞋实践行为的重要性越发清晰起来：长筒袜下的短袜和运动鞋是一种标

记,它虽然不是很精确,但显示了低一级的社会地位。首先,大多数"前台"的职业女性住在曼哈顿或离得很近,或者能够乘车到曼哈顿,但"后台"员工和行政助理们大部分住得更远——如在布鲁克林区、皇后区、布朗克斯或史泰登岛,甚至是在更远的区县如新泽西或宾夕法尼亚。她们比高级别的女性面临更长的通勤时间,也因此需要在漫长的回家路上换上运动鞋。其次,许多在"前台"工作的年轻行政人员(通常是为男性银行家提供帮助的人员)穿比职业女性更高的跟儿,因此也需要为了上下班过程换上更舒服的运动鞋[18]。"前台"女性们一定要从着装上与行政人员区分开:她们穿不是太紧的贴身套装,高跟鞋不高也不低,头发梳理得不是太高也不能喷太多胶。因为一般来说,女性通常被当作一个阶层而被同样对待,并且被"女性化"为后勤人员,女性投行家们必须不停警惕"阶级下滑":即被错认为是助理或是"行政人员"。因此她们必须自我监督、互相监督,防止类似短袜和长筒袜等有悖阶级属性的行为。这种担忧在有色人种间更为明显,因为种族阶层的威胁会进一步导致她们"去职业化"。

吉莉安·萨默斯,一位信孚银行非裔女性分析师,她过去仅在华尔街工作一年,用一盘玛芬蛋糕的故事说明了这点。在投资银行里,特别是在高利润的岁月里,通常会在会议上摆上整盘整盘的食物。我听许多女性说过她们会避免站在咖啡机附近,因为害怕男性会将她们错认为是助理,要求她们帮忙拿食物和倒咖啡。在一次会议之后,萨默斯被残留食物的量震惊了,而且同样令人震惊的是,居然没有人帮助行政助理把这些食物托盘带出会议室,行政助理也是一位非裔女性。萨默斯经历了一阵内心的挣扎。尽管她知道她"不应该",但她不想让这位行政助理认为她自视甚高而不屑于拿托盘,而且她希望在某种程度上为欠考虑的同事们作出补偿。为了维护友好,她在确认没人观察她的时候迅速地拿走了一个托盘,随后悄悄返回了她的格子间。

> **萨默斯**:是的,这就好像如果你在一个会议里,这边有一盘面包或之类的,你知道你的部门的人想吃的话,你不能给他们端过去,因为他们会说,"你在做什么?"你不能这样做。
>
> **何**:哦,你的意思是当你看到一盘食物你不能……
>
> **萨默斯**:是啊,当你在开会而且你知道你的组员想要吃东西,你却不能把食物带到你的小组里。你必须让秘书做,如果你把它端进来,他们都会觉得你不应该这样做。

当我问她为什么不行,她回答说这是不专业的。如果你的同事或老板看到你担任了一个"后援性"的角色,他们会认为你不把自己的时间当回事,并可能认为你愿意被利用,做一些"伺候人的活儿"。他们会因为行政工作(比"前台"工作差的活儿)而不再尊重你的职业水准,甚至会开始将你排除在高收益的项目之外。所以宁肯浪费食物,也不能和"装配工作"

(意味着餐饮服务员和行政人员)、运输工作(指行政人员)和剩余消费(指那些"更需要的")联系在一起。我随后问萨默斯:"你能和行政人员经常联系吗?我的意思是,如果(她老板和同事们)开始看你的笑话……"她回答:

> 这种事就是——你真的不能这么做,即使我有时会走过去和他们交谈,因为他们之中有一个是我极要好的朋友。但是,整体而言,如果我们工作时看到对方,我会说"嗨",不能有任何迹象表明你和他们说过话。你不能和行政人员一起去午餐或早餐。如果他们经常看到你和他们在一起,他们就会——你知道的。我只是不……并且对我来说,不能让一个黑人到我们这层来,比如一个修电脑的人过来帮我处理电脑的问题,因为他们会觉得有什么事要发生。就是诸如此类小事。

萨默斯认为她必须很小心地和其他任何级别的非裔美国人进行社会交往,"就像金融部的一个男同事,他刚好是我的朋友,但无论何时我们同时出现在文字处理中心,人们看到我们的反应就好像,'你们两个是怎么回事?'其实,我只是站在那里讨论工作,但人们却浮想联翩——这简直是荒谬。"两个同种族的少数族裔(非白人)的银行家相处时必须小心,因为任何的人情往来都可被理解为阶级下滑、性暗示,或者说是一种使白人同事备感威胁的"民族团结"。

所罗门美邦公司的亚裔研究员金姆·宗在一名同为亚裔美国人的电脑维修员过来检修电脑故障的时候也遇到了同样的问题。当技术人员做了全部的工作时，她只是站在旁边，因此她感到有些愧疚，就跪在地板上帮助他。然后一位同事走过来，把她拉到一边劝诫："金，你不能这么做。如果副总裁看到你该怎么办啊？"因为宗只是简单地试图帮助那位技术人员，她最初根本没有意识到这种行为已经跨越了边界，而这会形塑她所属地位和专业性的表征和（别人的）看法。这种越界甚至可能是更危险的，因为亚裔常被刻板印象为"电脑呆子"，因此被看到帮助亚裔IT工作者，可能会令人将她也联想为计算机方面的后勤人员。

困难的是：职业女性被误认为是行政人员的危险持续存在，努力工作并不总是与向上流动相联，而是被降低重要性，或和繁重的工作混为一谈。这种危险对有色人种女性而言是越发严峻的。美国许多关于种族、性别、职业的学术研究已经表明那些位于性别和种族双重边缘交叉地带的人会同时被阶级分层（Jones，1998）。换句话说，因为职位、薪酬和工作经常被种族、性别所分隔，大部分这些职位被贬值为"非职业化的"，因此那些横跨性别和种族两个阶级界限的人，在职业身份认同中经常遭受到"阶级下滑"的危险，在感知的排名中不断下滑。作为资历较浅的有色人种女性，萨默斯和宗都在某种意义上处于风雨飘摇的位置；她们的阶级表现依旧脆弱，无法承受种族和性别的重量。因此，她们的经历更集中在维持"前台"这一职业地位的特殊性上,从而避免被人(和行政人员)混为一谈,以及阶级壁垒崩塌——这种为了职业晋升的实践是十分必要的。因为"前台"人员都只从顶级院校招募,所以这些被标记的银行家们大部分都不是来自于贫穷的工薪阶层家庭,因此,大多数华尔街的少数族裔经常在种族和性别方面感受到阶级下滑[19]。

在投资银行中,自我呈现是至关重要的。不出意外,自我呈现的范围是非常狭窄的,尽管限制确实会影响规范性的投行家们,个人形象的限制和边界非常麻烦,跨越了形象边界的女性和有色人种更面临许多可怕的后果。凯特·米勒,摩根斯坦利的前分析师,在描述投行文化时说"形象就是一切",这甚至影响一个人如何吃午饭。

> 米勒:形象就是一切,从你穿衣方式、讲话方式、对情景的反应方式,到你如何处理一个问题。甚至是一些可笑的事情,如你怎么吃饭或诸如此类的小事。如果你太过频繁地在(办公楼内的)餐厅吃饭,那么人们对你的印象……你懂的,那不是我们做的事。每个人都把食物带到他们的桌子上吃。你可以坐下来在办公室里谈笑风生,但你必须在你的桌子旁边。
>
> 何:你可以自己带午饭吗?
>
> 米勒:这会被人看成是节俭的或是担心钱的问题,你知道的。对啊。

第二章 华尔街的入职培训：剥削、授权和努力工作的政治学

我从来没见过任何一个在华尔街"前台"工作的人自己带午餐，然而许多"后台"和行政人员经常这么做。"前台"工作者经常在银行的食堂或步行范围内的快餐店买午餐。自带午餐不是一个向上流动的信号——这暴露了一种下层阶级（才会有）的对花费超支的担心，无法毫不在意地花钱。这是一种反社会行为的信号：优先考虑节俭而不是和同事一起出门买午餐。因此，午饭吃什么也是一种深刻的阶级划分标志。同时，出去吃午餐和在餐厅吃饭也必须严格加以控制。经常被别人看到在自助餐厅吃饭和交谈，或是高谈阔论太久，也被视为不专业，除非偶尔为之，因为这暗示着逃离艰苦工作。纸质的托盘或盒子是食品运输的主要工具，它们经常被大量储存在自助餐厅里，而非食堂托盘，因为食堂托盘意味着在食堂吃饭。事实上，许多"前台"楼层配备了自己的"快捷咖啡厅"，这里只允许使用棕色的纸盒，因为每个人都希望购买午餐并用盒子把食物送回他们的书桌上，继续工作。当然，这些快捷咖啡厅其实也是一把双刃剑：它们既是"挣钱楼层"的便利设施，也是不断提醒员工赶紧回到白领血汗工厂工作的一个角色。

努力工作本身是以未被标识的投行家们为样本标定的，用来锻造聪慧的"精神领袖"，这种精神领袖通常是在短期金融资本主义时期当作新型工作者的规训范本。由于努力工作和普适的聪明有着广阔的文化背景，非规范的种族和性别地位使得那些标志性的工作必须被做得更努力，才能使自己看起来更像

投行圈里的通用人才。但讽刺的是，这种更加努力工作和专注于提高技术性技能和产品知识的奋斗，对于被标识的投行家们来说，经常事与愿违。因为他们的努力工作经常陷入工作越来越繁重的陷阱，他们的职业等级也经常滑落到后勤人员中，最终不仅威胁了他们向上流动的绩效和薪酬，更是影响到他们代表金融资本中的成功者的能力。

第三章 华尔街的历史叙事与股东价值革命

1996 到 1997 年，我在华尔街的投行工作，而我的民族志田野调查集中在 1998 年，那时，股东价值正处在美国文化的风口浪尖上，它被看作是解释企业重组最重要的理由，也不断改变着财富与不平等这一概念和美国的经济状态。虽然这场股东价值的思潮在投行中占据了至少 15 年的统治地位，但是在一些大众媒体中，甚至是在一些非商学院和经济学系发表的学术类文章中，这一思潮在当时还并不常见。然而，在"后千禧年时代"，或者说"后安然时代"，"股东价值"已经成为了主流趋势的一部分，成为了日常话语，就好像那些文化评论家和那些社会科学家全都"知晓"股东价值到底意味着什么，以及在股价主导的社会经济中，什么才是利害攸关的一样。我回想起我在信孚银行工作时第一次感到惊讶的事情，那时上级银行家和同事都假定我知道信孚银行"真正的"（虽然从未公开宣称过）的使命是什么。我曾以为，尽管公共关系要与农业综合企业（agribusiness）"哺育世界"的宣言相一致，但公的使命也应该个性化地与公司的目标、愿景和战略计划相匹配，重点回答诸如"我们为何存在"、"我们代表了什么"和"我们的业务要达成些什么"这样的问题。与我的想象不同的是，我被告知不论我们的办公室雕刻着什么，又或以什么为牌匾，我们的"任务"（这也是所有华尔街和企业的任务），就是永远为股东价值服务。

情境化股东价值

对于我的研究对象来说，股东价值是最为重要的概念，他们用这个概念来解释世界以及他们在其中的位置：股东价值形塑了他们如何使用自己的"聪明才智"，以及解释了努力工作的目的所在。然而，正如聪明和努力工作是一种华尔街具身性的、不着痕迹的、精英化的表现，股东价值本身就是包罗万象的，它富有内部张力和实践中的矛盾，尽管它的基础是等级制。虽然在1980年和1990年间，股东价值和"股东革命"的发生，恰好为华尔街在美国企业中巩固它的影响提供了机会，但是他们还勾勒了一个没有完全实现的文化理想。只有通过分析华尔街股东价值这一意识形态的特性、它的错综复杂以及其中的矛盾，分析1980年代以来，股东价值是如何在历史进程中成为具有支配地位的衡量美国企业的标尺的，才能使民族志的呈现具有意义。[1]

尽管股东价值在美国的资本主义中是普遍存在而且占主导地位的，但我认为它仍旧是一个暗箱，一个未经检讨的概念，亟需将其置于特定权力关系、制度结构和对金融史的特别解释下来讨论。当和其他学者讨论股东价值的优势以及对美国商业文化根本性的影响时,总有人反问我:有什么新的观点吗?难道资本主义不就是尽可能赚更多的钱吗?这个问题表达了一个在时间和空间上都无关历史的资本主义,混淆了利润和股票价格,也忽视了资本主义的制度、价值和动机的复杂性与多样性,维护了研究资本主义历史主流方法的地位。要想理解股东价值,勾画出它的意义、使用方式和对现今的影响是十分必要的,还要了解股东价值的历史叙事和一个特定的资本主义往事是如何被用来使华尔街的利益合理化的。本章开始讨论的民族志呈现,我认为应当从1980年代的收购运动开始。在下一章中,我会阐述这些关键概念从过去开始如何发挥作用。这些关键概念允许了发生在企业行为的意识形态和实践中的股东价值革命。

为了简要说明从1950年代至今,在文化层面上对公司的理解的巨大转变,需要同时考虑下述情况。《公司的概念》(第一次出版于1946年)一书是对工业资本主义组织的经典研究,彼得·德鲁克在描述公司的使命和角色时,用通用汽车(General Motors)作为例子,说道:"如果大商业股份有限公司(big-business corporation)是美国社会制度的代表,那么它必须实现这些美国社会的基本信念……它必须给予人们地位和岗位,并且必须给他们机会平等的正义。公司除了作为一个经济工具外,还是一个政治和社会实体;其作为一个社区的社会功能和他们作为一个有效率的生产商的经济功能同等重要。"（Drucker，1972：140）德鲁克指责新古典主义经济学的观点，认为后者只是把公司看作"个人股东财产权的加总"。企业的股东所有权观念是"古老"和"粗鲁"但"挥之不去"的幻觉（Drucker，1972：20）。身处经理主导的科层制企业的全盛期，德鲁克在文章中强调："在今天的社会现实中，股东不过是与公司有特殊关系的几个群体之一而已。**公司是永久的，但是股东是暂时的**。这样说并没有过分夸张：公司天生是具有政治性和社会性的，而股东的身份只是衍生品，并且仅存在于法律的沉思中（Drucker，1972：20—21，文中黑体为我的强调）。（二战）战后初期的那段时间，公司一般被看作是社会机构，公司的组成部分和责任的重要性，远远超过了那些拥有公司股票的个人和机构。公司最为关心的是维护组织的完整性，这一目标超越并凌驾于那些被称为"衍生品"的股东之上，股东可能还必须为公司的利益而自我牺牲。

2000年3月20日，《财富》杂志发表了一篇文章详细阐述了新兴"网络"经济的价值与道德规范。该文作者兰迪·柯米萨曾在类似硅谷的网络电视这样的企业任职"事实上的"首席执行官，他十分明显地注意到了现今企业家的价值观和预期。兰迪·柯米萨描述了那些企业家是如何将自己的想法"推销"给风险投资家（即硅谷中类似纽约的投行家和私募股权公司的角色）的，他写道："当人们阅读风险投资家的介绍时，他们第一行写的就是退出策略。他们不是在谈论投资者的退出策略——他们谈论的是他们自己的退出策略。这些企业家如何能从中兑现？这个问题涉及一个微妙之处：这些创始人并不认为自己是运作公司的首席执行官，他们认为自己是投资者"（Useem，2000：85）。首席执行官被看作是投资者而非一个致力于建立永久性社会机构的长期员工，这会造成什么样的社会影响呢？如果首席执行官将自己看作与其他投资者一样，将公司看作是自己持有的股票，那么认为公司是一个持久性的社会组织、涉及多个利益相关者、植根于特定的社区中这样的观点被弃之一旁无人理睬也就没有什么奇怪的了。就像《财富》作者杰瑞·尤西姆所观察到的那样，现代企业家不选择"建立一个具有长期经济价值的可持续发展的公司"，而是选择"抽象出一个概念，'转手'给一个买家，然后等待着下一个热门商业机会，就像交易员操控动力股的某天"。这种冒险行为一般被称作"等着转手的汉堡快餐"（Useem，2000：84）。尽管华尔街和美国企业的合并趋势占了大头，但是在20世纪的大部分时间里，这两个行业还是通过竞争（和变革）的方法来达到盈利和公司治理的目的。事实上，从罗斯福新政到1980年代，福利资本主义的统治地位不仅取决于家长式的企业实践以及各州的政策和法规，还仰赖于美国商业与股票市场的隔离。

我们是如何走到了这一步的：大公司从复杂的、科层化的社会实体转变为一个动态的股东网络。如果现今股份有限公司被看作是个人和机构股票投资组合的一部分而这种投资组合由主张即时流动性和可变现性主导，这种情况对于那些企业中的传统组成部分会有什么影响，比如企业中的工作者？虽然有大量的学术类评论性文章已经谈到了福利资本主义的消亡，但是大部分的文章——集中于新自由主义的政府政策、后工业主义、生产方式的变革、弹性积累以及全球化——忽略了华尔街金融机构和资本市场在构建新世界秩序（无序）上的重要性。上述文章极少注意到"股东价值"这一关键概念[2]。

在做田野调查期间，没有哪个习语能比"股东价值"让我听到更多次。这个概念几乎存在于我每一次的，无论是和投行家、股票投资组合经理、交易员、分析师，甚至是管理咨询顾问——几乎任何一个工作与华尔街有关的人的对话。对于我的受访者和朋友来说，"股东价值"不仅仅意味着公司股票价格的提升；它还意味着使命、目标的宣言，甚至是一次行动号召。创造或开拓股东价值是一件从道德上和经济上来说正确的事情；它是衡量一个人或者公司的行动、价值以及成就的标尺。因为股东价值是一种标准，公司的表现和关注点要通过它来建构和测量，我将它看作是连接美国企业和华尔街文化间最为重要的那条线。

在我最初与我的受访者讨论时，其中一个主要关心的问题是理解华尔街是如何理清以下两者的联系，即他们庆祝股东价值实现的同时，大量的企业正在裁员，并且社会经济更加不平等。几乎每一个我在华尔街上遇到的金融专业工作者，和几乎每一个商学院金融专业的学生，都理所当然地认为股东价值是，也应该是所有企业的主要目标。爱德华·兰多夫是美林证券的风险管理副总裁,当我问他投资银行的目标是什么以及他们是如何影响了美国企业时,他回答道,投资银行是为了提高股东价值,是为了提高他们所服务的那些公司的股票价格而存在的。"公司自身的目标,"他说道,"应该是创造股东价值,"他又补充道,"公司从未幻想着用任何一种方式来提高公众的利益。"[3]前摩根士丹利的分析师凯特·米勒做出了类似的答复:"银行试图做的是提高那些他们代表的公司的股东价值。这在财务上来说,对市场是一件好事情。"J·P·摩根的并购经理安东尼·约翰逊还补充说,投资银行在帮助他们的企业委托人提升股东价值的同时,也为自己创造了收入,进而使得自己的股价也上升了。

起初,令我印象最深的是,大多数华尔街的投行家宣称股东价值是所有企业的主要目标(包括他们自己的银行),但是几乎没有人承认他们坚守的股东价值可能暗中破坏了接受他们建议的企业委托人的公司的生产力和健康。尽管我的受访者们承认以股东价值为首位可能带来的"后果",比如重组和裁员,但是这些问题通常只是被当作一个事实陈述出来,就像其间没有任何冲突需要解决一样。这并不是说我的受访者们不同情那些被裁掉的员工;事实上,他们中的大多数人认为,现今弥漫的工作不安感、公开的大规模失业以及他们自己的处境,都是由股东价值主导的企业重组的一个典型结果[4]。可是,难道他们都没有看到或意识到,那些他们标榜的公司,他们通过股东价值帮助其发展的公司,事实上正是听从了他们的建议，受到了他们的影响才受到伤害吗？我的思路中是否遗漏了些什么呢？

我的设想是，极端注重股价的行为不仅合理化了企业重组行为，而且还会对企业整体工作造成损失，当然更不用说企业的长期健康，我抓住一个机会将我的想法说给斯坦·克拉克听，斯坦·克拉克和我一起在信孚银行被裁员，我希望他能帮助我弄清我的困惑。克拉克虽然一开始有些摇摆不定，但是很快又在美林的投资管理部门找到了一个令人垂涎的投资组合经理的职位。我一直希望能和克拉克聊聊，因为他在许多不同的职位上工作过：他曾被公司解雇，因为股东价值的意旨，现在却成为这样的公司的一员：只根据一家公司是否遵循股东价值而决定是否买它的股票。他是如何权衡使得他依旧坚持那个使他失业的价值观的呢？克拉克正是处于这个问题的十字路口上的"完美"的受访者。或许他能捕捉到华尔街事实上是如何感受股东价值与企业裁员之间的关系，并且也能看清有利于公司和有利于股票市场之间的外表上的差别。我问克拉克（一个我还认为会对股东价值的消极面有所警觉的人）："你觉得股票价格和企业之间有矛盾吗——我是说，关于首席执行官应该做对公司有益的事情还是做对股价有益的事情的争论。这两者之间有冲突吗？"他回答道：

你说的在道理上讲不通，因为在理论上，对股票价格有益的事情也是对企业有益的，因为公司就是股东的。

只要股票上涨了,这就是(企业)关心的所有事情。你在思考的应该是:(企业的管理人员)是否会做对他们自己有利而对公司有害的事情?这儿倒是有很多的冲突。他们做了很多事情(都是为管理者自己服务的)。比如说股票期权。许多首席执行官都有股票期权,因而与期权捆绑在了一起。然后,显而易见的是,由于他们拥有股票期权,他们很乐意让股票上涨,这也意味着**股东价值**……(加粗部分为我的强调)

我吃了一惊。克拉克帮助我掌握了华尔街股东价值这一世界观的基石,通过宣称"你说的在道理上讲不通",这也填补了我的一些空白。通过这样坚决的反驳,他把我带出了我自己的范畴,注意到了关键因素:由于假设公司的健康和股票价格之间存在着冲突(因为对我来说,雇佣状况是衡量企业健康的重要指标),这是我已经完全忽略的重点[5]。我曾以为,企业包含着许多的组成部分,其中最重要部分是雇员,而克拉克的理解是,公司就是它的股东的代名词。尽管在我看来,企业的目标是企业成长、生产力、员工的福利,现代资本主义的核心斗争发生在资本和劳动者之间,但克拉克说,企业目标是关于所有权和股东价值(而不是生产力和雇员),现代资本主义的核心斗争则发生在资本所有者和经理人之间,经理人可能通过将资本成果在其他组成部分间分享而挥霍了资本成果。他激情地谈论着有关糟糕的管理和过剩的经理人以及华尔街投行家是如何通过调整经理人来达到他们增加股东价值的真正目的的。如果一位首席执行官在股价方面表现糟糕,他(她)可能很自私,唯一防范经理人自我利益的方法就是将他们的薪酬(通过股票期权)和股票市场捆绑起来。在这种世界观下,企业就仅仅是为了股东的利益存在的,任何试图将股东利益与企业的利益分离开来的方式都是自私和荒谬的。虽然在美国的资本主义现代史中,对财富积累的渴求并不是什么新鲜事儿,但是华尔街的股东价值视角将雇佣关系置于企业的关切之外这件事,一定是独一无二的。失业无疑是一件令人伤心的事,但是却不是美国企业的责任。因而,对于克拉克来说,在他的经验里,这里并没有什么冲突。

第一年田野工作期间,我还观察到,在投行界为股东价值唱赞歌的同时,华尔街的凶兆依旧存在——那些投行主导或建议下的美国企业的合并、收购以及上市运作的失败,这些失败体现在很多参数中:股东价值的下降以及巨大的利润损失、公司士气低迷、生产力受挫、工作岗位消失。换句话说,企业以股东价值为名进行的重组,往往导致投行家们声称拥护的理念的毁灭。面对这些证据,投行家们继续坚持对股东价值的信心,尽管我的受访者中也有一些开始质疑股东价值在这种行为中是否得到了真正的实现,特别是从长远来看或者在交易刚刚破裂之后,但这种质疑似乎并没有动摇他们对他们特殊的使命的正确性的信心,也没有动摇他们对"市场"的信念。

他们处理股东价值的方式,和他们对股东价值的理解其实是南辕北辙。从某种意义上来说，大多数投行家在赞美股东价值这一规则的同时，也在合理化股东价值可能的失败。更多经验丰富的投行家们，他们经历了多次金融危机以及失败的并购后，可以分辨出多数他们进行的交易的问题本质。然而，股东价值这一世界观所拥有的特别的新古典主义经济学逻辑，给了投行家们一个化解张力，甚至将这一理念以及行动转化为社会公益的工具。从另一个角度上来说，他们的股东价值"模型"和这一"模型"的实际影响之间存在着一个矛盾。在第五章和第六章，我将阐述华尔街的民族志研究如何有助于解释上述裂隙，当然揭示金融资本的特殊运作方式也不在话下。但是现在，为了理解我的受访者对股东价值巨大胜利的叙述，我们首先要分析产生股东革命的意识形态层面和物质层面的催化剂——股东价值最开始是如何占据主导地位的。

1980年代的收购运动与华尔街的集体记忆

1980年代的收购运动可能算是刺激美国企业开始"清算"的最为重要的事件了。通过威胁进行企业并购，华尔街投行强迫企业在股东价值与其他可选的公司治理方式之间做出抉择，通过改变美国企业在公司是什么以及公司应该为谁的利益服务这些特定的观念上的根本性结构，并使之与华尔街保持了一致，来"实现"股东价值的世界观。（历史上，华尔街这一特别的观念以及运动是如何产生的，还需要一个全面的对新古典主义经济学假设的谱系学研究和对现代企业和股份制兴起的政治学意涵的解释，这些我将在之后的章节中论述。）买进或卖出一个企业这一文化行为构建了对其股价的专注并且大大缩小了重要成员的社群，这种行为被根植于企业私有产权中的回归"自由"叙事的唤起所激发，而对这一叙事的唤起是以制定社会使命为目的的。通过将企业置于股票市场的"竞技"之中，股东价值的倡导者创造了一个史无前例的环境，所有的大型公司在其中争夺股票出价最高的人，从而迫使他们迅速响应股票市场的风云突变。

从本质上来说，收购运动不仅在公司间创造了一个市场，还创造了一个买卖公司控制权的市场，那些买了足够多股票的华尔街的金融家、有钱人以及机构股东们能够宣称他们的所有权，并且通过这种财产权利命令、恢复并操控那些本已经在公司治理中基本上穷途末路的股东信托权力。收购运动在文化上使股份有限公司商品化，并改变了股份有限公司的定义和目标：股份有限公司成为了在金融市场上可以迅速兑换的股票，它的主要任务就是提高股票价格。作为日常实践的一部分，公司经理被迫厌恶低股价，因为低股价意味着公司很容易被低价收购，这象征着低效率以及对于通过股东（表达）的真正的资本主义的限制。这些并购活动制造了一个在股东与其他利益相关者之间的"零和博弈"，股东是一定获利的，而其他利益相关者，比如说雇员、经理、供应商、社团，一般来说还有债权人，通常在这场博弈中会成为失败者（Whitman，1999：94）。

但是，目前面对的问题和理解为什么收购运动如此重要的理由是：追溯至 1980 年代初，公司尚未被简单地理解为只是股票，而到了 1990 年代，股东价值是如何变成了一个理所应当的东西呢？公司又是如何被理解为金融博弈中的筹码，被轻易购买、出售以及分拆的呢？⁶

当我询问我的受访者什么是这些年来最重要的金融发展时，他们大多认为是华尔街在 1980 年代的收购运动中所扮演的角色。在他们看来，将公司与股东价值保持一致是最为关键的事情。他们编织了一个很有说服力的说法，即战后那些被视作精英，自大而又自私的管理层浪费公司的资源，或中饱私囊或盲目扩张，他们还放任国外竞争者超越美国的生产力、创新力以及战略。其结果就是，公司的股票不再反映公司的"真实价值"，经济因此而遭殃，股东——企业的合法拥有者——被背叛了。基于这一观点，收购运动其中一个重要的目标就是解锁"表现欠佳"的股票的价值，这些股票对整体经济产生了抑制。

我的受访者将收购运动作为一种历史文化的手法（historical-cultural device）来使用，一种意识形态维度和时间维度的标记，可以让他们将自己，以及他们所使用的股东价值的话语与那些个管理层堕落无能的"糟糕的过去"置于对立的位置。"如果你回头看看过去，"斯坦·克拉克对我说，"所有的公司基本上都是臃肿、愚蠢而又麻木的，他们从不改变。他们赚着（足够多的）钱。（经理）毫不在乎任何事情。现在，有了华尔街和全体股东……你不能再像过去那样麻木臃肿还有好日子过。你必须改变。股东们正盯着……你每一份多余的花费……而在旧时,解决全镇人的就业是个大事情。那时他们几乎从来不裁员。现在,他们必须要精简,因为股东说了,'嘿,这些都是多余的开支……你必须削减这些累赘。我们要一个精简的机构,这样才能运转'。因此……华尔街无疑是提高了美国企业的效率。"安德鲁·黄是高盛的企业并购经理,他也同意克拉克的理解。"基本上……美国(过去)的企业都很臃肿"而且在 1980 年代早期与日本的竞争中处于劣势,特别是汽车行业。"过去,公司某种程度上是服务于高管们各种突发奇想的巨大集团。并且没有人注重股票市场的表现。"克拉克、黄以及其他一些受访者将 1980 年代前美国企业的"臃肿"关系与在华尔街投行家们领导的"睿智"进行比较,设想着一个只有"智者"生存的更加优秀的社会蓝图。[7]

华尔街上有一个常识性理解,在 1980 年代,是投行家通过动用股票市场的全部压力和规训,让经理人回到他们增加股东价值的真正目标。对于许多人,比如帝杰公司并购方面的专家杰森·珂来说,1980 年代的关键人物是迈克尔·米尔肯(Michael Milken)。迈克尔·米尔肯是垃圾债券的发明者,垃圾债券是一种使企业能够发动恶意收购的金融工具,收购后立即裁员,掏空被收购公司的资产,尽可能多地榨取公司的直接价值。由于在股票市场上,公司分成小块出售所能获得的价值总和高于公司整体出售,我的受访者认为股东价值已经能够很好地通过企业的并购和分拆来实现了。"通过创造一个垃圾债券市场，允许一些蓄意收购者的进入，让他收购公司然后再分拆它，如果发现公司雇佣了太多的人，那么就会通过裁员来偿还债务。"雷曼兄弟主管销售和交易的副总裁迈克尔·威廉姆斯解释道，当一家公司的股票总价低于其各部分的总和时，"要么是股票市场出了什么问题，这也可能是真的，要么是运营这家公司的人出了什么问题。因为如果他们（经理）够聪明，他们本会为股东创造更多的价值。他们应该更有成效地使用这些资产并做更多的事情……这会促进股票价格的上升。"公司的所有股票可以以5000万美元的价格买入，它的各"部分"却可以总价7500万美元的价格（分别）卖出，这就足以作为股票市场预料到了股东的背叛的证据，也使得收购行为合理化了。威廉姆斯总结道，1980年代的收购热潮的影响就是"美国企业变得更加关心他们的股票价格……也变得更加有效率了"。威廉姆斯将并购潮和裁员称为"一种修剪枝桠的过程"。他说，股东省下来的钱，"被更好地使用"，并使得"每个人都更加敏锐了"。杰森·珂进一步解释道，股东可以进而投资在其他的生产运营上，进一步创造就业机会。在他看来，风险不可能再高了。这种市场纪律是一种"必要的恶"。如果没有的话，"最终的结果就会像苏联一样"，低产出以及基础服务的长时间等待——"如果你可以得到的话"。

因而，根据我的受访者所描述的华尔街的集体记忆来看，华尔街在1980年代拯救了美国的商业——按照安德鲁·黄的话说就是"一段华尔街的光辉岁月"，这一时期"万物复苏"，人们开始用全新的眼光关注股票市场，企业在恶意收购的"恐惧笼罩下生存着"。黄认为，进入 21 世纪，"美国企业的实力之所以能够傲视他国，正是因为我们经历了这样一个时期，转向关注股东价值，管理层重组以及整个公司的重组。美国企业已经在所有可能的方面极力削减冗余，（已经）重新聚焦于企业战略，准备好接受任何挑战了"。通过重置公司的战略来创造股东价值这种方法，1980 年代的华尔街精益求精，"强大"的企业与上涨的股市带来了蓬勃发展的经济，同时又使得资本各尽其所。尽管 2008 年全球的金融危机已经从根本上动摇了这种主流的不断进步的故事，暴露了其中的矛盾和最终的后果，但在我的受访者的世界观中（不管现在看起来是多么讽刺），收购运动标志着新的开始，是塑造了他们对进步的不同理解的转折点。

华尔街对历史的特定理解是通过投行的制度记忆、商学院、公司的同事、金融媒介以及流行文化来传播的。我的一些受访者试图传达他们对时代的理解，他们引用奥利弗·斯通导演的电影《华尔街》（1986）来说明，其中的主演迈克尔·道格拉斯所扮演的戈登·盖柯，是一位将"交易"视作高于一切的无情金融家，他在电影中有句名言："贪婪是好东西"。而他最终招致内幕交易和操纵股价的指控，指控他的正是他的年轻门生，一位工会工人的儿子[8]。对这交易暴涨的十年（也被称为"狂热的八十时代"［ga-ga eighties］或"贪婪的十年"）[9]的论述、评论或者赞美的文章已是汗牛充栋。自 1980 年代以来，许多有关华尔街投行、垃圾债券、杠杆收购、内幕交易和收购运动的题材的回忆录、电影、爆料、新闻报道以及惊悚片都被创作了出来[10]。一代又一代成功的投行家已经接受了华尔街的自我合理化，产生了非比寻常地条理清晰的华尔街历史，它基于合理化与正当化的策略，被恶意收购者、垃圾债券商和其他1980年代的主要角色所采用。

然而，1970年代的社会经济危机既不是一定需要公司和政府的安全网与控制的瓦解，也不需要美国企业在金融和社会结构上进行一次全面的改革；其他方法仍旧是有可能的[11]。股东价值的拥护者竭力主张美国的商业走上众多潜在的路径之一。尽管股东是公司的"真正所有者"的假设，公司仅仅是私有财产的假设以及股东的背叛导致了二战后美国企业的衰退的假设等都是有疑问的、可以争论的论断，但它们仍然要被理解为有现实后果的对事实和权力的策略及政治主张。我认为1980年代华尔街利用社会经济低迷的十年发起了试图将企业的价值和优先级与股票市场及华尔街公司的利益统一的运动[12]。企业经济学家马里纳·惠特曼宣称，"比起其他任何单一因素"，"1980年代的重组-收购现象"引领着资本主义价值观的变化，变得要求为公司股东的收益推高股价。这一波的合并、收购以及裁员"粉碎了……在财产权与企业作为一个社会实体及其义务之间的脆弱联系"（Whitman,1999：93—94）[13]。这场重组运动势头十分迅猛，以至于没有一个公司能不受它的影响："1980年三分之一的《财富》杂志选出的世界500强企业

（下简称"财富 500 强企业"）到了 1990 年不再作为一个独立的实体存在。三分之一的 1990 年的财富 500 强企业成为恶意收购的目标；三分之二的财富 500 强企业由于担心恶意收购而建立了反收购的防御体系。"（Whitman，1999：9）或许举出以 1980 年代为分水岭的后十年的情况更能说明问题，到了 1999 年底，相比 1988 年收购运动的顶峰，美国企业的并购交易规模增长了近 400%。

收购运动的历史分析

我的受访者始终认为 1960 年代集团公司的浪潮是证明经理人自私自利、挥霍无度的极好例子，这也被认为是美国企业在竞争更加激烈的 1970 年代和 1980 年代中"表现不佳"的主要原因。集团合并是指企业通过外部收购进行扩张，这种扩张通常向着"不相关的业务领域"（O'Sullivan，2000：109）。因此，这种笨重的产物成为了收购运动的主要目标之一，也成为了美国企业错误的典范和展现华尔街是如何修复这一错误的例证。根据商学院的教授以及华尔街股东价值的倡导者乔治·贝克（George Baker）和乔治·史密斯（George Smith）的观点，这种集团公司的浪潮是"管理者机会主义"的"过分表现"（Baker and Smith，1998：15）。贝克与史密斯通过一个十分熟悉（也是占主流）的故事来解释经理人的自私和对待严厉的反垄断规定时的无能。面对"反竞争性的合并"的管制，"急于扩张的经理人"发现了一个"现金过剩的新出口"，即通过"将不相关的行业的公司拼凑在一起"来实现（Baker and Smith, 1998：15）。我在华尔街的受访者将1960年代的集团公司理解为一个荒谬且混乱的商业时尚。J·P·摩根的并购经理安东尼·约翰逊说道："他们将制造核武器的防务公司与猫砂制造商联合在一起。"在他们看来，这样欠妥的管理决定，使得1970年代美国企业效率低下，在面对全球竞争时慌了手脚。

这样的叙事必然是存在问题的。虽然大多数股东价值的拥护者都将集团化单独归咎于美国企业，但是事实上，一开始华尔街也同样在制定企业战略时扮演着一个非常重要的角色。只是金融家们将这段历史从他们的世界观中隐去了：投行家们鼓励和影响那些高管去用他们（公司）的利润购买那些无关的公司。1960年代，在里根经济学放松管制之前，或者说"再管制"之前，反托拉斯法禁止大公司收购或合并与之相类似的企业，以防止垄断[14]。因此，尽管集团化是与他们自己的，以部门间以及工人与管理者之间的非集成、分等级的隔离为前提的组织结构相符的必然选择，这种组织结构最终还是阻碍了创新，美国企业在华尔街的压力下（即便是在那个时候）只能寻找一条提高股票价格的新出路[15]。事实上，"繁荣兴旺的六十年代"（go-go sixties）这一术语正是被用来描述华尔街对集团公司和高成长性股票的关注的（Brooks, 1987）。集团合并曾被华尔街以及经理人看作是一个有效扩张的工具，它能促进多元化，加快发展，后来被人们称为"一站式购物"。集团合并被理解为"几家不同行业的企业组成的一个大公司……通过购买在一个快速增长的行业中已经有所发展的公司,来帮助一个成熟的公司进入这个行业,而不是从零开始慢慢做,有时候,这就像给公司注入一剂强心针一样"(Low,1968:201)。当然,这种"兴奋剂"导致股票市场——在经历了从大萧条到1950年代这几十年的休眠和稳定期之后——"最终"达到并超越了1929年的最高点。1968年,经过数十年500点上下的徘徊,道琼斯工业平均指数突破了1000点,超过2000万只股票被交易(相比之下,1950年代中期只有200万只股票在交易)(Low,1968:168)。不久之后,股票市场崩盘,许多个体投资者和投机者引火烧身[16]。

在1960年代的股市繁荣中(就像1990年代的牛市一样),投资银行的主要实践之一就是鼓励企业去购买其他公司,因为收购成为"廉价且轻松"的方式,企业可以利用他们高股价的股票来作为货币购买其他公司。最终,投行在其中收益颇丰,赚得了大量的咨询费以及从促成交易的费用中节省下来一定比例的佣金。收购和集团化的成交数量不断飙升:"1963到1967年间平均每年合并或收购另外一家公司的数量是1951笔,1968到1972年间每年有3736笔,1969创纪录达5306笔。"(O'Sullivan,2000:109)

在《并购、出售与经济效率》一书中,拉温斯克雷夫(Ravenscraft)和谢雷尔(Scherer)对1960年代到1970年代企业间的并购行为的结果进行了研究,他们证明那些宣称集团公司的盈利能力和效率效益大多是不可信的，因为公司的实际生产能力下降了，"收购时预期的协同效应往往没有实现"（Ravenscraft and Scherer，1987：212）。尽管拉温斯克雷夫和谢勒尔提到，集团化企业没能"像收购前那样出色地管理那些被收购的公司"，但是他们也指出，被收购的公司（或者收购的公司）没有像1980年代和1990年代那样大规模地裁员（Ravenscraft and Scherer，1987：213）。股东价值还没有超越企业作为对员工负责的社会机构这一概念。虽然自1980年代以来，并购已经几乎等同于大规模的裁员，但是在集团化浪潮汹涌的1960年代，被收购公司的员工通常是被保留下来的[17]。

同样，收购运动也未能解决许多集团公司和美国企业在1970年代面临的组织上和生产力上的问题。由于在1980年代，大多数企业成为收购目标的原因正是他们有丰富而持续的现金流，这不禁让人怀疑这些企业到底怎样"表现不佳"。相反，收购运动将企业的财富转移到了大股东以及他们的顾问手中，并缩减了企业参与和利益共享的规模。股东价值的拥护者们极力编织一个叙述，来证明自己具有与生俱来的历史合理性，经理人的无能与背叛以及企业的衰退，强调股东权利及随后的美国资本主义的复兴，却忽略自己的参与（就像看不见的手一样）在集团企业失败中起到的作用[18]。

除了反集团化的呼声不断高涨之外，收购运动能成功还得益于政府管制的放松、私有化的市场管控的特别待遇、机构投资者的增加以及他们在股票市场中不断增长的股份，所有这些都被华尔街投行家们努力倡导并将这些转变整合进股东价值理论中。里根执政时期逐步废除了反托拉斯的强制执行，也改变了资本投资的规则，使得华尔街能够在几乎没有监督的情况下以各种结构组合或重组公司，同时也支持了投资银行的资金流向了那些过去免受各种风险投资进入的行业。1970年代之前，养老基金和保险公司以及储蓄和贷款机构在股票市场上的投资面临着数量和比例上的法律限制——这是大萧条时代的遗产，当时禁止银行和投资信托使用存款人的储蓄在证券市场上进行投机。然而在1970年代，石油价格上涨带来的通货膨胀给投资基金和银行造成了压力，刺激他们为了获得高回报而在股票市场上进行投资等高风险活动，更不用说在第三世界国家债务上的投资了。地理学家戈登·克拉克在他的书中，全面研究了养老金管理行业，描述了机构投资者在1950年代还只是占少数地位的参与者的情况下，如何成为了持股的主力，直到现在还控制着"规模最大的1000家美国企业的大部分股份"（Clark，2000：62—63）。这是一个"从个人投资者向机构投资者，诸如共同基金、养老基金和人寿保险公司转移的过程"，使得"收购成为了可能"，因为这种发展增加了华尔街的权力，创造了为收购提供资金支持的机构买方市场，并且"给股东足够多的对他们持有的公司股票的集体影响力"（Lazonick and O'Sullivan，2002：14）。投资银行售卖了很多已经被日渐增多的机构投资者接管的股票和公司债券（由于企业的拆分中的大量财富转移，金融产品在一段时间内大幅度升值),这些机构投资者成为了华尔街的长期客户和拥护者。通过保持"公司的季度财务报表光鲜亮丽不断",投行不仅在机构投资者日益增强的"股东积极主义"中强大了起来,而且将其作为得到了广大投资者支持的证据(Whitman,1999:11)。

重要的是,在1970年代,华尔街本身正在经历一场盈利能力的危机:它的许多主要产生收入的工具,比如证券承销,已经饱和了,许多(如果不是大部分的话)集团交易的结果并不理想,投行也在被诱导着去寻找新的利润增长点(O'Sullivan,2000:163)。根据信孚银行的董事总经理、曾经做过投行家以及管理顾问的托马斯·道格拉斯的说法,拆分那些曾经由华尔街帮助组装起来的公司创造了一个新的利润增长点[19]。在1980年代,在那些投行家们看来,并购业务越来越有吸引力,因为他们不需要将自己的钱砸在商业竞争的风险之中,尽管并购的花费是巨大的。因此,他们一开始就努力构建一个公司控制权的市场也就不足为奇了。

收购的参与者、机制与世界观

对股东价值的主要关注和大量肆无忌惮的恶意交易使得1980年代非常具有变革性。随着股票的大幅上涨成为收购(以及免受收购的侵扰)的首要目标,企业开始大规模地裁员。"结果是,无论从绝对数上还是相对来说,财富500强企业的员工大幅减少了。就业岗位从1979年的1600万减少到了1993年的1150万。1970年代早期,这些公司雇佣了美国非农劳动力的五分之一,但是到 1990 年早期,这个数字下降到了十分之一。"(Whitman,1999:9)在 20 世纪早先的合并潮中,企业并不只是为了被清算而被买卖;集团企业的目的之一,就是建立在现有的企业组织能力上实现利润的增加,虽然这一想法有些虚幻。华尔街历史学家约翰·布鲁克斯(John Brooks)认为,繁荣兴旺的 1960 年代和盲目的 1980 年代之间投机性繁荣的最重要差别是,"六十年代收购公司的行为意在让他们自己经营自己运作,而八十年代……似乎……是为了将他们整体拆分成小块出售来赚快钱"(Brooks,1987:29)。

花些时间来了解收购与并购之间的差别是十分重要的[20]。虽然 1980 年代收购和并购都有发生,但是收购在 1980 年代更加普及,而并购则在 1990 年代占据主流。并购意味着未来两家公司将合并在一起,而收购通常指有钱人(有时候是顶级的公司高管)或者来自华尔街上形形色色的投资公司的"收购专家/投资者"购买一个公司的行为,两者都得益于金融产品的创新,比如垃圾债券和来自养老基金和共同基金的巨额投资。收购和并购之间的区别很细微但是很重要:在 1980 年代早期的情境中,美国企业还没有形成收购、重组和精简其他企业的惯习(habitus);作为替代,他们大多选择集团化。收购以及大量的重组要想发生,首先要有某种意义上"外来"的企业收购者或者流氓投行(当时的主流称谓)和金融公司发起,它们持有完全对立的世界观,即公司要在金融市场的掌控之下。到了 1990 年代,虽然提供的实践(服务)相同,但是通过重塑他们的目标和金融产品，开始与80年代贪得无厌与四处掠夺的形象渐渐拉开距离。这种焕然一新是因为1987年的崩盘、丑闻、显而易见的失败以及被接管公司的倒闭而变得必要。华尔街以及金融媒体不再使用"恶意收购"或者"企业掠夺"（corporate raiding）这样的术语，而是采用一般的、传统的和更加体面的术语，比如"合并与收购"，垃圾债券一词也变成的"高收益债券"。企业收购或者拆分变成重组、协同效应和规模经济重新上市。收购因此得以重新包装，并为社会所接受，美国大多数主要的投资银行开始像提供其他产品一样提供这样的服务。此外，到了1990年代，美国企业非常成功地与股东价值世界观保持了一致，以至于在华尔街的建议和鼓动下，走上了并购其他公司之路。大多数并购并不一定是来自华尔街的收购集团，而是来自与投行保持密切的咨询关系的企业自己，这类事件在过去十年里屡见不鲜。尽管并购交易的理由仍是股东价值，但这些倡导者和宣传人漫无边际的风格强调了市场民粹主义和股东民主，而不是强盗贵族式企业收购的胆大妄为及其恶意收购行为本身。在1980年代，股东价值的修辞主要集中在收购运动中，而到了1990年代，这一价值观渗入了大部分企业的话语之中，形塑了整体上的公司治理。不管怎样，收购和并购都涉及类似的基本原理，技术和机制。

1980年代，收购运动的核心行动者是个体的企业蓄意收购者，投资者群体（来自华尔街的投资公司，也被称为"私募股权机构"，以及大型的投资银行）和在任的高级管理者们。

企业蓄意收购者主要是来自美国和英国的富裕白人,他们是独立的金融家或者拥有自己的企业的企业主;在主流的金融文章中最知名的包括T·布恩·皮肯斯(T. Boone Pickens),詹姆斯·戈德史密斯爵士(Sir James Goldsmith)和卡尔·依坎(Carl Icahn)。私募股权公司通常是由一小群投行家或者投资者组成,他们不仅聚集了大量的用于收购和拆分公司的基金,而且也参与企业的金融领导下的控制和运营之中,直到这些企业为转手"做好准备"。他们使得一种特定的收购技术逐渐普及开来,这种技术被称为"杠杆收购"(LBO),我将在下面详述这一收购技巧。私募股权公司KKR("克伯格、克拉维斯和罗伯斯")是使用该技巧极好的例子,该公司的名字是由三个创立该公司的白人的名字而来,被业界称为是"杠杆收购商店"。他们控制着大量的投资基金(来自富人、养老基金、共同基金、银行和保险公司),利用这笔资金通过购买股票来收购公司。主要的投资银行和银行家,比如像摩根士丹利、高盛、第一波士顿(现在的瑞士证券第一波士顿)以及德崇证券,与私募股权公司一道筹集额外的基金用于收购,但是他们没有参与到他们投资的公司的控制和运作中。这些事务由私募股权公司决定。

虽然通常是由华尔街的私募股权公司发起实际的收购,但是规模更大且更加成熟的华尔街投行以及银行家们(以及他们的律师)在这个过程中起到了更加至关重要的作用,尤其是在筹集资金上。就像那些一开始对收购其他公司怀有警惕态度的公司，根基最为牢固的银行（与德崇证券这样的叛变者相反）起初避免直接收购那些曾是他们客户且负有受托责任的公司，虽然他们肯定参与其中，并在一旁煽风点火协助收购过程。在那些更加保守、出身名门的贵族银行中，收购行为在一开始被视作"不够绅士的"。比如，德崇证券是一家投资银行，却专精通过出售垃圾债券募集基金来进行收购，这在那些"上流"的投资银行，比如摩根士丹利看来，是不值得尊重的（特别是在1980年代早期）。但是到了1980年代中期，大多数华尔街的投行都已经拥有了成熟的垃圾债券部门和并购部门，到了1990年代，华尔街的投行们成为了企业并购的主要煽动者。"投行已经进入了一个为自己购买企业的商业时代"而不只是"为美国企业代言"，这是华尔街把"美国企业变成一盘棋局"这一进程中的一部分。（Lewis，1991：76）

企业高管（特别是首席执行官以及总裁）在收购运动中也扮演了重要角色。由于代表着"社会实体"的管理资本主义与股东价值这一意识形态之间积怨已久的矛盾，分析那些成为股权所有者的高管们的角色和形象至关重要。根据华尔街的主流逻辑，领薪水的管理者无法成为只为股东服务的人，因为他们的行为动机要么出自自己的个人利益，要么出自那些利益相关者的利益。因而，唯一解决这个困境的方法是让他们成为企业的所有者。通常在华尔街私募公司和高杠杆率的垃圾债券的帮助下，一些高级经理通过杠杆收购，参与到了收购公司之中，并通过这一过程成为了公司的主人。华尔街支持这样的合并，因为"从理论意义上来说,这代表一种被认为是健康的变化:企业的所有权与管理权部分地统一了,扭转了20世纪所有权与控制权两者的长久分离的态势"(Brooks,1987:205)。讽刺的是,完成这种转变的经理通常被财经媒体盛赞为"勇敢的冒险家",但事实上,他们只是花费了一点点自己已有的资本,用着借来的钱买下了公司,使公司陷入债务之中,再通过拆分出售还清债务,重新上市,就能套现数百万元。从本质上来说,这些管理者只是将原来属于企业其他利益相关者的财富转移到了股东的手中,他自己也是股东的一员,因此他们开创了以股东价值首要作为一个好的企业治理的目标和标准目标的先例。

所罗门兄弟(Salomon Brothers)的债券交易员、《说谎者的扑克牌》一书的作者迈克尔·刘易斯(Michael Lewis)将这一现象称作将"经理变为企业家"的尝试,他讽刺地说道,不像那些只会创造混乱的集团公司的"拙劣而又懒洋洋的经理",这些全新的企业家可"从不懒惰或犯傻"(Lewis,1991:66)。从更广泛的意义上来说,1980年代的收购运动彻底将高管的利益从作为社会实体的公司的运行与构成转向了为华尔街和大股东服务。比如,在1980年之前,首席执行官们的工资大约是普通工人的44倍——这已经足够展现公司内陡峭的层级结构了——但是到了1980年代,首席执行官们拿的薪水已经上涨到超过普通工人的400倍。过去,首席执行官的工资某种程度上是与组织内的工人们捆绑在一起的,并且和公司的利润也是成正比挂钩的，虽然有些含糊。但是现在，首席执行官的工资是与股票分红以及股票市场挂钩的，最明显的激励体现在股票和股票期权上，在一个短暂的等待期之后，首席执行官们可以立即出售或者"收获"他们的股票以及股票期权。从1980年到1994年，首席执行官的股票期权奖励的平均价值上升了682.5%（O'Sullivan，2000：196）。频繁交易的十年"改变了正当行为的定义，使美国企业能够挑出一小部分乐意在某种程度上成为金融利益表面上的仆人的人"（O'Sullivan，2000：196）。即使在企业盈利前景一片模糊、战略失败或者经济下行时，首席执行官们都能通过他们的黄金降落伞*和股票来规避责任，同时制造一个短期股价的上扬来创造套现的空间。

华尔街的投资银行还通过为收购专家创造和推广新的金融产品和技术来使得收购成为可能。这些技术是为了"筹集公司控制权转移的资金"，这需要"依靠关系网络的发展来驾驭不断增加的金融流动性压力"（O'Sullivan，2000：163）。最引人注目的新金融工具是垃圾债券和杠杆收购。杠杆收购是一个已经存在许久的金融工具，在集团公司的剥离中，私募股权公司KKR重拾这一金融工具；这一技术不久就被华尔街投资银

---

* 指高级管理人员从公司离职后可以获得丰厚的物质补偿，包括解雇费、股票、期权等，一般作为一种反恶意收购的策略，也泛指高管离职后的丰厚补偿。——译注

行借鉴并在全球范围内通过垃圾债券传播开来[21]。杠杆收购，被称为华尔街第一大骗局，"杠杆偷窃"一词最为典型和最能代表1980年代的收购行为；他们算是"在里根时代对金融文化最有特别贡献的现象了"（Lewis，1991：65）。在杠杆收购中，购买者用借来的钱购买公司的股票（用公司本身作为抵押物），然后剥离公司的资产和现金流来偿还债务。[22]

我的受访者指出，在收购的种种策略中，垃圾债券算是具有中心地位的金融创新了。从本质上来说，垃圾债券是高风险债券：他们给债券持有人（放款人）提供极高的回报率作为诱惑，但是另一方面，这些债券也非常危险，随时都有可能变得一文不值。潜在的企业蓄意收购者只需要支付非常少的费用，因为他们能够通过发行垃圾债券来筹措其余的资本。在垃圾债券的帮助下，1000万美元可以买到价值2亿美元的公司——这就是"杠杆收购"这一术语的意思，用1美元撬起了20美元。当然，这种事一般会引来一些疑问：谁会购买这样高风险的垃圾？谁会把钱借给自己只投入了百分之五的资金进行收购的买家呢？杠杆收购只有在市场上垃圾债券遍布、大型机构投资者力挺之下才有可能。一个传奇人物在此登上舞台，他就是沃顿商学院的毕业生、德崇证券（现已破产，不复存在）的前垃圾债券主管迈克尔·米尔肯[23]。"通过注资各种收购行为，米尔肯的垃圾债券就像是高能燃料一般，将整个杠杆收购市场从大众牌甲壳虫汽车转变为喷着浓烟高歌猛进的巨型改装车。"（Burrough and Helyar，1990：140）米尔肯为垃圾创造了一个市场。他使得垃圾债券"流动"起来，人们可以自由卖出，但这也意味着需要有足够愿意购买的买家，米尔肯在机构投资者中找到了买家，更不用说为保持垃圾债券的偿付能力，公司必须清偿这些债务。尽管为了付清自身的债务而清算一家企业这一行为被看作是有破坏性的，甚至令许多评论家和主流的企业组织感到反感，但这样的反对声音也没有起到什么作用，因为那些企业蓄意收购者和银行家能够将他们的行动与股东革命中必经的阵痛联系在一起。

美林银行的高收益债券专家威尔·霍华德对收购专家确保高收益这一过程作出了如下解释：

> 他们（私募股权公司）要做的是，用我们筹集的高收益债券（美林帮助他们发行的垃圾债券），自己投入一小部分的钱，收购一个公司，用该公司的现金流偿还债务……因此他们的收益，现在看还很小，但是会随着该公司偿还清债务之后逐渐增大。当他们把这个公司卖掉——比如说3年或5年之后……到那时，公司负债率显著降低，公司的股权价值显著升高，他们就能赚钱了，绝对是大赚一笔。

举个例子，经过几年的"周转时间"之后，KKR将该企业再次上市，在股票市场上回收他们的"投资"，这是什么意思？霍华德解释道，KKR对这家上市公司的首轮投资——也就是"私有化"——可能仅仅占该公司股权的很小一部分（比如市值5亿美元的企业的3%的股权，也就是1500万美元）；其余的部分通过杠杆收购的网络完成，即通过债务，其中多数是通过发行垃圾债券的形式。一旦KKR开始偿还各种放款人和债券持有人的债务时，根据公司会计和华尔街的规则来看，他们公司股票的价格就会相应地上升。比如，垃圾债券的持有人，并没有得到任何的股权；他们只是获得一个高利率回报，因此KKR偿还的债务越多，其股权的价值也就越大。接下来，在投行的帮助下，KKR可以通过在IPO发行新股的方式将"自己"的公司转售给公众。当该公司重新上市时，根据投行的计算，它能发行5000万股，每股15美元，总计就是7.5亿美元的一笔横财。如果按照这一假设的交易进行，KKR只花了1500万美元的资本就拥有了整个公司，创造了7.35亿的利润（扣除购买的花费），他们再将这部分利润分配给投资基金中的投资者。

1986年杠杆收购西夫韦（Safeway）就是一个"成功"的收购导致的结果与带来社会收益的典型例子。根据苏珊·法鲁迪（Susan Faludi）那篇获得普利策奖的调查，当时西夫韦的首席执行官，彼得·马高文（Peter Magowan）联手KKR以每股67.5美元的价格收购了该公司，"82%以上的股票在之前3个月内完成交易"（Faludi，1992：289）。他将杠杆收购合理化为一种抵御企业蓄意收购者赫伯特与罗伯特·哈夫特的一个方法。虽然马高文向员工保证"没有人会因此受到伤害"

或失去工作，但西夫韦还是裁了63000名员工和经理，"将在堪萨斯州、俄克拉荷马州、阿肯色州和犹他州的分部……悉数拍卖"，工资和福利严重下滑，工时和作业标准不断攀升，设备改造资金削减了50%（Faludi，1992：287、296）。为收购提供建议的投资银行获得了6500万美元的报酬，律师和会计师获得2500万美元。彼得·马高文和其他西夫韦高管"从股票中获益2800万美元"以及"以每股2美元的价格购买新西夫韦10%的股票的期权"。四年后，这些股票转售给"公众"时，每股12.125美元，总计超过1亿美元。五个KKR的合伙人，只投资了200万的自有资金，却"获得了西夫韦任何交易利润的20%作为回报"，估计约有2亿美元。最终，KKR以及他的投资团队除去约6000万美元的交易费用之外，获得了余下的大约7亿美元（Faludi，1992：285、289—290）。

在被收购的前一年，西夫韦发布的报告显示他们利润有创纪录的2.35亿美元；五年前，他们制定了改装商店的企业策略，"与员工生产团队一起不断探索"并通过自然减员和有限裁员来逐步淘汰利润低的部门。在这种情况下，与其他许多公司一样，没有证据表明他们缺乏全球竞争力、技术困境或者盈利困难，但是"对陷入疯狂收购的华尔街来说这些企业全都远未达标，实际上，没有一家公司能够逃过企业蓄意收购者的掠夺行为"（Faludi，1992：288—289）。面对31亿美元的巨大债务和每年4亿美元的利息支付，KKR和马高文不仅拆分了西夫韦的基础设备（这一行为对该企业的"相关产业"产生了连锁效应),而且打散了企业的经营之道、核心价值以及优先事项。而且,乔治·罗伯特,KKR公司的"R",宣称自俄勒冈州的公共雇员退休基金注资到KKR收购西夫韦的投资基金后,"广大群众"受益匪浅。他认为通过杠杆收购买下西夫韦是合情合理的,因为西夫韦的雇员们终于能够在全球的竞争中担当起责任了。这样的情境直截了当地表明了一个层级间冲突的价值观,以及为了在美国企业中创造一个巨大的财富转移的股东价值的战略目标。西夫韦公司的"第一家店铺是一位想帮助教区居民省钱的牧师开的",现在公司以及公司长久以来的座右铭"西夫韦为生活提供保障"将要被重新定义。现在,"在新公司总部的大厅上挂着一块匾,上面写道'我们紧盯着当期的投资回报率'"(Faludi,1992:287—288)。

杠杆收购也常常用来收购那些以前被认为"大(或稳定)到难以收购"的公司。今天,无论你的规模和历史如何,没有一个公司是安全的。在1960年代,许多公司被认为是太大以至于无法买入或卖出。因为大多数人甚至是机构都不能或不愿意出数以百万计的自有资金来全部买下这类公司的股票,价值数十亿美元的公司不会(甚至都难以想象)成为收购的目标。就像曾经被认为是对这种杠杆收购策略免疫的雷诺兹·纳贝斯克(RJR Nabisco),最终也在1989年被KKR以314亿美元这一历史上最大的收购标价获得。即使买家愿意贷款,这笔贷款的风险也过大,抵押品的价值也过高了。因此像这样的收购行为不仅不可能没有垃圾债券参与其中,而且因为企业作为长久的社会机构这一认知根深蒂固，这种收购也是文化上无法想象的。

杠杆收购制造了这样一个充满恐慌的环境，在对收购行为的预期中企业开始重组自己，希望提高自己的股价，使自己在企业蓄意收购者的重组法则前表现得不那么脆弱不堪。股东价值的拥护者们称赞杠杆收购带来的雪崩效应，认为它是对市场规则的有益推进。到了1980年代中期，我们可以看到福柯提出的"权力的毛细血管"（capillaries of power）这一概念的实例：美国各处的企业纷纷自我重组，好像这是他们自己的选择或是主动改进自己来为股东着想一样。当华尔街的股票市场在企业的背后一直监视着他们时，杠杆收购的威胁也就不再必要了（Foucault，1980）。

收购的主要理由是增加股票的价格，还有一些其他的理由比如换掉自大的经理人、重新统一所有权与管理权，以及1980年代十分流行的说法，通过锻炼来"削减脂肪"，整肃劳工的纪律以及随偿还债务的负担而来的开支效率（的提升）。根据华尔街的说法，这样的一个过程最终能使美国企业为全球竞争做好准备。就像我的一个受访者所说，"垃圾债券和杠杆收购使得公司运作得——吝啬而精简。因为他们必须支付利息，必须削减身上所有的累赘。这一过程很严酷。但是从长远来看，这很棒"。当我问信孚银行的另一位高收益债券的副总裁克里斯汀·张怎么看收购中通过债务来创造效率的争论时，她回答说她认为杠杆收购"创造了效率"：

因为一家经过了杠杆收购的公司有许多过去没有的费用开支,比如说利息费用以及其他债务,它使得你必须削减一大部分冗余的员工……有许多公司削减了他们公司的商务飞机、高尔夫俱乐部会员会费,以及一些大额的开支,还有许多没有意义的花费,在巨大的债务面前,你必须摆脱上述所有的开支。有时这些债务也只需要你相比过去做出一些精简就行……我认为今天经济体之所以能够如此地强大和充满活力,正是因为美国企业许多多余的开支被削减了。

"通过债务约束商业行为"的概念逐渐传播开来,在1980年代被商界广泛接受。在这一话语体系下隐藏的是,这一债务是一种财富转移的机制,通过这一机制,企业的财富从过去与公司息息相关的多个利益主体转移到了少量的所有人手中。虽然张提及了不务正业的高尔夫俱乐部会员资格的取消,但大部分的削减实际上是在工作岗位、研发经费和基础设施上。由于资产的出售不可避免地降低了生产率和盈利能力,无数的杠杆收购最终在债务的重压下崩溃也就毫不奇怪了。股权所有者能做的,只是一次次的惊险的套现(如果够快的话),不是重新设计企业的生产,而是拆除先前积累的财富与基础设施,并着手新的、超剥削劳动实践(hyperexploitive labor practices)。被收购公司的股价通常在中期开始大幅下滑;因而对于想要套现的收购专家们来说,把握时机是最重要的。

尽管企业中的元老们受制于自己的层级结构,既没有令人信服的可替代股东价值的观点,也没有行之有效的道德立场,收购运动也不是没有遇到任何阻力的。或许没有比《美国伦理》这部纪录片中提及的 1987 年哥伦比亚大学法学院模拟的公司收购更好的例子来说明华尔街的价值观及其与美国企业的冲突了。该模拟讨论对假想的针对被称为"桃树"的 X 公司的收购问题,人们被分为两组(平均且有效率的),一组是拥护股东价值的企业蓄意收购者和投行家,相对应的另一组是想方设法保护相关利益群体的公司首席执行官和政府官员。有趣的是,企业蓄意收购者和投行家们愿意参与到这样一个公众事件中来,有显著的迹象表明,针对收购运动的道德感与社会福利的辩论是具有重要意义且根植在信仰之中的,它并不总仅仅是修辞粉饰。

有点讽刺的是,本次论坛的两个核心人物詹姆斯·戈德史密斯爵士,一位英国的企业蓄意收购者,在这次模拟中本色出演,以及罗伯特·E·默瑟(Robert E.Mercer),现实生活中他是固特异轮胎橡胶公司(Goodyear Tire and Rubber)的首席执行官,在本次模拟中扮演桃树公司的首席执行官。他们俩(现实中)一年前刚刚经历了一场旷日持久的斗争,戈德史密斯曾试图收购固特异。这一恐怖经历让那些"目睹华尔街像释放瘟疫一般将权力日渐膨胀的杠杆收购买家释放到市场上"的固特异的高管,将杠杆收购称为"在地狱中由恶魔想出来的想法"(Burrough and Helyar, 1990：141)。默瑟认为,从戈德史密斯的交易历史来看,这次的收购一旦成功,就意味着将瓦解这家虚构的桃树公司并且摧毁许多工作岗位,默瑟在固特异公司收购过程中,已经以公司的长期发展生存和相关利益群体的利益为名进行过了抵制——但是抵制的方式也不外乎采取一些类似的重组,将公司置入债务之中以及削减研究和发展经费。

在这次仿真实验中,默瑟和戈德史密斯与詹姆斯·贝尔(James Bare)和T·布恩·皮肯斯(T.Boone Pickens)一起展开对抗,詹姆斯·贝尔是博格华纳(Borg-Warner)的董事长兼首席执行官,他扮演的也是桃树公司的高管,T·布恩·皮肯斯在现实生活中也是一个蓄意收购者,像戈德史密斯一样扮演自己的老本行。当时的情况是,皮肯斯和戈德史密斯已经开始积累桃树公司的股票,对收购该公司表示了兴趣,并且宣布了自己的意图:他们准备以每股30美元的价格买入该公司。此时,桃树公司的股票还只有20美元,在谈判过程中,完全不同的两种价值观在旗帜鲜明地碰撞。

首先,戈德史密斯辩称他们的收购是为了解决1960年代的"地位稳固"的经理人造成的"僵化"的结构和"无效率"的集团化。"让市场来解除公司的束缚,并且……通过市场行为来消除错误的结构,"他声称,"给公司里的每一部门以自由,这样他们就能成为一个独立的公司,并且同时也可以盈利。"收购者们"清除"了数十年来管理者们的效率低下,给予了企业一个全新的开始和战斗的机会。"这煽动家，"他说道，"他们会和你说他们的经营是为了所有的利益相关者，是为了供应商、社区、雇员和其他人着想。这绝对不是真的，如果这是真的，那也是个错误。"他谴责那些"空想社会改良家"的经理把自利和自满隐藏在利他主义的背后，这不仅"没有意义"而且造成了企业的臃肿以及没有竞争力。戈德史密斯从未听说有"管理良好的企业被强制收购的"，尽管有些公司"由于害怕被收购而变得更好……但是一旦你把恐惧抽走，他们将会每况愈下"。他的主要目标是"让管理层与资本主义联姻"，这样的联盟是"最能激发一个经济体的生命力的"。

默瑟通过质询蓄意收购者对公司的"计划"来回应他们：他们的意图是什么，他们准备如何在战略上运作并塑造公司，他们的长期目标是什么？皮肯斯简单地回答道："我们的计划就是用30美元的价格购买你的股东手里现在只卖20美元的股票……你只要知道我们会运作这个公司，并且我们要为此出高价。你们从没能得到……高达每股30美元的价格。"之后再次清楚地询问皮肯斯他的计划是什么，皮肯斯还是回答他们的计划是增加股票价格，默瑟指出这样的答案仍然不能算是一个计划："这是个一次性交易，我们通过股票飙升来套现，而不是经营这家将来或许能成功的公司。"这句话引起许多人的回应，许多参与仿真模拟的人认为正是因为企业的主要责任是最大化股东价值，仅支付30美元这项就已经履行完了它的职责。默瑟，同历史上许多在股东价值这点上和其他利益相关者之间周旋的企业经理人一样，挑战了这些股东价值的"捍卫者"：

> 当我们继续讨论股东价值这个问题时，这些绅士真正讨论的是价格，因为价值是价格和质量，并且质量是一个长期的问题，然而我们在这只能讨论短期的问题。如果你坐在显示器前，看到你有受托责任的公司股价飙升，你就立刻把股票卖出了……现今的规则是董事必须对股东利益负责。在这个利益面前，我认为我们必须要有一个计划，能够让公司生存，变得更有竞争力，有更多的岗位并且在一段时间内能够真正提升公司的价值，而不仅仅是在一时的股票价格上。

虽然默瑟切中要害地指出了他们（收购者）逻辑的内在矛盾——如果公司没有很强的生产力，股东价值是无法维持的，股票价格应该衡量的是公司长期的"质量"和表现——但是他的观点在认同即刻行使股东权利的话语中被忽视了。即使这些股东中很大一部分是那些专业投资者，他们"持有非常大的短期头寸，希望通过目前的市场价格和并购的交易价格间的价差来赚取利润"（就像同样在仿真模拟中扮演现实生活中的角色的沃伦·巴菲特指出的那样），他们不断推高桃树公司的估价，这是他们现有的管理层"无法"做到的。在仿真模拟最后的陈述中，詹姆斯·贝尔首先总结了已被取代的管理层的观点："我认为你们给了桃树公司的首席执行官一个巨大的两难困境……我接受的教育中，企业是现今这个社会的客人，为社会以合理的成本提供有品质的商品。我们从没有被教育要对金融市场这类的东西做出反应。我们试着努力寻找长期利益和短期利益的平衡点；我们也会努力对我们的共同体保持敏感，因为我们由衷地相信，对我们的共同体的需求做出回应会进一步优化我们的利润。"但是，他泄气地总结道，"事实上，我们必须寻求改变"，因为"华尔街告诉我们，短期的投资者与交易员盛行，因此，对这一现象做出反应是我的责任"。

由于 1980 年代收购运动所带来的创伤性的社会经济错位，社会以及政治力量对其的抵制更进了一步。甚至主流媒体也对大量的内幕交易丑闻、操控股票市场、企业收购中的"人力损失"持批评严厉态度，许多作家明确地将华尔街的各种活动和精英特权认为是人类痛苦的原因。政府官员和律师揭露了金融历史上最大的内幕交易网：迈克尔·米尔肯、伊凡·博斯基（Ivan Boesky）、马丁·西格尔（Martin Siegel）以及丹尼斯·利文（Dannis Levine）。作为垃圾债券丑闻领头羊的华尔街投行们，比如德崇证券以及基德皮博迪公司（Kidder Peabody），都纷纷破产或严重受损。普利策奖得主，《贼巢》一书的作者詹姆斯·斯图尔特（James Stewart）写道，1980 年代华尔街典型的涉及犯罪的"阴谋活动"不能简单地被说成是"个人的非法所得"（Stewart，1992：21）。作为更大的图景的犯罪一定要将整个国家的金融市场包含在内，因为这个市场完全"从里面就坏掉了"（Stewart，1992：22）。

个人股东也做出了反抗。1990 年，布瑞恩·巴罗（Bryan Burrough）和约翰·赫利亚尔（John Helyar）讲述了 KKR 通过杠杆收购买下了在当时是并购史上最大的公司的故事。这笔交易被看作是雷诺兹·纳贝斯克股东的胜利，因为为了将如此巨大的公司收购下来，KKR 的出价不得不高于其他两个收购者，以至于雷诺兹的股价在一年内翻了一倍多。"然而，雷诺斯股东最为聚集的城市——北卡罗来纳州的温斯顿 - 塞勒姆（Winston-Salem）——并没有多少人为涌入城市的资金而感谢他们的首席执行官约翰逊。二月底时接近 20 亿美元的支票汇入了上述城市。而现在，温斯顿 - 塞勒姆比以往任何时候都有更多不情愿成为百万富翁的富翁。当地的股票经纪人和银行家的客户打来的电话也往往是烦躁不安的。'我不会卖掉我的股票的，'一个人一边抽泣一边说道，'我爸说了不能出售雷诺兹的股票。'当他们被耐心地解释他们不得不卖出股票，并被告知世界早已变了样了时……'你必须明白，'奈比·阿姆菲尔德（一位当地居民）说道，'雷诺兹不是一张股票，而是一个宗教'。"（Burrough and Helyar, 1990：507）个人股东并不是像华尔街对股票的理解和态度那样，通过预期和计算来决定是否参与其中。而且，尽管这些曾经的雷诺兹拥有者收到了寄来的支票，他们同时也失去了他们的工作。但是由于 1988 年到 1993 年间人们反对如潮，华尔街开始发起了一个应对运动重新定义并购，并将其融入企业的主流实践中去。

股东价值的"再生"

阿尔弗雷德·拉巴波特（Alfred Rappaport）是商学院的教授，也是《创造股东价值：商业表现中的新标准》这本经典的指导性商业手册的作者，他向我们生动地描述了华尔街收购运动的世界观，并介绍了历史上股东价值最大化的方法。拉巴波特认为蓄意收购者、私募股本公司和投资银行是"股东的保卫者"，并盛赞他们的"双线作战"："第一条线是，他们不断地寻找管理不善的公司，这些公司一旦积极进取地转变战略方向他们的股票价值就会显著提高。第二条线是，他们找出那些价值被低估的资产，这些资产可以通过调配来促进股票价值的升高。因此，许多高管有了一个新的且有强制力的理由去关注他们公司的股票价格。"（Rappaport，1986：3—5）那到底这些能够在战略方向上增加股票价格的变化是什么呢？首先要做的事情是对公司的股票进行要约收购（以特定的价格买入股票的收购要约），这是一个产生恐惧和使公司的控制权从那些不重视股票价格的人手中转移到那些重视的人手中的一种方法，这些蓄意收购者通常以溢价——即高于当前的市场价格——将股票从股东那买走并且在股东价值的世界观看来，这种溢价交易在该时间点上"提高了价值"，也就是说，是值得做的。除了股东之外，将资源分配给其他公司的相关人员被认为是"浪费钱财"的，同样地，这些公司也是"疏于管理的"。从这个意义上来说，公司卖了之后是被拆分了、裁员了，还是长期来看表现下滑了都没有关系。说完那些可能增加股票价格的实践安排后，拉巴波特又展现了只关心股价这一行为是如何创造了一个充分流动的环境以及对流动的理解的：也就是说，关键不在于是否存在一个为了提高股价，企业就一定要遵循的明确"做法"，而在于为了快速提高股价，整个企业（无论是企业中的养老问题还是岗位问题）都应该可转换、交易和出售。整个组织都处在潜在的清算之中，因此作为一个流动与转换场所的企业的不稳定也就无需令人惊讶了。企业的生产能力只能再分配给了股东，并在长期没有后续补充的情况下消耗殆尽。

拉巴波特将最适宜被清算的企业资产分为两类，一类是"现金过剩"，一类是"养老基金超额积蓄"（Rappaport，1986：10）。"超额积蓄"这一概念值得进一步研究。当企业的资产拆分出售将有比现今股票市场价值更高的价格时，企业最容易成为收购者的目标。事实上，杠杆收购的主要目标之一是"以低于其价值的价格将公司从股东手中买来，并在市场上以公允的价格卖掉，将其间的差价收入囊中"（Lewis，1991：77）。这些卖到市场上可以赚钱并不表示这家公司盈利能力差和业绩不佳，只是意味着其股票是被"低估"的。换句话说，"理想"的收购目标是在多数情况下有丰富的现金流且表现良好的公司，有着充裕养老金和"过多"的现金的富有公司！这不正意味着这些潜在的收购目标从其他与华尔街世界观相悖的各方面衡量指标来看都是"健康"的吗？这些毁灭性的，看起来十分奇怪的实践的理由基于金融世界对股东价值的特殊解释、对股东长期受压迫的叙事以及接下来我将谈到的投行的制度文化之中。如果不寻找为股东"创造"更多价值的方法,则会造成拉巴波特所说的"对股东极残酷的剥削"(Rappaport,1986:8)。类似地,商学院教授以及股东价值的倡导者贝克和史密斯也对1980年代的收购浪潮给予了高度评价,他们称该浪潮是一场战略性地使用市场来"对管理层的控制提出挑战"的运动,不仅将资本主义重新带回市场,还推翻了管理层的统治,金融资本主义得到"重生"并到达其在美国商业应有的主导地位(Baker and Smith,1998:20)。[24] 拉巴波特得意地指出,1990年代,"股东价值的最大化"在当时"被公司董事会成员和高管们看作是'政治正确'的立场……如同其他的"好主意"一样,股东价值已经从原来的被忽视被拒斥变成了不言而喻的事情了"(Rappaport,1998:2—3)。

因而,股东价值的一种特定模型变得显而易见。股东价值作为一种任务导向的思想,克服了过去错误的资本分配方式,成为利润和个人财产两者结合的神圣化身。任何宣称企业是一个长久的社会机构且应该将利润分给诸如从雇员到社区的各种"利益相关者"的企图,都构成了对神圣不可侵犯的股东权利的攻击。股东就是公司,这里没有留下任何空间让雇员挑战裁员或股票价格的主导地位,因为任何其他相关者都没有被写入公司这一狭隘的定义中。这个定义预设了一种对于股价的排他性的关注,这种关注的目的在于增加"(公司)所有者"的财富,不论谁会因此遭受不利影响,这种关注都必定是正当的。

深入研究股东价值的文化内涵之后,我发现从民族志的角度来看,金融世界中特定的价值观、道德以及文化与他们所冲击的共同体一样鲜活可感。理论上来说,金融主导的资本主义是一个集合,包括了由外在抽象的市场过程以及需要被重新界定的逻辑衍生的复杂的地方性文化价值。与其在处理这些假设时接受"市场"作为一个讨巧的假定,剖析"市场"所代表的特定的、权变的文化意涵以及意识形态才是至关重要的,这样才能理解在对"金融市场收购"这种时刻进行分析时,将其作为权力斗争要比作为多样的、层级的价值和实践更好。正如乔万尼·阿瑞吉在《漫长的二十世纪》中写到的,"金融资本不是世界资本主义的一个特定状态,更不是其发展的最新和最高阶段。相反,它是一种周期现象,从中世纪晚期到近现代的欧洲的资本主义时代都有它的烙印。纵观资本主义时代,金融扩张标志着整个世界范围内的积累从一种体制向另一种体制转变。他们是对旧的体制进行摧毁同时建立起一个'新'的体制的过程中必要的组成部分。"(Arrighi,1996:ix—x)虽然我认为阿瑞吉的金融资本扩张的周期性假设要置于特定的历史和地方的情境之中,但是我同意他关于金融化加速的资本实践必须被理解为一个新的文化价值和规范的体制的情境和信号的观点。也许正是在这一时刻变化着的时代,人类学家才有更多的机会同时进入那些新生的价值观和那些正被瓦解的陈旧价值。为了从理论上阐明1970年代开始的转变——多个领域的学者都认同美国的社会经济在这个时代发生了巨大转变——我按照常规引用了一些人类学家以及其他许多社会科学家的研究，他们指出全球化、技术的变迁、信息处理的发展以及从福特制转向更加灵活的生产积累体制等各方面的转变。我没有预想到的是，华尔街和许多经济学家分别通过完全不同的叙事方式来阐述这一巨变，即股东价值革命。

一方面，人类学家几乎忽略了股东价值这一强大的解释工具，另一方面，金融机构和经济学家们也逐渐使得股东价值这一概念脱离语境、兼收并蓄和全球化。因而，一个历史性的和地方性的对股东价值的理解，对理解资本主义中的巨变，以及自 20 世纪中叶以来企业价值观与主流经济学的假定在多大程度上发生了改变来说至关重要。比如，战后时期，尽管社会中存在不平等，但是人们在经济与社会的发展中假定涨潮会将所有的船都浮起（Dudley，1994）。在繁荣时期，人们认为大多数美国人都能一切顺利，而在萧条时期，大多数美国人遭遇危机，但是企业、政府和官僚机构的支持为危机提供了缓冲带。到了 1990 年代，如前所示，在一段历史性的繁荣年代，美国的工人遭受了大规模的裁员；事实上，这一"经济体"发展得越好（按照主要的经济指标，比如股票价格来计算），很多人的生活会越糟（按照工资、裁员数、生活水平和各种福利来计算）。社会科学家们已经在仔细琢磨着这一看似矛盾的"失业型复苏"（jobless recovery），但我认为，如果社会科学家还在试图用二战后的术语和假设来解释今天的经济与社会，那么失业型复苏这一概念只能一直处在困局中（Aronowitz and

DiFazio，1994）。换句话说，如果最理想的是股东价值而非福利资本主义，那么失业型复苏就非常合理，因为企业健康及成功的关键和标尺是股价，而不是就业岗位。

股东价值的崩溃

然而，股东价值到底实现了没有这一问题还不明确。尽管我的受访者对收购运动表示了敬意并且接纳他们实现股东价值的使命，但是不仅他们的文化实践是矛盾的，他们也在所信仰的股东价值和实际发生的事情之间存在鸿沟和不一致这一现实中挣扎着。虽然很明显，他们并不是简单地像服从意识形态的命令一般顺从股东价值（其他文化和结构性的力量在影响着他们），但是我也不至于认为整体上我的受访者们已经意识到了股东价值所有的内在矛盾，他们通常只是简单且小心翼翼地将他们的企业客户引向摧毁股东价值的方向，并在表面上开一些空头支票。在这一节，我将列举在我田野工作内外遇到的各种与股东价值自相矛盾的事情。

在我的研究中，一方面，我可以听到几乎坚定不移地拥护股东价值的声音，另一方面，不断有例子使我发现，一些公司由于和华尔街的不断"接触"（比如通过并购和剥离）而从长期来看股票价格下降了[25]。比如在1998年的5月和6月，那是我田野工作的第一年，在我刚刚被信孚银行裁员之后，华尔街都在纷纷议论着戴姆勒-奔驰与克莱斯勒公司合并的初次公告。我的受访者简直兴奋极了：这不仅仅是因为传奇的德国汽车公司和美国"三大"汽车公司之一的"国际性的"强强联手,还因为这笔被誉为最复杂之一(由于大西洋彼岸的法律、企业和劳工的规定与框架不尽相同)的交易的完成。他们无比乐观地预测将会出现很多的跨境交易,并且在未来几年会出现一个前所未有的创新并购高潮。特别是,我的受访者对高盛潜在的横财感到了惊讶和羡慕,高盛为戴姆勒-奔驰提供并购建议,克莱斯勒那一边则是瑞士信贷第一波士顿,两家投行促成了这笔交易,并且在这笔交易一结束就能收获到丰硕的果实了。在这笔 430 亿美元的交易中,两家投行估计一共能获得总计 8 千万到 1 亿的报酬(Haar,1998;Holson,1998)。金融媒体将这次的交易称为"天堂中的联姻",并称这笔交易将导致"每年的成本节省和收入总计增加至少 3 亿美元",而且可以以全新的戴姆勒-克莱斯勒这一"协同体"进入市场,实现规模经济并节省巨额的成本。尤尔根·施伦普是原戴姆勒的首席执行官,并接任合并后公司的首席执行官,他宣称,"我们有规模,有利润并且有能力雇佣所有人……我们的效率和我们的盈利意识将使我们成为世界上最赚钱的汽车公司。"(Lipin and Mitchener,1998)戴姆勒-奔驰公司的股价不仅超过 100 美元,而且数倍于其每股收益,有能力轻松购买克莱斯勒,克莱斯勒的股价在 50 美元处徘徊,市盈率也较低。如果按照年来看,1998 年是华尔街并购交易情况最好的一年。著名投资银行的交易类杂志《机构交易商文摘》将投行家们梦寐以求的"年度交易"奖授予了戴姆勒-克莱斯勒这笔并购,高盛由于在全球范围内"经手了所有并购业务的40%"和"促成了9600亿美元的并购交易"而赢得了"年度最佳银行"的称号。(*PR Newswire*, 1998; *Business Wire*, 1999; W.Lewis, 1999)

不到两年之后,强强联手的戴姆勒-克莱斯勒宣布了一个"噩梦"般的计划(Ball, White and Miller, 2000)。考虑到我的受访者对之前大量的交易所能达成的股东价值有着绝对的信任,我对这一噩梦的灾难程度感到困惑,不知道如何理解。(有趣的是,财经记者早已见多了合并的破裂,对这一消息并不惊讶:他们迅速将戴姆勒-克莱斯勒的合并冠以"名门联姻"的称号,意味着像大多数强强联手一样,股东价值将会被他们"抛弃"(Leach, 2001)。这次合并的最终结果无论从哪个指标来说,都算是"彻底搞砸了":2000年的第三季度,戴姆勒-克莱斯勒的收入下降了92%,克莱斯勒分部亏损了5.12亿美元,该公司市值(股价乘以流通的股票数量)只有430亿美元,比合并前的戴姆勒-奔驰的市值还要低(Ball, White and Miller, 2000)。接下来的一年,该公司的股价已经从108美元降至45美元每股,克莱斯勒分部每季度大约亏损10亿美元(Ball, 2001)。但是,为了能够达到股东价值的衡量标准(该公司从并购交易结束前的1998年11月就开始一路下滑),戴姆勒-克莱斯勒几乎在并购一确定就立即开始裁减员工和高管,因为德国和美国的管理层无法整合起来。到了2001年,该公司宣布将裁员26000多名员工,"关闭六个闲置的工厂",并且将"非核心"的资产卖掉。2000过后的头六年,戴姆勒-克莱斯勒经历了亏损、动荡、裁员,关停一些车间与分公司,但危机从未停歇,到了2007年,其最大的股东要求公司将"克莱斯勒"一词从公司名字中抹去,重新改为戴姆勒-奔驰股份公司,并且在J·P·摩根的协助下将克莱斯勒出售(Bloomberg,AP and Stuff Reports,2007;Cimilluca and Walker,2007;Milne,2007)。讽刺的是,2007年,最早建议戴姆勒-奔驰收购克莱斯勒的高盛,又转而建议一家私人股份公司,即博龙资产管理有限公司(Cerberus Capital Management)以74亿美元从戴姆勒-克莱斯勒手里收购克莱斯勒。据《华尔街日报》的报道,戴姆勒-克莱斯勒的拆分是华尔街投行的"第二个发薪日",投行们不仅在撮合合并时赚了一笔,又在撮合拆分时赚了一笔,两头都赚了个盆满钵满(Cimilluca and Walker,2007)。至于我的受访者,尽管他承认戴姆勒-克莱斯勒的失败,这已经成为了一个笑话(有人戏称这证明高端企业和低端企业不能在一起),但是他们仍然继续追求、建议和倡导企业的并购和大量企业的重组,将其作为了股东价值服务的战略。

无论是根据短期还是长期的衡量指标来看,实际上投行在多数交易中都是**无法**践行股东价值的。那些股东价值经济利益的倡导者们,不仅要面对长期来看下滑的股票价格,而且还要面对企业在其他方面不断退步的表现。1980年代所产生的后果是,债务的纪律变成违约的惩罚,因为许多公司不仅无法继续支付垃圾债券的费用,而且投入到这些收购中的债务对新的生产设备和提高"效率"来说没有任何作用,而仅仅是"将其他企业中的利益相关者的现金流给转移出来了而已"(O'Sullivan,2000:169)。奥沙利文根据十年的数据分析得出了关于1980年代收购运动的鲜明结论:股东价值理论"明显是缺乏明确的证据支持的";股东价值对企业的效率和雇员的生产能力毫无益处;并且股东的财富作为衡量"企业代理人表现"的充分指标这一核心假设也是错误的(O'Sullivan,2000:167、169)。自从股东价值的倡导者开始倾向于依照以下假定行事时,即衡量"价值创造"最佳的方法是着眼于股东的财富,他们就不再关心诸如创新的问题了,或者这是看待价值的狭隘视角带来的结果(O'Sullivan 2000, 174)。许多商学和管理学的学者已经展现了被收购后的企业通常收益和盈利能力均有下滑这一事实(Ravenscraft and Scherer, 1987;O'Sullivan,2000)。令人唏嘘的是,股东价值所宣扬的效率和社会公益最终在它的主张下纷纷崩溃。对于1980年代并购潮及其破灭所带来的后果的结论在1990年代依旧适用。解读股东价值,必须看到其作为一种政治策略,试图独占企业控制权和倡导只需要很短的时间"金融利益就可以获得高额回报"的观点。股东价值的逻辑强加的各种实践,"伤害了那些缺乏保护措施的群体,比如像工人、供应商和原有的共同体"(O'Sullivan,2000:172)。[26]

"我们可以天马行空地想"：股东价值叙事中的效率问题

问题来了，我的受访者们是如何解释现实世界中意在达成股东价值的战略却失败了呢？当被问及这一问题时，一些人能够作出如教材上新古典主义经济学的回应，说出企业重组、股东价值和效率之间的明确联系，虽然我马上意识到，这种循环论证的逻辑只有少部分的银行家了解。帝杰并购部的助理投行家杰森·珂这样回答道：

> 珂：假设你拥有一个大型集团公司。如果公司单独部分的价值大于整体，那么可以说，最好将公司拆分了，因为如果我是股东，这就意味着我能从我的投资中得到更多的经济价值，我还能将多余的部分投到其他地方来创造就业。如果我是一个员工，那么或许短时间内有一些经济的混乱，但是长期来看，会有一个更高的就业率，因为到了最后，最有效的和最有必要的行业会生存下来。经营最好的企业会生存下来。
>
> 何：所以，你的意思是说，即使企业重组这一方法依旧是有效的，一开始会裁掉一些岗位并产生混乱，但这将为股东创造更多的价值，最终因为你创造了更多的股东价值，从长期来看，对经济体更好。
>
> 珂：正是这样。

珂通过效率的逻辑、长期经济价值和对更好的总体经济的展望，将股东价值主导的裁员说得合情合理。在为重组和企业因预期的收益而拆分这些行为辩解时，珂不仅忽视了工人因裁员而受到的创伤，而且将注意力转移到企业重组可能可以颠覆原来（所想象的）那种"最好"、"最有效率"以及"最为必要"的模糊的企业前景描述和评论上。他不仅假设股东价值是企业解体最为充足的理由，而且假设股价主导的裁员一定会带来利润、工作、生产力和效率。因此，拆卖资产被解读为是为了社会福利，为了"修复"过去无效率的企业。

信孚银行高收益债券的副总裁克里斯汀·张和朱莉·库伯也有类似的观点，认为将企业重组和裁员看作提高效率是合情合理的。当我问张关于华尔街在企业重组中所扮演的角色时，她回答道："嗯，应该是使得经济体更加有效率的角色吧。不管怎么说这都是好的，因为你将一部分人带出了没有前途的工作，迫使他们寻找一个蒸蒸日上的行业。但是我确信，如果你处在被带出来的这一方，生活会困难许多。"当我让朱莉·库伯谈谈她对华尔街之于美国企业的影响时，她说道，"很显然，华尔街已经帮助美国赚到了钱，并且华尔街也从美国企业身上赚到了很多钱。"在她看来，股东价值的支配地位"迫使企业更加清楚他们在做什么以及他们的所作所为是怎样被认识的"。"企业重组，"她断言道，"是由效率驱动的……因为你能从效率中得到回报。如果你越有效率，你的股票就能以更高的市盈率交易，因此你能赚取你便宜买入时的差价。"对于张和库伯来说,"效率"理所当然应该是用来解释为什么重组导致了更高的股价:每当股东价值以及重组被提及,效率一词也会一同出现。

然而,我的大多数访谈介于珂教科书式的自信与承认一些问题的犹疑之间,但是这并不足以支持一个对股东价值、裁员以及效率叙事的强有力挑战。帝杰的投行家约瑟·蔡同我就效率的常见观点展开讨论,他认为,虽然必须承认投行家"传达"的想法和行动有时伤害到企业,但是投行还是给美国企业带来了效率:

> 我的确意识到了投资银行的弊病。垃圾债券流行的阶段,我们利用杠杆作用来使得杠杆收购的公司和基金的回报上升。做这件事情是要花一些成本,但是这笔交易背后的想法是……效率,对于投资者的效率。最基本地说来,你要为投资者努力得到最高回报,但是这其中也有社会成本。如果你杠杆收购了一家大公司,并且该公司无法履行它的社会义务,那么它将裁掉许多工人,这就是社会成本,但是至少你会想,你缔造了一个有效率的资本结构,公司能够生存下去,而那些整天混日子的公司,最终必将破产。

虽然蔡一度承认投行践行股东价值的"成本"会危害到企业本身以及社会,但是他很快将注意力从华尔街转移到了基于

第三章 华尔街的历史叙事与股东价值革命

市场的"适者生存"法则上去,这引发了我进一步的问询:

何:那么,您觉得华尔街的社会影响有哪些?

蔡:你指的是经济上的还是道德上的?

何:都包括。

蔡:经济上的影响,我想应该是华尔街创造了更多的效率。我这么说,一定很像那些老是说着效率的废话的经济学家吧?

何:你觉得这些"废话"如何呢?你觉得那是对的吗?

蔡:是的,我觉得的确是这样,但是我读的金融学教材似乎有点多,脑子里充满了各种各样的学说。我希望是创造了效率,并且使得大家都能生活得更好。

何:那你有找到一些反例吗?比如在某种程度上,带来的是成本和混乱?

蔡:这只是短期的混乱,但是**但愿他们只是短期的混乱**。

何:好吧,你刚才说到了道德,关于道德成本你有什么要说的吗?

蔡:我不准备回答这个问题。我的意思是,现在都是盈利驱动的;每件事都与股东价值有关,**而你却想知道社会责任是否起到什么作用**。

何:你认为股东价值是一件好事吗?或者您觉得……

蔡:按照分配资本的方式来看的话,我觉得这是一件好事情。我的意思是，我**希望**能将资本用在最有价值的地方，在分配上也能物尽其用……但是从社会或社区的角度来看的话，我敢肯定这就是另外一种考虑方式了。宝洁（Procter and Gamble）捐了很多钱给慈善机构。我确信这并不能提高股东价值，但是这是他们应该要做的。

何：你觉得着眼于股东价值是否会损害共同体的利益呢？

蔡：我认为确实会这样。但如果你的目标是作为一个负责任的共同体成员的话，两者之间肯定有不同，如果你的目标是保证你的车间正常运转来创造工作岗位的话……这和股东价值的思路是两码事。

何：你觉得企业应该沿着现今这条路继续前行还是需要换一种思考方式呢？

蔡：可能我是一个乐观主义者，我希望每个方面都能齐头并进，即如果你在强调股东价值的同时，每个人都能从中受益，而且有更多的资金投入到市民的工作岗位或者慈善机构中去，这是一个双赢的结果。

何：是的，这样的话注意力就会引向其他事情了吧？

蔡：是这样的，每个人都会变得更好，这正是我的偶像里根提出的"涓滴理论"。（文中加粗部分为我的强调）

我的受访者们并不准备承认股东价值的实践是如何按照自己的方式崩溃的，他们转而将注意力集中在了股东价值和"共同体"利益之间的整体冲突之上。然而,这看上去像是几乎承认了股东价值制造了社会的混乱,他们提倡恢复股东价值,并不是基于股东价值的实际影响,而是基于"金融教科书"以及新古典主义经济学的经济理论,或者说是基于希望、乐观和信心。从我和蔡的交谈可以看出,股东价值并不总是能毫无瑕疵地将其看作是社会公益;甚至是那些自称是该观点拥护者的人也常常感到其中的断裂与差距。同时,这次谈话也证明了股东价值对其与"共同体"之间冲突和分离的吞并与重新定义,以至于他们成了一回事。

美林银行风险管理的副总裁爱德华·兰多夫对社会成本的见解与蔡十分相似,但是对效率有着更多的批评。当我和他在探讨一个关于企业重组和股东价值之间关系的问题时,他欣然承认,华尔街驱动的裁员"从社会整体的角度来看,很显然……是一件坏事":

> **兰多夫**:当我看到那些失业的人时,我常常想这些带着孩子的四五十岁的人……是很难找到一份新的工作的,一份薪酬与之前一样高的工作。我想这是一个真正的问题。我认为一直很幸运的是……经济很繁荣,人们似乎都能重新找到工作,或者失业能在很多方面得到控制。可是,如果市场或是经济增速慢下来了,我不知道会变成怎么样,想想就令人可怕。摩根大通准备裁员4500人,他们将会怎么样?我不知道等待他们的将会是什么。我经常

感到疑惑。我觉得有一个相当重要的社会问题——但是被暂时隐藏了，被经济高速增长的事实隐藏了。

何：你觉得重组、裁员对提高效率有帮助吗？

兰多夫：我想对于大多数公司来说是有帮助的，但是同时，我认为对于一些公司来说，当然他们最终也变得更好了，但是一开始，当这一风潮从1980年代开始起，一些公司往往裁员裁到了骨头上，开始裁减自己的肌肉而不是脂肪。因此在许多方面，他们做得有点过头了。我想起当时他们常常做的是裁减大量的中层管理人员，最后他们发现，中层管理人员实际上发挥着重要的作用，尤其是在连接高层管理人和级别较低的员工之间，这就导致了一些问题。

兰多夫在谈裁减员工时，并没有将这一困境纳入或合理化为效率的话语体系中。事实上，除了阐明他对被裁减员工的担心外，他为企业为急于追求股东价值而在"做得有点过头了"和"裁减自己的肌肉而不是脂肪"上体现出的非效率提供了重要例证。同时，虽然他很赞同"社会成本"这一概念，但是在重组能够增加股东价值这一基础概念上并没有提出异议。

最后，一些受访者对效率这一话语的轻视使我感到惊讶。以下是我与安东尼·约翰逊的对话，他是J·P·摩根并购部门的经理，我们谈到了有关企业重组效率解释的合理性：

第三章　华尔街的历史叙事与股东价值革命

何：鉴于就业会受到企业重组的影响，在这种情况下，人们到底因何而失去工作？比如像，"嗯，我们变得更有效率，我们希望企业成长，因此从长远来看，人们将会有更多的工作机会，"是这样吗？——我不知道是否这算是一个理由。

约翰逊：嗯，**我们可以天马行空地这样想。对于我来说，这全都是为了股价的上涨**。以摩根为例，我们长期以来一直处在冗余太多的指责中。我们也已经经历了裁减员工的过程。宣布裁减员工的那天，我们的股价上涨了3美元，因为人们认识到，我们最终会成为一个努力变得精益求精的投资银行。所以，当你在做并购交易时，人们期望这笔交易有一个基本的理由。管理层讲述的理由是可以产生协同效应或者是一个物有所值的机会。**市场希望你行动起来，这意味着要解雇雇员，花费一大笔重组的费用成为之前你许诺的实体**。（文中加粗部分为我的强调）

与约翰逊的谈话中可以发现，效率可能并不是合理化以增加股东价值之名的企业重组的主要理由。"我们可以天马行空地想"表明：这里的效率只是一种市场营销的策略，是投行家能够在行动之后再合法化重组行为的主张之一。朱莉·库伯同样指出"从股东和投资者的角度考虑，这都是一场游戏。是为了满足分析师的预期，为了管理你的资产负债表，使它在季度末时看起来还不错"。[27] 关键的问题是"让股价升起来"——

这样就已经达到目标了。

当我与野村证券（Nomura Securities）在纽约办公室的主管销售与交易的董事总经理鲍勃·吉布森（他是一位资深的华尔街人士，之前在基德-皮博迪公司工作）谈起华尔街对企业重组的影响时，他回答道，"嗯，我们就不妨认为这可能是与效率有关的吧。"

何：您刚才说"可能"，这是不是意味着有些并购并没有产生效率？

吉布森：那当然，你会发现好多并购的例子都没有达到他们过去预期的回报，比如说，当时被吹得天花乱坠的史克必成（Smith Kline Beecham）与葛兰素（Glaxo）的合并，最近刚刚瓦解了。在我看来，在投资界，那些个人股东、大股东和机构投资股东都认为这是具有重大意义的，但是到了最后，就像压死骆驼的最后一根稻草一样，两家公司的首席执行官因为谁应该更有权力而争得不可开交，最终交易瓦解。因此有时候，合并并不是一个好主意。

虽然吉布森接着说道，"股东是最终的受益人，可以通过各种各样的方法来实现这一目的。"但是他对效率表示出的冷淡以及他给出的关于令人失望的并购的例子，表明了效率话语的不稳定与争议。值得注意的是，吉布森认为，并购的失败并不是由股东价值的统治,而是由两个首席执行官的个人缺点所导致的。

综合以上意见,我的受访者在效率的理解和使用上的矛盾与不一致教会了我一些事情。首先,效率不像我之前假设的那样,它并不是解释"土生土长"的华尔街看待企业重组和股东价值之间联系的世界观的核心因素。其次,效率原理并不能阐明华尔街的股东价值理想为什么不能解释企业重组(似乎是效率低下的)无法导致企业的"健康"或是股东价值这一事实。然后我开始意识到,我对效率魅力的讶异,已经部分地在学术界展开了讨论。

让我们回到"失业型复苏"这一概念上来,比如,社会学家斯坦利·阿罗诺维茨和威廉·迪法齐奥对经济指数和股票市场的繁荣为何与就业周期看似毫无联系感到困惑,他们将20世纪晚期的经济"繁荣"描述为"失业型复苏"之"谜"。他们通过指出对效率和技术生产发展的追求是以大众和工作岗位为代价的,来解释美国经济敏感性的转变;他们认为,在这个竞争激烈的全球市场中,大规模裁员是为了使经济体更加"有效率"的产业重组的必然结果(Aronowitz and DiFazio, 1994)。效率意味着能够以更高的投入产出比投入,因此重组和裁员可以削减劳动力投入,降低成本,因此有更高的生产力。为了搞清这个难题,他们不仅接受了效率的"事实"并不断向其靠拢,而且接受了一种对效率的特定解释,即将企业的重组和缩小生产规模,以及利润与股价直接地联系在一起。[28]

我已经从我的受访者那里了解到了一些对社会科学关于效率讨论以及金融教科书的严峻挑战。

首先，我认为社会评论家们重新考虑他们的效率观是十分必要的，他们那种建立在劳工和产业生产力与持续的企业增长相连之上的对效率的理解，已经不再适用于作为新的金融概念的效率，它要通过创造使得短期内股票能够上涨的交易的规模与数量来衡量。诚然，金融交易仍需要一种特殊的华尔街劳动力，这种劳动力反过来取决于企业资产中劳工剩余价值的积累，这并不与生产劳动脱节。正如大卫·哈维所警告的那样，即使在股票市场和金融价值对企业的行为起主导作用时，"如果所有的企业都仅仅试图通过纯金融谋略而不提高或重组他们的生产的话，那么资本主义也就活不了多久了"（Harvey, 1999：320）。然而，我的观点是，尽管生产过程对于制造剩余价值仍旧是至关重要的，这也是金融谋略的一个先决条件，但是，建构的企业到底是什么，以及谁能够对其提出声索的规则和优先事项已经根本性地改变了。对于许多投行家们来说，效率指的是最快、最便宜地将企业的行动转变为股票上涨，也就是说，理想的企业是指，所有的企业活动都能够导致股票的上涨。在某些情况下，当使用更加公允的测量方法来计算时，他们充分认识到企业的"低效"行为，比如破坏生产式的裁员、紧随其后的二次雇佣以及合并和收购中鲜有成功案列这一现象。当然，这样讽刺的现象不仅限于此：由此可见，大多数企业依股东价值之名而做出的效率低下和失败的实践，反过来颠覆了股东价值本身。因而,学界认识到以下一点很重要,不仅效率的定义已经发生了变化,而且即便用"新的"效率定义来衡量,效率通常也不会在投行家所创造的股东价值中生产出来。虽然我的受访者对股东价值并没有多少质疑,但是我看到了他们对效率的矛盾和不安,以及对效率的结果表现出的绝望的"希望",这些都是股东价值的理想模型与其实践结果中存在巨大裂痕的证据。

股东价值的短暂性

在我的访谈资料中,我发现,那些经历了数个金融危机、经验丰富的华尔街投行家,虽然没有拒斥股东价值,但是往往已经对股东价值的短暂收益和长期频现的失败颇有微词。先锋投资的董事总经理克里·费希尔在解释他为什么不喜欢华尔街时,批判了华尔街对立竿见影的效果的痴迷。[29]"华尔街极度重视短期收益,"他说道,"我认为世界上没有任何一家企业的运作周期需要完全符合(华尔街的)时间表……问题在于,我们仍旧试图让这些企业和机构努力符合我们人为的约束,运作的周期也要按照希望的那样运作。没有什么你可以操作的余地。因此,当你人为强加上这种没有意义的结构时,你真正在做的是给人们制造麻烦。"费希尔继续指出,一些公众持有的公司被要求每季度向华尔街提交报告,而这样的周期与商业活动很不相关。他将这种强调短期的行为称作"对许多公司来说是行为的关键驱动",并表示他们"最终做出的决定,**从长期**

来看，不一定是股东的最佳利益，但是这可以帮助他们满足华尔街的短期预期（文中**黑体**为我的强调）。我向他询问了华尔街是如何走上这条道路的。

何：华尔街一直都是注重短期的吗？他们是如何发展出这种价值观并让所有企业都依此行事的呢？这一变化是如何发生的？

费希尔：我认为这一价值观随着时间的推移，其内涵在事实上被简化了。现在，我们变得只在意时间了。我真的对此束手无策，但是依我的观察，事实就是这样。所以，基本上你会有一个与企业商业周期不相符合的时间表，但是比方说买方（机构投资者）会命令你依此行事。机构投资者站在我们这一边，这已经成为了企业行动的主要驱动力……因此企业依此行事的压力很大。而基金经理处在这样的位置中，他们每个季度要向他们的客户报告，对哪一只股票或债券进行了买卖，以及他们在与合约中制定的基准指标相较的收益表现如何。由于有 90 天的操作时间周期，他们也以同样的标准要求企业的管理人员。我想这风气就是这样开始的。[30]

从与他的谈话中可以看出，华尔街的投资银行利用股票市场的即时性来为企业构建时间表以及制定规则。每季度都有截止日期是不合适的，而且明显对长时段的计划（比如研究计划和发展计划)是有害的,这些长期计划无法在每个季度里提高收益,而一旦无法持续满足收益预期,企业就会受到惩罚。

其他三位资深银行家也对股价为主的苛求短时收益的商业策略表现出了不安。我与托马斯·道格拉斯谈论了这个问题,他是信孚银行的战略管理董事总经理,我问他:"股东价值到底应该是长期增长还是短期提高呢?这两者之间有矛盾吗?""这取决于股东想要什么。"他回答道,接下来他描述了那些"真正活跃"的股东是什么样的,"他们重视短期收益……人们对能赚快钱总是相当兴奋的":

> 一直以来股票市场的运行方式让大家都很开心,每个人都会想,"嘿,我要发财啦,这个圣诞节我要买些更贵的东西。"因此他们一个季度一个季度紧紧盯着,看着股票上涨,看着高额分红以及其他一切美好的东西。这背后意味着什么?嗯,个股将汇聚到资金池中,一个证券的资金池,你希望从中能得到高收益。那么,这又意味着什么呢?这意味着每个企业中的人们不得不紧盯着我们怎样做才能在下个季度表现出丰厚的收益。是这样吧?之后,购买单个公司股票的人们会选择那些表现出高收益因此下季度也一定会表现出高收益的公司股票。而那些要购买一组证券的人们(通常是机构投资者)每个季度都会大幅转换持仓,这样(他们)就能随着不断的移仓而增加收入。因此这一系列事是相辅相成的……在我看来,这就是这一

切发展的动力。股东不仅自己是重视短期利益的,而且他也驱使着每个人保持对短期利益的重视。

道格拉斯也指出了,高管们被"激励"为短期利益工作,并举出了"许多首席执行官由于一到两年的生产水平没有达到华尔街认为应该达到的那样,他们五到十年的计划就被搁置了"。

约翰·卡尔顿也是信孚银行的董事总经理,主管信孚银行的高收益债券部门,他承认,"是的,只注重短期是负面的,"但是他又指出看重长期是多么难的一件事情,"但另一方面是,如果你不这样做,又能怎样做?"如果你"想要看重长期的收益……那要如何才能做到呢?嗯,你必须找出一种能够激励长期工作的方法,但这通常是很难做到的"。卡尔顿指出,股东并不是"天生"就是注重短期利益,他们当然也能投资一个股票二十年之久;正是华尔街自身以及在股东革命期间将高管与股票市场连接起来带来的即时性的压力才产生了这样只注重短期利益的结果。当我向雷曼兄弟的新兴市场董事总经理贾斯汀·格雷厄姆问到华尔街对美国企业的影响时,他回答道:"华尔街使他们变得十分注重短期利益。"根据格雷厄姆的说法,在"华尔街装模作样设置的目标和标准与他们实际在做的之间"存在着差异。投行家们声称他们希望企业能创造股东价值,但是站在企业的立场上来考虑,最主要的也是唯一可以达到短期内股价上扬并立即响应股东的方法,是按照格雷厄姆的说法，每天尽可能多地"敲打收银机"，这种行为进而会损害股东价值。

我的所有的受访者中最资深的华尔街投行家们（虽然不是投行中的首脑或执行委员会的成员，因此他们也不是明确的"代言人"这一角色，这一角色可能会不利于他们说实话），都体会到了理想与现实之间的差距。然而，在那些相对年轻、经验较浅的受访者中，股东价值的意识形态仍旧占据主流，典型的例子就是我之前的同事斯坦·克拉克，他根本不区分当期利润和远期利润。克拉克认识到了华尔街的短视主义："华尔街总喜欢称自己是重视长远的。现实情况是，你的基金绩效评级的基础是一个季度，而不是一个年度，所以会关心短期收益。"然而这样的观察发现马上被他合理化地理解为，正如他总结的那样，"你应该假设的是，一个在短期内表现良好的公司，从长期来看也会表现得不错。"

我对华尔街股东价值这一世界观的分析已经表明，历史上在股票市场占据主导地位的价值与实践已经被转化并用于主导企业本身了。正是这两者的结合，金融和股东价值与美国企业"走到一起"的结合，为瓦解福利资本主义提供了合理性。现今，衡量一个公司组织的依据是华尔街如何对其金融资产进行估值。美国企业在为股价负责和管理大量利益相互冲突的企业参与者之间寻求着危险的平衡，而这一不稳定的平衡已经由于对金融价值和利益的偏爱而开始相应地倾斜了。在本章中，我认为两者（股票市场的价值与美国企业）能在20世纪晚期合并成功的部分原因和动力,是在华尔街的世界观和叙事方式中,美国企业应该一直对股东价值负有责任。听华尔街讲述股东和股票市场在20世纪晚期的支配地位,就像是在听华尔街讲述从"肥胖、愚蠢而又欢乐"的官僚机构的手中救下了现代企业这样一个正义得到伸张的故事一样。

尽管洞悉了这一强加于身的股东价值的叙述,但是我仍旧感到迷茫。我曾以为,认识到华尔街股东价值与效率的复杂性及其逻辑,不仅能够指引我理解华尔街的意识形态,甚至能让我理解华尔街如何制定并实现自己的世界观。我曾错误地假设是股东价值将金融市场的逻辑与其重构的更大的社会关系联系起来。将如此多的解释归因于股东价值这一话语往往使我困惑。银行家调和这一矛盾的方法是,认为他们在短期内做的事情应该能够导致长期的股东价值的创造,这种合理化方式是以自我为中心的。即使我的受访者意识到特定的企业重组并不像他们建议的那般是"可靠的交易"——它可能导致股东价值的下降(并且根据其他社会经济参数来衡量是有害的)——他们仍旧推动交易,并且继续用股东价值来合理化这一切,我要如何解释这个事实?他们是如何在提倡缩小美国企业(包括自己)的规模的同时,偏离了股东价值的?

每当我看到企业以股东价值为导向的名义展开重组行为时,企业中不仅弥漫着不安感和知识的损失——这会打击士气,阻碍生产力的发展——而且华尔街所珍视的各项指标也纷纷下降,我意识到股东价值模型,尽管它的角色是华尔街的道德模板，却也不能完全解释投行家们是如何推动那些看似与自己的价值体系相左的事情的。因而，我认识到我的核心问题不得不重新构建，转而关心还有什么东西影响了股东价值，使得原本假定不断上涨的股票和裁员之间的关系，常常在不当交易和糟糕的策略的重压下而破裂，比起带来"实际"的股东价值，这更能导致金融繁荣、萧条和崩溃。投行家们每日到底是如何在股东的名义下展开实践的？这一个问题我将在第五章和第六章作出回答。股东价值不能被理解为一种与华尔街投行日常的制度文化相分离的话语。换句话说，不存在独立存在、无需中介的股东价值，并且华尔街的投行家们在市场中并不是独立存在的个体；更应该说，他们深受经济利益为导向的企业文化的影响，这一文化的吸收和确立是他们在特定的组织从业的过程中完成的。这也同样遵循股东价值的短视主义，因而将其他利益相关者排除在外就是在所难免的；它的意义和实质随着时间的推移而发生改变，依赖于权力关系，被特定的文化与制度背景形塑。比如，股东价值可以很容易通过股票价格的持续上涨，来证明企业的长期增长和员工的稳定性（目前被用来为短期交易和裁员做辩护）。此外，华尔街投行家的价值与实践，可以通过对他们组织文化的研究来理清，这不仅是金融市场内部的问题。他们的行动以及他们特定的企业文化，不仅影响了企业与员工的目标与行为，以及在美国工作的本质，而且还是一个关于整个美国的雇员应该如何行动的模型。

第四章
股东价值的叙事起源及其新古典主义经济学基础

为了使我对华尔街在重塑美国企业及引发金融危机和企业危机方面的关键角色的分析成立，我需要首先分析投行的合法性是如何获得的。股东价值的兴起及随之而来的投资者"革命"是新古典主义的需求及假设之间围绕着历史解释长期斗争的结果，这一"革命"反过来确立了华尔街的世界观、实践及文化观念的影响与支配地位。华尔街现在理解的股东价值概念不仅基于对美国企业、股票市场以及投资者之间历史关系粗疏的再诠释，而且也基于对新古典和古典经济学思想进行去情境化的逻辑外推（以及新的适应变体）。[1] 如同"家庭价值"的迷思从唤起核心家庭田园牧歌式的过去中获得道德权威和规训议程一样，"股东价值"获得其真实性和说服力的方式是声称自己是经济生活的本原状态，并进一步将企业家精神、自由市场资本主义作为人类社会的真正本质。正是对完美的资本主义的缅怀才使得股东价值深入人心。

为了对股东价值的逻辑问题进行破题并赋予其历史意涵，

第四章 股东价值的叙事起源及其新古典主义经济学基础

厘清在新古典经济思想中构成股东价值概念基础的私有财产、产权、自利、利润以及效率之间的关系并进一步分析这些关系如何随着时间变化就变得十分重要。例如，现代企业的出现——伴随着其复杂的组织结构、多元的利益群体以及日益发展的家长式的"责任"感——暴露并批驳了传统新古典概念的问题，如个人主义、私有财产和自利，这些都是股东价值意识形态的基础。随之而来的便是它们之间长期的争论。一方面，出于对将企业家所有制归入到复杂的公司制企业的担忧，新古典经济学的支持者寻求将公司的多维框架降低到所有者/企业家/股东个体的单维框架。这一特定的新古典范式在复杂的社会组织之中的应用为拒斥现代企业的多元构成创造了正当的理由，因而产生了持久的反响。

另一方面，经理人和许多公司的参与者们在抵抗着的同时适应着这一发展：他们为"福利"和管理资本主义辩护的同时，也为自己"冒犯"了新古典主义经济学的术语和规则致歉。尽管很多经理人和雇员（还有学者和公司的研究者们）都认同公司是一种社会组织，并致力于以此理解为基础创造新的概念和实践，但股东价值仍然潜藏在后，被华尔街以及经济学和金融学推崇为现代企业的当然基础。尽管管理方面的挑战主导了20世纪中叶（甚至渗入到了华尔街的价值和实践中，使得新古典假设本身也不能保持一成不变），股东的支持者却致力于将现代企业转化为个人主义的话语、价值和新古典经济学的结构，可事实上，他们与这样一个组织相去甚远，甚至对其怀有敌意。

当然，不顾历史而将新古典价值强加于现代企业之上只有在强有力的历史叙事的帮助下才有可能，这一历史叙事要重述企业和股票市场的历史，将股东作为美国企业的所有者和发起者而置于中心地位。因此，我要分析支撑股票市场和"公众"持股的形成与发展的目标和基本原理，从而情境化地理解并与将股东视为美国公司的发起人和控制者的新古典主义谎言对质。新古典主义及其拥趸并不仅仅影响现代公司的结构、价值和核心关注，他们还帮助建立起了有关企业历史和股权的一个（叙事）版本，而这个版本已经变得毋庸置疑并被主流的企业研究者坚定接受。现代企业的这一叙事的社会后果的问题并不单单在于它的建构性，还在于它混淆了历史"事实"，冒充着美国企业的"正史"，从而拒斥企业历史的复杂性和公司形成的多元成分。在某种意义上，这一特定的、有利益关联的叙事，这一单一的观点将它自己塑造成为当下事实以及历史背景、历史内容和历史文本，将这一叙事从其现在的主导地位驱离几乎是不可能的，它已经错综复杂地嵌入到了美国的主流经济理论和整体上的美国文化中。甚至，那些对股东价值的批评也往往会发现自己在尝试对企业优先事项进行再定义时，使用了新古典的基本原理和起源神话，并不自觉地将新的重点转化回新古典的术语。

要想回答这一棘手的问题，就要停止现在这种对美国企业和华尔街历史的抹杀，特别是我们通常忽略的二者的分离。有

第四章　股东价值的叙事起源及其新古典主义经济学基础

关企业历史的新古典叙事最为严重的错误之一就是拒绝将股票、股东和股票市场作为一种与企业的历史（尽管与之相关）不同的并建立在一组多样的价值和历史轨迹之上的现象来理解。实际上，将股票市场的历史和价值与美国企业的历史和价值合二为一地去考察，就已经将股票市场的需求以及流动性和波动性（也就是股票市场的价值）的重要性强加给了企业。通过深入研究资本主义的创造神话的叙事以及其同时对资本主义实践的形塑，我将动摇股东价值的基础，探索对主流金融历史具有支配性的重构，重新唤起对横跨了半个世纪的企业与股票市场之间的资本主义斗争的注意。[2]

还有一点需要强调的是，我将股东价值和美国企业的谱系作为一种历史的"重述"既不是想通过反对一个臆造的历史来衡量当下，也不是想推演出（造成）当下情境的简单、线性的原因。我对20世纪美国浩瀚的资本主义思想和变革的探索也是由对今天华尔街实践和叙事的知识及关注塑造出来的。正如福柯所言，"过去"持续地被对于现在的关注所重构；因此我并不设想在现在与过去之间建立一个简单的、单维的因果关系。恰恰是对今天股东价值的话语及其应用的关注，才促成并塑造了我对于它与其过去的联系和协同的探索。

新古典的假设与现代企业的问题

有关企业目标和价值的主导性理论视角来源于经济学学科，而这一学科反过来也一直处在新古典传统的统治之下

(Schrader，1993)。为了理解股东价值的历史和说服力，理解提供其本质和合法性的意识形态假定十分关键。新古典经济理论最明显的问题在于其核心假设显然与任何将企业看作一种社会组织的理解不同甚至是冲突。新古典经济理论起源于18世纪亚当·斯密的"古典"世界观，并建立于19世纪末20世纪初"新古典主义者"对其的重构之上——这些人都生活在现代企业成为构成美国商业的主要组织之前。即使当代的新古典理论的反复始终保有着他们在企业史前的起源的标志，它也从未尝试将企业作为一种社会组织来理解，同时拒绝承认企业的多样性能够改变经济理论和商业观念的基础。大卫·施拉德（Schrader，1993：2）认为新古典理论"对于为企业管理提供一个深刻的理解而言是十分不充分的"。然而，不论是多么地不合适，企业始终在按照新古典经济学的价值运作。

通过市场力量"看不见的手"，基于经济上自利的个人行为会联合起来，促进社会整体利益的最大化。这样一种观念在亚当·斯密的《国富论》中居于核心地位，同时也是构成古典经济学的基础。与追随他的众多古典经济学家一样，斯密将其理论的核心置于单个的个体之上，一个人既拥有一个小的私营企业并且亲自经营它。今天在经济学和主流商业领域中居于支配地位的新古典经济学假设当然也是基于这样的世界观，尽管很多关键的补充和改变是十分必要的。20世纪早期现代企业已经成为了经济组织的支配形式，企业的多元参与者和职业经理人的"看不见的手"已经十分显而易见了，但即便是在那之后，新古典经济理论依然坚持将个体的企业家置于中心地位。事实上，在整个20世纪里，面对完全崭新的社会经济现象，所有学派的经济学家，特别是芝加哥大学的经济学家，"坚定不移地认为所有基于完美市场假设下的个体主义分析的经济理论都可以继续适用"（Schrader，1993：67）。1980年代股东价值的复兴可以被视为新古典主义世界观漫长脉络的一部分，它试图摧毁企业概念，将其作为市场中的单一的利润最大化的个体。股东价值运动被华尔街金融机构所捍卫，并在杠杆收购的浪潮中凸显出来，可以认为，股东价值运动已经成为美国商业历史上新古典主义经济价值的巅峰和最具影响力的表现形式。

具体来说，新古典资本主义的世界观承认两种实体的存在：个体业主和具有排他性的私有财产。个体和其私有财产是仅有的两个能够进入方程的自变量[3]；其他的行动者和权利声索者都难以挤入这有限的空间之中。此外，亚当·斯密认为，企业主来管理自己的企业十分必要，这样他才有资格独享他的财产创造的果实，即利润。正是因为所有者控制企业并"拥有"利润，他才能够在自利心的驱使下迫使自己"有效率地"使用他的产业财产和劳动力，使之为积累更多的利润这一明确的目的服务。这一关键的流程——所有权，控制，利润的完全占有，效率——构成了个体与自有财产之间新古典主义的逻辑秩序。而将这一系列因果链条粘连在一起的是自利概念——一种动机和自发的市场机制的"看不见的手"。要想让资本主义世界正确地联结在一起，资本主义的财产所有者必须通过对其财产的完全控制实现对利润的完全占有（Berle and Means，1991）。

或许没有什么比亚当·斯密自己更好的例子来说明新古典经济学在分析作为社会组织的企业在历史上和实践上的不适用性的了，他认为，管理主义的企业将因为其结构否认了所有者和管理者的利益和动机而必然失败：

> 不过，在钱财的处理上，股份公司的董事为他人尽力，而私人合伙公司的合伙人，则纯为自己打算。所以，要想股份公司董事们监视钱财用途，像私人合伙公司合伙人那样用意周到，那是很难做到的。有如富家管事一样，他们往往着意小节，殊非主人的光荣，一切小的计算，因此就抛置不顾了。这样，疏忽和浪费，常为股份公司业务经营上多少难免的弊窦。唯其如此，凡属从事国外贸易的股份公司，总是竞争不过私人的冒险者。所以，股份公司没有取得专营的特权，成功的固少，即使取得了专营特权，成功的亦不多见。没有特权，他们往往经营不善，有了特权，那就不但经营不善，而且限制了这种贸易。（A. Smith，2000：800）*

为了适应这一理论传统，大型上市公司不得不被理解成仿若只是企业家个人的创造物或附属品。因为新古典价值仅仅将

---

* 此处亚当·斯密《国富论》段落的翻译引自郭大力、王亚南译本。

单一的私营企业家视作合法的行动者，这一提议基于企业家个体对利润的追求，其支持者们力图将企业中的社会组织——在劳动者和生产环节中涉及的多元组成和权利声索者——替换为单一的"所有"概念。正如施拉德论述的：

> 关于企业的新古典理论在开始就宣称所有的企业都是被个人创造并拥有的。尽管所有的企业显然都是被个人创造，并借助于一个法律结构成立公司……以此声称公司完全由个人占有是非常有争议的。然而，**正是公司都为个人所有这一论断促使企业的概念被吸收进企业家的概念之中**，而不论所有者究竟是如案例中的小型企业中的单一个人，还是理论论断中的拥有高度分散股权的大型管理主义的公司里数量众多的个人。（Schrader，1993：93，加粗部分为我的强调）

与这一逻辑相一致的是，股东成为了（并且现在仍然是）将现代公司结构与新古典价值相调和的完美方法。为了消除组织的复杂性并避免将组织视为一种复杂的存在，这些关注的总和（也就是公司整体）被分解为股票并"卖"给作为私营企业主代表的股东。在19世纪，这一种要花招式的转换被公司法进一步巩固了：公司的法律目的就是为股东营利，股东是现代公司法律意义上的所有者。

历史地看，在美国资本主义的金融市场系统中，公司的创立者/所有者可以通过兑现股票价值的方式在保持公司完整的情况下"提现",他们只需要卖掉股票就可以将其利益转化为现金,然后将公司和控制权交给经理和其他雇员。在某种意义上,股东只是用现金去交换了股票,而不是控制权,但是依据新古典经济学的价值,这一交易确立了股东作为公司新的所有者和控制者的合法性地位,从而成为了公司所有收益的唯一接受者——我将在后面的章节阐释这一问题。这种符号的,同时也是货币性的转化过程使得股东价值符号化了,并且"取代"了整个公司,成为了关注与分析的唯一核心。接下来,现代企业的新古典理论将私有财产、所有权、自利与利润最大化结合于股东主体。将股东重新想象成公司的具体体现使得新古典主义公司利益与股东的自利相一致这一主张得以合理化。这样,在从个体/私营/家庭公司向大型企业的转变过程中,新古典主义将股东理解为原初私营企业主形式企业的唯一"自然而然"的继承者,也是财产转移唯一合法的接受者,这些全都基于财产应该保持"私有"并只应在所有者之间传递这一假设。

此外,新古典主义还想象股东曾在从前与公司的活动紧密相连,他们管理并监督着企业的运作。这种股东拥有并控制企业的模型只有建立在这样一种情境下才说得通,即企业规模很小,股东作为原初的投资者,深入到企业运作之中。然而,问题在于,新古典主义将股东"所有制"与家庭或个体企业主的私有产业的所有制结构同等看待,而事实上,大多数现代企业的股东从来没有经营过公司。尽管有很多实例证明股东的确是公司运营操作过程中密如亲友的一部分,但在很多环节里,一般意义上的股东已经在历史中从资本的提供者变成了所有者(并不必然是企业经营的所有者),而不是公司的经理人。已经被遗忘的事实是,历史地看,股东与公司的关系已经疏远了,因为他们只关注股票市场并在其中实现他们的收益。新古典主义忽略的是(同时也混淆了):这一政治主张产生的后果在于将公司的控制权汇聚到了那些拥有股东身份并声称代表股东利益的机构——华尔街和股票市场——的手中。[4]

现代企业本可以对处于支配地位的这个时代里经济与商业的意识形态发起革命的。施拉德(Schrader,1993:7)将其描述为"一种与经济活动相协调的以有意识的'看得见的手'为特征的真实的集体性实体",并且论述道,"对现代企业集体性和有意识的协调性特征的认识迟早会迫使经济理论进行修正。"否则将要发生的是其自身的革命,因为经济学理论家和股东价值的倡导者在过去都能够将现代企业融入曾"用来讨论个体能动者的"意识形态之中(Schrader,1993:20)。在新古典主义的想象里,经济中的所有企业都能够严密地确定并量化为私有财产"所有制",然而现代公司的结构——考虑工人、经理、社团这些多元参与者之间的协商关系——却反对这样一种框架。面对价值和组织形式之间如此激烈的冲突,我们必须做出选择——要么拒绝新古典价值因为它对解释这崭新的社会经济现象无能为力,要么就勉力将这些价值施加到公司上去,尝试着用新古典的术语将公司的结构改造为单一的治理结构。

新古典单一所有制的倡导者们并没有放弃那些"前辈经济理论家发现的规律",这些规律"在这个经济领域的行动者很多都是公司的世界中已然失效",他们恰恰还在使用这样的理论,它以预言管理主义的企业终将没落来阐释(他们理论中的)公司的成功(Schrader,1993:19)。他们拓展亚当·斯密学统的方式就是在其原本认为必定失败的组织形式上盖了一个认可的印章。股东价值这一悄无声息的革命付出了巨大的代价,它以股东之名播下了公司分裂的种子。尽管这一完成于20世纪晚期的转变在名义上是有利于广大个体股东的,但是最终从中获益的是华尔街的交易商和咨询师们,以及在某种程度上,还有股票市场中的大型投资者。这种漫无边际但却付诸实践了的重构为一种社会暴力提供了基础,即制度化地抹除一切群体的利益,而仅仅保留股东利益——或者更准确地说,他们的代理人的利益。[5]

持股、股市与现代企业的兴起

股东价值的叙事有赖于股票市场和公司的起源与兴起的双重神话。这些神话既将股东塑造为美国企业原初的拥有者和控制者,同时还创作了这样的故事,即正是通过股票市场才使得华尔街能够创造性地从大大小小的股东那里获得资本,从而为企业的成长与扩张提供资金。华尔街将投资者和企业家带到了一起,并创造了所有权和控制权之间的联系,这种联系就如同那种个体所有制的情形一样。根据这一叙事,伴随着公司的扩

第四章 股东价值的叙事起源及其新古典主义经济学基础 | 289

张,贯穿于整个 20 世纪的是经理人和政府监管者从股东手里攫取了公司资源的控制权,并可以滥用这种控制权。恰恰是这种管理不善才使得股东站起来捍卫自己的权利,比如华尔街投资银行在 1980 年代要求捍卫股东权利。通过把股东与美国企业的诞生相连,这些话语就同样将股东置于在时间上更早的位置,使得其成为了企业之所以存在的必要前提。[6] 直接面对这些长期存在的、基础性的神话使得我们十分必要短暂地回顾下 20 世纪初的历史。我将回顾股票市场的形成、持股和现代企业的兴起,以此来描述公众持股以及股票市场在与公司控制权相分离的过程中被建立时所处的社会环境。

1890 年代到 1920 年代被许多历史学家认为是一个"美国资本主义企业重构"的时代,美国的商业从反复出现萧条和危机的自由放任、强盗贵族式的资本主义时期转变成了相较而言更加协调和科层化的时期,大量被认为是现代工业企业的组织形式刻画了这一时代(Diner,1998;Sklar,1987)。在 19 世纪和 20 世纪之交,经历了"300 年来第三长的萧条时期"之后,鉴于快速增长的高度不稳定性以及市场的不协调性和过度竞争,许多企业家和工厂主都转而向华尔街金融家和投行寻求帮助并深受其影响(Sklar,1987)。华尔街精心策划了 1890 年代的并购浪潮,组成了许多美国最大的公司,比如美国电话电报公司(AT&T)、美国钢铁公司等[7]。通过许多大型集团(又叫托拉斯)以及董事会体系的联动,金融家们最终控制了许多公司,在其中,投行家不单单成为企业的董事会成员,还直接管理他们的现金流[8]。他们介入的主要目的在于创造规模经济，垄断控制权以及在某种程度上保持这些新兴产业的稳定，而不是增长与创新。

尽管与当今华尔街金融家们对企业治理和投资的影响十分相似，但当时他们的主导地位还是来源于利用托拉斯、董事会以及贷款融资，而不是通过以多数股东的名义发声以及控制这些公司的股票的方式。事实上，在那个时候，工业企业的公众持股仍然是十分不同寻常的[9]。在整个1880年代，"纽约证券交易所里还没有一家工业企业股票"，直到1890年代中叶道琼斯工业平均指数才出现，"工业企业公开交易的时代"直到1900年左右才初露曙光（S. Fraser, 2004: 171）。自1980年代以来，华尔街声明自己的目的是促进企业的稳定性、为美国产业注入资金流，但这样的目的与投资银行本身的使命（以及投行的反复无常性）却是大相径庭的。通过这样一个过程，或者叫作"摩根化"，金融家J·P·摩根和"他的伙伴们建立了一个私人的经济指挥中心"，它"禁止自我毁灭性的竞争，在内部配给投资资本，以一种自由放任经济拥护者厌恶的方式集权化地管理整个经济"（S.Fraser, 2004: 158）。

与此同时，在整个20世纪早期，私营企业主们为他们的私有商业建章立制，在扩张为大型工业企业的过程中开始摆脱华尔街的控制，这一发展在大萧条之后明显加速。大多数这样的企业成长的方式是依赖企业自身留存收益的积累，以及家庭财富，偶尔也会通过商业贷款来支持企业运作，但不会寻求华

第四章 股东价值的叙事起源及其新古典主义经济学基础 | 291

尔街融资或股票发行。事实上,许多公司明确抵制华尔街金融资本对产业的控制权力,"华尔街从来没能实现它所希冀的控制程度"(S. Fraser,2004:305)。福特汽车公司、美孚石油、沃纳梅克百货以及许多其他的公司都选择直接依靠自身的留存收益,以此作为保持自身相对于银行家的独立性的方式。华尔街的影响力被限制在如铁路这种特定行业之内;"新的具有地区影响力的经济中心独立于华尔街具有统治性的机构而产生";许多新的公司"依靠内部融资或者依靠中西部、西部当地的或者地区性的银行资源"(S. Fraser,2004:305)。

然而,在面对这些发展的时候,一位纽交所的发言人在1913年宣称,"没有哪个产业发展"可以在没有交易所发行和配置股票的角色下发生——尽管事实上交易所仅仅是处理二级市场买卖交易的,而那个时候生产资本已经募集完了(Ott,2007:124)。历史学家茱莉亚·欧特(Ott,2007:126)指出,在纽交所"想象的经济"里,它"声称自己负责为所有的企业和创新募集资金",并依此来建构和重塑自己在经济中的角色,即"生产性和建设性的(而非依附性的和掠夺性的)"。即便是在股票市场发展的萌芽阶段,这些评论也显示了这种自我呈现的重要性,它将金融看作是生产性的并与"真实的"产权有着亲密联系的,以此塑造了华尔街对通过金融资本成为企业创始人这一角色的认同。历史地看,股票市场主要帮助私人企业所有者的是"套现",而不是为未来的生产性投资筹集资本。当然,伴随着20世纪晚期金融创新的不断涌现(比如垃垃圾债券、衍生品、各种如抵押贷款类的支付的证券化），华尔街的确为一系列的金融交易"筹集"了资本，比如公司收购、合并，以及购买一些复杂的交易产品，但是他们对大多数重要企业而言，从来就没有成为过经营投资的基本来源[10]。

上市公司股东投资到生产性资产中这一观念"在美国工业发展的成功史中的确没多少事实基础"（O'Sullivan，2000：49）。在 20 世纪的大多数时间里，大多数企业通过发行债券的方式筹募资本，这也就意味着公司想筹募更多的资本并不意味着需要股市飞涨。奥沙利文论证道，"公司的留存收益和公司债，而非权益发行，构成了公司运营资本的主要资金来源"（O'Sullivan，2000：78）。这些公司依赖股票市场并不是为了原初的资金，而是为了让公司的创办者们套现，从而找到"一种在有限的商业联结圈内转移所有权的便捷方式"（Baskin and Miranti，1997：177—78，转引 Ott，2007：75）。它使得在 19 世纪末 20 世纪初，那些成功的私营企业的所有者可以进行套现，同时还保持曾经令它们的商业成功的管理和组织结构。

今天，我的受访者们受主流的金融和商业文献引导，假定股票市场为美国企业的成长筹集并注入了必需的资本。但事实上它却遵循着另外的路径：现代公司的兴起和成长促进了股票市场的兴起。[11] 为了说明这一点，我们不妨考虑投行家（他们都在最近接受过商学院的训练，都被灌输了这样的世界观：企业都受到了股票市场的恩惠并应该感谢它）以下的这些说法。

第四章 股东价值的叙事起源及其新古典主义经济学基础 | 293

杰森·珂，帝杰证券的投资银行经理，他首先将募集资本描述为投资银行的"独有功能":"这种独有功能非常重要——投资银行的基本功能就是募集资本。你想建立一个新的工厂。你想收购其他公司。或者，如果你想发债，发一个不那么昂贵却收益不菲的债。全部的原因就是你需要募集资本而这对于任何市场而言都是基础职能，不论是上市还是非上市企业。"克里斯汀·张，信孚银行高收益部门副总裁，将她的论证基础放在了华尔街对社会的资本募集能力产生"正向"影响上面:

> 公司需要资本来成长。华尔街就是一个需要你的公司来证明自己的地方……在美国，强大的公司都有获得资本并成长起来的机会，而这是其他没有强大的资本市场的国家所做不到的。在所有的对华尔街的批评里，说华尔街过于关注公司的季报等是有些道理的，但这是根源于这样一种基本的哲学，即公司必须要为对它感兴趣的投资者赚钱获利。这当然可能会走极端，但是它的基本点还是在于确保成功的公司赚到更多的钱从而可以继续运转，而处在失血状态的公司则对投资者没什么吸引力，因此将倒闭并停止浪费社会资源。

类似地，帝杰证券的投资银行经理朱力欧·穆尼奥斯将华尔街称为"一种必需的恶"，因为"公司需要资本，而华尔街一直以来就在为它们的成长提供资本":

如果企业不能获得大量的资本，那么它们永远也无法发展得如此巨大，而这就是华尔街所做的。它的确在提供获得大量资本的机会。比如说你需要将你爸爸妈妈的钱投入到经济中，方法就是在资本市场里购买股票或是债务工具。你需要一个办法把所有的这些都整合起来，并创造一种方式将资本注入到企业中去。一个企业并不能去寻找这种资本，因为它没有那么多的资源去寻找。

他论证道，企业所需要的资本"无法通过便利的资源得到"；华尔街的角色就是找到它并分配它。

与华尔街主流的假设相反的是，正是美国政府在一战期间向3000万美国中产阶级发行自由战争债券才"激发了大众投资和投资者主义"。这一过程将投资实践与国家公民资格、民主和公共利益联系了起来，恰恰是这一情感（更不要说小投资者们潜在的政治利用价值了）重构了资本主义，使得公司股票（联邦债券之外）的风靡并成为了美国"经济与政治攸关"的关键因素（Ott, 2007：3）。美国企业的股东数量在20世纪初的时候还不到100万，而到了1929年已经增长到了1000万（Ott, 2007：1、74）。

被给予了国家战争经济创造的历史机会，企业的领导者们和华尔街发展出了股东民主原则，以此来推进他们自己长期寻找的文化和经济的合法性，表达一种保守的、反管制的、反集体主义的政治议程，同时通过在公司资本主义的进程里推动员工持股来淡化不平等的阶级冲突（S. Fraser，2004；Ott，2007）[12]。将持股的现代中心观意识形态作为基础前提，企业和投资银行策略地采用新古典原则，如个人经济自治和私有财产等，以此将大众持股作为一种通往经济独立的路径。华尔街的信托和券商们质疑劳工组织和政府社会福利机构存在的必要性，因为个体可以"通过成为公司股东来弥补其丧失的传统意义上的独立所有权"；在一个大型公司的时代里，正是通过"投资而不是生产和消费"才使得个体的经济改善成为可能，"工薪族能够作为一个个人财产所有者获得政治声望"（Ott，2007：16）。正如华尔街律师詹姆斯·迪尔所言，向普通公众出售股票的行动"非常有助于赢得中产阶级对新的私有财产的股份公司的忠诚"（J. Fraser，2001：296）。尽管他们使用了诸如个体的企业家精神、产权等花言巧语，企业和金融家们却故意既不改善公司治理也不担保金融市场的透明和平等监管对每一个投资者都是公正的。[13]他们通过不受监管的、间接的有关所有权的论断来为现代公司和华尔街提供公共支持和文化合法性。

要知道在这一时期，华尔街金融家们扮演着"投行家和企业领导者的"双重身份，在"经济中具有指导性地位"，同时美国企业的领导层已经开始巩固其在公司的日常运营中的控制力（S.Fraser，2004：293、298）。因此，倡导股份的广泛分配对华尔街或者上市公司而言并没有什么威胁。事实上，他们意识到不仅仅是"公众",也就是普通的小股东们,对企业并没有事实上的"控制"(也没有持续的投入),而且就算是那些个人投资者的股份在当时也是没有表决权、被稀释掉了的股份,因此更分散的股权分配事实上强化了管理层和金融家们的合法性和权力,因为具有投票权的股份以及管理公司的权力都在他们手中(Ott,2007:427)。

当然,广泛持股的概念"本身就是一场深远的文化革命,因为直到那时,几乎所有人都认为在财产的所有权和控制权之间存在着深刻的同一性和牢不可破的联结"(S.Fraser,2004:256)。有趣的是,正是主流的经济学家、法学学者、华尔街社会评论家以及"新所有制"的倡导者们对此表示了担忧,不仅仅担忧控制权与所有权的分离、控制权的稀释以及股东和公司管理者的关系,更担忧小投资者会成为华尔街和大托拉斯的受害者(Ott,2007)。因为华尔街金融家们乐于在没有政府管制和规章管理下直接对企业和证券市场施加影响,他们可以"为获得短期收益"操纵股票,从而在华尔街的"市场主宰"与"寻求正常合理的投资收益的普通股东"之间做出关键的分割——这是当前情势的一个令人不安的预兆(S.Fraser,2004:313)。经济学家威廉·Z·雷普利是一位个人所有权的新古典价值捍卫者,他直言不讳地批评华尔街,反对剥夺股东积极地参与和控制公司的权利。他批评"把所有权从华尔街交给缅因街"的说法是一个"障眼法",雷普利号召联邦政府帮助恢复股东的影响力和个人所有制(S. Fraser,2004:389)。认识到华尔街与新古典主义价值和假设之间的矛盾至关重要：尽管股东对私有制的重新编排帮助华尔街确立了股东革命的基础，也因为是新古典的遗存而成为了这场革命的合法性，但恰恰是新古典的拥护者们才会严厉斥责华尔街忽视、扭曲以及利用了理想化的普通股东。

与此同时，回到股东自己拥有和控制公司的观念也是一个幻想。正如欧特同时意识到的，雷普利进一步发展了"之前美国企业都以新英格兰市镇会议的方式运行的一种幻想"（Ott，2007：427）。不管怎样，这种"复归"的叙事同样塑造了企业的政治经济，依据这种再想象的传统，现代企业设计了递增的福利制度，管理资本主义，如雇员持股计划（Ott，2007：15）。同时，正是这一资本主义组织的新时代对"传统的"所有制观念的强调使得华尔街在1980年代将企业从一个长期的社会组织重述为每一个投资组合的股票集合。

华尔街和企业管理者倡导广泛持股并不是要为股东们提供进行控制的方式（因为公众持股被认为是而且事实上也同样是对控制权的稀释），而是要进行文化的复归。他们的动机是促进一系列保守的社会目标与政治目标的达成，这些目标旨在直接反对国家对市场的监管，通过投资来营造一种代理机构的外表从而消除在公司治理的控制权上的争议，同时消弭工人运动。"把股票市场投资作为一种内含民主的经历"，他们"寻求公司资本主义和私人管理的金融证券市场的默许"（Ott，2007：15）。这一对反进步的敏感性适用于1980年代股东革命对福利资本主义的攻击，特别是其设定的低效的施舍和社会项目突出了种族、性别和阶级的不平等。民主的股东价值观念建立在无名的创业企业家股东的基础上，通过在"交易员的国度"里自由地参与其中而影响日强。

流动性，而不是控制力

商业历史学家沃尔特·维尔纳和史蒂文·史密斯写道，在过去这个世纪的大多数时间里，对公司的批评言论一直在"寻求改进，期望无论如何能够改正对上市公司巨大影响力的误用"，然而由于"对公司历史的误读"，他们对公司改革的尝试走入歧路。他们没能理解"上市公司和证券市场"的历史使得他们注定"再造了一个**从未有过的过去**"（Werner and Smith，1990：154，黑体为我的强调）。在这一节，我将聚焦于公司所有权和控制权分离的历史建构过程。美国的股票市场就是为了将持股与公司的控制权分离而形成的，同时它"内在地增加了公司的收入"，而这又交给了职业经理人掌控（Lazonick and O'Sullivan，1997：13）。而且，实现股票市场建立的是现代公司的兴起以及一战期间国家对债券发行的促进，而不是华尔街的刻意编排和聪明才智。正如维尔纳和史密斯论证的，"尝试将控制权还给从来就没有控制过公司的股东当然是走错路了"（Werner and Smith，1990：154）。

公司和股票市场的建立是为了，同时也基于不同的理解、目的和结果。公司被认为是一种缺乏流动性的机构。股票市场的创立与这种永久性和固定性形成了鲜明的对照。股票市场的目的之一恰恰是将人们的投资策略（随心所欲地买入和卖出）与公司的日常经营活动分离出来。股票市场将股东置于公司之外；在股票交易中，"有一个奇特的悖论，那就是多数股票持有者既寻求对其所持有的股票预期的评估，也寻找能够卖出股票实现预期的机会"（Berle and Means，1991：247）。换言之，股东们参与其中的场所不是公司而是股票市场，一个他们能够买入和卖出股票的地方，一个他们可以寻求定价和评估的地方。历史地看，股东参与的是股票市场而不是公司运营。尽管存在这种不同的历史解释，公司经理的合法性一直被怀疑和争论，因为"这样的意识形态根深蒂固，即股东是公司真正的所有者"（Lazonick and O'Sullivan，1997：15）。这样的结果是，经理人自己也在避免被整合进公司的多元构成之中，这不仅仅是由于挥之不去的将经理人视为闯入者的疑虑，更是因为他们自己也不确定自己到底应该代表谁。在这样的情境下，经理人们通常都会服从于股东价值：尽管意外的损失在过去从未发生过。

创造股票市场的一个关键理由就是让股票流动起来——也就是让股票可以很容易地转换成现金或者其他股票。阿道夫·伯利和加德纳·米恩斯在1932年这样写道，"现代金融实现的功能是使得财富流动了起来而不是锁定起来"（Berle and Means，1991：248）。其中一个主要目标就是证券化，它"将目前还是'非流动的资本'转化成可交易的工具"，这个过程得益于"电信和网络技术大规模进步",从而提高了资本的流动性和全球化程度(Sassen,1998:XXXV)。既然收益的流动性是股票市场的基本目标,那就意味着股东对公司本身而言几乎没有责任,因为在这个特别的情境里构成流动性的就是缺乏人情以及脱离对公司的责任。公司作为一个长期的社会性机构,需要能源、资源、责任,甚至还有它的管理者的固定性;他们需要工人、顾客、经理人以及供应商,这些对组织具有认同的人。因为"责任要求始终存在",非流动性财产的所有者"在某种意义上,仿佛与之结婚了一般",而股票财产的所有者就与公司之间"没有直接的个人联系",因为他们已经将固定的公司财产交易并转变为流动性的形式——股票(Berle and Means,1991:249—250)。

然而,股票不仅在形式和特点上与公司迥异,它还拥有独立于公司、与公司完全不同的恢复与实现自身价值的机制:

> 流动性资产……在交易中获得了一系列价值,这一价值表现为市场价格,而市场价格却完全不依赖于,或者至少仅仅隐约与财产的基本价值相关。两种财产形式似乎……相关但并不相同。基础仍然是不流动的物质资产本身……需要人力服务,经理人……而与之相关的一系列证券,不断转手……几乎不需要人们去关照,这使得它在交易中的实际价值,或者说市场价格仅仅部分依赖于基础财产。(Berle and Means,1991:251)

股票交易所在历史上确定了股票的"可接受价值",而不是公司的"可接受价值",这是因为股票是从公司中剥离出的流动性财产,而这正是交易所运行的机制。那么,股票就不是像华尔街现在使大多数美国人相信的那样,是公司的一部分,是公司的镜像和忠实的资源库。股票属于一个发散的社会结构(股票市场),这一结构的运行不仅仅与公司运营相分离,而且遵循着多重的目标。比如,尽管相应的公司组织本身基本没有什么变化,股价可以极高也可以"价值低估"。"最不同寻常的是,一个流动性证券的价值可以单单源于其流动性"(Berle and Means,1991:251)。

这些股票与公司的不同并不意味着股票已经与公司"分道扬镳"或者从公司的具体形式中抽离出来,但说明了股票价格所代表的一系列价值已经历史性地与公司相分离。股价的变动可能基于股票市场的高交易量、恐慌、套利,也可能与对一个新领域或者新技术的预期或者全球经济趋势和指标有关。股东"真实权利的特性就在于股票本身,在于分配给他的收益,在于出售股票获得的收益。事实上,他已经用放弃控制权换取了流动性"(Berle and Means,1991:251)。他的"权利"以股票始、以股票终,而无关公司。重要的是,华尔街和公司仅愿意也仅能够出售公司股票,这是因为对公司股票的所有权被理解为一种可以通过在股票市场上卖出股票而获利的机会,而不是个人对公司的承诺。"这种控制权缺失是公开交易股票的一大特点,组合投资者不仅仅接受它而且也赞同它。在美国发展起来的工业股票的市场促进了股票所有权和全局控制权的分离,因为它为美国的家庭提供了流动性同时不要求任何承诺"(O'Sullivan,2000:70)。股票是一种"流动的"商品,是一种买家可以在任何时候交易的东西——当然,这有赖于股票市场本身支持了投资者的信心并保证了充足的交易量。

证券市场是被精心建构的,接着它让"投资者把他们的股票当作一种金融资产而非参与公司事务的载体……早些时候的那个古朴的时代对今日的扭曲没有任何侵蚀"(Werner and Smith,1990:128)。通过这样一个以区隔为基础的设计,股票被有意"设计成目前机制所能够达到的尽可能接近货币所具有的随时可交易的优势,尽管这种交易没有一个稳定的价格"(Berle and Pederson,1934:11)。正如齐美尔在《货币哲学》中论述的,股票市场有助于创造股东相对于公司和它的经理人的独立性。股票市场既是连接者也是分离者,它在将个人与股票相连接的同时,也因为股票的可交换性和流动性,使得个人与公司的实际控制和日常运营相分离。齐美尔预言,股份制公司(也就是现代企业)是货币经济的"顶点"和最终表现,因为公司"完全独立于个人股东,不受个人股东影响,因为个人股东除了在公司中拥有一些钱以外,公司与之没有任何关系"(Simmel,1997a:245)。在股份制公司中,"股东单纯地因股东利益联结在一起,在这个意义上他们甚至不关心企业生产的是什么"(Simmel,1990:344)。股东拥有的是与其他股东的

第四章　股东价值的叙事起源及其新古典主义经济学基础 | 303

联结；作为投资者，他们联合起来只是简单地因为他们"共同占有了一大堆钱而已"（Simmel，1997b：245）。讽刺的是，今天，通过一系列观点、势力和行动的汇聚结合，华尔街及股东价值的拥趸们重新定义了这些假设，以至于如齐美尔所言在历史上"与公司毫无关系"的人现在控制了公司。

还有一点很重要，那就是齐美尔对持股与股份公司之间关系的理解建立在他对于现代货币特征的一般性分析之上（现代货币既带来了令人欢欣鼓舞的个体化的自由，也带来了"生活的乏味"，并松散了人与人之间的联结），但我并不把股票视为被与生俱来的"货币特性"所刻画，我也不假定货币本身能遵从于自然的并预设其运转与影响的普遍逻辑。准确地讲，我将股票和股票市场理解为一个特别的文化形成和社会联系过程，在其中，股票被历史地注入了一些特点，嵌入到地方性的社会维度之中，同时被一些独特的规则所支配。[14] 此外，尽管齐美尔认为，货币"通过在人与对象之间制造罅隙，不仅仅持续地破坏有益的、支持性的联结，而且还铺设了一条让他们独立于彼此的道路使得他们可以找到令各自满意的发展路径而不必叨扰另一方"，我并不假定金融在其本质上就松散、破坏或者抽象化了人们的联结（Simmel，1990：337）。相反，我将金融视为一种常常与许多人和共同体相冲突的价值衡量方式，恰恰是这种科层化的冲突，而不是货币本身的特性，才导致了这种疏离和破坏的感觉。

这一部分强调的一个竞争性的历史视角——精心设计的

是流动性而不是控制权——表明,"'缺少对工业企业控制权'的公众股东仅拥有公司的收益权这一现状并不如有些人认为的那样是由公司经理人或者由政府管制者推行的结果";这种"缺失"是在特定历史结构和持股结构中精心建构出来的(Lazonick and O'Sullivan,1997:15)。因此,使用股票价格作为衡量公司价值和成功与否的标准当然要引起警惕,因为除了使用这一流动性价值是不合适的之外,股票价格与公司实践在文化意义上和历史意义上均无关联——更不必说股东根本没有参与到公司的日常运营当中了。然而,因为今天的企业已经成为了流动的投资,它有赖于股票市场的波动,同时也遵从于一套新的预期和治理结构。股东始终控制着公司这一观念的胜利将股东与股票市场在历史和时空位置上的分离隐藏了起来,这使得华尔街(作为股票市场上的机构声音)获得了对企业的控制。具体地说,这意味着那些具有与公司历史完全分离且缺乏承诺的、价值被流动性界定的、具有灵活而多变的经历的人们现在成为了指导公司的人。尽管传统财产观念的一部分被找回来了("所有者"控制财产),但是另外的更为实质部分的传统——所有者投入其中,与财产紧密相连——却已经渐行渐远了。

在华尔街的观点看来,公司目前接受的是一种曾被经理人"忽视的"并且分离地处在股票市场中的评估标准,而且能与股票市场"和谐相处",这是一种积极的改变,是对曾经认为公司是一种社会组织的错误理解的修正。然而,这一融合事实上并没有促使分散的、个体化的股东投入到公司中去。华尔街将个体股东描绘成在本质上是无组织的、无法保护自己利益的群体,通过为他们说话,华尔街就将股东们作为一种雇佣兵组织起来了。将股票市场视为衡量公司成功与否的唯一标准,视为公司配置资源和优先级的判断标准这一观念不是19世纪的创造,而是1980年代的创造。"从历史的视角看,对美国企业资源配置的市场控制是近来才显现出的发展趋势"(Lazonick and O'Sullivan,1997:10)。尽管被有关合法性的历史叙事强化了的华尔街认为这种股东价值的"回归"是对美国企业原初的、纯粹的状态的回溯,但这事实上是一种全新的现象。

现代企业与新古典假设的再定义

现代企业最根本的是什么?它又是如何动摇了新古典的观念的呢?企业的发展壮大通过创造了"所有权和控制权的分离"引发了一场美国社会经济组织的"革命"(Berle and Means,1991)。考虑到标准的预期是所有者和经理人应该是同一的,那正是这种分离拆散了新古典逻辑所依赖的事件顺序和一致的假设。正如伯利和米恩斯所言,关键的问题在于"缺少足够控制权的财富所有权和缺少足够所有权的控制权似乎成为了公司发展的逻辑结果"(Berle and Means,1991:66)。(此外,股东曾经"控制"过公司这一观念的演化表明,像伯利和米恩斯这些批评新古典价值和结果的学者同样认同新古典的观念。)[15] 在现代公司中，经理人进行战略决策并对经营活动进行监督，而由于雇员在企业的日常经营活动中发挥专长，他们同样也对企业的利润作出积极贡献。因此，当被认定的财产所有者为了收益而将控制权及其他当然的权力拱手相让时，新古典主义的资本主义因果顺序就被割裂了。驱动着整个体系的所有权与控制权之间的紧密联结——"组成财产的原子"——就被拆散了（Berle and Means, 1991：8）。企业不可能毫无问题地被视为资本家个人意志的延伸，因为利己主义和效率的价值在这里会受到威胁。随着管理层控制力的提升，即便是被认为与企业的法定定义和主流假设相一致的股东权利也开始被逐渐削弱了。

经理人是现代企业发展进程中新的、非预期的结果；他们的控制力威胁到了商业常识的基础，因此他们便成为了股东价值倡导者所针对的关键目标。一个主要的新古典主义对此的不满在于，这一新阶级拥有的股票数量太少了，以至于打破了运营公司是为了获取个人利润这一关键观念。经理人（被认为是）没什么动力去有效率地使用公司的资源，因为除了为了自己的利益没有什么其他动力（社会的或者其他的）能够让一个人去运营一个公司。基于这一利己主义的新古典假设，经理人的行动只有两种解释：要么他们运营的公司是无效率的，因为他们无法占有利润也就无法满足他们获取个人利益的自利性需要；要么出于自利，他们运营公司时，为了让自己富起来，因而盗取公司所有者的财富。正如伯利和米恩斯论证的，"在公司的运营中，管理层……能够通过牺牲企业利益满足一己之私而不必为企业创造利润"（Berle and Means，1991：114）。因为自利是新古典逻辑认为的最显而易见的动机，因此唯一的结论就是经理人已经通过篡夺真正的所有者应有的位置去运营公司来为他们自己的利益服务。（经理人的）自利开始与整个新古典体系作对，这对于新古典主义者而言十分有悖常理。

另一方面，新古典主义的教条同样意味着，为了让经理人能够有效率地运营公司，他们必须能够分享一些公司利润。根据利益的逻辑，如果只有那些能够获得财产果实的人才能够有效率地运营公司，那么经理人们怎么能够被期待在不能分享公司利润的情况下很好地运营公司呢？单单把利润分给股东/所有者在（私有）财产的逻辑上是正确的，但是在利益驱动的逻辑下却是不行的，因为股东"不再"掌控公司。这样，传统的利润概念也分崩离析了。这些新古典的规范创造了一个问题重重、站不住脚的所有者和经理人的关系，这种敌对关系日后就被利用来号召捍卫股东价值。这一逻辑的应用催生出这样的观念，即只有一方有资格得到宠爱：公司必须要么是股东的延伸，要么是经理人的体现，就是不能是双方的共同体现，至于其他群体，被默认为排除在公司相关方之外了。甚至是那些认同管理者资本主义的人都极少会去讨论除"自利"和"意欲完全控制公司"之外的其他动机或者管理层影响的结果，哪怕是只言片语也很少见。

新古典对于管理主义的批评开始转向一种非常强烈的叙

事：股东是被欺凌的，他们由于原本集中的持股变得分散化而陷入了无权的境地，而与此同时为自己服务的经理人们完全为了他们自己的利益在运营公司。在这样的戏码里，所有者被界定为了受害者，他们在现代公司中的权利角色被篡夺了他们位置的经理人拒斥了。正是部分由于这种认为被错置了的所有者要回他应得的公正回报的观念激发了追求股东价值公正的（以及道德主义的）激进主义。然而，这一思潮简单化地将现代企业的股东与私有企业的所有者等价或者"再整合"是非常有问题的，因为股票价格成为了公司作为一个整体的具体化体现，而不仅仅是多种属性中的一种社会实体属性。给定这种新古典的潜台词，我们就能够明白为什么华尔街会认为由那些持股量不足的经理人运营公司就是"不正常的"；为什么企业组织将收益留存对自身进行再投资，甚至是投入到雇员和社团当中，也会被认为是对所有者与财产之间关系的破坏；为什么经理人考虑工会和其他公司组成方的需求，或者仅仅是推迟收益，都会被认为是侵夺股东的价值。因为简单地说，他们在花不是他们的钱。这里的关键之处在于运营企业的经理人没有自利基础（因为他们不拥有股票）就不会被信任，因为用股票市场衡量的自利是成功的商业最为基础的引擎。其他任何行动都会变成自我服务，因为与自利不同，自我服务与效率和繁荣没有概念上的联结，自我服务行为必将导致经理人对股东福利管理的惰怠。

伯利和米恩斯，像许多经济学家一样，非常担忧新的公司体系将会削弱美国工业企业的基础,即"个人首创精神这一基本经济学原则",但是他们同样意识到简单假定管理层的自利、假定他们拥有相较于股东来说毫无疑问的特权是危险的。[16] 他们写道,"投资者屈服于获得财富而放弃了控制权,卓有成效地破坏了旧的财产关系的同时……提出了如何重新定义这些关系的问题",伯利和米恩斯意识到,公司中经理人和社团的角色和位置都是"有待定义的"(Berle and Means,1991:4)。尽管多数经济学家和金融学家们简单地把经理人盗窃股东财富视作理所当然并忽视新的公司结构转变传统的对私有财产理解的可能,伯利和米恩斯(Berle and Means,1991:7、9)却看到了叩问新古典思想核心的重要性,他们问道,随着"企业逐利本质"的变化,"现代公司能够或者最终会走向何方?"既然所有权的历史"特性"——投资企业,然后管理企业——"不再指向同一个个体",而是由不同的群体负责,因为"股东为了财富让渡了控制权",那么,他们指出,"传统的财产逻辑"是否仍然有效就是可疑的,因为作为所有者股东对"他的"财富——也就是公司——所拥有的权益关系已经"在本质上改变了"(Berle and Means,1991:297—298)。

面对新古典逻辑的基础,伯利和米恩斯进一步直接挑战亚当·斯密的主要原则,展现它们的不完善和不可行:

> 经济学家、法律学家和商人们脑海中的经济生活图景,已经被亚当·斯密非常巧妙地描绘了出来。在其著

作《国富论》中，包含了贯穿于大多数现代思想中的基本概念……私有财产、私人企业、个人的首创精神、利润动机、财富、竞争——这些都是亚当·斯密用来描绘他那个时代经济的概念，他试图运用这些概念向人们展示，如果每个人在金钱方面的自利能够得到自由的发挥，那么将会使人类的需要得到最佳的满足。19世纪大多数学者的理论都是建立在这些逻辑基础之上的，而现代的经济学文献，也在很大程度上采用了这些术语。（但**这些术语已经不再是准确的了，在用来描述由大公司所经营的现代企业时，这些术语很容易引起误解**……）它们在美国经济组织中的主要领域已不再适用。意味着关系变化的新术语，已经变得非常必要。（Berle and Means, 1991: 303，文中加粗部分为我的强调）*

他们让读者注意，亚当·斯密写作的年代是一个只拥有几个工人和学徒的小企业主经商的年代。因为现代公司和股票市场的发展，现在存在着多种不同的财产和财产观念，这是不能与"旧"的"私有财产"观念相混淆的（Berle and Means, 1991: 297）。商业共同体需要重构它的范畴，因为"我们必须牢记这些看起来与亚当·斯密设定的统摄经济活动行为的原

---

* 该段译文引自甘华鸣等翻译的《现代公司与私有财产》，商务印书馆2005年出版。——译注

则**不相适应**的部门"(Berle and Means,1991:304,黑体为我的重点)。而相反地,股东价值的要素却是用斯密对于公司的批评来提出相反的需求:用过时的经济规律和规范改造现代公司。

伯利和米恩斯提出了一个对私有财产的不同思考。任何对于现代经济的理解,"就我们所处理的准公共公司而言,必须讨论两种形式的财产,主动性财产和被动性财产,它们在大多数情况下掌握在不同人的手中"(Berle and Means,1991:305)。他们做了如下区分,"被动性财产",即股票和债券,它们"在企业中为它们的所有者带来收益",但是"却没有对企业事实上的控制权",也"没有责任";"主动性财产",他们将其定义为一种由"几乎只拥有少数所有者权益的个人"拥有的实际控制权(Berle and Means,1991:304—305)。尽管主动性财产和被动性财产的概念并不是对斯密的私有财产图景的完全拒斥,但至少是一个开始。他们警告并反对被动性财产和主动性财产"象征"上的融合(这恰恰是股东革命做的!),同时他们也质疑在新古典语境中,主动性财产是否可以被"占有"并被"视为一种私有财产"。

进一步地,他们通过证明甚至动机的性质也发生了改变来批评新古典的利润动机。"对于亚当·斯密及其追随者来说,从驱使人们行动的所有动机中抽象出一个追求个人利润的动机来作为人们经济活动的关键是可能的。他们可以得出这样的结论,在真正的私有企业存在之处,个人利润就是一个有效且对社会有益的驱动力"（Berle and Means，1991：307）。然而，在现代公司中存在着许多组成单位、需求和目的，伯利和米恩斯意识到，如果股东能够声称具有排他性的控制权，那么公司和社会如何从中受益就变得"不清楚"了。尽管它们并没有对主动性财产提出新的动机和安排，但他们的目的在于将这一话题提出来从而引起重新思考。然而，他们确实提到了，对于这样一个大规模的社会企业来说，多元群体间的协调和行动的改善相较于个体主义价值、单一群体对所有利益的声索以及激烈的竞争而言是更有裨益的。

在最后，伯利和米恩斯拒绝旧的私有财产观念。通过以实业家瓦尔特·拉特瑙举例，他们认为，因为"所有权的去个体化"，现代公司"呈现了一种独立的生活"，它不属于任何人，就像国家或者教堂（Berle and Means，1991：309）。这样，现代公司就不应该"用商业企业的术语分析，而应该用社会组织的术语分析"。他们强调为了"公共利益"和"广泛的不同经济利益"对这种所有权进行管制的重要性，他们论证道，经理人必须开始"承担起所有从属于这个组织的人的福祉的责任……不管他是工人，投资者还是消费者"（Berle and Means，1991：309—310）。[17]他们开始建造一个公司能够更负责任地被治理的模型。"所有权和控制权都不能凌驾于整个共同体的利益之上"（Berle and Means，1991：312）。他们解释道：

然而，取消被动性财产所有者的独占利益并不必然为……要求新权力的使用应该是为了控制集团所能获得的利益……（**没有任何传统支持这种主张。相反，控制者集团已经肃清了道路，为比所有者或控制者更加广泛的集团提供服务。**）他们已经将社会置于这样的地位，要求现代公司不仅仅为所有者或控制者服务，而且要为整个社会服务。（Berle and Means, 1991：312，文中加粗部分为我的强调）*

所有权和控制权的扩散打开了将共同体的声索纳入财产权利的全新概念之中的空间。"可以想象……几乎是必不可少的，"他们写道，"对大型公司的'控制'应当发展成为一种纯粹的中立的专家治理，它平衡共同体中来自不同群体的一系列利益要求，基于公共政策而非私人的贪婪给每一部分群体分配收入流"（Berle and Means, 1991：312—313）。没有哪一个群体应该以牺牲其他群体利益为代价获益。因为公司将成为现代世界的主导机构，与国家的政治与治理权力不相上下，商业实践必须变得类似于"经济的政治才能"（Berle and Means, 1991：313）。

---

* 该段译文引自甘华鸣等翻译的《现代公司与私有财产》，商务印书馆2005年出版。——译注

管理的挑战

现代公司没有简单地变成新古典主义的梦想的反映。在股灾的创伤中，在大萧条时，在罗斯福新政里，在华尔街和投资团体被剥去了对公司的影响力的时候，在二战之后公司不依赖华尔街和股票市场的史无前例的增长所带来的繁荣里，"利益相关方"管理资本主义的倡导者使他们对于公司治理的观点和价值成为了主流。尽管历史学家和美国资本主义的学者经常将公司经理人和华尔街相提并论，但将他们分开理解十分必要（或者至少在描绘他们之间共同点的同时也要刻画出他们的分歧），同时要记录下他们是怎样随着时间推移而发生变化的。我要讨论从二战战后到1980年代早期，"管理者价值"是如何通过将稳定、增长乃至社会责任改写为股东价值的创造者来重构股东价值的构成要素的。持股实践本身也变为相对长期的行为，因为股东被重新定义成耐心的、不过分要求的，而非将持股行为理解为"不小心的"和投机的。

早在1914年，沃尔特·李普曼就观察到"商业的真正新闻"是"管理者都不再是收益者。经理人都是拿薪水的，他们与所有权和讨价还价过程都相分离……盈利动机不再是他们的动机。这是一个令人拍案惊奇的变化"（Smith and Dyer, 1996：48）。正如史密斯和戴尔（Smith and Dyer, 1996：44）所解释的，"这一关于公司经理人的责任的观点得到了像哈佛商业学院这种智库的支持，对于经理人而言，否认排他性地聚焦于利润是符合常理的,他们声称他们真正关注的是在更广泛的组成单位中平等分享公司的收益。"奥沙利文(O'Sullivan,2000：102)叙述了对管理的专业素质的日益强调以及这样的观念："像所有的专业人士(经理人)那样,有着对社会整体的责任。"经济学家保罗·巴兰和保罗·斯维奇(Baran and Sweezy,1966：21)指出,在1960年代以前,现代企业的经营还没有在"它仅仅是扩大版的传统企业"这样的假设之下。尽管大多数"正统经济理论"继续沿着从古典理论衍生出的道路,将公司描述为和"利润最大化的个体企业主"完全相同的情况,许多商业共同体中的人们认为,现代公司代表着"与个体企业主旧形态的质的断裂,从中可以期待它有着根本上不同的行为模式"(Baran and Sweezy,1966：20—21)。在1956年美国经济学会的年会上,经济学家卡尔·凯森在公司目标和行为中提到了"质的断裂"。他将"由管理定义的广泛责任"描述为现代公司的"行为特点"之一："所有权的代理人不再寻求投资收益的最大化,管理者将其视为要对股东、雇员、顾客以及一般大众,尤其是对作为组织本身的公司负责……从这种观点看,这些行为可以被认为是'负责'：没有贪婪和攫取；没有尝试将公司的部分社会代价转嫁到工人或者共同体上"(Kaysen,1957：314)。凯森接着声称,明显地,"现代公司是温情脉脉的"。在读到凯森的时候,巴兰和斯维奇(Baran and Sweezy,1966)告诫道,尽管现代公司是一个不同于利润最大化的个体的有机体,但是这些公司的主要目标依然是营利，管理者的高收入以及收入的增长。当然，在多大程度上现代公司可以被理解为"温情脉脉"是存疑的，如果从对公司漫长的剥削史来考虑甚至是牵强的，但是对我而言，阐明公司可以变得温情脉脉这一受欢迎的信念十分重要，因为"所有者"的利润最大化不应该成为商业的唯一指导原则，在"中立"经理人领导下的公司可以调和多元组成单位的增长。在这些例子中，蓬勃的资本主义实践变得愈加令人沮丧，或者至少是不安定的，将注意力更加狭隘地集中在财产和利润上。这样做的风险是很大的，因为声称现代企业拥有温情是对"传统的"经济思想的冒犯与挑战。

1957年，西奥多·豪泽，当时的西尔斯罗巴克公司的首席执行官，在哥伦比亚大学商学院研究生院发表了一系列演讲。[18]在一个题为"大商业和人类价值"的演讲中，豪泽指出了一个大的组织的管理是如何追求增长和利润的，"商业的最终目的"没有"在这一过程中摧毁人类的价值"（Houser, 1957：xi）。他特别提及了有关公司组成单位和责任的论辩，论辩的一方是股东、股票价格和华尔街，另一方则是公司长期稳定而多元的组成单位。他提出这样的问题，"如果股东拥有公司，那管理层是否在执行他们的命令？"他对此的回答是这样的：

> 答案在一定程度上要基于这样的事实，广泛分散的持股所有权并没有在一般意义上带来责任感。而以物质占

有为基础的其他方面的所有权则会给所有者带来很大程度上的责任感,这将带来忠诚感和自豪感——一种持续梦想的感受。对于仅拥有公司的股票利益的人来说,这种态度显然是极度缺乏的……他具有很强的离开一个公司转向另一个公司的流动性,正如纽交所的交易所体现的,其总市值的周转率意味着所有上市公司 5—6 年就被全部换手一次。(Houser, 1957:32)

股东是易变的、高流动性的、不负责任的。(与今日动辄在数周内上万亿的换手相比,当时 5—6 年换手的周转率本身就意味着华尔街如今与在 20 世纪中叶时还是明显不同的。)豪泽将股东和经理人的这种冲突重新定义:从经理人被视为股东的不合适的代理人,到经理人被视为对股东不负责任(行为)的抵抗。经理人和股东之间没有相似的利益或动机,因此应该保持分离。

在豪泽看来,公司的利益和股东的利益本来就是完全不同的:"公司最为期待的、必需的长久利益"和股东内含的、短期的私人利益之间的"基本冲突"始终存在。"只要社会从属的历史继续",公司的运营就在继续,这就是说公司不会依据同样的时间线、观点或者像"任何人类的一生"那样去运营(Houser, 1957:36)。豪泽还认为,新的公司经济使得新的商业结构和组织过程十分必要。资本主义个体工人的观念已经发生了改变:"诸如技能努力和首创精神这种自然能力依然有升值空间，但是这些都必须在一个组织框架内才能实现。**这对于个人而言最终意味着，这些无法在自由市场中实现而只能在组织的治理过程中实现**。"（Houser，1957：4，黑体为我的强调）他强调现代公司作为一个为人类物质需求和文化需求服务的社会组织的重要性，在这样的脉络里，"那些被赋予了领导这些伟大组织的能力的人应该开始构想，他们的报酬部分来自于他们对整个国家进步作出的贡献的令人满意程度"（Houser，1957：28）。他的论述走得太远以至于将商界领袖等价于教育家、科学家和公仆，以此来强调给予雇员信心与安全的重要性。

相较于这种管理者报酬的多元意义，今天管理者的报酬要么是建立在短期股东价值基础上的股票期权，要么是基于公司的交易规模而不是质量建立的绩效报酬体系。这一转变使得高管的薪酬与员工的工资和组织的"健康"彻底分离。在20世纪的大多数时间中，那些被赋予了战略投资决策权的大型组织的经理人们，主要的精力都在处理组织的社会关系以及"组织学习"*的过程当中。这样，直到1980年代，他们作出的公司资源分配的决策在某种程度上就是基于对企业的知识以及经理人的"组织控制"，这确保了"对美国产业的金融承诺"（Lazonick and O'Sullivan，1997：9）。尽管受制于很多缺点，比如拒绝将工人整合进组织学习过程，建立"体力"

---

* 组织学习（Organizational learning），组织管理学术语，一般指组织为了自身的生存发展而不断进行知识习得与生产，从而适应组织环境不断变化的过程。

第四章 股东价值的叙事起源及其新古典主义经济学基础

和"脑力"之间的科层文化的区隔,1920年代以来的承诺金融以及管理体制的知识使得"追求创新投资策略"成为可能(Dudley,1994;Lazonick and O'Sullivan,1997:15)。形成鲜明对比的是,1980年代对于"市场控制"的金融支持者希望"金融流动性而不是金融承诺"。"市场为导向的公司治理体系"的一个本质特征就是"假定制定战略的经理人与公众股东的行动完全一致,尽管并不总是这样"(Lazonick and O'Sullivan,1997:8、10)。尽管这些经理人通过绩效和股票期权(与股票市场相连并受其保护)获得天价的个人报偿,大多数"被分离的"雇员只能忍受低工资和不稳定的工作。

我们足可以认为,二战后直到1980年代美国资本主义想象出的共同体和价值的的确确表现出了与20世纪早期(还有20世纪晚期)自利的、利润最大化的个体主义资本主义的决裂。尽管存在多种失误和异常的失败,但至少那时的公司会将自己**想象**为致力于生产增长和公共服务的稳固的社会机构。处于不同地位的工人和共同体都期待着美国企业能够帮助数以百万计的美国人实现美国梦;他们都有着这样的理解,即公司是可以与之讨价还价的。如果公司没有被设想成社会机构和公共机构,那么这些关于向上流动的期待和凯瑟琳·玛丽·达德利所描述的"机会的传统"就是不可能的:"战后的这些年深刻地影响了国民心态。连续30年不间断的工资增长塑造了几代美国人的愿景与期待。在这些年里,认为每个人都在参与到一个机会的传统中是十分可能的。显著的不平等仍然存在……但用肯尼迪总统的话说,'涨潮'的确可以'浮起所有的船'。"(Dudley,1994:xx)毫不令人奇怪的是,在 20 世纪晚期的社会经济重构过程中,美国工人遭遇到了"预期的危机"(Dudley,1994),因为在股东价值的逻辑下,对于涨潮的想象是无法置信的。自从股东价值成为了衡量公司成功和实践的主要标准之后,许多好公司衰亡的事情被记录了下来。[19]

持股与战后华尔街的世界观

考虑到管理资本主义的相对主导性地位,假设华尔街的价值在这一时期一成不变就不符合史实了。这样的一个假设不仅仅会强化现实主义世界观的主导地位,同时也会通过使得他们对于改变无动于衷而强化"市场"价值。例如,在这一时期,持股的本质发生了变化——华尔街对其本质和强度的理解,持股的承诺取向,股东价值以及何种实践创造最正确的股东价值。这些改变是不能和断裂的、不稳定的公司和福利资本主义的支配地位以及公司内多元利益相关者的竞争关系相割裂的。这样的改变同样体现了"价值"的协同生产以及不同维度的制度安排。资本主义精神不管看起来有多么地稳定,实际上却是因时而动、因势而异的。

历史学家史蒂夫·弗雷泽在唯一的一部讲述华尔街在美国文化中的角色、表征和符号化生活的文化编年史中这样描述道,在 1929 年大萧条之后的至少 40 年里,无论在隐喻上还是字面上,华尔街就是一个鬼城。被大萧条重创之后,在接下来的四处蔓延的长期的萧条之中，华尔街陷入了急剧的衰退，而持股（华尔街推崇的并用于其文化合法性的概念）也变得具有欺骗性、非生产性和不稳定性（S.Fraser，2004）。为了限制华尔街的权力，国会采取了一系列措施，如通过格拉斯－斯蒂格尔法案、1933年证券法和1934年证券交易法。这些改革是旨在保护投资者的"市场和交易的改革"。格拉斯－斯蒂格尔法案禁止商业银行（吸收公众存款的银行）投资股票市场；证券交易法创立了证券交易委员会，要求对投资者披露足够的证券和发行者信息，同时监管股票交易所的证券交易。[20] 罗斯福新政帮助建造了一个"拯救"了美国资本主义的社会福利体系，但是"并没有改变它"，新政极大地削弱了华尔街投资银行和股票市场，同时为新的资本主义关系以及为公司管理者对美国企业事务的领导与控制创造了条件（Williams，1966：439）。

这种情况不仅仅使华尔街投资银行和纽约证券交易所业务稀少、差评不断，而且使得美国企业能够摆脱华尔街的金融支持，更摆脱了华尔街的意识形态。"迟缓的市场"和华尔街地位的下滑从就业和技术等多个层面拒绝重构持股概念和股东价值意涵可以明显地看出（S. Fraser，2004：478）。通过引用《财富》杂志的一篇文章将1940年代的华尔街描写为"黯淡的地区"和巴伦的文章将华尔街视为"衰落的产业"，弗雷泽认为，华尔街是"唯一对一般意义上的经济发展没有什么帮助的产业"，一个很生动的例子就是"好的家庭是不会让儿子在华尔街工作的"（S.Fraser，2004：473、480）。"在1928年那美好的旧时光里,哈佛商学院有17%的学生到华尔街就业;而到了1941年,这一比例是1.3%。近来一个普遍的观点认为华尔街没有人理解辛劳工作意味着什么。"(S.Fraser,2004:473)在这一时期,券商在关闭它的分支机构,许多投资银行关闭它们在华尔街的办公室而迁往郊区。在1920年,"数以十万计的电传机时断时续的沙哑音线为华尔街的舞步提供着爵士乐般的伴奏","到了1941年,只剩下了2000台电传机,它们的节奏也随着华尔街的日渐安静而慢了下来,美国人的耳朵也几乎听不到这里的声音了"(S.Fraser,2004:473)。利昂·莱维,奥本海默投资基金创始人之一,在2002年的时候回忆他自1948年进入华尔街以来的变化,他生动地描述了1950年代的景象,"盯着磁带机的人必须是一个特别耐心的家伙,因为道琼斯每一个小时仅计算一次它的工业平均指数,即便是这样还经常延迟"(Levy,2002:43)。甚至美林创始人查尔斯·美林也将1950年代的股票市场波动描述为"马拉车一样迟钝的速度"。因此,按照这样的描述,华尔街本不能进一步发展出近来这种毫不费力的技术霸权、遍布全球的影响力和无处不在的实际权力。这一时期黯淡的华尔街构成了股票市场与美国商业的成长与扩张并不一致的最为内在的证明。

在20世纪中叶,道琼斯工业平均指数要么停滞不前要么缓慢地微幅上扬,因为对于公司——或者股东而言,让股价上涨并不是首要的事情。"道琼斯指数再一次触及1929年的高点花了整整25年。但更能说明问题的是,成交量直到1961

年才超过 1929 年的高点。一个曾经与风险同义的地方现在却对风险避之唯恐不及"（S.Fraser，2004：479）。"成交量"的缺乏说明即使是那些拥有股票的人，也不会频繁交易；主流的股票投资策略就是持有股票，等待股票缓慢升值，获得稳定收益。正如莱维（Levy，2002：44）所描述的，"那时的股票比现在少很多，他们也没有现在交易股票那么频繁。当时的日成交量也就是十万的量级，而现在已经数以亿计。（今天的股票数量则是 1955 年的 100 倍。）在 1950 年代早期，纽交所每年股票换手率大概在 15%—20%，而今天则有 106%。"

在这一背景下，人们可能会认为华尔街对于持股和股东价值的实践吸收了乃至反映了管理资本主义的主流观念。持股行为耐心的时间线使得公司可以遵循他们"内在的"组织时间框架，而不必面临来自于股东的持续压力，即便是个人股份也在为二战后的机构整合让步。说服并迫使公司管理层持续地抬升股价的动机显然是不存在的，这种动机需要通过两种方式实现，首先要积累大量的股票（提升"所有权"的声索），然后要频繁地买卖（这样会增加股价的上下波动）以使得股价能够反映对公司策略的支持与反对。"基金经理作为华尔街的一种新的类型出现了；它直接的结果是使曾经的暗淡重焕光彩，成为了华尔街毫无特色的'机构化'的载体。"机构投资者的持股规模在 1971 年是 2190 亿美元，"主要集中在道琼斯工业股票里的安全的、高市值的蓝筹股，比如通用电气、通用汽车以及宝洁公司。这些股票被称为'一次决策股'——你一旦买入就持有到永远"（S.Fraser，2004：496）。股东不仅仅是将投资作为随着股票缓慢而稳定的升值获得收入的过程，而且通过这些行动，他们帮助创造了大萧条之后的一个时代，在这个时代里许多股票都是相对稳定而安全的。

或许最重要的是，大多数个人和机构都避免成为股东。在1950年代，"只有5%的美国人拥有股票"（Levy，2002：43）；机构投资者拒绝投资股票市场以及在很多情况下，被禁止投资股票市场。根据具体的州的不同情况以及立法规定，大多数从信托基金到共同基金、养老基金等大型基金的股票投资都被限制在组合规模的50%以内，且大多是25%以内。即便是有这样的限制，大多数的信托投资者和机构投资者都没有要去松动这个限制。股票被广泛地认为是高风险的，大多数专业投资者选择"将他们的全部组合投资于债券当中"（Levy，2002：43）。相较之下，在21世纪初期，如果有基金经理投资债券，那么他就一定会被炒掉，因为这是"愚蠢的保守"（Levy，2002：5）。[21]

鉴于这种激烈的质疑，证券业开始致力于改善它的境况。在1940年代，查尔斯·美林致力于"将股票市场的福音传播给'受到惊吓的大众'"，他所做的一项公众意见的调查显示，大多数美国人对于证券行业依然深深地怀疑（S.Fraser，2004：479）。在1950年代中期，纽约证券交易所发起了大量的公共关系活动，借此教育公众的同时也聚集更多的股东、增加购买股票的行为：

美国公共关系协会纽约分会会长对一个投行家团体说,华尔街是公共关系的灾区,大多数他们的同胞都认为他们是一群"大腹便便,戴着礼帽的富翁",是不讲信用的"自私自利的阴谋家"。他号召一次全面的宣传反击,通过出版社、电台以及最新的大众媒体,电视。但是这是一个艰巨的任务:怎样才能让人们摆脱将市场看作一个赌场的想法,同时把它重新想象成一艘在向上流动的波涛汹涌的大海上航行的经得起风浪考验的航船,而且操纵这艘船的经纪人还不是醉醺醺的船员,而是"专业的"圣明的投资咨询师呢?(S.Fraser,2004:479—480)

纽交所的公共关系与市场发展部同纽约市的阿尔弗雷德伯利兹调查公司合作,"致力于为交易商团体对大众投资者和国家经济的持续服务供所必需的数据事实"(New York Stock Exchange,1955:5)。通过消费者调查和实地访谈,伯利兹调查公司主要关注如下话题和人群:首先,他们进行了一项对3000人的全国范围的调查,用以代表"美国公众的截面数据"来探索他们对普通股投资、纽交所以及华尔街企业的"知识和态度"。第二,他们关注为什么高收入投资者,即年收入7500美元以上的人,"投资或者不投资普通股"(New York Stock Exchange,1955:4—7、17)。调查的发现令纽交所大失所望,他们发现超过90%的成年被调查者即便是"投资一些额外的钱"也不会考虑股票市场,更有多达77%的人无法描述出股票是什么。[22]甚至当阿尔弗雷德伯利兹调查公司去调查高收入人群的时候,发现这些人投资有人寿保险、住宅产权、储蓄账户、养老基金、不动产和债券,但是大多数都不投资股票市场。他们不仅仅认为股票市场风险太大、太无规律、太不安全;他们还将一般意义上的"投资"看作是关于长远的安全保证,它能够带来"舒适而安全的晚年"以及"家庭的安全",这是大多数普通投资的目标。即便是那些已经拥有股票的高收入人群,也只有12%的人将"快速获利"作为目标(New York Stock Exchange, 1955: 34—35)。

美国企业充分利用华尔街的衰落以及大众对投机者的态度:大型公司积极地与华尔街划清界限,表达出与之不同的商业世界观和优先选择。正如弗雷泽(Fraser, 2004: 488)所描述的,"大型上市公司的世界与华尔街保持着谨慎的距离。而这一疏离的实际后果是,战后美国企业的财务独立性大大增强……繁荣的时代意味着公司拥有大量资本资源来支持扩张与创新。从1950年到1973年,非金融企业基于自身内部资源为其93%的资本性支出提供了资金。在战后的时代里,平均有70%的公司利润再投资到了公司当中,相较之下,1929年只有30%。"而且,部分的美国企业的战略就是要与华尔街"拉大距离",以此来"致力于可以被称为精神建设的事业,创造协作精神的商业意识形态,看重对员工和当地社会的社会责任"(S.Fraser, 2004: 486—487)。这一财务制度结合世界观的转变和华尔街的衰退,使得股东价值在企业的日常实践中相对于其他优先级来说退居到了次要的位置上。"与今天相比,几乎没有什么声音在讨论股东价值;相反,那些匿名化的股东群体就退居到了次要的位置,而比他们更重要的,是那些更活跃的群体,要求更高的组成单位和客户"从联合起来的雇员到顾客(S.Fraser,2004:491)。与此同时,公司管理层们继续批评金融家都是只对快速的金融利益感兴趣的短期投机者。

尽管管理资本主义处于支配地位,但股东价值及这一概念的多种使用方式(即便这些使用方式可能相互矛盾)依然在商业思想中暗流涌动,特别是股东价值的神圣地位被公司法确立之后。尽管对于持股的批判性思考是具有精英主义色彩和排他性的实践,但确实同时也存在着与之有竞争性的观点:认为股东价值可以通过"人民"拥有美国而成为一种民粹主义载体。回想一下,尽管华尔街金融家们对监管股票市场的透明程度不感兴趣,对增进大众和股东的利益也不感兴趣,也不愿意让股东的代理人参与公司决策,而且在大萧条之后遭人斥责无事可做,但华尔街却开始将股东价值拥护为他们自己的价值。在1960年代,华尔街投资银行、股票市场以及持股开始由于多种原因快速发展起来:"蓝筹股"工业企业迅速发展,以至于建立起它们稳定增长的声望从而吸引了更多的投资者,推动了他们股票价格的加速上涨;危机的记忆日渐淡薄,华尔街投资银行和机构投资者们开始发起了长期的增加持有股票的宣传活动。新的投资工具,如共同基金和"分散化组合"、"风险管理"等策略帮助消除了对持股的恐惧;一系列的运动创造了 1960 年代兴隆的市场繁荣,这也吸引了机构投资者进入权益投资领域。到 1967 年,机构投资者已经控制了"纽交所流动股的 40%"(D.Browne,1967:11)。

尽管在 1960 年代,美国企业与股票市场之间的联系更加紧密了,但是管理主义中福利资本主义的价值与实践即便对华尔街机构投资者而言也是一种规范。在哈佛商业评论的一篇讨论"职业经理人和职业股东"之间观点冲突的文章中,戈登·唐纳森总结道,尽管"大多数学者在讨论商业应该如何运作时,都会站在股东利益的一边","种种迹象却指向了,从长期看,管理者(公司实体)的观点才是居于主导地位的……我的猜想是,如果二者彼此之间要继续保持一个有效的关系的话,那么应该改变的是金融理论而不是管理实践"(Donaldson,1963:129)。

达德利·布朗恩,洛克西德飞机公司负责财务与管理的副总裁,在一次美国管理协会的演讲中指出,机构投资者现在控制了很大一部分洛克西德公司的股票,从 1962 年的 17% 增长到了 1965 年的 29%。尽管在开始的时候,他担心这些投资者会"表现出交易员的特点,频繁地在市场中进出"从而导致洛克西德股价的不稳定和波动性,这将会拖累公司进行长期项目计划的能力,他总结道"总体来说,洛克西德经历的这一金融新现象还是令人满意的",因为公司的机构投资者们目前还没有想卖掉他们的股份,而洛克西德也为大投资者们继续对它的股票保持关注感到十分高兴(D.Browne,1967:11)。他补充道,"还有一些不同程度的潜在问题……但是我很确信,大多数问题都是理论层面的而不会成为现实",因为即便是机构投资控制了大多数的主要公司,经理人们也不会发觉他们"任由基金摆布"(D.Browne,1967:34)。他的乐观主义正是那个时代美国企业自信和相对独立的特质。他的总结段是值得全文引用过来的。通过引用资本利得调查局的一个研究,"美国龙头航空企业流通股份的 1/5 现在都由基金持有。"他说:

> 基金们会不会联合起来密谋接管航空公司,喊着战斗口号"今天接管美国,明天掌握全世界!"我不这么认为……想象一下你坐在班机上,然后听到广播系统响起:"现在是机长广播。我们现在的飞行高度是 10000 英尺。我们将在几分钟内落地——只要我们得到美林、皮尔斯、芬那、斯密斯公司的许可。"这会是经营一个航空公司的方式吗?你一定不这么认为!其他行业也不会这样。我确信,机构投资者首先就会赞同我的观点。他们不想在美国产业中进行任何危险的实验,合适的理由在于,他们同美国产业在一条船上。(D.Browne,1967:34)。

现在事实上已经发生了布朗恩异想天开地认为注定不会发生的场景——打个比方说,现在大多数公司都需要华尔街的"许可"——这在一定程度上其实是战后大型公司与华尔街的需求(他们自己转变了)相分离的证明。

新古典假设的坚持

20世纪早期被历史学家称为美国社会的公司重构,这一转变并不是那么简单。公司资本主义在其获得支配地位的过程中适应了许多古典政治经济学的关键假设——私有财产、自利、个人主义、所有者偏好、股东价值。"尽管趋向于相对衰退和稳定的从属地位,"历史学家马丁·斯克拉写道,"但是,与小生产者和私人企业相关的市场关系、思维方式、政治思潮和文化模式仍然保持着广泛的传播和影响,"而与超越这些情绪相反的是,管理资本主义"在相当一部分人民及其政治代表心里合法性根本不足"(Sklar,1987:15)。事实上,美国主流文化对于现代公司的接受建立在对"扎根于过去"的新古典价值的适应之上,以及"公司本身是被所有权时代的属性所孕育的"(Sklar,1987:15)。相对应的,"(管理主义的)社会责任完全没有被公司法所彰显"(O'Sullivan,2000:102),"商业必须以股东利益为首要目的运营的信条,稳定存在于公司法的教诲中"(Smith and Dyer,1996:44)。

作为新古典主义持续存在的显著表现,美国法院在1919年支持了"财产概念",也就是公司的存在目的是为了让财产所有者受益,也就是让股票所有者受益。在道奇诉福特汽车公司案中,道奇兄弟作为公司的股东,起诉福特公司暂停股利支付。福特公司将这些股利用于业务扩张和降低价格。"引用媒体的话说,福特的立场是'公司的宗旨是生产物美价廉的产

第四章　股东价值的叙事起源及其新古典主义经济学基础 | 331

品，提供良好薪酬的就业，只是顺带进行盈利'"（Whitman，1999：75）。然而，密歇根州高等法院支持了道奇兄弟的立场，认为为股东盈利是公司法的明确要求，是"公司的主要目标和管理者的唯一责任"（Whitman，1999：92）。当然，"股东指向的公司管理概念在法律和经济意义上的过时缺乏正式的法律认可，一部分原因是股东'拥有'公司的观念在美国最为强烈的情感联结里根深蒂固，"尽管大量证据表明，公司已经根本改变了私有财产的假设（O'Sullivan，2000：102）。美国经济学家对新古典理论的偏爱使得公司经理人及其他管理主义的支持者们继续"捍卫他们的'管理权'"变得十分必要。（O'Sullivan，2000：100、103）

由经理人们提出的基本辩护是——随着公司组织的日益重要和具有广泛基础的目标，公司经理人已经成为了作为一个整体的"社会的托管人"——这一变化从来都没有将新古典律令驱除出去，新古典律令归根结底认为自利和自由财产最终会服务于公共利益，而公司与这些"市场"参数之间也是可以化约的（O'Sullivan，2000：103）。尽管管理主义提出了新古典经济学一些特定假定中有问题的、矛盾的地方，但是它却不能建立一个能够分析其组织与社会责任议题的清晰框架。奥沙利文所刻画的管理主义意识形态的"迷雾"无法与主流的商业、金融和学术共同体及其精致建立的"小心求证的"新古典论断相竞争，这些论断探讨了股东价值的人性基础以及私人企业的根源（O'Sullivan，2000：103）。这样，管理主义论题的支持者们就面临着将"社会责任"资本主义转换到新古典术语来反对新古典权威的难题。这一策略不仅仅使得管理资本主义适应性地退回到新古典主义中去,而且授批评者以口实,他们断言管理主义的行动和结论缺乏经济理论的基础,无法处理新古典经济学轻易可以解释的动机、效率和利润等"传统"的经济关注。经济学家爱德华·梅森在 1950 年代认为,公司的管理者从来不知如何在私人与公共、股东与其他人之间的动机与张力中搭建桥梁。梅森进一步明确地总结这种张力,他解释道,公司管理的"现代复兴"作为"权益"的分配者不仅仅拒斥"私营企业体系合法性的必要组成部分"——利润——而且必然质疑"在权益分配方面,为什么恰当建立的公共权威不如自我持续的公司管理层有效"。对大多数的商业观察者而言,声称公司的目标可以创造"一个最好的世界,它把长期的利润最大化和对所有相关方平等相待看得同样重要"并没有切入公司目标模糊这一中心议题(Mason,1959:11—12)。

最终,随着大萧条记忆的远去和华尔街对其支配力量的重建,新古典假设的坚持在 1960 年代的繁荣和股票市场的上涨中进一步得到培育。到了 1960 年,连罗斯福新政和管理资本主义的捍卫者如彼得·德鲁克和阿道夫·伯利都慢慢开始将股票市场(再次)设想成一个"一年一度的股东大会仿若'市民会议'的'全民资本主义'"的潜在场所——尽管事实上"1960 年相较于 1929 年只有一小部分的人直接拥有股票"(S.Fraser,2004:497)。到了 1967 年,卡特·亨德森和阿尔

第四章 股东价值的叙事起源及其新古典主义经济学基础

伯特·莱修在《2000万粗心资本家》中叹息那些个人股东在放任"他们的"公司变成半政府的公共组织。通过将个人股东称为"2000万粗心资本家",亨德森和莱修责备他们"对自己辛辛苦苦攒下来去投资股票的钱非常不在乎"(Henderson and Lasher, 1967: 13)。个人股东冷漠的结果是十分严重的:

> 设想一下每一个股东都对自己的责任十分认真,就像……那些通过使用现在所有股东都稳定拥有的权力对管理决策产生事实影响的人们一样。我们的经济中就会迎来一个新的力量,与管理层和劳动者一样有权力……这对于现在而言非比寻常的重要,在这个美国就要从一个私营企业的社会转变为一个公共/上市企业的社会的时候,在这个从一个公司所有者决定美国需要什么产品和服务的社会转变为一个政府越来越多地为这些公司决策提供指引的社会的时候。这方面一个广为传播的例子就是联邦政府的决策——不是汽车业的决策——认为美国消费者需要更加安全的汽车。(Henderson and Lasher, 1967: 13)

亨德森和莱修将股东控制视作克服政府管制的良药,他们责备股东对公司的了解只局限于股票的"昨日收盘价"(这恰恰是他们被社会化地关注和看重的)。他们将所有权和控制权的分离贴了一个不公正的历史标签,认为这是自私的经理人带来的,又被"粗心的资本家"给延续了(Henderson and

Lasher，1967：19）。

随着机构投资者积累了越来越多的公司股票，他们开始发声，表示股东价值可以重构公司经理人治理公司的方式。在1968年的一次对芝加哥的金融主管机构的演讲中，格伦·米勒，一位芝加哥的投资公司华生公司的投资银行家，警告公司管理者们忽视股东价值将使自己处于险境。基于近来机构投资者在股票市场的积累（同时远离债券），他描述了华尔街日益增长的权力，并警示公司管理层注意"为投资者创造一个令人鼓舞的前景的重要性"，要尽可能保持股价高企，这样能够"既帮助他们自己的成长和收购，也能够保卫自己不被寻求吞并自己的人们偷袭"。不在乎股价的经理人"将活在黑暗的年代"（G.Miller，1968：27—28）。

分裂企业的死亡

包含着多种变体的这两种资本主义的主要情景（一种是将公司理解为社会实体，另一种是将公司视为金融财产），伴随着管理主义的盛行开始进入了一场角力当中。企业的社会实体概念影响日盛，并在1950—1960年代达到顶峰，这引发了一些新古典主义的复归，它致力于将公司带回所谓的私有财产的根源和"天赋自由"的法则中去（O'Sullivan，2000：104）。这两个不着边际的概念如此明显的不断反复，以至于威廉·艾伦，特拉华州衡平法院的大法官，公司法领域的领导法官，将这种情形描述为"商业企业概念的分裂"，这其中，社会实体的一边会认为财产聚焦于创造"短期主义",一种缺少"耐心资本"的"目光短浅的公司"的实践,而持有财产的一方会声称,如果不关注公司经理人并让他们承担零责任,那么公司不可能对多个参与主体负责(Allen, 1992;Whitman, 1999:92)。

然而在半个世纪中,这种"分裂"并没有引起特别的危机或者断裂,因为由一系列调和两方观点的法庭案例支撑下的管理资本主义能够"在不抛弃道奇诉福特汽车案的基本前提的情况下,大大拓宽管理自主权的边界"(Whitman, 1999:93)。在美国企业经历史无前例的增长的情况下,经理人们能够通过健康的股利分配和稳定的盈利能力满足股东,尽管他们还需要应对多种没有持股的公司组成单位。艾伦大法官解释了公司如何借助法庭的帮助协调两种世界观的对立的需求:

> 通过将短期的利润最大化和长期的利润最大化进行模糊的区别,法律隐藏了我们对于公司概念的冲突。公司的支出乍看之下与利润最大化无关,但如果承认它或许有利于公司长期的利润和它的股东的话,那么它就是与公司的财产概念相一致的。在不抛弃管理者应当尽忠于股东及其财务利益这一观点的情况下,法律也能够支持公司出于慈善或者社会福利目的而进行的支出和其他不能满足当下利润最大化的活动。(Whitman, 1999:93,引自艾伦大法官)

经理人利用长期和短期的区别去转变公司的优先事项和实

践。社会责任被视为有益于股东的长期利益,这一转换过程直到 1970 年代都没有明显的破绽。

许多学者和股东价值的拥护者力图揭露他们在这一过程中看到的缺陷。他们力主管理层试图诉诸长期股东价值是误导性的,因为职业经理人的世界观和策略与专业股东之间非常不同,事实上完全相反。援引"对股东财产价值的损耗",商学院教授戈登·唐纳森认为,经理人不能简单假设"长期看对公司和管理最好的就是对股东最好的"(Donaldson, 1963:129)。他论述道,将经理人视为股东的代理人还是公司的多种组成单位的"受托人",在公司的财务目标、策略和行动结果方面会完全不同。将长期股东价值等同于公司作为一个社会实体的福祉,就不会把股东放在优先的位置上,从而放任管理者以股利、股价和利润为代价去"无效率"和"保守地"行动,维持公司的运转。尽管唐纳森意识到"绝对优先"和"股东价值的完全最大化是一种理论的极端化而不会在实践中实现",而且从公司组织的复杂性角度看也不会充分地去衡量,但他仍然认为,没有"根本效忠于任何单一群体"的经理人控制权是不可接受的。股东价值应该是一种"倾向性表述"并给予相对的优先级,经理人不能"一厢情愿"地假定:股东们都是要么"忠诚",因而"对竞争性的投资机会不敏感";要么股东们潜在地不忠诚,从而证明经理人努力让公司不成为获取短期财务收益的"工具"是正确的(Donaldson, 1963:129)。唐纳森对管理行为转变的不安是管理资本主义日渐遭到反对的例证，这最终将经理人们置于讨伐他们自己的影响力的境地。

管理资本主义的衰退和相伴随的股东价值思潮的兴起可以在1970年代到1990年代"商业圆桌会议"（Business Roundtable）优先事务的改变轨迹中发现端倪，商业圆桌会议是一个由200个最具影响力的美国大型公司的首席执行官组成的委员会。在1978年，商业圆桌会议将"社会责任"视为公司董事会的四个核心职能之一，而到了1990年代，对股东的责任与宣言被写入，同时去除了所有其他的公司"职能"（Whitman，1999：95—96）。在1970年代，首席执行官圆桌会议利用"短期和长期盈利能力的区别"在不抛弃股东价值的基本前提的情况下调和企业社会责任实践（Whitman，1999：96）。为了向华尔街投资银行、投资者和商业与经济学领域的学者们辩护企业的图景，经理人们将研发投入、员工福利或者资本改造视为股东价值的暂时递延（或者最终会创造股东价值）从而创造出不选择分发股利或者立刻带来股价升值的合法性。这一话语转变是危险的，因为股东价值成为了衡量所有公司实践的标准。由于具有即时的灵活性，股票价格被视作拥有代表所有公司决策的积极结果的能力。

在1981年，仅仅在宣布公司社会责任整体的重要性3年以后，同样的圆桌会议对平衡公共利益和私人利益的挑战表示失望。他们说，"平衡股东对收益最大化的预期与其他各种优先顺序"是管理层的最大挑战（Whitman，1999：96）。这一对股东和"公共"利益之间冲突的承认标志着管理体制的微妙平衡的破坏，因为它开始逐渐拒绝公司诉诸长期利益。到了 1990 年代，惠特曼说，"在 1990 和 1997 年的圆桌会议有关公司治理的表述中，'公司社会责任'再也没有被单独列入董事会特有职能中去。而对于平衡股东期待与其他优先顺序的描述也被视为有问题，取而代之的是断言董事会最重要的责任就是对股东负责，并且，对于其他股东的责任与这一首要责任是**相互补充，而非相互冲突**"（Whitman，1999：96，黑体为我的重点）。1990 年代重要的不同就在于股东价值被重新定义成最终目标而不是暂时的资格，这不再是潜在冲突的潜台词。唐纳森在 1963 年认为是非常严格的理论上的事情——完全关注于股东价值最大化在现实中永远不会存在——在 1990 年代成为美国商业文化中的主导观点。

在 20 世纪晚期，尝试调和股东利益和管理实践的努力终止了。这个新的逻辑就是股东权利简单有效地胜出了，它（股东权利）囊括了甚至合并了所有的主张。换言之，再也没有争论和转变的必要了，因为日渐上涨的股价充实了所有其他的公司目标并最终会使所有人收益。其含义深远，影响广泛。打着"长期股东价值"的保护伞，那些有利于组织和雇员的长期稳定但不能够立刻给股东带来利润的实践是具有合法性的。而这种将股东价值认为是"长期的"观点和表述体现了对公司作为组织实体的担忧。在 1990 年代，这些讨论空间关闭了：股东价值和其他公司利益不可能存在冲突也不可调和，因为衡量了股东价值，人们就可以衡量一切了。

第五章 裁员者面临裁员：工作的不安全性与投行的企业文化

被潜在的田野地点裁员,使我突然看清了我所研究的环境的流动性,更不用说后现代主义的"田野"中的不确定性了。意识到投行本身也是一个被重组的对象时我感到震惊,无情的裁员和他们强加在企业身上的对股价的关注也发生在他们自己身上。当我自己被裁员的时候,我最初的评价和想法发生了转变,我一直将华尔街看作是"裁员者"而美国企业是"被裁员的一方",但实际上并不是这样。当我审视我的田野工作时,发现在我的概念体系中存在这样一个二分法:我曾假定这是单向的关系,华尔街要求为提振股价而裁员,而企业在大多数情况下不得不遵从。在我的想象中,大摇大摆的银行家、蓬勃发展的股票市场和不计后果地发号施令而又无懈可击的庞大华尔街,与千疮百孔的企业形成了鲜明的对比。1996年我开始在华尔街工作时,我从我们同事那听到了许多关于工作的担忧——银行家们会突然换工作、换部门或者换银行;仓促、恐慌地申请(就读)商学院;从每周工作110个小时到被解雇后无事可做的痛苦煎熬——但即使这样，我还是没有将华尔街的流动性和华尔街以"市场"的名义要求美国企业做的事情相联系起来。我还没有完全理解华尔街特殊的雇佣文化为投行的世界观与实践提供了一个至关重要的窗口。

事实上，大多数银行家并不是借助于股东价值的基本原理，而是用外在的市场普遍主义作为解释他们困境的方法。这样的一种话语实践会混淆华尔街裁员方法的文化起源。华尔街对外部市场的解释的依赖，强化了关于市场是抽象的主流人类学假设，因此，（我们）很容易就忽视了市场话语是如何描述或反映出投行的工作文化，特别是银行家们对市场的暂时性和他们与市场行动之间的具体联系的理解。然而，市场客观化（market externalization）和股东价值都仅仅是作为华尔街与美国企业互动的解释模型的一部分；我们仍然需要着眼于投行的企业文化。正是投行家们作为雇员的经历（这些经历进而重塑了他们学习和宣扬的市场模型）制造了这种关于员工流动性、不安全感和特殊职场关系的规训模型，也激励着他们将这个模式输出到其他的美国商业之中，从而彰显出他们自己的模型具备的优越性。特别是，银行家们对丢掉工作或跳槽的持续关注——加上华尔街的头等大事，薪水——建构了投行家们如何理解和塑造他们自己的生活，以及宏观意义上美国企业和金融市场的轨迹。

有必要对我提出的投行企业文化这一概念进行一些简短的解释。关于商业和组织行为的主流文献往往将企业文化：习惯、规范以及创始人或高层管理者的价值观，区别于公司的经济价值和实践，当作公司的"个性"来认知并被公司的边界所限制。我认为从更广泛的文化人类学方法上理解公司的文化是十分重要的，它是无边界的、可渗透的、情境化的而且持续地变化。特别是，我聚焦于职场生活和投行家与投行的组织文化，将其作为一个关键的分析单位，来展示他们在金融市场和广泛意义上的美国企业中的渗透与弥散。

我从埃利卡·舒恩伯格对企业文化的情境的、开放式描述中借用了一些概念，她将企业文化描述为"根植于并紧密反映着我们的行为、我们身处什么样的社会和历史环境，根植于我们如何思考或理解我们所做的以及我们在那样的情境中如何思考我们自己。**它包含了物质实践、社会联系和思维方式。**在一个复杂且竞争激烈的历史进程中，文化不仅生产了这些东西，同时也是它们的产物。（Schoenberger，1997：120；文中黑体为我的强调）。我所关注的企业文化是那些受访者认为对于理解他们组织社会环境非常核心的问题：比如，工作的不稳定性、工资、工作中的节奏与要求以及一笔交易是如何分配、完成与获得奖励的，这些都是他们最关心的问题。在我的分析之中，这些问题至关重要，因为它们影响企业战略，影响世界上的投行家们如何思考与行动。正如舒恩伯格所认为的那样，"企业文化与企业战略之间的关系比通常所想的要更亲密。战略体现的是有关世界和企业在其中所处位置的知识和解释。想象这个世界能够或者应该是什么样是一种锻炼。在这种情况下,战略由文化而生。同时,因为过去的企业战略轨迹体现了特定的实践、关系和思维的结构,文化也被战略创造。两者是相互决定、互为基本的范畴。"考虑到投行们充满影响力的地位,投行的"战略轨迹",被他们的"文化"所传达,贯穿于其他公司、市场以及经济的运作之中。为了分析投行的文化和战略之间的关系,我集中考察了他们管理员工的方法与实践,这能折射出他们的世界观、实践以及华尔街对自身和美国企业的期望[1]。

被裁员的人类学家

当裁员的利斧落下时,我是两个没有在现场的员工之一。1997年1月11日中午,我在十一层的会议室开会,跟踪一个项目的进程,并分析信孚银行在过去几年中的技术开支。我在中午12点45分左右回到我的小隔间时,所有人都走了。整层楼空旷得像一座鬼城,出奇地静默。我发觉有些反常。难道整个部门的人都去吃午饭了?我坐在我的办公桌前,考虑我是否应该自己去吃饭时,会议室的门打开了,我们组中的大部分人涌了出来,约有25个人。他们看起来都十分激动且焦虑,就像是大风吹过一般。他们急促地走回自己的隔间,拿起自己的手机,又匆匆走出来。我隔间的一个分析师同事安德里亚看到我,大声问道,"你刚才去哪了?"然后让另一个分析师同事克里斯蒂向我解释发生的一切。克里斯蒂半蹲在我的桌子边上,小声地对我说,我们整个团队,包括我们的老板,都已经被"解散"了。

我们刚刚都被解雇了。我非常震惊,大脑一片空白。这意味着什么?我们几个只有一年工作经验的分析师(加上我总共有四个人,全是女性)决定先离开这栋大楼,讨论一下现今的困境。其中的一个分析师堂娜说她想到的第一件事情是,"我们还能赶上哈佛大学的春季招生。"堂娜刚从哈佛毕业一年,而克里斯蒂为了在信孚银行工作而在哈佛法学院休学了一年,所以她也还有后路。安德里亚只是不停地摇着头:她不知道她要做些什么。她比克里斯蒂和堂娜大几岁,所以不太符合一个刚从学校出来的普通分析师形象,而像我(如果我选择走这条路的话)这样没什么经验的,可能很难找到另一份华尔街的工作了。在招聘分析师时,大多数投资银行更喜欢刚大学毕业的应届生,他们没有什么拖累,可以非常努力地工作。

"安静,我们不能在这说。"安德里亚说道,因而我们在紧张地等电梯时一直保持沉默。当我们离开大楼时,她们急不可耐地向我描述会议的场景。每个人的脸,她们说道,都变得煞白。我们团队的头儿,总经理,就像是被扼住了喉管,说不出话来,于是只好由副经理来宣布这一消息。只有一年工作经验的助理乔治显得非常紧张。有两年工作经验的朱莉也表现出了明显的不安,我们的行政助理珍妮丝看起来是被震惊到了,显得十分痛苦。我的田野工作在我们办公室里是大家都知道的事情,她们不敢相信我竟然会错过这一部分,这恰好是我要研究的。

我们决定去车站喝杯咖啡,那里通常聚集着许多投资银行的分析师。在走到那儿的路上,安德里亚想知道信孚银行是否在某种程度上违反了与我们的合同,因为大多数分析师一般属于一个为期两年的项目。不幸的是,这种"合同"十分模糊,只是业内的惯例,而不是一个书面的具有法律效力的合同。当我们来到信孚银行工作时,我们签署的合同中没有规定公司必须让我们工作多久(也没有规定我们必须工作多久)。

后来我们与玛利亚和莱西聊起来,她们是我们团队里的两位副经理,她们告诉我们在某种程度上来说我们还算"幸运"的,因为事情可能会变得更糟。"我敢肯定你们都会过得很好的,"莱西说道,"你们都是聪明人,有很好的教育工作背景。我们的团队也很有分量,而且,让我们面对现实,你们都很廉价。许多部门在之后的两个月开始像疯了一样的解聘 MBA,他们将来会意识到他们需要更多的人,但是他们会雇用另一个 MBA 吗?不,他们会雇用一个像你们一样廉价的分析师,不抱怨奖金的分析师!"玛利亚告诉我们出于安全的考虑,通常被"解散"的团队会立即被请出公司,他们的私人物件会在之后通过 UPS(联合包裹服务,United Parcel Service)送还到他们手中。玛利亚和莱西在四次裁员中都幸存了下来,她们说在华尔街,每个人对裁员都越来越麻木了,不像"旧经济体"中美国企业位于内地的那些公司,高管们还没有准备好应对这种不稳定性。他们讲起纳贝斯克公司由规模庞大的杠杆收购引发的裁员狂潮的故事,那个时候,公司外面停好了救护车,因为他们不能确定那些中年经理们能够承受得了这一新闻。那些人都是"守旧派",我们应该感谢自己能够如此快地接触到华尔街职场生活的步调和不稳定性。

过了一会,我开始理解他们为什么认为我们是"幸运"的。因为裁员对于投行来说是家常便饭了,而且也常常是以这样残酷的速度发生的,我们的处境算是相当好的了。有必要强调一下,因为我们是内部管理咨询团队的一部分,这在信孚银行内被认为是"中台"部门的顾问功能,很少受到市场关注和市场即时性的影响,我们的董事总经理(他也失业了)为我们达成了一项协议,我们可以继续在我们目前的项目下工作五个月,一直到六月,我们可以利用这段工作时间来寻找新的就业机会。这在华尔街上肯定是闻所未闻的,这与那些让被裁的员工十五分钟内打包走人(或者是当天内)的行为规范形成了鲜明的对比。我们的老板和董事总经理凯文·弗格森常谈起自己是如何被华尔街视作"异类"的,因为他关心他管理的这一群人,关心创造一个业务,同时也借助于自己高管的职位,在员工还能获得报酬履行职责的时候帮助员工利用工作单位的资源去寻找另一份工作。在接下来的五个月里,他成功地在许多地方为团队里的成员提供了帮助;此外,我们中的许多人都收到了离职金,得到了再就业服务。毫无疑问,获得离职金的条件是不起诉信孚银行(在华尔街,这是一个理所当然的"交换",因为被裁员的员工起诉之前任职的银行是很少见的)以及不立即找另一份工作(但我大多数同事都更换了工作)。由于我们开始做咨询服务时,就远离那些关于并购或发行股票这类敏感的"现场"(live)交易的专有资料,我们被认为是相对"安全"的。

对那些只有一年工作经验的合伙人,那些刚从商学院出来还有学生贷款需要担忧的人来说,裁员是最为焦虑的,然而许多人在当天下午或第二天,就开始收到来自猎头公司的电话和工作面试的邀请。因为我们是参与整个银行咨询项目的内部顾问,我们的部门被看作是一个"过渡"团队,这意味着两年后,大部分有两年工作经验的经理将调到他们之前提供过咨询的岗位去。除了那些只有一年工作经验的合伙人,这一突如其来的变化对于其他人来说只是将上述过程更快地进行罢了。我的一个同事,斯坦·克拉克谈到关于副总经理时说道,"他们来到这里大多是通过猎头,那些有两年经验的人有大批的猎头尾随其后,因此他们并不担忧。"因为我们中的大多数人不是刚刚雇用来的就是猎头从其他公司挖来的,没有人觉得我们的团队是他们永远的归属:没有人生于此,也没有人期望长居于此。作为一个被裁员的人类学家,我不知道如何表达对同事的同情,因为我的处境十分不同。我成为员工是为了成为田野工作者,我主要的焦虑来源——不得不在不久之后离开团队,进而追寻我的学术事业——这在很大程度上减轻了我被裁员的痛苦。虽然我从未违反过任何合同或时间规定,由于投行对于像我这个水平的雇员并不会做出长期承诺,我已经在私底下担心总有一天我会辞职。尽管我的上司知道我留在团队中仅仅是暂时的（其实每个人都是这样！），但具体的时间还是留给我来决定。既然工作先把我抛弃，那我也不用悲伤了。过了七到八个月，我已经开始感觉到一天工作12个小时（在行政办公室看来这算是温和的标准了）所带来的影响；就像我的同事开玩笑说，"对你来说这已经是最好的了。"我感到局促不安，因为当我开始田野工作时，就明白我将要"努力钻研"，而此时此刻，实在感谢我的研究生院为我提供的软着陆。

虽然我事先告知了我的意图和未来计划，但是我仍旧感到焦虑，对我在工作中模糊的位置感到内疚，并回避谈论我将来要做的细节（可以肯定的是，我自己心里也还没有想清楚）。我是有意等到我离开信孚银行后才开始撰写我的学位论文。当我参加工作面试时，我解释了自己情况的复杂性。下面是我摘自我的个人日记的一段话，描述了我面试时的"高谈阔论"：

> 我的专业是人类学，我对了解动态的商业世界和华尔街的文化十分感兴趣，我认为我能够提供许多技能，比如像对全球化、文化、美国经济价值观的理解。我向研究生院请了假，来探索这个世界，工作一段时间。工作结束后，我准备回到学校完成我的博士学位。我想将我未来的研究定位在我现实世界的经历之上，可能进行华尔街的文化研究以及其对美国企业的影响。当然，华尔街也可能将我从学校里再引诱回来。

当我和我的同事聊天时，我常常使用"可能"以及"很有可能"这样的词汇来谈论我回到学校的可能性。但令人惊讶的是，我的含糊已经比我许多同事的表达策略显得更加直率了。在华尔街，除了日常夸大自己的履历之外（比如夸大完成交易的规模和影响），华尔街的规则就是不要在公司里泄露自己的意图。事实上，与银行本身的活动相似，原则就是掩饰信息。从来没有人会告诉银行，他们几年之内会离职去读商学院，也不会说他们几个月内都在等待一份承诺好的新工作——就在他们拿到奖金之后。也没有人会主动汇报自己在找另一份工作，或正从竞争对手那谋求一份工作。因而，我也松了一口气，发现过去我所担心会被认为对信孚银行不忠或者不诚实的行为，实际上对许多银行家来说并没有什么反常的。随着我对华尔街的了解不断加深，我也开始理解了为什么华尔街的人们要用含糊其辞来保护自己。我的研究对象（和华尔街大多数的"前台"职员）认为他们的工作只是暂时的，对于从一家银行跳到另一家毫无不安[2]。在面试中时，他们可能会宣称自己与这里有着长期的"匹配"并对某一小组很感兴趣，只是为了拿到年终奖之后离开。我在信孚银行的临时工作实际上很符合华尔街工作规范的时间框架，我计划离开这件事与其他同事的预期职业道路相比，更不会对银行造成什么威胁，因为我离开后不会为竞争对手干活。

由于工作不安全性在投行如此猖獗，"再就业"、"猎头"和"高管指导"这类的行当在华尔街的阴影下，如雨后春笋般冒出来，为了促成、铺垫和推进换工作的进程。毫不奇怪，猎头机构通常都与波动性最高的行业联系紧密，即华尔街和硅谷。职业中介公司为被裁的雇员提供资源，而猎头公司将员工从一个公司招募和安置到另一个公司，不管他们是否被裁员。个体招聘员堪称猎头界的"鹰派"；他们躲在角落里，眼观六路耳听八方，捕捉那些轻微的动摇或是不满的暗示，为了抓住机会将雇员从一个公司带到另一个去。那些专门服务于高级银行家的公司自称为"高管配置企业"而不是猎头，并且将他们的招聘人员称作"高级顾问"。许多高级别的招聘专员过去都曾是投行家，他们利用自己的人际网络连接来招徕猎头生意。比如，如果所罗门美邦的首席财务官颇有"微词"或者美林证券在卫生保健和生物技术方面的首席投行家感到不爽的时候，猎头们会争相将他们安排到不同的公司去，从而按工资的一定百分比获得丰厚的报酬。或者反过来，如果一家投行想从他的竞争对手那挖来某位高管，就可能需要雇用猎头去接触和吸引那位高管了。

对于那些被裁员的员工，投行通常会提供再就业服务，例如咨询、小组研讨、办公桌和小隔间、语音邮箱和简历工作坊。为了维持这些给被裁员者的服务，投行要按照工资比例支付一笔费用（计算方法各异），来提供职业转变和职业生涯管理的服务。这些服务仅限于"前台"和"中台"的雇员。比如，我们的行政人员就无法享有这些服务，诸如审计或者会计部门被裁减的员工也没有这些服务。讽刺的是，再就业服务只

第五章　裁员者面临裁员：工作的不安全性与投行的企业文化

对那些很少使用且几乎没有兴趣的雇员开放。我的研究对象常常嘲笑再就业服务。相反，他们利用他们在华尔街内外已有的网络、精英校友关系和专业团体协会来实现再就业。许多受访者都提醒我，我自己也亲身经历着，再就业的"真正"理由主要是象征性的，只是为了限制责任，作为公共关系（活动）的一种形式。当一个人被银行裁员，他会签订合同（这是一个常规）放弃对银行的起诉权，也不将其公之于众，以换取再就业服务和一笔离职金。

我的朋友和同事大部分都不愿意踏入职业中介的大门，这意味着直接面对被解雇的事实。使用再就业服务意味着一个人技能和社会政治网络还不够强大。对于大多数"中台"和"前台"的员工来说，失业只是暂时的状态，在华尔街，"成功"的雇员不需要再就业服务就能找到工作。许多人能在他们被裁员之前就已经排上了下一份工作的队伍。于是，踏入再就业机构的大门，使用他们提供的服务，成为了失败者的象征，对于华尔街的职业而言不是好兆头。我的一些受访者确实表示他们曾去这类机构里面看过（尽量避免被看见），告知这些机构他们不会再来了。事实上我信孚银行的同事也很少预约过指派给他们的再就业辅导员。[3]

至于我，我当时没有意识到可以简单地拒绝再就业顾问，他们在我还在信孚银行的最后几周联系了我，所以我接受了指定给我的预约。我接受预约的主要原因是，我想去告诉顾问我不需要她的服务，因为我将来的工作计划是回到学校去；另一个原因是，作为一个民族志学者，我也很想看看新职介绍所是个什么样子。实际上，通过这次和再就业机构的顾问交谈的经历，我进一步加深了对华尔街再就业的理解，因为他们见证过华尔街无数的裁员潮，是行业重组的某一方面的专家。下面一段话摘自我在 1997 年 6 月 11 日的田野调查笔记，那是我第一次去哈里森职业服务公司（Lee Hecht Harrison）聊天，地点在他们当时位于世贸中心的总部。[4]

  昨天是我第一天去再就业中心。那里有为失业雇员提供服务的，通常是金融服务行业。由于行业的变化无常，整个业务也跟着波动。一些银行为自己裁减的员工提供这种业务服务——他们给你提供一个小隔间，提供文字处理和长途电话服务。虽然远不及个人独立办公室，但也是一个有益的过渡。据我所知这里并不提供任何人际交往的机会。吉娜·托马斯，是他们所谓的顾问，她提到这里的人际交往是"坐在一个疯狂打电话找工作的人旁边偷听"。这是什么交往类型？虽然再就业中心也提供了职业咨询、面试技巧、研究设备、为下一个工作制定策略、确定个人目标等等，但是我没有看到任何人参与其中。中心里接受再就业服务的，我只看到了七个人：三个白人男性和两个亚洲男性，看起来应该三四十岁了，以及两个白人女性，似乎是二三十岁出头。待在这感觉很奇怪。每个人都自顾自地走着以免碰到其他人。再就业中心里的空间布局传达并维持着这样一个事实,那就是这里绝不是任何一个人的家或者说归属,没有人能每天都使用或"要求"同样的桌子和电话。他们都是匿名的,不断流转着,从未停止变化。你可以通过转动拨号盘来使用或"激活"任意一张空桌子上的电话。并且,每当你在再就业机构的一天结束时,你要将你所有的东西收到一个14英寸×20英寸大小的盒子里,并按字母排序将其放入储藏间。吉娜带我参观了储藏间,以备我想留些东西在机构里,我看到了几行写有潦草字迹打包妥当的箱子,藏在悠长的走廊货架上,这不禁让我感到了一丝孤独——如此流浪式而又缺少人情味的置物方式让我发自内心地渴望我那张曾经刻有铭牌的杂乱无章的桌子。

1997年的夏天,就像玛利亚和莱西预测的那样,每个人都找到了一份工作。牛市全面铺开,新兴市场的金融危机还没有"正式地"到来,许多投资银行迅速地招聘了许多人(尽管他们同时也会解雇人员)。一些人手握一堆面试和相关人脉,同时在新职位的接受上拖得久一些,这样既可以获得新工作,又能骗取等待就业的津贴;其他人则注重新工作的"安全性"。经历了这场裁员之后,我意识到我所想象的创伤和错位在裁员中的分配是不均匀的。虽然是反复发生的,但他们对工作不安全性的体验,表面上看表现出了极强的耐受力和预料性,很难看出发生了裁员。然而,对于我这个被裁员的人类学家来说,这个打击让我彻底明白了，工作的不安全性是华尔街自我概念的核心。通过不断地裁员，以及随之而来的再就业机构、猎头公司和薪酬制度（这在下一章会详述），不安全性已经融入了投行的组织结构中，作为磨练意志的、格式化的经验，推广给其他雇员。我没有预料到的是，民族志式地跟踪研究工作不安全性，会最终指引我看到和理解了一种完全不同而更加具体的金融市场结构。

投资银行的工作手段

我当时在进行田野调查时，正值美国最长的牛市（现在看来是美国历史上仅次于大萧条和次贷危机之后最大的泡沫），有必要记住这一点，因为我的研究表明，即使是在这个美国历史上的繁荣时代，工作不安全性依旧笼罩着华尔街。2001年股市崩盘后，我的许多朋友和同事都问我是否会研究这次经济衰退，后互联网时代以及华尔街的血流成河。他们担心我可能会对该行业有认识偏差，因为我对华尔街的积极参与是在1996年到1999年间。我提醒他们，我在华尔街工作的那段时间也是一个衰退期，也算是一个"迷你崩盘"，我的受访者们也从未停止对工作稳定性的担忧。1997年，新兴市场陷入危机，最早的标志性事件是华尔街外汇交易商手中的泰铢开始贬值，进而引发全面的金融危机，席卷了当时亚洲四小龙：香港、新加坡、马来西亚和韩国。1998年中期，俄罗斯的泡沫破裂，预示着"全球"金融市场的崩溃，还包括拉丁美洲的债务危机以及对冲基金长期资本管理的崩溃。由于华尔街总是同时在多种类型的市场中不断地介入不可持续的市场实践（有时甚至相互冲突），在任何一个时期，即使是居主导地位的"强势"经济体，也会有危机和经济衰退。其中，最大和最显眼的市场之一——美国股票/证券市场——看起来的（表面上）的蓬勃发展也并不意味着没有巨大的危机在内部或其他地方暗潮涌动。

通过田野研究，我意识到我之所以没有注意到华尔街"自我裁员"的一个主要原因是，投行通常不会一下就裁员数万人，也不会定期公布裁员的情况。相反，他们常常安安静静地裁员，通过小范围定期的裁员来远离媒体的关注。马林达·范的故事具有启发意义。在2008年雷曼兄弟破产前，范是该公司的高级副总裁，自1994年大学毕业以来就一直在雷曼兄弟工作。她从来没有在另一家公司工作过，而是从分析师起一路被提拔到副总裁，最后到高级副总裁一职。她是她认识（或者我认识）的华尔街上少数几个只在一家公司完成职业生涯这项壮举的人。然而，要达到这一步，她必须在从1994年以来8次大裁员中生存下来（大约每一年半一次），并且在银行里不断转化要掌握的技能、工作种类、地区和部门，次数多到她都记不清了。我每一次和她在雷曼聊天时，她都有不同的同事和老板。虽然马林达·范神奇地在同一家银行里生存了下来，但是她的职业环境就不同了，因为作为投行，平均来讲，每一年半会进行一次重要的裁员，或者不断变着方法持续"清洗"

人员。我将详细描述这一过程，尽管我大多数的受访者是在1999年腾飞的"新经济时代"接受我的访谈的，但他们仍旧一直在意着工作的不安全性。遭遇这种普遍存在的持续变动和焦虑让我拼凑起了一个无法回避的现实，那就是华尔街的企业在繁荣时期依旧无所顾忌地裁员，一方面使我解开了经济下行和工作的不稳定这一理所当然的关系，另一方面也打破了经济萧条对应工作不安全、经济繁荣时期对应工作稳定这种理所当然的关系。

对于大多数财富500强企业（指的是美国企业）来说，一般十年内有两到三次大规模的裁员。然而对于投行来说，每年至少要有两轮的裁员。通常的策略是不断地小规模地裁减员工，并同时战略性地散布没奖金可拿的谣言，使得那些不安分员工更加恐慌，进而离开；有时候，大规模的、"毫不留情"的裁员也会发生。许多银行家一旦嗅到清理即将到来的信号，就立刻开始找新的工作，然后等到"一月或者二月，市场不会有更遭的情况出现"时，他们拿着奖金跳到下一个工作去（*Economist*，1998）。2000年，许多商业作家撰文描写牛市，但似乎都忽略了从1998年起华尔街持续的小规模裁员。比如有个记者写道，"1998年，正值俄罗斯债务危机，美林是唯一一个裁员的公司，并且受到社会的强烈指责，因为当市场回暖时，美林争抢人员，其他的人都做得有声有色"（Kirkpatrick，2000）。事实上，1998年10月，当美林宣布将进行一轮大规模裁员，裁掉3400个工作岗位和900个分析师时，其他的投行，从所罗门美邦到帝杰，也都开始"悄悄地"裁员（McGeehan，1998）。1998年11月，J·P·摩根宣布它将裁掉全部16500个员工中接近5%的员工，尽管在此之前已经"零碎裁员了几个星期"，更何况在1998年上半年它就已经完成了裁员5%（Murray，1998）。虽然大多数裁员并没有公布，但是整个1998年，大多数企业已经"削减了大批员工，并且避免披露裁员的总量"（Murray，1998）。到1999年2月，当市场反弹的时候，小规模的裁员仍在继续着。

或许牛市和熊市之间的主要差别是，在繁荣时期，投行恣意地雇用员工，通常是没有策略、毫无节制的。雇佣狂欢后的企业总是在"产能过剩"的通告下开始新一轮的裁员，这个现象也就一点不奇怪了，每一次循环都展现出特定的行业文化的强势和放纵。这种文化在衰退期里会毫不留情地表现出来，但有必要理解他们在繁荣时期里也是存在的。1990年代末，投行通过招聘来跟上疯狂增长的"利润的步伐"，几年后，他们发现要"回到"1998年。比如，华尔街投行的雇员在1998年时有644000人，仅仅两年后，到了2001年初，雇员人数上涨到了772000人（Craig, Gasparino and Sapsford，2001）。到了2001年底，发生了直到最近这次危机以前华尔街最大的一次裁员，证券公司削减了116000个工作岗位。从2003年到2006年这段时间里，投行不仅通过次级贷款的集聚和并购活动的激增"恢复"了元气，而且开始发布创纪录的利润和奖金，每年都在不断增加，但他们继续进行着一轮又一轮的裁员。2004年金融服务业公布裁员9万8千人,2006年"只有"5万人,2007年裁员超过15万人(Challenger, Greyand Christmas, 2009)。然而,根据纽约州审计署的资料显示(New York State Comptroller, 2006a、2006b),投行每年也会增加近一万个工作岗位。这些剧烈并且有时同时发生的雇用和解雇高峰是华尔街"摇摆"的雇佣策略所必需的一部分。这种方法不仅制造了银行家间持续流动而不安的氛围,而且确保了投行在繁荣期和萧条期的利润,甚至包括那些历史上"最坏"的年份:"华尔街的企业在2001到2003年这段衰退期里比在1987年到1990年的衰退中的表现良好。战略裁员和有效的风险管理让大多数企业还能盈利"(Knox, 2002)。同样,2007年,甚至在次贷危机的风口浪尖上,华尔街的奖金还是有史以来仅次于最高的一次,达到了惊人的329亿美元,而裁员数量则打破了纪录,超过15万人失去了工作(Challenger, Greyand Christmas, 2009;New York State Comptroller, 2009)。(毫不奇怪,2008年裁员数达260110这个数字,无论是裁员的规模还是范围都已经打破了这个纪录,然而,根据最近新闻披露的来看,银行仍旧支付给他们自己184亿美元的年终奖金——这几乎和2000年时的牛市支付的费用等量齐观[Challenger, Greyand Christmas, 2009;New York State Comptroller, 2009]。)

为了达到1998年的雇员水平,所有投行在一系列小裁员之后又开始了一轮毁灭性的大规模裁员。"9·11"之后的几周，2001年10月1日，摩根士丹利宣布将裁掉"200位投行家，或者是10%的银行雇员"，根据猎头和再就业公司掌握的信息，大多数投行在那段时间也裁减了10%—15%的劳动力（R. Smith，2001；Thornton et al，2001）。2002年，当高盛宣称它已经"在第一季度砍掉了541名雇员"，并计划继续"按一定比例'适度地'裁减员工，在年末保持在一个'个位数中值'（mid—single digits）上"，这个公告已经使得整个华尔街"悄然启动了另一轮残酷的大裁员"。2002年，美林已经"削减了如此多的员工，现存员工数比1999年的员工数少了10500人"（Thornton，2002）。2003年，华尔街渐渐进入了"复苏的萌芽"，税前利润达到了150亿美元，是2002年的两倍还多，但是裁员仍旧继续着。"利润普遍丰厚，是因为企业削减了成本，从而使他们提高了收入，因为去年的市场有所好转。"（Zuckerman, Smith and Craig，2004）根据华尔街招聘顾问艾伦·约翰逊（Alan Johnson）的观点，"从任何意义上讲，裁员都没有结束。企业还将减少5%—10%的在册人员（在2003年后期）⋯⋯这意味着投行（的规模）与2000年峰值相比会下降25%"（Thornton，2003）。2004年，投行家们的需求和工资都有所回升，甚至超过之前牛市时的高度。《商业周刊》指出："在过去数年，极少有公司能够像华尔街这些主要的投行一样展现出所向披靡的精神。不论他们从损失中抽身的能力，还是像赌徒一样为自己的账户积极交易来挽救垂死的并购活动，这些银行都必然累积了创纪录的数十亿美元的收益。"（Thornton，2004a）然而，在2004年到2005年间，华尔街投行宣布，他们计划"在2005年，雇用比2004年多30%的（MBA）毕业生"，与此同时，他们还要继续裁员（Thornton，2004b）。根据《经济学人》2004年第5期的报道："瑞士信贷第一波士顿宣布重组，将会导致大量的裁员和进一步可能出现的离职。摩根大通悄悄裁掉伦敦和纽约办公室的员工。德意志银行在德国也在做同样的事情，并计划在其他地方也进行裁员。企业继续为他们在牛市时的过失买单。不过不要浪费你的眼泪。第四季度的强劲势头（截至11月30日）意味着几乎所有美国顶尖投资银行的创纪录利润。自2002年以来，雷曼兄弟、美林和J·P·摩根的股价已经翻了一番"（*Economist*，2005）。而商学院出身的人一定还记得，2002年到2004年的夏季，许多新经理还没有来得及开始他们的新工作，就被解雇了。

投行这种不断波动的雇佣策略或许是他们最为一致的文化实践了。然而，这意味着在2002年到2003年间，"证券行业……有大量闲置的办公室空间，特别是在纽约市，"而到了2005年，"据称，雷曼兄弟、高盛和美国银行还在纽约市寻找额外的办公空间"（Kelly，2003；*Economist*，2005）。美林之前裁掉了超过三分之一的劳动力，在2005年也开始重新招聘，奖金和工资都达到的历史高位。当然，这种方法也产生了矛盾的后果：华尔街许多企业在过度裁员后，才发现他们不再有能力在新机会面前抢占先机了。J·P·摩根和高盛在1990

年代末大幅度削减了亚洲劳动力,之后发现正是由于过度裁员,他们没有"在中国拿到大额的交易"。然而,这些交易都只是被"推迟"了,因为华尔街之后积极推进了他们在亚洲的业务(Healey and Shameen,2001)。

在华尔街的繁荣期进行田野工作,给了我一个独特的机会去观察构成牛市的日常思维和实践活动,包括1998年那些令人痛苦的变化是如何为2001年股市的毁灭性灾难埋下伏笔的。在某种程度上来说,裁员有助于创造繁荣,但是雇员人数的多少和市场的峰谷变化之间的"理性"关系还是缺乏解释:利润、繁荣期和工作稳定性之间的关系还十分不明朗。投行的身份是以他们的组织机构来标识的,华尔街有关招聘的决策也是在特定的组织结构中进行,这一组织结构与股票市场或者说股东价值有关,不只是简单的反映。审视投行的机构文化对理解他们的需求和他们对商业计划以及"人力资源"部署的快速转变能力是至关重要的。作为市场规范和期望的核心构建者,他们的日常组织习惯成为了企业"最佳实践"的典范。

我被解雇后的一年,我和吉娜·托马斯联系了一次访谈,她是我在哈里森公司的再就业顾问,我想知道更多她对于华尔街不稳定性和裁员的看法。我首先问她有关她自己工作的事情。

> **托马斯**:从大的方面来说,我们和公司合作,主要是金融业的公司,因为我们地处华尔街地区。他们通常会撤

掉某个职位,或者直接裁员或合并职位等,无论用什么方法,最终的结果是,他们需要的人和之前相比减少了。我们的角色是协助这些被裁掉的人弄清他们到底是不是还想待在相同的领域中,客观地评估他们职业选择的优点和缺点。我们也为他们提供工具、视野、研究以及其他资源,来帮助他们寻找(新的工作),尽可能快地决定要在相同的领域还是不同的领域工作。

何: 我之前没有认识到华尔街的工作如此地变化无常。你应该常听说有关通用汽车大裁员或者AT&T大裁员的消息——他们的确是大手笔——但并不是发生在华尔街上。你觉得这和华尔街上的裁员是一样的吗?

托马斯: 我觉得有一点不同的是,你会发现,除了一些例外,即使这些公司(通用和AT&T)有大规模的裁员,如果你关心他们的长期情况——在公司待多久才会面临生存空间的削减呢——我想大致上(这一点还没有专门的研究)……你会发现这些公司的人远比华尔街来得久。对我们来说,那些工作了八个月就被裁掉的华尔街员工可不稀奇。这个现象多次发生在同一个年轻人的早期职业生涯上也并不稀奇……在其他领域这种现象也会发生,但是大多是在年老者身上。我见过一些华尔街的年轻人……还不到三十岁,已经来这三次了。有时华尔街的企业在做拉丁美洲市场的研究,或者和主要的新兴市场合作,他们会先依照一个承诺组建一个企业,但事实上可能不像他们想的那样有利可图，或者还没有对比很好地深思熟虑，所以最终的结果是，整个部门会被解散。这类事应该发生过好几次。

托马斯见证了多次裁员行为，并为那些失去工作的雇员提供了咨询，因此，她的观点给了我一个明确的提示，与那些必须满足华尔街期望的企业相比，裁员可能的确是更加频繁地在华尔街上发生。许多受访者也拿美国企业来作为比较，来提醒我为什么会出现这种情况。

大多数投行家也持有同样的观点，他们认为华尔街的"雇佣文化"对美国商业文化来说算是一个异类。然而，他们特别强调，投行的文化是没有未来战略或计划的持续变化，这点我之后会进一步解释，而许多大型企业，即使从股东革命的观点来看，通常如果要尝试全方位的结构性变化，也需要制定一些短期或中期的策略来实现。相比之下，投资银行对最近的市场变化的动荡反应更加迅速，不仅是自己的（和其他公司的）股东价值，也包括自己组织的延续。我们来看以下两个对话。

艾哈迈德·贾马尔是J·P·摩根的"全球电信专家"，协助监督企业的技术投资和建筑设计，在此之前，他在一家电信公司工作。尽管本质上他不算是一个投行家，但是考虑到他之前所在的企业，他对投行的大趋势变化走向的把握很能说明问题。在我们交谈期间，贾马尔根据华尔街十分强调速度这一点，将华尔街和美国企业区分开来。

整体来说，（华尔街）服务重点是为人们如何使用金钱提供建议，所以，首先你要知道底线在哪里，以及它是如何体现的。这些人对费用和利润都非常了解。这是一个总是不断地被拿来与人比较、非常卑劣的行业，你知道的，适者生存。这就是底线。我可以给你一个例子……如果是为电信公司工作，当他们宣布要减少劳动力时，大概要花费六到八个月才能启动，他们需要完成包括评估在内的整个流程，确定哪些工作需要被撤销或裁减，然后才能实行这个计划。这个过程本身就要花掉他们八个月的时间。但是华尔街的公司就没有这么奢侈。不只是没有；是绝对不可能会有。我知道，对我们来说，第一步在不到一个月的时间就能完成了。华尔街能迅速识别对于全球市场来说需要些什么。如果某个办公室没有有效运转，人员就会减少，直到整个办公室关停。某些业务被减少和撤销，将资源配置到更加有利可图的地方。整个过程非常迅速，转眼就做完了，许多人直到这个过程结束之后才知道。如此的迅速——你就是不能如此奢侈地花费时间。因此他们变得高效。当然，这是要付出代价的。

他提出的关键点不是在于投行和电信公司如何完成裁员的过程这一点——我们知道这算是规范——关键在于投行注重即时性这一点上。

第五章 裁员者面临裁员：工作的不安全性与投行的企业文化

保拉·威利，相继在美国大通曼哈顿银行和化学银行任投资银行经理，他提出了类似的观点，因为大通在与 J·P·摩根合并之前，基本上算是一家商业银行（虽然自 1980 年代以来，大通已经逐渐加入投行业务）。商业银行和投资银行之间最大的差别是，商业银行主要业务并不是证券和股票市场，其业务——吸收存款并贷款给个人和公司——相对投行来说更加稳定，因而他们与一般的美国企业更加类似。[5]

何：这是一个非常普遍的问题，但我还是想问一下，如果一个不在这工作，不知这里如何运作的人问到，"华尔街是怎么回事？"你会怎么回答？

威利：我想，很难总结华尔街的文化是什么样的，但是我会说：嗯，人们都很有进取心，而且这里是一个残酷的世界。你必须努力去做。如果你没有，你在华尔街上什么也找不到。没有人会可怜你。如果你不努力，你就得出局。我认为商业银行对员工会更加仁慈一些，和投行相比，比如高盛，显得更有耐心。商业银行裁员会花更多的时间来炒掉一个人。他们要考虑的更多，因此我认为商业银行的工作还是有稳定性的，虽然这一点最近发生了一些改变。

何：你认为华尔街的工作稳定性比起其他行业更糟吗？

威利：这是因为现在对金融市场的变化十分敏感。我想我们已经注意到了。事实上，最近（1998）这一段甚至不能算是一个重大衰退，但是这足以让（投资）银行裁员了。

同时思考贾马尔和威利的观点，是什么造就并许可了这种特殊的暂时性和即时性的文化（除了下面这个明显的假设，因为投行的"业务是赚钱"并"为人们赚钱提供建议"——在这里，金钱既是产品也是目标——他们的工作要求就是找到赚钱的最短路径）？我将在本章的末尾和下一章来谈这个问题，但是在此之前，我们首先要将下述概念问题化，那就是工作的不安全感主要来自投行与资本市场和市场周期紧密联系这一点。我认为，这一假定是用市场客观化来解释的（也就是说，用"市场"来解释工作不安全感这一暗箱），而不是承认华尔街的企业文化构建了投行的工作不安全感这一事实和方法，这是他们对"市场"的理解的地方性体现。

华尔街工作不稳定性的叙事

1997年到1999年，在我做田野调查期间，每次我访谈华尔街投行家时，都要聊聊有关不稳定的工作这个话题。此时正值牛市，我的数百个研究对象无一不陷入重组、裁员和调换工作这类麻烦中的一个，到了2003年，只有两名受访者还在我第一次遇见他们的银行工作。这是每个人关心的头等大事。不论级别或地位如何，华尔街中的绝大多数人认为，工作安全性在这里就不存在，投行是最不安全的职业。当我问他们，"您

第五章　裁员者面临裁员：工作的不安全性与投行的企业文化 | 367

觉得您将会待在这个行业多久？"大多数华尔街人回答道"我不知道"或者"希望在可预见的将来还在"。即使那些地位稳固的董事总经理也给出了"不确定"或者"看看吧"这样的答案。这样的访谈揭示出工作不稳定性对那些有特权的雇员的意义和影响，也整体上指向了华尔街特殊的雇佣文化对美国商业带来的后果。

为了纳入华尔街雇佣实践的各种叙事和有关工作不稳定性的体验，我专门选取了华尔街的一个广阔的横截面，特别注意将经验丰富的老手以及那些只在华尔街工作了几年（虽然在华尔街的两年时间已经能够经历足够多的工作不安全感了）的分析师和经理囊括进来。[6]在经济危机这一段时间，我的受访者大多将自己的裁员归咎于"市场低迷"，但是在我进行田野调查的数年之后，我发现我的受访者几乎无时无刻不处在工作不安全感之中，虽然他们经常回顾性地将这一焦虑和过去的危机联系起来。（对我来说，我是在当时没有大规模的行业和企业危机的背景下被解雇的。）这种不断被归咎于"外部"市场因素来解释的裁员，甚至是发生在"繁荣时期"的裁员，使我进一步质疑这种裁员、衰退和熊市之间被认为理所当然的联系。

1999年2月，当时正处在牛市的高峰，蕾娜·班纳特被解雇了，她在雷曼做了两年新兴市场的分析师。她已经从一轮裁员中幸存下来了，并调换了一个团队：现在这已经是她的第三个老板了。她的部门主要是为来自美国的潜在收购、私有化和融资机会而专注观察拉美公司的活动。班纳特被裁员的数月后，我和她在曼哈顿的一家时髦咖啡厅坐下聊天，她给我详述了导致她尴尬处境的经历。她描述了工作的最后六个月她过山车式的工作环境，我摘录于此：

> 亚洲危机刚刚发生的时候，没有人认为它能像它真正做到的这样如此大程度上影响拉美市场。但是风云突变，突然之间，我们对市场看涨的预测就发生了转变，"天哪，我们将不得不开始裁员了。"接下来，显然（最终的结果）就是我被解雇了，我们整个团队被裁掉。首先，让我来谈谈市场环境以及市场是如何发生转变的。当时市场环境发生了戏剧性的变化，这是因为突然之间人们发现这不仅仅是亚洲问题，人们意识到，市场的影响是全球性的，没有任何一个市场可以躲在黑暗之中，躲开这场危机。交易骤然停止了。人们变得十分关心巴西的情况。货币开始贬值：市场上猜测不断，1月份，情况开始发生变化，货币突然贬值25%……这对于雷曼和金融市场意味着市场突然失去了信心。没有交易能够达成。只有少数几个国家能够获得融资。在我看来，有趣的是，原来有这么多的人在讨论拉美私有化的进程……人们觉得非常有把握，但是突然这样的事情发生了，所有关于私有化的想法都化为乌有……这意味着，在雷曼，人们每天的工作都没有希望。他们只是坐在那里，看着空屏幕。价格不断下滑，你不知道什么时候才能回升。

很难不注意到班纳特不断强调她那场一落千丈的经历，从令人愉悦的高点突然坠入了毁灭性的低谷。她的经历中充满了"突然之间"，她被裁员的经历表明，华尔街对待裁员的方法是瞬时性的和绝对的。班纳特将市场描绘为反复无常的自然力量，是不可预测、不可阻挡的风暴。她和她的团队唯一能做的就是靠自己顶住到来的冲击。我之后会谈到，在美国证券市场的背景下，投行在牛市间的策略和实践，即抵押长期生产能力，导致了2000年的崩盘。不难猜测，在"新兴市场"中，持续进行短期债券发行、私有化和金融重组（根据结构调整的原则），带来了"繁荣"但同时也促成亚洲、俄罗斯和拉丁美洲的经济危机。

当我问班纳特，那些高级经理人给出了什么理由来合理化这些裁员，她就说了一个词："市场"。她接着说，"这就是市场；市场无法替其中的一个团体提供辩护，并且我们也不觉得我们是一个很好的整体。"我接着问她，她对自己被裁给出了哪些原因。

> 我们开始听说美林将进行一场大裁员……就在那之后，你知道每个人都被裁掉只是时间问题。这里走漏了消息。在雷曼，没有人谈论这事，但是追溯到12月，人们就有了"哦，我能感觉到要发生一些事情"。这样的感觉……到领奖金的时候，他们的奖金都十分糟糕。这

是一个很明显的信号了。接下来,在一月,上面的人基本上召集了所有人坐下来谈:"好吧,伙计们,我想了又想,但是现在,很抱歉,我们无法再支持这个团队运转了。"……我的意思是,这就是这个行业的残酷现实。就像是这个行业中的每个人都要承受的风险一样,工作安全性根本不存在。甚至对我来说,我换过团队,即使是我工作的新领域也一样,因为与市场相连,就不会为这么一大批人准备任何正当理由。

在她将华尔街与市场的亲近性构建作为自己被裁员的理由之后,鉴于现在她已经离这些东西比较远了,我问了她对华尔街文化的印象。

何:你对华尔街上的人、价值观和工作环境有什么印象吗?现在你是不是觉得已经远离那个地方了?

班纳特:是的,这是毫无疑问的。我故意保持了较大的距离。我已经很久没和我之前的金融伙伴们往来了。我的印象是,当时我没有意识到他们是多么的短视,只看表面上的结果;一切都只和当下有关,看你当下是否能够赚钱,如果不行的话,你就要出局。

何:你说的是银行还是那里的人?

班纳特:银行和人都一样。嗯,首先是银行,这是肯定的,然后是相关的人,如果你照那种方法行事,你也将会成功。你要想着我今天一定要尽我所能得到得越多越好，因为你不知道明天将会发生什么。并且，这是第二点，那就是：我意识到，在那样的业务中，有这种心态是必须的，但是我没有。我试着欺骗我自己，"嗯，人们喜欢我。"是的，他们喜欢我，但是这并不意味着人们会拥护我，因为我的方式与他们所需要的有极大的不同。你必须非常重视实际……我是一个乐于助人的人。我不会窃取信息或隐瞒信息，因为我不想和其他人分享。这儿的人们都有些小气，很自我为中心。你必须这样。关心自己且只关心你自己。还有就是金钱的驱动力……似乎几美元在此意味着更多……现在我离开那儿了，天哪，我不敢相信我居然能待这么久。他们在另一个世界之中。

何：你有具体的例子来阐述他们必须在今天就赚到钱这一点吗？

班纳特：你是说这种心态？嗯，假设在某个糟糕的日子，市场原本风平浪静。突然某个不可预见的事情发生了，市场开始跳水。从早上一直到晚上，市场下滑的态势都没能扭转。我的观点是，"如果你不在市场中，那么恭喜你，如果你没有陷入市场中，那也很棒。为什么要进入市场之中？"而他们的观点是，"该死！我应该做空市场的，我应该采取行动的，我本可以赚一把的，我太蠢了，现在我必须参与其中并作出决定。"这种态度就像是你必须时刻都做些什么。你不能只是坐着，任由市场发展，因为这种态度太被动了。你真的必须积极应对。"

班纳特被裁员的数月后,她认为她的性格和行为,也就是她的"心态",与投资银行所要求的相反,这一价值观的冲突被她解释为她失去工作的原因,因为她无论是在当下还是在未来,都拒绝仅仅想着赚钱。除了认为她的团队在政治上"没有很好地整合在一起"以外,她还观察到投行总是基于一种短期价值体系来对待他们的员工和处理他们多样的商业活动,"如果你当下没法赚钱,那么你就出局了。"班纳特暗示了投行的机构文化是如何选择和构建了,谁在什么时候因什么原因而被裁员,以及由此而造成的裁员可能如何发生在市场的十字路口和公司的组织结构中。

但是使我惊讶的是,班纳特能够将她被裁员这一市场中心的理由和她对华尔街文化实践的解释区分开来。虽然她认识到投行的价值观和日常实践对她被裁员一事确实有影响,但她仍旧将"市场"(这一外部力量)作为她被裁员的主要原因。通过自然化市场和市场周期作为裁员的原因解释,她没有将责任归咎于投行本身特别的行为。这里缺失的分析是,投行的价值观和实践是如何建构了在新兴市场和美国市场中的"市场"以及他们对待雇佣关系和工作的方法。我认为正是投行的文化理解和组织激励创造了这种不稳定不持久的市场以及就业机会。(当然,班纳特的例子是十分重要的,她被解雇一事直接和新兴市场危机有关,这可能可以明白地解释她将被解雇的缘由归于"市场"的原因。)

同样,信孚银行高收益债券副总裁克里斯汀·张,也讨论到了她的工作与波动的市场的依赖关系。

何:如果一切变化都如此之快,这是否会影响到人们工作稳定性的体验呢?

张:这意味着人们总是要不断地换工作。由于这样的经济环境,许多人会失去工作,不得不去其他地方从事其他工作。有一段时间,就在迈克尔·米尔肯进监狱后不久,垃圾债券的市场也破裂了。人们在垃圾债券上损失了大量的钱,发行垃圾债券的公司也纷纷破产。不多时,市场似乎要凋亡了。我想那时人们就要开始寻找其他的事情做了。多年以来,这样的事情在华尔街不同的金融产品上重复上演着。我认为,1994年,抵押贷款证券市场也经历了一段艰难的时光。那时许多人失去了工作。如果你想要一个稳定的、可预测未来的工作,那华尔街决不是最好的地方,因为市场动荡不安,也意味着你的生活和事业也会动荡不安。

市场的波动并不仅仅是简单地由持续的周期波动造成的,还和不断变化的金融风潮与金融产品有关,比如抵押担保债券导致的次贷危机。一个产品风靡一年,招聘了整层的员工,而第二年又被撤销了,这会导致一整个楼层的人陷入就业危机,一个部门被精简得只剩下一两张桌子。有趣的是，几经沉浮的垃圾债券（现更名为高收益债券）集中彰显了华尔街臭名昭著的短视制度文化：深陷于丑闻和"死亡市场"之中，垃圾债券的产品被人们看作是金融的有毒废物，而这些经营垃圾债券业务的投行家们（仍然被看作是聪明的）却没有名誉扫地，也没有被批评，更没有被认为是缺乏判断力的，相反他们却在1980年代后期倍受人们欢迎，来重建高收益的市场。

朱莉·库伯，她也是信孚银行高收益债券的副总裁，认为裁员与经济衰退有关，但她也表示，"每一天"，华尔街都弥漫着不安全感。

何：由于这里总是变幻莫测，你认为华尔街的工作不安全性很强吗？

库伯：啊，是的，很强，相当地强。我认为只有在当天你才能知道你的工作是否能延续到第二天。如果市场低迷，他们就会裁员数百人，或者是因为你那方面的表现（指的是你的特定领域）下滑了；裁员总是突然发生。你知道，你的公司如果决定他们不再需要某个产品时，整个相关的部门都会被裁掉。我认为这就是这儿的生活的一部分。

约瑟·蔡，作为帝杰投行部经理，非常赞同库伯的观点，认为"华尔街上"的工作不安全感可能比其他行业更为显著，因为你的业务"就是"市场:"因为市场是变化无常的,起伏波动相当快,与一般公司突然之间的产品枯竭相比,华尔街上突发大规模的市场低迷是更有可能的。两者是不同的。"胡里奥·穆尼奥斯是帝杰并购业务的经理,他也认为裁员与不可控的市场活动是完全相关的:"你在你的研究中可能会发现这个关联。银行家的数量以及它的变化趋势。就像是手风琴一般大起大落。"[7]

最后,美林战略与风险管理的副总裁爱德华·兰多夫指出,市场周期是影响华尔街雇员的主要因素。然而,他给出了一个有关华尔街工作不安全感的较为全面的叙述,值得在此详细引用一下:

何:那么,您认为您在这个行业还会工作多久?

兰多夫:我不知道。我的意思是,这很难说……虽然我老想着将来的事,但是我不常为将来做太多的打算。我没法想象十年后我会在哪里……我有点担心,这是一个高风险的工作。你能赚到不少钱;你会赚到太多的钱,这是真的,你想想风险和不确定性就明白了。举个例子,我(刚刚)在美林开始这份新工作。昨天有传言说,大通要收购美林。这类事情总是突如其来地发生。在你知道这事之前,一些并购活动就已经开始了,到那时,一些很有才华的人都要面临失业的问题……就像三四年前(1996—1999),那时业务多,公司就招募了很多多余的人力资本，雇用了一大批人，等到公司开始合并的时候，市场开始降温，就像最近这段时间，华尔街上就满是找工作的人。这一现象是周期性的，如果你在投行工作，你就得努力工作了，那些人，可能就是你的朋友，那些企业金融领域的分析师或经理，一天工作16—18个小时。你也起码要工作这么久。你有一份很好的报酬，但是有趣的是，每周一上午有个有关市场的会议，所有投资银行的人都聚在一起讨论市场将发生什么。我想大概有八十到一百个人在会议室里。这些人都是企业金融业务的核心，如果超过5%或10%是四十岁以上的人，我就会很惊讶了。可能这有点夸张，但是到你四十岁的时候，如果你还是一个投行家，（那你已经）赚够钱了，同时也差不多精疲力尽。

何：您为什么要说起大通收购美林的传闻——您认为收购和并购是导致不安全感的主要原因吗？还是说人们并没有真正重视他们的员工？

兰多夫：我认为高级管理层确实喜欢有很多的人力资本，并且能够得到我们想要的东西。显然，（你）想要留住真正的人才……但你会发现这会陷入一个循环，首先有一大堆工作需要做，（你）招募了许多人。那么此时所有的银行都是饱和的。一旦市场崩溃，或者说出现大衰退，或者业务放缓，他们将毫不犹豫地迅速将相关业务的所有人解雇掉。于是华尔街上求职的人又增加了，并且……因此这就是这种方法的全过程……原因是风险太大，不仅是

第五章 裁员者面临裁员：工作的不安全性与投行的企业文化

因为合并，还因为这是一个周期性极强的商业。

兰多夫描述了这种丢掉饭碗的持续威胁，同时批评了他们这种（平时）超员招聘，却在经济下滑或只是轻微"减速"时就摆脱掉这些"过剩的人力资本"的习惯。他指的是华尔街和银行里的高强度的工作和愿意以极快的速度和"毫不犹豫"的态度裁员。虽然他预料到了经济衰退的作用（银行如何"预测"市场周期的问题放在之后处理），但是他没有意识到，实际上对招聘和解雇员工负有责任的是公司高管和银行文化。

抛却受访者对他们工作不安全性的体验的复杂陈述，他们关于市场因果联系的同义反复的回答，使得投行文化和公司决策制定机制未受质询，同时也忽视了市场这一处方实际上是一种社会行动，受文化制度所规制。雇佣政策和战略并不是简单、反射性地遵循自治、自然化的市场法则。这并不是说，市场波动不会影响工作不安全性（这一影响是肯定的），关键在于市场波动本身就是在特定的价值、实践和制度的交汇中被定位和形塑的。如果未能对市场内部运作进行分析，容易将市场误解成自治的、抽象的力量，这是很好理解的，但当考虑到自身的职业不安全性问题时，对市场相似的恐惧也在形塑着这些享有特权的投行家们的话语，这意味着什么呢？尽管诉诸抽象的、自发的、普遍存在的市场来解释他们自己经济环境，既有强大的解释力，同时也无法解释任何东西，他们仍旧在不同的环境中都这样做，带来的结果也不尽相同。那么问题就变成了：投行家总是诉诸市场来理解他们自己工作的不安全性，这一现象还有什么其他意义？

不安全感，裁员与市场的客观化

我发现，在他们的文化语库（cultural repertoires）中使用市场中心假设，阻碍了投行家们理解他们自己在构建他们裁员文化中的角色，更不用说在市场周期和危机中的角色了。首先，鉴于我的大多数受访者在叙述中，都指出了"市场"和市场波动是导致他们工作不稳定的原因，我发现，如果按照许多银行家宣称的那样，他们的工作和市场的波动之间有关，那么，顺着这个逻辑往下，他们应该在繁荣时期能够感受到工作的稳定性，而在萧条期时稳定性更差一些。就像海浪一样自然起伏，当股票市场波动时，投行的工作稳定性也随之波动。然而事实却不是这样，我意识到，先不用说被夸大的牛市乐观情绪，鉴于市场中心主义将工作不安全感和市场下行相连这一假定的统治地位，我的受访者很难解释清楚他们所经历的牛市，在充满了蓬勃发展的可能性的同时，也充满了不安全感——恰恰是因为他们将市场在文化上内化，因而将失业归因于经济衰退周期。然而，裁员是一个常见的策略，甚至是在股市繁荣时期，并且成为"牛市"文化这一整体中不可或缺的一部分。

有时，我们需要像道格·贝尔德这样的再就业顾问，来超越简单地将市场周期和银行雇佣结合起来的行为。道格·贝尔德已经从不同的角度和机构身份来观察过华尔街了，在任职哈里森职业服务公司作高级顾问之前，他已经拿到了MBA学位，并且在摩根士丹利工作了十多年。他也偶尔为那些被裁员的部门人员提供咨询服务，比如总部设在纽约的五点钟俱乐部（The Five O'clock Club）和四十加俱乐部（The Forty Plus Club）。经我的再就业顾问吉娜·托马斯的引荐，我见到了贝尔德，并参加了一个他的裁员研讨/支持小组。一年后，1998年的秋天，那时投行仍然受到亚洲和俄罗斯金融危机的困扰，我也刚开始田野工作不久，我和贝尔德坐着闲聊，我问他一般什么时候会收到最多的裁员委托，以及是否裁员的数量和华尔街的周期是一致的。

何：在市场高峰和低谷时，你的角色有什么变化吗？与两年前相比，现在你的客户有所增加吗？

贝尔德：嗯，裁员总是为我们创造大量的生意，因为许多人被解雇了，需要我们的服务。但是你知道，华尔街无论是在繁荣时期还是萧条时期都会解雇人。我的理论是，在市场衰退期，华尔街之所以解雇人是因为他们不想稀释了奖金池，而在市场繁荣期，华尔街之所以解雇人是因为他们钱太多了，他们反正就是想换一批人。他们不在乎成本，因为他们有很多人才供应。所以一般来说，无论是在繁荣期还是衰退期，我们都会有很多活。我们最闲的时间就是市场发展的匀速时期，一旦市场势头强劲，我们就会有很多客户。

何：这很有趣，我之前还真不知道。

贝尔德：因为公司并不在乎这些事情。他们常说，"把他们给解雇了吧。我们可以很轻易地承受重新招聘的成本，并且我们还能招来更多的人。如果我们不喜欢新来的，那就再把他们解雇了。"

虽然我意识到疯狂的裁员也发生在牛市期间，但是还未能以民族志方法完全理解。在和贝尔德交谈中，我还一直持有着好经济就有稳定的工作这样理所当然的假设，贝尔德使我注意到了投行会在牛市时"解聘"和经济下行时一样多的员工。有趣的是，贝尔德并没有将这一解雇行为和股东价值相联系，而是将其与持续不断的替换员工和避免奖金池稀释的华尔街的文化战略相关联。因此他暗示了华尔街对待薪酬和雇佣的方法对分析华尔街裁员的重要性——并且最终指向华尔街建构对金融市场危机的建构，我之后还会详述。

我还能提供另外三个例子，1998年9月，罗伊·艾伦是富达投资集团的董事总经理，她承认，投行雇佣情况可能和市场周期并不一致。即使是在华尔街，牛市中也是高度竞争和充满悲观气息的。

何：您觉得在华尔街工作是不是充满了不安全感？

艾伦：是的，这里一直不太稳定，最近变得更糟了……我认为现在的华尔街，既是最好的时代，也是最坏的时代。所谓最好的时代，是因为华尔街的公司能赚钱，但是人们像过去一样没有安全感，可能还会更糟。这种赚钱和不安定的结合：或许它是好的，或许它不是，但是它的确造成了许多人的错位。我认为在市场上存在一整套对人重新定价的机制……赚钱与不稳定工作的结合未来会更为常见，而不会像过去几年那样是多了不得的事情。

梅根·米尔斯是麦肯锡咨询公司金融服务业咨询的高级管理顾问，1998年12月，在我和他的访谈中，他描绘了"牛市"期间工作不安全感的环境。

何：自牛市以来，比如说自1995年以来，华尔街的工作环境和工作不安全性是怎样的？过去和现在有什么主要差别吗？

米尔斯：这很难概括，我会告诉你为什么。因为尽管1995年……是辉煌的一年，但是也确实有一些投行的钱袋崩溃了。像1994、1995年，抵押贷款市场崩溃了。街上的房子，包括我丈夫所在的公司高盛都陷入了抵押贷款泥淖中，抵押贷款市场就这样崩溃了。所以你的确让人们经历了仿若市场好景不再，但你却没有经历过你在1998年晚夏即八九月份所经历的，市场确实好景不再。比如1998年8月和9月，那时市场已经瓦解了。比如说当时的俄罗斯，市场崩溃了，深深地影响了人们。当我在谈论这个问题时，我认为这一后果就是，它对不同级别的人造成的影响不同。我想，对于那些初级人员，人们会想，"你知道，我要到投行那赚点钱，因为生活很糟糕，工作也没什么乐趣……（但是）或许这并不值得。"因为像我这个年龄去投行的人等于没得到什么报酬……并且他们纯粹就是在干苦工[8]。

艾伦的牛市孕育了导致裁员的兼并合并的观点和米尔斯"投行的钱袋"崩溃的观点使我对华尔街本质的就业不稳定性和区分繁荣与萧条的困难性保持警醒。同时，在1998年12月，美林证券并购部门的经理菲利普·杨，向我描述了美林在1997年到1998年新兴市场危机的过程中如何处理裁员的深奥手段："在我的印象里，大多数裁掉的都是新兴市场部门，但也包括了所有地方。每一个部门都被要求列出一个名单裁掉一些人。我想在投行，这种现象尤甚。**我觉得投行正利用（这个机会）来清理门户。我们需要裁人是一个很好的借口，因此他们就可以摆脱后5%的人或类似的**"（文中黑体为我的强调）。从技术上来说，这些部门并不"依赖"于新兴市场，甚至那些在1998年发展兴旺的部门，也裁掉了5%的职员。华尔街利用这场危机来进行"门户清理"的事实显示了华尔街对待招聘有更为复杂的手段，而不仅仅是一个简单的市场依赖关系。

值得注意的是，这些投行家们，短期股东价值的拥护者，

第五章　裁员者面临裁员：工作的不安全性与投行的企业文化

他们要求美国企业的实践活动与核心价值能够立刻带来股票价格的上涨，自己却对股东价值本身并不感兴趣，一个主要原因就在于他们自己的工作都是不安全的。这并不是说没有人在这样做，但是我大多数的被访者都指向了市场的变幻无常、经济波动与周期性变化。一方面，我认为这种基本原理也会成为新古典虚拟主义的牺牲品，它盲目迷恋理论模型，例如看不见的手的市场逻辑，从而掩盖了华尔街投行真正的日常实践。另一方面，我也意识到我不得不避免对受访者的具体辩护表现出轻视的解读。虽然诸如"市场"这种抽象的概念是金融话语中重要的组成部分，但这种表达常常会形成一种被视为理所当然的简略描绘，一种简化了的、包装好的语言，因此就不能根据表面的价值去进行判断。也许这种以市场为中心的解释，即使极其不透明，在文化上也是非常重要的，需要被认真对待并加以审视与解读。难道班纳特她"突如其来"的被裁经历不足以反映华尔街针对裁员的文化手段是如此毫无征兆且不可饶恕吗？为什么不把她对市场的解读看成是一种对地方性的描述，对投行工作文化规范性实践的表达和华尔街员工们将自我文化认同和市场实践合并的信号呢？拒斥投行家对市场的支配性表述就意味着没有认真对待这样一个事实，即市场抽象化过程并不是对现实的如实反映。

投行家们对已经习以为常了的市场周期的吁求应当被理解成一种独特的由华尔街日常职场生活支撑起来的文化自我呈现，而不是一种市场主导性或抽象性的具象化。我将市场的客观化视作一种对市场的文化认同，认为投行家们这种"市场代言人"角色实际上夸大了他们自己对投行"就是"（或者是体现了）市场的理解。华尔街的制度文化构成了他们对暂时性这一概念——也被称作"华尔街时间"或者"超级资本主义时间"——的地方性理解。总结起来，工作不安全性的泛滥和对即时性行动与绩效的强调，不只是削减并束缚了投行家们暂时的语体风格，同时也需要对金融市场有着全面的，"实时"的认同。考虑到一定程度上投行文化的身份和战略是一种对时间概念极为特殊的理解的表达和彰显，我的受访者们将自己解释成一种对市场高度响应的形象就一点也不令人感到奇怪了。因为市场趋势的形成、市场数据的管理与分析，市场交易的加工处理——这些市场的"脉搏"——是从华尔街起源或者经华尔街传导，因此投行家们会认为自己会比其他的美国企业更加贴近市场的旋律就毫不奇怪了。与此同时，投行快速的响应显示出他们对市场的绝对认同，他们对自己是谁的强烈意识、他们的文化差异感，是沟通市场并使市场立刻通过他们并与他们一起行动的能力。

当然，尽管投行家们创造了并驱动着这个市场，但他们反过来也会被它所形塑和限制。他们对市场的手段同时也变成了对这个市场的同步与预期。讽刺的是，这种对市场现世的认同并没有使投行家们变得"以未来为导向"。他们对潜在市场失败的预期几乎对抑制或转变他们的实践行为没有任何影响。相反，计划和战略经常是被减少到投行家们基本上只着眼于当下。在下一章中，我将证明华尔街对与市场现实同步的强烈观念，与他们对危机频发的预期和理解相结合，导致他们强化了这种不可持续的金融实践，正是这些因素最先导致了危机和失败。投行家们将触角伸向美国企业，摧毁了美国企业的时间性，使其陷入华尔街的时间框架之中，最终带来了灾难与不幸。

美丽新职场

尽管我承认工作的不安全性和"非长期"是投行和大多数企业都有的某种特质，不过显而易见的是，这种不安全性和市场粘性具有不同的效价，程度也不一。并不是所有的机构都是相似的，也并非任何地方的职场都是同质化的。我认为考虑到华尔街在影响美国企业中的主导性，华尔街孕育出的关于招聘的职场实践和方法必然能够帮助从一般意义上建立一个大无畏的新职场环境。例如，凯特·米勒，1998年任摩根士丹利的投行分析师，最终离职后去了百事公司（因此她就有了从两种机构进行观察的视角），她使用了一种十分有趣的比喻来阐明华尔街投行是如何将其判断强加给其他的美国企业：

何：那么，您觉得投行比起其他企业而言是不是更充满活力和持续的变迁呢？

米勒：一般而言投行家们和投行本身对市场中的变化

响应非常迅速。"因为这就是他们的业务。这就是他们向他们的客户提供咨询和建议的地方,也是他们挣钱的方式。因此,我想是这样的,他们非常跟得上节奏。百事则是一家反应较慢的公司。它这么慢是因为它需要这样。如果你去观察摩根士丹利,你可能会把它比作战斗机,对变化反应如此迅速。因为一般而言,那些(投行中的)团队和各个行业组是彼此独立的,他们在自己行业领域里的工作都很出色,以至于他们可以看到一种趋势或变化,从而也可以转向不同的方向。因此我将他们视为小型战斗机的飞行员。而一些像百事一样的大公司则规模庞大、人数众多、结构复杂,在全世界拥有办公室、子公司和餐厅。如果它转向得如此之快,那么被震动和影响到的员工数量将会巨大。因此他们差不多像是一艘航空母舰,只能一小时转动四度,这样才能平缓改变航线。"

在米勒的描述里她把投行比作敏捷的战斗机可以领导变迁,而另一些企业则是庞大的、慢动作的航空母舰,尽管她的这种比喻抓住了要点,那就是投行和实体企业有着非常不同的组织结构,但勾勒出这一表述背后的政治意涵更是至关重要的。当我们发现这种表征下的后资本主义时代中存在的特权,以及对灵活性和持续变迁的大力宣传,这种认为实体企业相比投行而言非常缓慢的概念其实暗含了一种等级结构,即华尔街已经适应市场并改变了,而其他企业却仍然步调缓慢

（Martin，1994）。

至关重要的是，这种比喻被特别用来将投行家们的优秀技能与那些"一般"员工的进行比较。对于华尔街投行家而言，他们认为自己的一个重要社会角色就是"市场中的行动者"，意味着他们来创造流动性、去快速地创造和分配金钱（就像在收购运动里那样）以实现"最优"使用。他们自己也浸淫于这个市场中，特别是也拥有在持续裁员和机构重组中的焦虑和艰难经历，这使得他们的技能和生活方式——那些代表了市场和他们身处其中的角色——就变得"更加具有流动性"了。因此，雷曼兄弟新兴市场销售和交易部门的副总裁迈克尔·威廉姆斯的观点就毫不令人奇怪了，他用自己的市场认同建构起了一种道德寓意，即投行家们的经历和对"冲击猛烈"的变迁和重组的理解，可以看作一个创造更美好的经济体和职场的"解决方案"。而与华尔街人不同，大多数平凡的人并不喜欢"兑现"，而关键之处在于，他们的"技能集"也是非流动的。威廉姆斯解释道：

> 如果你有一个技能集，你不能只是将这种技能集与另外一种简单交换。这是粗笨的做法。这就好比一栋房子不如现金有流动性。一个人的家庭、家产和生活更加缺乏流动性……当我们看到一些人，因为他们在他们的生活中缺乏流动性，不管是在他们的技能集方面还是其他一些方面，因为他们没有能力去流动，他们深受其害而又不能对

此做出什么；我们会同情这种人。现在，如果有一种方法使我们能立刻在某种程度上交给这种人一种技能集，或者为他们的生活增添流动性，这样他们就可以做一种转换的话，那么这个世界会变得真的越来越好。但是，我想这种分析中存在着道德遇上经济的问题，那就是思考关于一个人生活中的流动性……因此，到底是"什么解决方案"能够使他们的生活变得更好呢？如果你想解聘50000名员工或者2000名员工……他们将要做什么呢？好吧，这其实取决于他们的技能集和外面有什么（他们可以做）。问题是很多都有着相似的技能集的人正寻找着仅有的工作岗位，因此他们不得不寻找新的工作岗位。我并不认为这有什么不对。我倒是认为这比其他任何方法可能都要好，因为你也可以选择在很长一段时间里保持一种慢出血状态，但这样每个人都会慢慢地变得越来越穷，要不然你也可以选择像我说的那样做……那就是一个特殊人群接受猛烈的打击，但是他们总能找到方法继续前进下去。在这种方法里，那些特殊人群是承受了很大的打击，但相比那种你希望保护每一个人，然后慢慢地整体都衰落了的结局而言，整个经济体是在以一种更好的方式前进。这当然是一种折衷。与此同时，这也是一种更加变通的道德，因为我们可以假定，在华尔街你可以有更好的机会来重塑你的生活。如果你努力工作一段时间并积攒了足够的钱，那么你将有一个更好的安全网。我不知道这是否可以理解。

不清楚威廉姆斯是不是将他自己或者他在华尔街的角色描写成一个榜样，我进一步发问，"很有趣的流动性的比喻。那么，把你刚才所说的与华尔街所做的事情联系在一起，华尔街的功能只是帮助人们更加具有流动性吗？"威廉姆斯回答说："唔，就是这个过程——它可以包括创造性毁灭的过程，你需要摆脱那些走不通的工作，或者集中注意力在那些可以成功的事情上，它确实主要做这件事。有意思的是，你可以让人们喜欢那些非常自私、邪恶、不道德却在某种体系中非常成功，却仍然对整体有益的那些杠杆收购大师。"除了变得比其他人更具有流动性之外（也就是拥有了能够离开、转换工作的能力和其他技能），华尔街更宏伟的社会和市场的目标，是迫使普通员工流动起来的必要的恶。由此投行也将他们自己应对变迁的方式变成整个美国企业的参照点，而那些投行家们，最不"粗笨"的员工们，就像完美的雇佣（通货）标准一样在运行——也就是说，那是一种最接近现金*的标准。

需要强调的是，投行家们技能集里的流动性，实际上取决于连带的美国企业的"金融化"，这造成了对他们的金融建议的更高需求，和华尔街世界观的主导地位。即使紧随其后的是雷曼兄弟破产、2008年9月美林证券被出售给美国银行，那些猎头高官们指出，美林证券和雷曼兄弟这两家的投行家们

---

* 意指华尔街的员工们可以像现金一样流通，具有很高的流动性。——译注

之中"那些能够促成投行交易的人还是可以预期得到好的工作的":"美国银行……将很可能聘任美林的顶级投行家们","小的投资银行和一些成长中的外资银行……也会感兴趣的"(Gomstyn, 2008)。话虽如此,但是因为当前经济衰退的事实改变了投行家们的适销性赖以为系的优势地位,且华尔街仍然保持很多人在这里找不到工作的状态,即使那些最"像现金"的员工们也会发现自己变得不那么容易被聘用,不那么易流动了。

对全球工作和一般意义上的职业概念的简单回顾有助于揭示华尔街实践在这个灵活性不断增加和注重股东价值的时代具有多么大的主导性。在《品格的销蚀:新资本主义时代工作的个人后果》(*The Corrosion of Character: The Personal Consequence of Work in the New Capitaliam*)和《新资本主义的文化》书中,理查德·塞内特认为,在当今社会,职位和企业都按照华尔街和股票市场的多重诉求来评价,这就导致"太过变化多端以至于无法年复一年按照同样一种方式来工作,也无法做同一件事"(Sennett, 1998:22)。在这个华尔街形塑的新经济中,组织总是在不断地"膨胀和收缩"来满足最近的需求,而员工们也处于"被招聘和解聘之中,因为公司总是从一个任务转向另一个",那种员工和企业之间相互的忠诚、信任和承诺这些美好的道德也已经被抛弃(Sennett, 2006:48-49)。在这种情境下,企业和员工都输了:不仅企业长期的机构知识被持续破坏,而且员工也放弃了用"有条理的时间安排这一馈赠"长远规划自己的职业和生活，从社会动荡中存活下来，并为自己的人生叙事设定一些控制（Sennett，2006：36）。在这种碎片化和临时工化的职场环境中，"一个拥有至少两年高校学历的年轻美国人"预计"在工作过程中至少要换 11 次工作"，但是可能更加重要的是，这种环境导致了"品质的销蚀"（Sennett，1998：22）[9]。企业内部稳定的科层结构不仅被拆解了，更是被一种重视背信弃义、不负责任和即时性的新制度结构所取代。那种"生命的长久性"，那种能够给予"社会关系以更多的时间来拓展"并使得个人在职场中对他人而言变得更加重要的机构消失了（Sennett，2006：36）。毕竟，当一个人在华尔街被裁员后，一个投行家只有不到 15 分钟的时间就得离开工作场所，更不可能参加一个能够保持联系的离职仪式了。在这种经济环境中，"要想获得成功，你就应当投入到更多肤浅的社会关系中。对组织忠诚是**不正常的。**"（Benn，2001，黑体为我的强调）。因此，华尔街的超级临时工制度逐渐成为所有职场的发展趋势并不令人奇怪。[10] 塞内特将这种美国企业的职场不稳定性归因于短期股东价值的主导作用，正是它从根本上改变了公司的企业结构，并且延伸到个人的职场经验当中。他写道：

  为了在那些只是路过的偷窥者（短期投资者）眼中足够漂亮，企业承受了巨大的压力；机构的漂亮存在于一种内部变迁和灵活性的昭示中，表现成一个不断变化的公司，即使曾经的稳定使得这个公司运转良好。而那些像……安然一样的公司，在这种欢迎投资者的阵营中变得机能失调或者说是腐败了，但是即使在市场衰退期，企业身上的压力依然不变：机构的稳定性变成了投资的负面信号而非积极因素。稳定似乎变成软弱的代名词，向整个市场暗示着这个企业无法创新，也没有能力寻找新机遇或管理变化（Sennett，2006：40—41）。

正是由于"重组中的机构价格总是上涨，仿佛是在告诉我们任何变迁都比延续过去要好"，这种商业实践才变得如此流行。就像塞内特解释的那样，当今的市场被"不耐烦的"金融资本所主宰，快速的"对企业的破坏变得更加有利可图。尽管从生产力角度来说破坏并不是合理的，但对股东们的短期回报却提供了一种强有力的激励来利用这种混沌中的力量，一种用看似令人安心的词'企业再造'来伪装的力量"（Sennett，1998：22—23、51）。

然而，就像我所阐释的那样，对股东价值的需求并不总是导致股票价格上升；这些破坏也并不总是有回报的。那么，超越塞内特的分析，去质疑被华尔街投行所信奉、很多大企业所支持的股东价值世界观的"效果"就十分必要。考虑到股东价值的这种内爆性和矛盾性，我们需要探讨与这种世界观相伴随的到底是什么，竟可以使这种削弱生产力的变化无常成为日常实践的主导者？在本章中，我已经探讨了无处不在的工作不稳定性、持续的变化和华尔街的裁员——考虑到聪明的特殊文

第五章 裁员者面临裁员：工作的不安全性与投行的企业文化

化和它惩罚性的职业道德——为锻造一种必要的文化和制度环境，以使得华尔街裁员成为一般意义上职场关系的"模范"，起到了催化剂的作用。在我们解释这种大无畏的新职场环境时，这种日常制度规范的力量不可忽视，这有助于理解自上而下的对股东价值零散的贯彻。我在下一章将会继续阐述，这种工作不安全性的持续状态，在遭遇了投行为保持薪酬所采用的手段和我称之为"没有战略的战略"的时候，不仅有助于将一种以员工流动性、不安全性和职场关系为特征的特殊规训模式传递给美国企业，同时还提供了一种理解华尔街投行在促成金融危机中的角色的视角。

第六章

流动的生命,薪酬体系和金融市场的制造

投行对待裁员和整个金融市场的手段与自己的职场结构和策略关系密切。他们泛化的理解认知和日常实践形塑了金融市场，同时也被他们自己的薪酬、工作的不安定、公司重组、市场认定、努力工作和巅峰地位等这些经历所塑造，与此同时，这种雇佣惯习反过来也雕刻了（同时也在被塑造）他们接触美国企业、影响资本市场及金融危机的方式。在这一章中，我试图集中、整合并贯穿前几章中关于投行金融文化的各种线索，以揭示投行的价值观念和行动实践之间的关系，以及对美国企业重组的连带影响与金融市场繁荣与衰退的建构之间的内在纠葛。通过将聪明的文化（第一章），努力工作的狂热伦理（第二章）和猖獗的工作不安全性与市场认定（第五章）联系起来，并结合投行的薪酬政治和没有战略的战略，我不仅要揭示出股东价值背后的矛盾与内爆，这点我在第三章和第四章已经有所介绍，同时还要解释裁员和金融危机是如何发生的。我的核心目的不仅在于分析华尔街在重塑美国企业中的角色，同时也要揭示华尔街是如何具体示范这些变化的。通过探索投行、华尔街的公司、企业和股票市场之间的相互建构与内在联系，并以一种世俗化的方式去接触华尔街的企业文化，我试图将这个市场重新看作一个集成了人类价值观念、情绪感受和制度规范的场景。

关于金融的社会研究中有两大发展为我们提供了重要的工具箱，有助于我们通过观察一个具有强大力量、有影响力的机构（华尔街投行和他们的企业文化）来研究更广义的集合体、过程或变迁问题（如金融市场、危机和大规模企业重组）。首先，为了将市场文化化，并且不同于那些主流观点，即把华尔街解释为一种与大多数人的生活与关注相分离、抽象出来的存在，本章主要关注华尔街的日常制度文化，并展示出投行家个体的传记与行为及其与更宽泛的金融变迁之间的内在联系。这种方法，位于个人、机构、国家和全球实践的交汇点，建立在宫崎广和对于日本操盘手"在全球金融市场中的……暂时性不协调"的分析工作基础上，正是金融市场诱发了这些人"落后于"世界变迁的感觉（Miyazaki，2003：256、261）。为了揭示这种"滞后的"暂时性，宫崎广和分析了他们在多重维度上与市场的接触：他们独特的交易策略、个人生活轨迹、日本公司文化、一个国家的暂时处境与对"追赶"美国这种需求的认同（Miyazaki，2003：257）。因为美国投行的信号作用，宫崎广和的访谈对象都认为自己的市场模型和身份是"落后于"金融市场的，而相反，我的受访者们却经常设想自己"就是"

市场，并且努力与它的节奏和步调保持一致。然而，我将论证，虽然华尔街有着与市场保持暂时性同步的强烈感觉，可以带给投行对持续发生且不断迫近的危机一种预感和理解力，但这种接近（尤其在遭遇了他们职场文化的特殊紧急状况时），会使得他们强化这种不可持续的金融实践，而这一实践将引发危机，因而在一开始就走向了失败。他们的机构价值和文化实践激励了风险的扩散（传播到美国企业、更大的经济体，甚至他们自己）和加剧（通过复杂交易后的杠杆作用，出售对冲工具，结果把他们自己赌了进去），而给华尔街的硬着陆垫背的并不是备受投行家们吹捧的未来导向和风险管理技能，而是将他们的财富与整个世界经济捆绑在一起的精心设计，迫使国家提供支持和紧急救助。

其次，调查主导性的金融表征、模式和他们的影响之间的关系，能够揭示华尔街的世界观和文化模式是如何在美国企业和金融市场中获得贯彻和执行。同样的，我的方法来源于另一项研究金融的社会科学领域里的重要发展，主要关注的是金融模式和市场实践之间的关系，特别是金融理论如何实施（Callon，1998；MacKenzie，2006）。唐纳德·麦肯齐的研究表明，金融模式本身和它内部的假设都在扮演着建构者的角色来进行积极的形塑市场实践：这些理论使市场行动合法化，并被纳入到整个市场行动的基本架构中来。从这一理论入手，比尔·毛雷尔提倡在"金钱的语用学"（money's pragmatics）方面进行更多的研究，由此，多方力量创造的金融实践效果就可以得到跟踪和检查（Maurer，2006：16）。通过分析模型和市场是如何互相建构的，并研究"由金融理论模型化和实例化的世界之间的反馈回路"，金融研究能够强调内部联系，展示现实工作，并挑战抽象概念，同时重要的是，可以允许模型和效果之间存在不可预测性和鸿沟（Maurer，2006：26）。

从文化意义的角度来看，投行家给出的重塑企业意志的关键理由就是股东价值，这种观点是他们自己的意识形态的核心，同时也扮演着指导企业，也包括他们自己在内，应该如何行动的理想"模型"。我已经阐述了由股东价值所预测的结果并不总能在美国企业中实现，因为华尔街对企业的需求时常导致股票价格波动，下降和企业危机。尽管作为华尔街变迁计划中的蓝图，股东价值并不只是按照它自己的愿景重塑了世界。就本身而言，不能假定模型"事先就知道最后的效果是什么样的"（Maurer，2006：26）；并且华尔街对经济的影响还有一些其他的模型，可能更有解释力。

考察投行在裁员、聪明和努力工作方面具有模范意义的文化，可以为我们提供一扇重要的窗口来了解一般意义上投行创造市场的方法。我自己在信孚的被裁员经历凸显了投行家们的工作不安全性，并佐证了股东价值并不能完全解释华尔街总是持续受到激励来让自己承受这样一种用工模式的原因和过程。并且，我意识到，这些"自我裁员"能够提供对华尔街重组美国企业及其员工这一问题的丰富洞察力，因为这两者都同样是裁员惯习的产物。通过调查华尔街"这里"的关键话语和实践,以及在企业重组的特殊背景下,它们如何在投资公司内部得到部署,我能够审视股东价值模型,并思考内外部环境影响裁员的过程。

与我的预期相反,我发现投行家们的工作经历,尤其是他们自己的裁员经历和工作不安全感,并没有赋予他们更多的(非规训的)同情或者对当今经济体中那些普通员工所处困境的理解。华尔街的投行家们是怎样受到激励来将这种裁员方式推荐给他人,甚至不顾他们自己也深受其害的事实?这个谜团中的一些部分已经在前几章节中得到了解释:他们的优势地位和精英教育的出身,他们努力工作的经历,道德意义上的制高点与长久以来对股东价值的追求,他们作为投资者资本的代言人角色,以及投行家们学会如何在以权宜性精简为特点的企业文化中获得成长。可以回想一下,我的受访者们总是将自己塑造成聪明、敏捷、工作努力、具有高度适应性和国际竞争力的人,并与那些"朝九晚五"的企业员工形成鲜明对比,我的受访者认为,正是稳定的、按时按点的规范程序使这些员工变得"停滞不前"、"肥胖"、"慵懒"而又"无用",所以理应被裁掉。

在本章中,作为其制度文化的核心部分,我引入投行系统中的薪酬体系。华尔街对待薪酬的方法不仅加重了工作不安全性,同时也造成了短视而残酷的交易狂潮,反过来这不仅导致了金融繁荣与萧条的交替,同时也将投行的员工流动模式转移并强加给美国企业。除了股东价值,现行的经济模式也变成,投行家们将他们自己塑造成与市场同时代的和与市场等同的人的那种文化模式。换句话说，投行的组织文化造就了这样一种自我认知，即他们自己就是整个市场的具象化（这种认知也反过来塑造了组织文化），同时也是终极的"流动"员工。正是这种文化模式，常常因被误解为是抽象的、自然化的市场过程而被忽视，它不仅在描述和分析，同时也在演绎着整个金融市场。鉴于投行家们的影响力范围，他们的个人危机和制度文化在这种金融危机的制造过程中变得戏剧化。

随机应变

在本节中，我将通过详细回忆我与托马斯·道格拉斯的谈话来展开我的讨论，他是华尔街投行中的一位级别很高的元老级人物，我们在信孚结识。他深谙这里的文化政治以及投行组织中的错综复杂。作为部门的领导，他在投行里有着一定的机动性来建立自己的组织，他从投行的招聘实践中学到了很多，特别是他个人的偏好与它们正好相反。在谈话中，我们讨论了为什么华尔街似乎比其他企业和行业更快地对"这个市场"做出反应以及它是如何做到的。道格拉斯讲述了投行特定的组织和战略实践是如何使得他们能够创造这些条件的：

道格拉斯：华尔街（比）其他行业，更愿意或者说更热切地希望对市场变迁和市场动态反应迅速，同时也愿意将他们是如何对待自己的人力资源的方式纳入到这种反应中来。因此，举个例子来说，当一个新招聘进来的人与华尔街签订协议时：上面写着，第一条，凭绩效获得薪酬。如果你能为我们赚数十亿，那么你也会分得一杯羹。第二条，你不得不接受达尔文主义命题。这意味着什么呢？这就意味着你必须拼搏。因为如果你能为我们赚得十亿，我们会给你我们认为公平的数额，但这很可能只有一百万，而不是五百万。你也许会觉得很糟糕，（但是）按绩效得薪酬就意味着你需要为了你所获得的和你认为你所应得的而奋斗。现在，这些都从华尔街的想法移植到了你的想法中，这就增加了快速挣很多钱的机会。而另一方面，如果我们突然不再需要你了，我们会裁掉你，因为我们所做的只是符合我们良好的商业感觉，这可能意味着要摆脱一个业务，而恰巧那就是你的专业领域，那么这就意味着我们要将你和这个业务一并裁掉。同时我们也会在一个缓冲地带里做这件事，这至少使我们免于对你承担法律责任。我们也不太可能会觉得对你有什么道德义务。

何：那么，为什么华尔街可以使得其他行业也对市场动态反应如此迅速呢？

道格拉斯：因为华尔街总是炫耀自己（反应迅速），同时也是因为它有很多技术，并购能力，它只是一种发动机，而员工却可以很快地不断修正，不是么？因为它所做的业务实际只是信息处理……而不是构造部件，对吧？它凭借它的能力引导剩下的行业离开那里，创造变革——让他们突然决定，嘿，我脱离了这个业务，裁掉员工，把他们驱逐出这栋大楼，现在我又进入了其他领域。对吧？让我一起寻找那些能够为我做这件事的人吧。如果是宝洁或其他这种类型的企业，他们要制造东西；如果你需要做一些东西的模具，如果你决定不再使用这条生产线，你就得转用另一条线，你需要建立模具，也需要招募一些工程师来做这个。而在华尔街，人都裁掉，业务不做了。你走下楼，发现整个24楼就空无一人了。那么这种情况（与刚才所说那种）是不同的。这就是为什么（华尔街变革得）更快。

何：那么，你的意思是，华尔街是领导者的原因在于它能够很快地转变航线，这样其他企业就会说，"哦快看，华尔街总是可以响应市场，而且他们完全是在盈利啊。"所以我们需要做同样的事情，但是却没有意识到我们是完全不同的生物。我们不能像这样一会儿扩大规模一会儿又裁员，因为从长期来看，它会导致一些重要问题[1]。

道格拉斯：我想这也带给华尔街很多重要问题，但是为什么呢？你所谈到的一些文化因素……这儿根本没有什么所谓的稳定。你总是不得不担忧。举个例子来说，（当）我最初进入华尔街时，当我在交易的时候，我是单身，没有孩子。我有我的责任，但我却过着一种很廉价的生活。我没有搬到曼哈顿，没有租一个很贵的公寓。我住在偏远的布朗克斯区，都快靠近维斯彻斯特了。我有一个两居室公寓。每月 700 美元，带一个车库，我基本上就不再花什么钱了。这样，如果我被炒了鱿鱼，我是说，当我拿到了奖金，我会把它们存进银行，你知道的，我在为我自己进行定期存款。这真的是非常无聊，却是很稳定的。那么如果公司想要改变航线，它们准备裁掉我时，我就可以坚持好几个月，仍然可以拥有一个家，一片可以遮风挡雨的屋檐。但是请想象一下突然之间……你租的是纽约派克大街的三室或四室的公寓，并有一个配偶的话。而你的配偶没有工作，因为她要照顾四个孩子，而且我们还雇了人来帮助照顾孩子，我们周末可以随意支配，拥有几辆车，在其他地方或者国外还有房子。但是你的这些苦心经营，相信可以凭借自己当时那么高的工资负担起，事实上没有几个其他的工作能使你付得起这么多的钱，能够允许你仍然按照这种方式来生活。**然后突然有一天当你正在为这个企业工作时，公司决定随机应变，退出某一业务，这正是你所从事的领域，他们炒了你，又把你从这栋大楼里驱逐了出去**（文中加粗部分为我的强调）。

道格拉斯详细的叙述为我很好地勾勒了华尔街文化——他们培育的世界观和道德结构，以及这些核心价值和实践活动的多重后果。建立在对市场地位的快速而创造性的反应基础上，投行的企业认同是由他们针对招聘和薪酬的手段，那些允许投行随时重组的特殊实践[2]所构成。正像道格拉斯暗示的，"绩

第六章 流动的生命，薪酬体系和金融市场的制造

效工资"、工作不安全性、投行"随时"转航的能力和热情，和他们更为宏大的商业策略之间存在着密切的关系。

引人注意的是，道格拉斯描述了投行的首要资产——雇员，既是最核心的又是最易耗的。投资银行，像很多企业一样，总是声称他们的首要资产是他们的员工。在华尔街工作的最大好处应该在于投行家们的"初始智能"和强度；我的被访者们总说，正是"我们这样优秀的人"支撑了华尔街的成功。并且，将华尔街与大多数美国企业相区分开来的就是他们是如何组织化地展示出员工是他们最重要的资产：他们大多数的收入使用在薪酬上，那些"明星员工"、高级投行家和"前台"的交易员们拿了大头；对于证券企业而言，薪酬是"唯一的最大的花销"（Anderson and Thomas，2004）。"净收入（总收入减去利息费用）中指定用于支付薪酬的标准比例在华尔街机构中竟然可以达到50%。这是因为才能在华尔街是最宝贵的商品；这是他们所出售的东西，因此他们也不得不为此买单。"（McDonald，2005）投行并没有在技术方面投入很多，例如去建造基础设施，或者研发，这可能部分由于本质上他们是服务行业（虽然现在美国大多数的大型企业，都通过将制造和产品研发外包、分离出去，转向"轻型"企业模式，这种现象在华尔街被解读为是优化股东价值），但这主要是因为投行的身份认同集中在他们的"前台"员工那里。华尔街的奖金季从11月持续到来年2月，董事总经理们需要花费多半天的时间来处理与员工工资相关的事务（Anderson and Thomas，2004）。

那么，我们该怎样将投行的身份识别、对"前台"员工质量的依赖与这样的事实放到一起来理解呢？这些事实包括，首先他们经常将"前台"员工视为可以随意处置的商品；其次，华尔街的身份总是（自豪地）依赖于他们有着针对市场的快速变化、快速行动、果断而冷酷的能力。华尔街是如何对这种矛盾进行沟通和协商呢？这个问题久久盘桓在我的脑海中，直到我开始思考华尔街总是在强调的东西对员工们而言又意味着什么呢：他们因为员工的哪些"品质"而许下承诺？就像我所展示的那样，尽管员工们进进出出，那些出产投行家们（由此而形成的文化资本注入到投行，使他们可以持续地吸引那些名校的学生们）的名校们却总是孜孜不倦、从不间断地向华尔街输送员工。换句话说，投行身份是附着在他们对员工的学位和学校联盟的承诺之上，并不是员工个人。这一点也不令人感到奇怪，这种管理他们身份的方式不仅导致了工作的不安全性，同时也支撑了他们对于转变和即时变迁的价值观和策略。在工作小组或部门中总安置一个"斯坦福"或"哈佛"，这种做法是一种策略性的承诺或身份证明，与特定员工本身无关。对招聘重要的并不总是经历或固定的知识基础，因为他们的业务总是在改变，真正重要的是员工能被感知到的才华和优秀，是他们所具备的教育和阶级身份。

持续地从"最优秀的人才"当中进行招聘，是投行身份的核心装饰品，而事实上，这些却与连续不断的裁员如影随形。只要华尔街保持着与精英机构亲密而持久的关系，只要他

第六章 流动的生命，薪酬体系和金融市场的制造

们可以持续提供招聘岗位，投行就可以自由处置特定的常青藤员工，因为他们已经确保了自己作为一个常青藤学生工作汇集地的机构的身份。在日常活动中，投行家们时不时地将自己与学校联系起来。朱莉·库伯是信孚银行高收益债券部门的副总裁，是这样描述这种现象的：

> 我想，在我们的办公桌上有一份关于你是在哪里上大学的备忘录。我意思是，每一个人。我们有三个人毕业于耶鲁，三个毕业于普林斯顿，一个毕业于沃顿……我觉得我能够得到这份工作的原因是我与他（她的老板）一起工作过并且我曾毕业于普林斯顿。所以我有了这些"前期资本"帮助我通过这扇大门。非常搞笑的是，他们甚至瞧都不瞧一眼那些非名牌大学学生的简历。我是说，更不用说，像约翰，我们其中的一个老板，我猜他读过的一定是一所好学校，在南部或俄亥俄州的某个地方，但是无论如何，他在哈佛获得了法律博士（JD）/工商管理硕士（MBA）学位。那么，这就好像是说即使你没有在本科期间拿到常青藤联盟的学位，你也一定要有一个常青藤联盟的研究生学位。

在我与其他受访者的谈话中，他们，就像库伯，经常用学校来表称他们的同事，而不是他们的名字。在一段冗长的话语中，"我们有两个MIT，三个普林斯顿，两个沃顿和一个哈佛

的人"这样的句子是很常见的。我们可以再次发现，个体雇员不仅由于他们所毕业的学校而被人知晓和提及，同时看起来他们或多或少也可以等同于其他同样毕业于他们学校的员工。投行的身份依托于名校出身，而不是具体的人，这是他们独有的"品牌"，因此投行们就可以毫不犹豫地进行裁员了。

高风险高收益的文化

在我田野工作过程中，我试图去理解弥漫于职场、贯穿于投行家职业生涯中的主要问题。他们最关注的是什么？他们最珍视的又是什么？我发现，共同的特征是，他们最热切的关注在于金钱和通过奖金形式发放的薪酬。对于"前台"的工作人员而言，与同事谈论的唯一重要的话题就是薪酬（在招聘阶段、入职培训中，在工位上，在午餐室，在下班后）。在我跟投行家们的大多数对话中，我用几种方式来询问这一问题，"投行的目标是什么？""为什么大多数人希望在这里工作？"不出所料，每一个回答都称"金钱"是个人和机构的激励来源。约翰·卡尔顿，信孚银行高收益部门的董事总经理，向我阐述了他标准华尔街思维方式的理解：

> 如果你观察这个行业中各种各样的分类，你发现你的薪水很高，远高于你能够在其他行业获得的薪水。人们加入（投资银行）的一个原因就在于收入好。很多人都会去其他行业或者做其他的事情，如果他们没有得到很高的

薪水。不像一些人，举个例子，老师、音乐家等，他们会说，"我热爱教书。我喜欢与学生们在一起的工作"或者说"我喜欢演奏乐器"。他们很可能会继续做这件事，即使他们收入不高。那么，如果你去看一下满意度的登记表，收入高绝对是人们在这个行业中的一个重要原因。

当然，受访者时常也会举出一些其他的因素（例如达成交易的兴奋感，与"聪明的人"一起工作，住在纽约），但是金钱总是被认为是最重要的因素。事实上，一旦你被雇用了，面试环节结束了，而你还说金钱不是去投行工作的首要原因的话，那大多数你的同事都会认为你在"胡说八道"。卡尔顿接着在对话中将薪酬实践称为一般投行文化的核心决定要素："我认为，在这个行业中，（对金钱的追求）主导了企业按当前形式来组织行为的原因——这就是为什么这个行业总是被视为一种高风险业务，因为人们收入很好，同时也很可能被裁员。你可能今天还是一个部门里相当高的级别，明天就被裁掉了。这很有可能发生。我就经历过1980年代晚期和之前的时段。商业总是有周期的。薪酬的重要性与整个商业是如何组织起来的密切相关。"这些观察有助于我理解薪酬在华尔街制度化的价值观中占据核心地位。所以关于奖金制度的调查不仅有益于理解投行家们的生活和实践，而且对研究投行的组织结构和策略，以及他们对待风险的手段也是非常关键的。

我从一个关键性的文化困境入手：投行家们是如何在备受

争议中获得世界上最高的薪酬，即使他们自己的行为时常制造出危机和经济萧条[3]。这种矛盾从来没有如此明显，因为我们正处于从次贷危机逐渐复苏的时期，联邦政府也开始对华尔街金融机构实行紧急救助和补贴。特别是，最近泄露出的华尔街奖金额度（2008年高达184亿美元，而在华尔街看来却是一个微不足道的数字）引起了轩然大波，这可能部分是因为公众震惊于薪酬并没有按业绩分配，因为投行家和交易员们实质上对经济的生产力、成长性和稳定性没做出什么贡献（New York State Comptroller, 2009）。在这里我认为，此处热点正反映了对华尔街薪酬实践（这里指的是需要对看起来是主流的，诸如薪酬的实践进行地方性的、精细的探索）和相应的，对华尔街关于风险与回报的文化的一种基本误解。

首先，"绩效薪酬"某种意义上是一种用词不当，至少与公众所理解的"绩效"不同。投行家们对绩效的考核是根据完成的交易数量，不用考虑他们对企业或全社会的影响力。即使在萧条时期，诸如变卖不良资产或者提供破产建议这样的交易都可以计入奖金。在这里阐明投行家们很聪明的本质也是非常重要的：不管他们在失败交易或者金融危机中扮演了何种角色，这种通过颁发奖金来保留人才的话语是非常有用的。并且，在经济衰退期，投行会裁掉一部分员工来保证他们的奖金池，这就意味着剩下的那些人仍然可以拿到很高的薪酬。其次，尽管华尔街导致全球金融崩盘，但他们仍然可以拿到很高的奖金，这一现象引发了到底谁该为高风险实践买单的热议。

第六章 流动的生命,薪酬体系和金融市场的制造

在下面几个部分和接下来一章中,我将具体阐述投行对待风险的特殊手段,包括并不努力"管理"风险,只是通过加杠杆以及将它分散出去,并希望能够既提升他们的奖金,同时又能够延缓他们充满风险的实践所带来的影响。下面我将具体阐述华尔街的薪酬实践。

不像其他很多领薪水的工作岗位,投行家们主要依靠年末的奖金来获得报酬。华尔街的"奖金季"开始于劳动节*之后,在这段时间,投行家们开始为"竞赛"加大马力,也就是说,他们会尽可能宣传自己在每一场交易中的功劳来赢得好评,这样可以提高他们的奖金额度。等到 11 月份,投行会宣布他们初步的奖金预期,宣告这一年相比于往年到底是激动人心的一年还是灾难性的一年,或者是介于两者之间。实际薪酬会在次年 1 月或 2 月到账。等到投行家们最终"收到他们的数字"的那一天,所有工作都停止了:投行家们聚成一小撮,试图猜测每个人的数额,来分析一下他们是该出去买一辆兰博基尼呢,还是应该寻找下一份工作。我清楚地记得我在华尔街咖啡店与威尔·霍华德一起聊天时,他是美林银行高收益部门的投行经理,他数次打断我们的谈话去观察那些"刚刚拿到奖金"的过路人。他解释说,这些人是第二年的经理,第一年的经理总是非常希望能够得知第二年的奖金额度有多少,因为这基本上"为下一年的奖金额度定了基调"——也就是说,第一年的人

---

* 美国的劳动节为 9 月的第一个星期一——译注

总是希望能够了解到他们将会在第二年里获得多少。今年是艰苦的一年，他从他们低沉沮丧的语调和垂头丧气的举止上推断出来，这些人并不是很满意。从劳动节一直到一月末，投行家们会用上无数个小时来讨论，那些人到底去年收入了多少，今年奖金涨幅又会占多少比例，哪家银行公布了"他们的数额"（"你听说了高盛的数额没有？"）以及他们自己的收入会是多少。投行家们并不将奖金看成是收入的一种补充，而是他们报酬的实质内容。

雅各布·卡努瓦曾经担任达泰科证券公司（Datek Securities）的交易员，而现在是一位财经记者，当我和他聊天时，他说在1980年代晚期，他昔日普林斯顿的室友们很多当时都在华尔街工作，这些人总是以他们获得的收入来界定自己的身份：

在每年年末，收入就等同于告诉你这一年谁做得最出色——谁为公司赚了最多的钱。同样的，这也意味着你会在奖金中获得多少钱。那么当一切都以此为评价标准时，你就会习得一种对待生活的歪曲的价值观，因为你总是从每个人赚的钱数来评价他们。但这并不是你的错，因为你自己每天在工作中也是这样被评价的。因此这一问题绝大部分源于你是你所处环境的产物而已。于是在外面真实的世界中，那些不能赚得那么多钱的人，他们真的无足轻重。他们一点都不重要，因此你会对待那些端咖啡的人如次等公民一样。

克里斯汀·张是信孚银行的高收益部门副总裁,当我问她在华尔街薪酬是否是一个"重要"主题时,她提到说她之所以离开之前的雇主——蒙哥马利证券公司（Montgomery Securities）,是因为她没有获得公平的报酬。

张:是的,薪酬是华尔街上最重要的人事问题。薪酬是个很大的问题,特别是这儿的每个人都是因为它才来到这的。

何:那它到底制造出了怎样的工作环境呢?

张:我猜,在最糟糕的情况下,它培育出了这样一种环境,即使你与团队在为一个项目而努力,但当涉及薪酬问题的时候,每个人都希望把别人挤出去,大嚷着"我做得最多。我花费的时间最多。我做了最多的工作。我贡献最大"。诸如此类的有很多。这里总存在着这样的问题,那就是这个人挣了这么多钱,我也同样工作了那么多,因此我也应该获得这么多的报酬。即使不能比别人挣得多,每个人也都希望自己能够获得与别人一样多的钱。这是非常重要的。华尔街上大多数的人都意识到他们相对于其他普通职员已经获得了太多的报酬,但是当现实中涉及获得奖金的时候,对他们而言最重要的是某些人已经获得了如此多的钱,不管你自己是否"值"这些,你也会想要这多报酬的。

何：但一般你知道其他人会赚多少钱吗？难道这不是保密的吗？

张：是的，这是保密的，但是人们总是会听到一些谣言、传言，或者从猎头那里获得一些信息。

何：那么，我猜这些消息之所以传播出来是因为……

张：是的，突然之间就有人开始好笑地瞅着你。本来应该是保密的，我怀疑是否有人会脱口而出，"我今年赚了多少钱"。但是人们对此总归有一个模糊的概念。

在投行这样一个等级结构的环境中，对于绩效总是存在着太多的争论——谁贡献了最多，什么才算作是贡献。高级董事总经理们会说，在听完每一个人讲述自己最主要贡献的故事后，总是会得到一个加在一起超过 100% 的结果。高管们会在年末的时候每天花费数小时时间"挤在会议室中，或者陷入到没完没了的电话会议中，互相争执如何决定今年的奖金池额度，奖金在各部门之间如何分配，还包括每个员工应该获得多少"（Anderson and Thomas，2004）。员工们争夺认可和"应得性"，这样的薪酬体系制造出一种充满竞争和破坏性的环境，甚至制造出一种常常伴随揭开种族、性别和阶级裂痕的利己主义。

安东尼·约翰逊是 J·P·摩根并购部的经理，我跟他交谈了几次，终于鼓起勇气向他咨询华尔街薪酬的大致范围，这样我才能勾画出很多受访者时而抛出的天文数字到底意味着什么。他毫不避讳地谈论着1999年的"华尔街的市场价值",虽然这个数字现在已经过时了:

> **约翰逊**:好吧,事实上每一年都不太一样。从第一年分析师到第三年的分析师,你只有最低的基础工资——不同企业情况也不同——因此,如果为诸如高盛、摩根士丹利或者J·P·摩根这样的大公司工作的话,你得到的收入数字一般会比你在帝杰证券或雷曼工作获得的少[4]。但是第一年进来的分析师也会有4万5千美元的年收入,初级分析师的奖金额度大概在1万5到3万5千美元之间。所以加在一起的话,他们大概会获得6万到8万美元的收入。对第一年的经理而言,基础工资在8万到8万5千美元左右,奖金在5万到7万5千美元。而那些副总裁和董事总经理,他们的收入完全取决于能够带来多少钱。
>
> **何**:那很有可能奖金的增长幅度要远高于你的薪水的增长额度。
>
> **约翰逊**:说得对。我的起薪是4万美元,我第二年工资涨了5000美元,那么我应收入45000美元。而今年,我又涨了1万美元。另一方面,我的奖金差不多是我第一年的两倍。所以下一年,我的奖金将成为我收入的主要来源……所以随着你级别的升高,你的奖金会比你的工资高出几倍。

在 J·P·摩根工作三年的安东尼·约翰逊，1999 年才只有 24 岁，他的基础工资就已达到了 55000 美元，奖金也超过 70000 美元。而两年前，约翰逊才 22 岁，刚从学校毕业，就差不多挣到了 75000 美元，2000 年，在他 25 岁的时候，估计会赚到 20 万美金。他从一名分析师做起，在第三年的时候就被提拔为经理。

在最近的牛市（2003—2007 年）中，投行中那些毕业于商学院的经理们的工资差不多在 11 万美元，而他们获得的奖金范围大概在基础工资到两倍基础工资之间；所以他们的薪酬最少 22 万美元，最多有 33 万美元。（当然，这个数值范围会受到很多因素的影响，从种族、性别、阶层因素，到出身和社交能力，这些因素共同决定了谁首先获得重要交易。）如果我们再看一下更高级别的人，大多数第一年的副总裁起薪大概在 20 万美元，通常少于他们的奖金。我受访者当中的一位，蕾娜·班纳特，是一位年轻的第二年分析师，在 1998 年时曾与她的副总裁一起去把奖金存起来，这是一个"萧条的年份"。班纳特笑着对我说，她"无意地"看了一眼 ATM 机，不可避免地就看到了那个奖金支票看起来有税后 16 万之多。她都怀疑 ATM 机能否交易这么大额度的存款！许多其他年轻的受访者告诉我说，他们的副总裁总是低声抱怨他们奖金纳税额度要超过 6 位数。2000 年是华尔街的丰收年，《纽约时报》报导称，许多投行的副总裁和高级副总裁的收入超过百万

第六章 流动的生命,薪酬体系和金融市场的制造 | 417

美元。董事总经理们则差不多会收获数百万美元的奖金,虽然大多数都是公司股票而不是现金。尽管他们的工资"被粉饰成"只有25万美元,但他们的奖金范围大概在最低100万美元,最高1000万美元之间。2000年,董事总经理平均工资为24万美元,而奖金却达到400万,比1999年上涨了33%(McGeehan,2000)。《华尔街日报》经常报导明星交易员和首席执行官们的薪酬。2003年,美林银行的首席执行官,史丹利·奥尼尔的薪水为50万美元,但是他的奖金总额为1300万美元,同时他还获得了1120万的"限制性股票"。他的竞争对手,高盛投资公司的劳尔德·S·贝兰克梵的薪水"也仅仅是"60万美元,但是他的总薪酬为2010万美元(Anderson and Thomas,2004)。在2006年,贝兰克梵打破了华尔街奖金纪录,拿到了5340万美元的奖金额度,包括2470万美元的现金,其余为公司股票和股票期权。而他打破的纪录仅仅保持了一个礼拜,即一周前,摩根士丹利的首席执行官麦晋桁获得了4000万美元的奖金(Tong,2006)。这样的薪酬体系,相比于大多数的行业,可谓令人震撼,甚至昔日华尔街的标准都难以望其项背。在1986年,华尔街投行家的平均奖金是13950美元;而在2006年,平均水平竟达到19万美元[5](Fox,2006:31;New York State Comptroller,2009)!另一个极具吸引力的证据则是2006年11月份《纽约邮报》发表的一篇名为"钱币叮咚!"(Kaching)的文章,其中写道,第三年的经理,作为"03级"的傲慢新秀,他们的奖金额度在

32.5 万到 52.5 万美元之间。"00 级"的副总裁奖金最少是 50 万美元,最多是"92.5 万美元",而那些"98 级"的总经理们,他们的薪水则从 60 万美元到 130 万美元不等(*New York Post*, 2006)。投行家们似乎巩固了他们作为世界主宰的地位。当 2006 年薪金信息泄露出来之后,曼哈顿的烟酒商店开始打出售价在 1 万 5 千美元一瓶的香槟酒广告,汽车代理商们也为宝马汽车做好了准备,可以直接"开出展厅"(Goldman, 2006)。尽管华尔街近年来才出现这么高额的奖金,但这惊人的额度恐怕远远超过美国大多数员工的想象能力。(当然,奖金也会因为不同部门和排名而有差异:通信部门的投行家们在 1990 年代末赚得盆满钵满,但他们的奖金在网络股危机之后就下跌了;同样的事情也发生在次贷危机中的抵押部门的投行家身上。)非常有趣的是,自 1980 年以来,奖金的指数型增长态势基本上可以用来作为危机爆发的指示器(特别是从 2004 年到 2007 年);我之后将会进一步说明,正是这种极高的奖金暗示了交易的疯狂性,从而最先制造了泡沫,为即将到来的崩溃埋下伏笔。

与此同时,奖金也建构了投行家们的生活方式和对自我价值的理解。安东尼·约翰逊告诉了我一个关于他第一年奖金的故事,来解释为什么奖金对华尔街的人如此重要,不仅仅是在公司内部进行比较,同时也在评价本公司与华尔街上其他公司的薪水。

第六章 流动的生命，薪酬体系和金融市场的制造

何：那么你是如何得知华尔街的薪水情况的呢？这只是一种常识吗？

约翰逊：在这个圈子中，可以通过很多不同的方式来了解。大多数人都会告诉你。比如说，对分析师而言，当你和你的经理人坐在一起时，他们会说，你们这级别里有三个等级。分别为"55"、"35"和"25"三个档次，你是在"35"那一列。然后他们会说为什么你会在"35"那列中。然后呢，这个人会问，有多少人获得了"55"那个层次的奖金？他们会向你呈现出有多少人在我之下，有多少跟我差不多，还有多少人做得没有我好。这样好让你明白自己在公司内部所处的位置。这时候你会产生一个问题，这一薪水在全华尔街里属于什么水平呢？你会从那些打电话来的猎头那里获得信息，试图去寻找这一答案。你告诉他们你的数字，而他们也会告诉你他们所掌握的所有数字。但事实上大多数人都有在其他不同企业工作的朋友们，人们之间会分享这些数据的。要知道，你应该总是非常了解你自己的市场价值、了解自己是否获得过高还是没有获得公平的待遇，这一点非常重要。

对这些华尔街人来说，这种薪酬的估计有助于他们了解企业是如何看待他们的表现的。将自己的薪水与其他公司同时进行比较之后，如果奖金比不上其他公司的话，那他们就有动机去想办法离开自己的企业。当我向安东尼·约翰逊问及薪酬是

如何影响他的生活方式时,他回答说:

你关注的焦点会从相对平衡的状态转向更重视生意——从教育、家庭、社区和其他事务上转向生意来。你总是更倾向于生意。这个时候整个环境看起来都在迎合着你——就像是,你在华尔街做得好,那么华尔街就待你不薄。它会付更多的钱给你,你会有更多可供支配的资源,你可以买更多的奢侈品,比起你可能做的其他领域而言,它更可能使你的生活受益。如果你这么想,这个投行家不久前还在戏弄我,因为我们当时参加一场会议,他就像你一样只有24岁,而每年收入却超过10万美元。这笔钱远远高于95%的人能够获得的收入,这也绝对高于你父母的收入。同时也很可能超出了你所能想到的处置的数额。你明白我的意思吗?总的来说,它确实改变了你。

24岁就拿到每年10万美元的薪水在1990年代的华尔街"前台"部门是正常的标准。对于那些MBA,一般是华尔街的经理,在他们还不到30岁,入职的第二年开始就可以收入20万到30万美元。这种薪酬制造出了一夜致富的宣传效果,以至于大多数华尔街人总是固守着这份他们常常并不享受的工作和生活方式。就像雅各布·卡努瓦观察到的那样,他很多1989年毕业于普林斯顿的朋友们,一直在华尔街工作,现在已经发了一大笔横财。他描述说,其中一个朋友1998年得知

高盛决定再不上市时"吓坏了",因为这意味着他不能兑现他的股票期权:

> 最近(即使在当前的萧条之下),他受到影响的唯一因素就是高盛宣布即将上市,他将获得一笔巨额意外之财,于是他开始花钱,在东汉普顿区购买房产。后来高盛没有上市,他也就没有获得那笔意外之财,但是他被提拔成合伙人了,所以他过得还不错。事实上那个时候他在哭穷!我的意思是说,他作为一位高盛合伙人,年薪数百万,仍然哭穷,这是因为他觉得自己没能挣上3000万、6000万或者1亿美元。

安·哈里斯是摩根士丹利的一名投行经理,对奖金薪酬体系所能制造的生活方式还一无所知。她出身于一个爱尔兰裔美国人的工薪家庭,哈里斯经常跟我说能够比父母多挣那么多钱,是多么的令人深感不安啊。我向她提出一个问题,奖金如何影响到华尔街投行家们的生活方式,特别是当大多数的薪水都集中在一天里发放的时候。

> **何**:我经常能够听到一些谁谁谁获得这么多薪水的故事,他们以超出当前收入水准的消费去享受生活。而第二年,他们没能像第一年那样获得如此高的奖金,现在他们就会不知道该怎么办了。是否存在人们因为被薪水所诱惑

大幅提高了自己的生活水平，导致觉得自己没有任何钱的情况呢？

哈里斯：我想这是存在的。你会非常容易就——这也是我其中一个上司某一刻告诉我的——习惯于将奖金看成是你工资的一部分。而我不喜欢那样去想事情。我喜欢不考虑奖金，那么如果我得到了它，这感觉上就像"哇哦"。因为我觉得当你只是依靠一种预期来计划自己的花销和生活方式时，一旦事情变得很坏，那可真是适得其反的效果啊。我觉得确实有一些人会被金钱所诱惑。我是说，你应该听说过那些中了彩票的人会购买两百万美元的房子，而当他们拿到这笔钱后却发现连房产税都付不起。那么他们就不得不三年后出售房子……作为精英俱乐部成员的一部分就是需要有一些东西来展现。我想人们做得太过了……许多时候，如果你获得了奖金，就像某一天你突然被6万美元"砰"地一声砸到。人们会出去买一辆车。人们会出去买所有这类的东西。我完全理解这种现象，因为它是如此令人心醉的。突然之间看到你的银行账户里多出了五六位数的金额，那是多么令人兴奋啊。这确实容易冲昏人的头脑。它会使你认为，"哦天哪，我可以做这个了。哦天哪我做到了。我可以飞到巴黎。我可以再买一辆汽车了。我可以去阿斯彭滑雪了。"你从来没有去想过，如果我真把这个计算出来，每个月才6000美金……你只是看到了账户里多了五六位数字，你的头脑就开始盘算，

第六章 流动的生命，薪酬体系和金融市场的制造 | 423

"哦天啊，我的老天啊，这么多的钱。"我想你很可能会被它冲昏了头。

这种薪酬策略对投行家们生活的影响结果在我和约翰·卡尔顿的谈话中得到了很好的展现，他讲述了在1980年代，他目睹了许多华尔街银行家破产，那时正值1987年的股市崩盘，华尔街却依然保持着高消费，但薪酬波动，工作动荡：

> 我知道一些人在80年代确实因为过度消费而导致破产。他们在康涅狄格州有房产，在玛莎葡萄园岛（Martha's Vineyard）有房子，你懂得的，每一处房产都充分利用了杠杆。他们没有按照薪水生活，而是靠奖金过日子。最后奖金缩水了，他们失业了。他们资产的价值也迅速下降。我是实在无法想象康涅狄格州的资产下跌，但是它就这么轰然倒下，甚至在纽约也一样。因为他们很可能是在市场顶部购买的，同时做了80%的抵押贷款，所以突然之间，当他们没有工作的时候，就有麻烦了。

在我田野调查过程中，我听说过无数关于投行家们和交易员们超预算生活的故事，这些人总是处于精神崩溃的边缘，他们把奖金和薪水"混淆了"；换句话说，他们就像挣了30万美元那样去消费，而不是9万美元，或者是像挣了100万美元那样而不是实际上的25万美元。马林达·范，雷曼兄弟的高级副总裁，表达了她对那些高级别同事们的担忧，认为他们在繁荣时期没有"深思熟虑"，所以在萧条时期就开始"发疯了"，这并不是因为他们没有习惯于猖獗的衰退，而是因为他们"杠杆"加得太高了（也就是说，基于能够持续获得奖金上涨、房价上涨的预设，而支付着三处房产按揭），以至于当他们的奖金没有了的时候，他们不得不"出售所有的东西"。麦琪·克拉多克，"之前是一位组合投资经理，现在是几家顶级投行的高管教练"，她说奖金创造了"纸做的百万富翁"，或者是被她称作"贫穷的富人"。举个例子，她曾对一位年薪100万美元的投行副总裁的薪水进行剖析。在这100万美元当中，17万美元是基础工资，其余83万美元是"奖金"，包括股票和现金两种形式。在萧条的一年，他的奖金很可能被砍掉40%，同时股票期权的兑现也受到了限制；于是，这位年薪百万的副总裁也许"只能"获得20万美元的现金，如果股票占60%的话（Kolker，2003）。

但是这种奖金制度并不只是为投行家们的生活方式增添了炫耀性消费、波动和不稳定性。同时这种制度也反映了投行如何看待他们的雇员，更为重要的是，他们如何建构自己和整个美国企业的商业业务。从投行的立场来看，以奖金形式支付大部分的薪酬的好处在于，当年景好的时候（其实经常与整体经济走势无关），这些投行家们通常会收入很好，而萧条的时候，这些企业就不用承诺付给每个人奖金了。可以这么说，投行的盈亏线在萧条时期就可以因此而得到缓冲，这是因为奖金是华尔街的核心价值，除了薪酬投行基本上没有任何其他费用，削减在职员工的全部奖金除了不堪想象之外是完全可以的。于是，"绩效工资"的潜台词就是，不仅是付给那些"有业绩的"人，同时也主要在整个投行业绩不错的时候才兑现。这种策略就好比是将薪酬外包给股票市场；它与猖獗的裁员一并成为深受雇主喜爱的保持薪酬灵活的手段。整个奖金结构，有助于形成一个高收入、高竞争的工作环境，同时也造成了一个具有隐蔽性的、充满极端波动性、不稳定性和缺乏承诺的环境。

举个例子来说，2003年，差不多距股市崩盘已有3年，不仅"证券市场上十分之一的雇员自2001年4月以来就被解职"，而且"那些侥幸逃脱"裁员的人，也面临着"华尔街奖金的持续萧条"。就像罗伯特·考尔克（Kolker，2003）在一篇以"贫困潦倒的"华尔街投行家为对象的文章中所写的那样，"2000年，金融服务的奖金池是194亿美元；去年，只有79亿美元。平均奖金从104600美元下降到48500美元。自1980年代以来，华尔街还没有遇到过连续两年奖金下降的情况。在为那些失业员工举办的市中心社交会上，一位过去是，以后也将是投行家的人说道，'我不断听到基础工资为8万美元，而奖金只是论功行赏而已'，'如果你不能达成一笔交易，你就不会得到奖金'。"考尔克采访了一位投行家，他说由于奖金是每年发一次，如果一个投行家是在奖金分发之前被炒了鱿鱼，那可是一件悲惨的事情。这个投行家就面临过这一处境，除了感到愤怒和背叛之外，他说道，"这件事让我很好地了解了华尔街是多么欠缺忠诚和安全性。我取消了不计其数的假期，只为了飞去西海岸参加那些扯淡的两小时会议。而这一切结束，却没有任何报酬"（Kolker，2003）。

然而，投行家们并不是没有能动性的，特别是当他们炙手可热时。考虑到他们的高贵出身和在商学院获得的金融培训，许多投行家们，特别是高级投行家，他们的触角遍及投行之外的世界中（当然也包括美国企业），因此一旦需要的时候，也会有相当多的影响力和声望。他们可以利用自己的人脉，他们的交易历史，他们的客户，从而从一家投行跳到另一家，为自己和团队谋得更多的工资和更高的奖金。就像蕾娜·班纳特，是雷曼兄弟的分析师，她解释道，"从公司 A 跳槽到公司 B 是非常容易的，特别是对那些级别高的人来说，这会带给他们两年的有保障的工资和奖金。一旦两年过去，如果他们不太喜欢这家公司、或者对企业战略不太满意，或者不喜欢里面的人的话，他们很可能还会离开。"在 2000 年，"由于股市持续走暖，数十亿美元的并购项目如雨后春笋一般涌出，这些企业都争相招揽人才，开出了高额工资。为了获得竞争优势，他们违背了华尔街关于最小化固定成本的传统，与那些人签订了多年的、数百万美元薪水的协议。就像 1990 年代牛市那段时间，合同从 2/4（期限两年，每年 400 万美元报酬）变成了 3/5"（McGeehan，2000）。在 2001 年和 2002 年，奖金削减了 5 成，大多数投行家们都声称他们很开心还能有一份工作。到

2003 年，奖金再度高涨，这证明了奖金并不是一定要与股市投资绩效挂钩的，更不是美国企业的经济复苏了，而是"交易流"，是交易的数量和种类，无论它们是否"具有生产性"。

通观全局，不仅是高级投行家们——考虑到华尔街工作不稳定性的规范——投行家们已经因辞职跳槽到其他投行以谋取更高奖金而名声在外了。胡里奥·穆尼奥斯，是帝杰证券公司的经理，他描述华尔街的跳槽是由工作不安全性和对奖金的追逐共同驱动的：

> 何：我知道投行尤其擅长找到方法来营利，同样他们也善于裁掉那些不能给他们带来利润的……
>
> 穆尼奥斯：只需要几秒钟。他们在所有领域基本上都是几秒钟完成这件事的。在投行有关你工作的安全性还有一点——它是非常低的。我的意思是说，他们转眼间就会把你炒了，而这在其他企业就有一点困难。而基于年末奖金的激励结构也……
>
> 何：这使得人们想跳槽，只要他们……
>
> 穆尼奥斯：是的，存在着大量的人员流动。

穆尼奥斯解释说，较少的奖金暗示了某人的工作已经危险了，如果你不想成为下一轮裁员中的受害者，那你应该尽快找新工作了。所以，奖金通过多种途径促成跳槽。蕾娜·班纳特观察到，除了经常性、周期性的裁员循环外，投行里的高员工流动率也与奖金循环密切相关。正像投资银行经常使用奖金循环作为一种摆脱雇员的方法，投行家们也经常在拿到他们的奖金之后就跳槽到其他企业。

何：你是说在华尔街工作不安全性比较高吗？

穆尼奥斯：非常高。

何：为什么如此之高呢？

穆尼奥斯：让我想一想。好吧，首先呢，这就好像你在这儿工作总是有一些原因的，为了挣钱，对的，然后还有……总之在这里企业对员工没有忠诚感，员工对企业也同样。从本质上来说，它是一种临时的关系……人们不担心跳槽或者被解雇，因为你知道自己总能找到其他工作，特别是在这种环境当中。

何：那么在你所处的工作环境中工作转换是什么样子呢？人员流动总是持续不断吗？

穆尼奥斯：绝对是的。我在我现在的岗位上已经工作了两年，这里绝对有一种循环，这个循环是——我猜这也是大多数投行目前的处境——特别是在销售和交易部分，奖金一般是在12月份或1月份公布，一般你会在2月初收到你的奖金，这个时候每个人就开始蠢蠢欲动了，如果他们对自己的奖金不满意的话，或者一般来说如果他们对他们去年所处的团队不满意的话。而现在总是对人才有着很多需求。

第六章 流动的生命，薪酬体系和金融市场的制造

安东尼·约翰逊阐述了J·P·摩根是如何在1998年犯了一个战略性错误，认为他们能够侥幸付给年轻的投行家们更少的工资。结果是，J·P·摩根丢掉了很多有经验的经理。

> 去年，我们有好多人离职——我是说很多有经验的经理——因为摩根给的薪水要低于华尔街的平均水平，从顶级人才的收入来看。即使这些人都是在摩根的文化中培养起来的……也会有人离开摩根，宁可离开三年经理制（之后就可以成为副总裁）的项目，也要去一个四年经理制的企业，因为那里的薪水更高。这些跳槽美其名曰是垫脚石，实际上大多数是为钱所驱动。人们根本不在乎他们是否有办公室或者只是一个工位，也不在乎他们是否有助手。他们所关心的只是他们是否按照华尔街的价值获得报酬。如果你能够提供这些，那么你就能留得下那些在这里工作开心的人。如果你做不到，他们就离开。

于是，在投行里，工作不安全性并不是单方向的，因为投行家们也会利用市场的剧烈变动为自己寻求更高的奖金。正像摩根大通的经理，保拉·威利所观察的那样，在其他大多数行业，员工们都需要跨越遥远的空间距离才能实现"跳槽以提高自己的工资"，而那些投行家们，身处拥有无数金融机构的纽约市，"可能只需要跳到街那边就可以多挣钱"。帝杰证券的

投行经理，约瑟·蔡在我问到华尔街是如何影响他个体时，他叹息不已："华尔街……确实打开了我的眼界。那里总是有一些人什么都不管只为了钱，并取得了成功。你知道的，这听起来像是一种刻板印象，但是却并不然。这确实是这样的。很多次，我都听到我的同事们说，'只要我能够得到我想要的奖金，我就会留下。否则的话，我才不管呢。我会离开的。'每个人都在为自己处处留心。我想正是这些使我成长，并意识到并不是所有的都很公平。"

而且，并不奇怪的是，华尔街投行的奖金体系被广泛理解为严格地遵从"绩效工资"，这是一种精英管理制度，鼓励那些努力工作和完成交易的人，而不是依靠关系网络、出身，或者种族、性别和阶层之间的区隔。而事实上，奖金发放完全是任意决定、缺乏规制的，基本上依据高级董事总经理们的武断决策，这也被认为是去除了不必要的、自上而下的官僚化规则，去除了能够赋予那些资深人士以特权的"传统"公司等级制度。然而，我却认为，正是因为缺乏管制，才使如此多种越轨行为得以发生。社会学家路易斯·玛丽·罗斯以1997年华尔街为对象，研究了薪酬中的性别差异，她非常反对那些观念，即认为只要控制住职场和人力资源要素中诸如教育等中的性别隔离，歧视在性别收入不平等中就只占很小一部分；她认为，即使其他因素"被控制住了"，华尔街主要投行的组织结构也使得性别歧视充斥其间。为了控制"人力资本、组织声望、市场条件"，罗斯研究了来自精英项目的MBA成员与华尔街投行对应的经理职位中的 44 位女性和 29 位男性（主要是白人）。她发现在证券行业不仅出现了"统计意义上显著的"内部性别区隔，而且甚至在具有相似职衔的"相同的金融职能中"，女性也挣得更少[6]。罗斯报告说：

> 关于薪酬问题，样本中的女性比起他们同样毕业于商学院的男性同辈群体而言，收入只有他们的 60.5%。这一数字更甚于劳动力市场上收入不平等的比例，当年统计数据大约为 75%（U.S. Bureau of the Census, 1998）……金融从业人员的平均薪酬的性别差异竟然高达 223368 美元……华尔街的男性和女性们正体验着薪酬中的强烈不平等，与人力资本、背景信息无关，也不受地域、排名或者组织区隔的影响。（Roth, 2003：790、794）

将她的结论与一篇关于工程师的同期群研究进行比较，那篇文章中认为在背景和性别区隔均等化后，最近的职业收入中没有显著的性别差异，罗斯则声称，投行的性别不平等问题要比其他大多数的男性主导领域都要尖锐，因为华尔街重视那些主要以白人男性为企业高管的"客户关系"，同样也因为金融独有的"制度情境"，总是想要"基于他们的绩效进行奖励"（Roth, 2003：785）[7]。

考虑到对于华尔街的大多数精英员工们，年薪只是他们整个薪酬组成中的一小部分，收入的关键决定因素还在于多变的年终奖，取决于是否参加高利润的高级项目。于是，这种体系将每个人的薪酬留给了"经理自主权"来裁定，在这种灵活的、松散的环境中，正像我的几个受访者叙述的那样，种族化的和性别的（社会）网络强烈地影响着谁被指派承担特定的交易，谁被认为是与客户"相处很好"，哪些人被自动看成是很"聪明"和"能干的"诸如此类。正像罗斯指出的那样："这种薪酬实践允许不同员工在做同一份工作时存在收入差异，也同时保留了每个工作组中裁定内部职员表现差异的经理自主权。在私下的聊天中，女性证券部门职员总是说经理自主权造就了有性别偏见的薪酬结果。"（Roth，2003：786）从这个意义上来说，科层制反而创造了一种更为正式的评价体系，在这种体系下，资历和职级相抗衡，保护了那些处于不利的社会地位的投行家，免于受到那些自私的考虑和赋予白人男性社会网络和劳动力特权的自由裁量权的侵害[8]。

通过薪酬使工作的不安全性合理化

我访谈的每一个华尔街人都接受这种思想，即在华尔街工作大抵上是风险和收益的"平等交换"，尽管他们也表达过对工作不安全性的担忧。对于我大多数的受访者而言，薪酬体现了他们如何评价和体验工作不安全性。举例而言，艾哈迈尔·古普塔是所罗门美邦公司交易部门的副总裁，在讨论到关于交易员的工作不安全性时，他提到了薪酬问题。身处交易大

第六章 流动的生命，薪酬体系和金融市场的制造

厅，古普塔也许对不安全性比其他投行家而言有着更深刻的体验，因为交易员们不只关注美国本土企业的交易，更要回应市场价格的持续波动。他向我解释了在经济繁荣和萧条这两个时期工作不安全性的内在矛盾：

> 有两个层次的工作不安全性。一个在于，这是一个充满竞争和侵略性的商业领域，即使环境在变好，你也被要求创造更多。总是不断地有更年轻的人进入到这个领域，他们如此饥饿、充满渴望而又工作努力。因此这是一部分原因，但我并不太担忧这个，因为我认为自己也是一个努力工作的、有积极性的员工，与那些新来的一样优秀。还存在另一个层次的工作不安全性，特别是在我所处的领域，交易领域。你可能遭遇挫折，过得很糟糕。当你在一段时间里总是输钱的话，你开始怀疑自己的信心，你担心别人会怎么看你……如果你是脆弱的话。接下来是第三个层次，当整个行业进入下行通道时，这是刚刚过去的几个月我们所经历的。即使股票市场仍然繁荣，债券市场却大幅下跌，人们丢掉了自己的工作。我有很多朋友就丢了工作。但是我却这样认为，这个领域的人赚了很多钱——非常多的钱。我确实觉得这些人已经在工作不安全方面得到了补偿，但处理起来仍然令人不快。

古普塔揭示出他的很多朋友都丢掉了工作，但是却相信，

最终薪酬和工作不安全性会有一个平等的交易。因为华尔街"前台"员工们获得的报酬如此之多,他们从不把自己看成是受害者,因为他们让渡了抱怨的权利来换取大笔的薪酬支票。

彼得·卢卡斯和我一起在信孚银行工作过。自从在1997年被裁员之后,他在这两年里先后为其他两家投行工作过。在美林银行短暂做过一段时间(这是他在信孚银行经历了两次部门改革之后),他现在是德累斯顿银行的投行研究分析师,工作地点在德国。我们不只讨论了美国投行和欧洲投行(尽管很多都合并了)的区别,同时也讨论了一般意义上美国投行的工作不安全性问题:

何:那么你是说美国投行在行情不好的时候招聘。这种重组对工作稳定性带来什么影响呢?你认为这肯定是美国投行文化的一部分吗?

卢卡斯:是的,我认为这是文化的一部分。这是无法更改的本性。有一些地方不会这样做。我是说,高盛很可能不会——不,这是不对的,高盛在1987年大崩盘时立刻裁掉了很多员工,因为他们之前招人太多,然后就碰上了市场危机,他们不得不裁员。那么,每一家美国投行都做过这件事。J·P·摩根刚刚又裁掉了5%。所以,在美国投行中,这绝对是文化的一部分。在欧洲,这也是美国风格。但是在投行里这种现象尤其严重。基本上就是这样的,"这是你的钱。谢谢。再见。"这就是金融的关系。如果你今天不值我付给你的钱，那我就不会再付钱给你了。这是个等式。我想人们也都懂得这里的事儿。他们对此一点问题都没有，因为如果他们有问题，那他们明显一开始就不该在这里。如果你被裁员了，你还是拿着体面的工资走人比较好。我的意思是，你基本上已经为这一风险获得了补偿——不只是遣散费，还有你工作时获得的奖金。你知道的，你之所以获得这么多的原因就在于明天你很可能就丢了工作。

投行家们如何看待这种地方性的不稳定性和重组问题，必须放置于他们所处的环境中进行理解。根据卢卡斯的说法，裁员和工作不稳定性，是投行的组成部分。接受投行工作的前提就是承认你已经在风险方面获得了"补偿"，风险在于这只是一份工作，这份工作并非职业，而是一种"金融关系"，你必须比你今天获得的收入带来更多的价值。斯坦·克拉克，是我另一位被裁员的同事，后加入美林银行担任组合投资经理，他的话印证了卢卡斯的很多观察。尽管他对现在的工作很满意，克拉克非常直白地讲述了华尔街裁员的手段：

> 华尔街企业……很少关心他们的员工。来得容易，走得容易。当行情好的时候，这个时代就是非常好的。他们花很多的钱雇用很多职员。当行情不好的时候，你就走人。他们完全不在乎这些。因此，这是高风险的。当事情

进展很好，你也做得很棒时，你会获得很好的收入。当事情很差时，你就没有工作了。我想这是这些公司赚钱的方式：如果行情好，如果经济走强，他们就会接到很多投行业务。股票市场也表现优异。人们会投更多的钱到这个市场，那么他们就会赚钱。同样的，当一切都开始变差，他们挣不到钱时那么他们也雇用不起这些人。

尽管克拉克的言论中存在将裁员与经济萧条联系在一起的问题，但他确实讲到了对裁员一定并且应该发生的理解和预期。正是通过工作不安全性，即员工的可替代性，投行才能够赚钱，这也就是说，"我觉得这是这些企业赚钱的方式：如果行情好，如果经济走强，他们就会接到很多投行业务。"换句话说，因为投行利润非常不稳定，华尔街业务的风险，某种程度上就被那些高收入的华尔街员工们分担了，他们也不抱怨，因为他们签订的就是一个高风险高收益的合同。

几乎所有的受访者不仅声称对于他们的不安全性"没有人会感到吃惊"，而且也认为高风险正是他们工作应该被组织起来的方式。他们进入了一个他们完全接受的"风险—报偿"的交易中，正是通过这些经验，投行家们学会了"谁是灵活的和谁能接受变动"。（被认为处于风险中的主要是他们自己的工作，而不是他们施加给金融市场的系统性风险，注意这点是非常重要的）。我于是开始意识到，正是由于这种被赋予了很大权力的地位、网络和薪酬制度，裁员带给投行家们的体验和效果与大多数工作者完全不同。并且，华尔街的薪酬策略允许灵活的雇佣形式，这是一种薪酬手段，能够使得投行在大规模裁员、持续不断地清理后立刻雇用新的员工并组建部门，从而创造出了一种"没有战略的战略"。

"没有战略的战略"

鉴于投行的身份特征与他们具有能够立刻强加给员工应变的能力密切相关，并通过工作不安全性和灵活的薪酬来实现这一点，那么毫不奇怪的是，他们对未来的计划是基于他们对"整个世界和公司身处其中的位置"的想象来完成的——因此他们其中的一个主要战略就是，简单地，没有任何长远计划（Schoenberger，1997：122）。为了实现他们能够立刻响应他们与市场的变化关系（包括员工、产品等等）的核心身份，从某种意义上，他们的战略就是，没有战略。讽刺的是，没有长远战略是自相矛盾的，有潜在可能自我挫败的，这是因为投行经常发现他们总是制造戏剧性的变迁，而几个月或几周后才发现这些变迁是毫无必要的、不成熟的和极度耗费成本的。举个例子，在第五章中，我描述了投行家由于接触的是"敏感的专有资料"，不仅转瞬间就被辞退，而且还必须在 15 到 30 分钟内就离开办公大楼。考虑到华尔街投行在知识控制与内部信息保护方面看得如此重要，他们不重视忠诚似乎有点自我牺牲的意味。尽管这些企业尝试了包括以上手段在内的方法来加强保密性，他们也接受和保持着这种不稳定的、反复无常的政策。

最初看来，这似乎不仅是不太可信的，而且对投行而言参与到这种实践中是"不理性的"，为什么这个行业如此关注盈利性和知识，却不采取一种总是能提高会计利润和对信息控制力的实践呢？很多人类学家已经揭示过，资本主义组织并非只是纯粹受对利润的工具主义追求所驱动，或是被完美的理性行动者所支配；他们同样也是社会文化性的组织，有着复杂和矛盾的世界观和特殊的组织实践（Yanagisako，1999；2002）。利润也许被声称是投行的首要理念之一，但是它——与很多其他价值观一样——通过对特定组织、团体和投行家个人的社会和文化性的透镜，被调节、情境化和实现。利润是如何实现的，什么组成了利润，到达什么数量才被认为是"有利可图的"，这些都是文化性的、组织化的和历史性的变量。

约翰·卡尔顿，是信孚银行经验丰富的投行家和董事总经理，他是这样描述华尔街战略是如何在没有长远战略情况下被执行的：

> 再说一下，这是一种没有终身制的行业。这里没有工会保护。基本上，如果形势变化了，你就可能出局。这是人们总是非常灵活的一个原因。那么你需要灵活的人们，那些能够每天处理各类变化的人。一些人可能会恨这件事。我并不介意这个。一些人接受不了。他们就不能坚持下去。他们会说，"我希望知道五年后我会是什么样的。"他们喜欢稳定性。这里并不是稳定的。我想这是一

种性格。很可能你访谈的大多数人都会说这里不是一个安稳的环境。大多数企业都有五年计划——我们将要生产什么?——同样也有着很长的产品生命周期。(我们)却有着很短的产品生命周期。当你从来不知道市场将要走向何方时,你该如何计划呢?

尽管卡尔顿将这种没有计划的原理归因于市场的不可预期性,我的观点却是没有计划恰恰是他们的战略,也是投行的文化认同。路易斯·沃尔特斯,是所罗门美邦的设备部副总裁,不是投行家,他反思了关于华尔街的短期取向,摘录如下:

> 所有华尔街企业都在同一时期成长,也同时一起衰落。他们这样做,是真的,没有计划,这样他们总是在同一时间追逐相同的人(在重新聘用期间)。当他们都开始裁掉数以千计的员工时,一般就会一起制造了经济萧条。他们会抬高房地产价格,也会压低房价。在危机过后,地产价格就会随之短期下跌。当办公室空了的时候,他们就这样处置,而一旦周期循环回来,他们就会一起追逐原来的办公地点,价格就再一次上涨。

朱莉·库伯同样也阐述过很多华尔街投行家们不仅意识到这种短期策略,还将它贴上"无效率"的标签。在下面的对话中,库伯就解释了投行是如何使得美国企业更加有效率,通过要求这些企业削减成本以维持高股价,保持更便宜的资本。然而,当我想要探究她是否理解投行本身是否有效的时候,她的回答让我感到惊讶:

> **何**:你认为华尔街本身是很有效的吗?
>
> **库伯**:不,一点也不。我们有着糟糕的体系。我认为如果说华尔街在某种意义上是有效的话,那就是它能够尽可能压榨它的员工。但是我想,考虑到华尔街如此瞬息万变,应该(没有)必要对效率有更多的鼓励。事情总是发展得很快,以至于支持其的基础尚未搭建就已经发展起来了。华尔街就是赚钱的,这是为了能够向你索取高出创造产品所需成本的费用。我想这些人们更倾向于从那些他们并不具备效率的产品中摆脱出来,而不是去想我怎么能变得更有效率。

库伯的洞察并不是对华尔街无效率的批评,而是一种判断,认为投行文化的核心和战略就是"无效率":重点在于不断变化,以便尽快摆脱产品而不是改进他们,无须筹划恰当的支撑系统就可以成长,能够立刻赚钱。这种战略,如果不考虑其固有的浪费和错误可能导致的自食其果,在短期里确实是有利可图的。如果他们创建的是长期的业务,如果他们为效率、理性或一致性而努力,他们就不能获得持续的动态性。相反,通过薪酬制度和对失业的鼓励(并且,由于他们的员工也是短

第六章 流动的生命，薪酬体系和金融市场的制造 | 441

期的，大多数都是可以被榨取的），以及为了换取即时利益和下一个新业务而牺牲"传统"效率的策略性手段，他们将他们的"效率"专注于"从他们的人中尽可能多地榨取"。

在上一章中，我阐述过1998年新兴市场金融危机是如何演变成一场残酷而全面的裁员，同时也为投行"清理门户"提供了一个好时机。毫不奇怪的是，这些即时性的、强硬的重组最后被证明是不成熟的，并且进一步印证了他们的"没有战略的战略"。在这里，我援引1998年9月与凯文·华进行的一场谈话，那时恰逢俄罗斯金融危机之后。在1997年，他是里海证券（Caspian Securities）的外汇交易员，这是一家小规模的香港公司，主要交易亚洲股票，所以直接见证了在危机时候，很多投行是如何反应的，特别是针对他们的雇员：

> 华：第一轮（裁员）开始于二月份，人们宣布会有大量裁员，亚洲很多公司都关闭了，里海证券本来也应该是其中一个……当我加入里海的时候，人们说它在走下坡路，就像要破产一样。而我却说，"好吧，谢谢你"。于是当我来到这里是，人们仿佛都在说，"难道里海没有出局吗？"我回答说，"是的，我们事实上做对了。"有趣的是，在我所在的整段时期里，人们都以为我们歇业了，可是我们却坚持了下来。同时，很多大型企业都关闭了他们的亚洲分部。
>
> 何：好吧，那其他人怎么样了呢？他们就回到美国了

吗？或者是他们转行了吗？

华：一些人去了那些正在扩张中的企业，一些转行了，这意味着他们很可能完全离开了金融行业，或者他们去做其他产品了，例如欧洲区或拉美区，而不是亚洲区。那么，第一轮裁员可以追溯到（1998年）1、2月份，数千人被裁。第二轮则在5、6、7月。正是那个时候我们关门了，同时也有其他的几家公司，这样又是几千人失去了工作。现在（9月），这是第三轮裁员。就在第三轮裁员中，美林银行刚刚宣布他们仅在亚洲区就要裁掉300人。日兴证券（Nikko Securities）和瑞银华宝（SBC Warburg）加在一起共要裁掉100或150人。接下来还有几家公司……刚刚宣布他们要关闭所有亚洲分部，又是300人……霸菱银行（ING Barings）也削减了员工。花旗集团也宣布他们要在整个机构内裁掉8000人。那么，如果你把这些人加在一起——竟有如此多的人！加起来差不多有20000到25000人。那么，眼下真的是可怕的时期……而你知道，基本上每三年或四年或五年就会发生一次——一些其他的灾难降临，之后人们从中走出，重整旗鼓。

华的朋友们假定了里海公司唯一的选择就是整体歇业。他们发现里海"仍然坚持着"是如此不可思议，这种想法恰好例证了华尔街对待战略和雇佣关系的手段。投行是不会"坚持下去的"。因为他们的战略规范就是没有战略,他们的关键就在于迅速撤离并转移到新的项目当中。因为投行对员工或者一个特定的业务从没有承诺,他们可以自由地将今天不再用的资源(或者是损失钱的业务)解读成一种错过的机会,还可以从别处弥补回来。如果重点放置在迅速脱离某一项目上,那么,出于同样目的,他们也会尽可能快地进入到其他项目当中。并且,进入意味着立刻进入。因此,投行文化与"坐等风暴结束"是多么矛盾,即使从长期来看这样做是一种节约金钱的方式。

塞缪尔·齐是帝杰证券投行部的经理,也讲了一个相似的故事:

> **何**:你认为效率在华尔街是否被高估了呢?华尔街……裁掉了很多人,然后他们发现,"哦,我们很多知识都流失了,我们需要重新招聘。"这种现象发生过吗?
>
> **齐**:是的,事实上经常发生。在华尔街内部,当年景不好的时候,很多投行家都被裁掉了。而过了几年,经济再度复苏,这些人又被重新聘用回来。你可以发现从另一方面,这是一种对资源非常大的浪费。但是很多事情我们是避免不了的。当我们遇到像现在发生在亚洲一样的萧条年景时,很多投行,如果他们自己不关门,他们又能做什么呢?你只能看着你的资产负债表,你只能看到自己的损失,因为你无法得到任何业务。

齐发现投行们"只能看到……损失",从这种立场来看,他们在制度上无法共度难关一起走向未来,他们也不会意识到他们刚裁员不久之后很可能就又得将员工重新招聘回来。按照投行的思维方式,在衰退期还保持着亚洲机构业务那就等同于留在一座着火的大楼中;他们作为市场中"一员"的身份认同就会被危害。因为他们理解他们的雇员是通用的,并且要求他们非常灵活机动,他们可能裁掉亚洲办公室的每一个人,然而一年后,就像什么也没有发生过一样重整旗鼓,为了保证他们的全球性的"存在"。根据我的很多受访人所说,J·P·摩根在金融危机之后"炒掉了"它的亚洲办公室,这样迅速的停业并不总是为了节约时间或者节约金钱:裁员是需要支付买断工资的,而重新聘用新的投行家又需要新一轮的高薪酬和奖金包。尽管很多投行家个体都承认这种景象缺乏战略思考、没有效率而又铺张浪费,但华尔街的薪酬文化将他们束缚在(同时也帮助创造了)这种制度化的情境中。

这里的一个关键问题在于,投资银行如何在没有任何计划的情况下开始、组建并发展新的组织机构?他们如何能够进入新的产品市场,并且能够在紧张的时间框架中挑战他们的竞争对手?毫无疑问的是,投行家们对待业务"成长"的方法来自于与他们的(没有战略的)战略和他们的薪酬、雇佣实践的交互中,而他们也相互建构着彼此。卢·乔治是所罗门美邦机构货币管理部门一位退休的董事总经理,在描述华尔街的一般文化中,他讲了下面关于华尔街对待商业的方法:

第六章　流动的生命，薪酬体系和金融市场的制造

这里总是快速变化的。不像很多股份制企业那样，你要制作战略计划，你会用很智慧的方法来思考行业的未来，你总得这样做，因为你今天所决定的事情需要花费很长一段时间来执行它。你将设计产品、创建工厂并开辟分销渠道，你开始去预测18个月或两年后的结果。而在华尔街，事情总是发生得如此迅速，你的能力就是去领导人力资源，这些人有着客户关系，寻找机会并将他们安置于其中才是关键。一单交易接着一单，事情总是发展得非常、非常迅速。这个行业中的人们，他们的常见目标基本上是被他们的自利动机所驱动——这是很高的目标，由近乎掠夺性的进取性来实现它。而他们在这个领域里正是用这种术语来讨论这件事的，对吧？

像我很多的受访者那样，乔治将美国企业与投行区分开来，认为美国企业事实上总是为未来设计"战略性方案"。当他谈到华尔街能够"领导那些有客户关系的人们的资源"以便创造出即刻的机会时，他是在暗示一种实践，能够使投行进入一种关系，并在没有计划的情况下发展出新的产品。例如，投行只是依靠雇用那些从其他公司跳槽过来的"名人"就可以"拓展"新的业务，招募那些能够带来客户网络的高级别投行家，只要是这个银行想要"建立"的任何领域都可以。这种方法创造出一种职场环境，有着持续的规模离职，并且也很少需

要战略协调。

凯特·米勒，是摩根士丹利的前任分析师，是如此描述这种持续的买断和高管团队的流动：

> 米勒：这条街非常小，基本上每三年人们就会跳槽。如果你是在某一特殊行业组的话，这种现象更甚（指的是工作转换），因为你将发现从企业当中有大批的离职。当我在摩根士丹利的时候，每个做航空航天行业的人都离开了摩根士丹利去了第一波士顿证券（First Boston）。同样，所有在高盛航空航天行业部门工作的人又被摩根士丹利雇了去。于是，正像你知道的，所罗门美邦又有一大批这个领域的人跳槽到了高盛。
>
> 何：这种现象为什么会发生呢？
>
> 米勒：因为他们就是会突然开始雇用有能力的人。这就是投行所做的。他们有的是钱。如果确实有人对电信业务很了解，那么，就去得到他。付给他所需要的一切，因为他会增加我们的业务。那么，如果他想要两百万美元，就给他两百万美元，因为他会带给这所公司一千万。

通过这种方法，投行可以"全速"转入到他们最新的优先领域中。这种快速的、侵略般的灵活性抹掉了"转型"的必要性，但是却需要投资银行必须有意愿并能够立刻裁撤那些今天不起作用的业务（并雇用那些起作用的）。毫不奇怪，投行中独特的现金分配方式（而且是十分丰厚的）、对"才干"的商品化、出身、关系和免于为员工发展负责，这些都为投行的那种战略提供了支持。

克里·费希尔，是先锋集团的董事总经理和基金经理，他在描述他对华尔街不喜欢的地方时，阐述了他们在员工发展方面的欺骗行为：

> 费希尔：我存在的另一个问题，坦白说，是我不认为员工们在很多这样的公司里能够得到发展。我想大多数都是要靠自己的。或者你足够聪明能够学到东西存活下来，或者你做不到，这里确实存在这样一种想法，如果聪明的人走进这扇门，那么他就得照顾好自己。有更好一种说法来描述它：你可以把它想象成一个球队。我们真的缺一些可以投三分球的投手，不然我们就不能进入到季后赛或世界巡回赛或NBA决赛。在华尔街有很多这样的企业。但是这些企业并不善于说，"快看，这有一个人他特别聪明，能够做一份好工作。也许我们可以从内部培养我们自己的明星。"他们更倾向于望向地平线，说道，"下一个明星将从哪里产生呢？"而不是培养他们自己的，这一点实在让人沮丧。

> 何：看来他们似乎对机构里的职员没有责任啊。

> 费希尔：嗯，只在非常短期的层面上。这就好像，"如果你只能用手堵住大坝，让水不至于都不能漫过去，

那么我会找其他有才华的人来为我新建一座大坝。"

支撑这种持续创造"快速"团队或产品知识的是一种强调对变迁和权宜性的渴望这样一种企业文化。这种在旧大坝溢出时"建造一个新的大坝的策略"同时也预示了浪费甚至是衰败。在我整个田野调查过程中，我从受访者那里学到的是，这些新星雇员和七位数的工资时常是极度的失败：这是一些关于很多高级投行家们只是将大笔现金收入囊中而毫无产出的故事，这是一些关于之前非常成功的团队最后分道扬镳，从曾经繁荣过的地方强行分离出来的故事。也许最大的失败就是瑞士信贷第一波士顿（下文简称 CSFB）收购了颇负盛名的精品投行帝杰证券（下文简称 DLJ），直接目的就是获得 DLJ "债券资本市场中的最抢手的资产——高产出的员工"（O'Leary, 2003）。在 2000 年秋季，当曾经的牛市处于崩溃边缘，CSFB 以每股 90 美元的价格买下了 DLJ（总价 120 亿美元），试图对抗诸如摩根士丹利和高盛这些最大的投行。"CSFB 最大的空白在于垃圾债券，通过购买 DLJ 公司可以很好的填补这一空白，因为这家公司在洛杉矶有一个由肯·莫里斯牵头的垃圾债部门。"（Serwer, 2001）。肯·莫里斯的团队正是 CSFB 愿意接受任何价格的原因所在；但是在 2001 年，在被其他投行纷纷挖墙脚之后，莫里斯离开了 DLJ/CSFB，跳槽到瑞银华宝（UBS Warburg），而"其他 30 名投行家也跟随他离去，这使得 CFSB 公司的收购成为无用的胜利"（Gorham, 2001）。不

第六章　流动的生命，薪酬体系和金融市场的制造

出所料，这种巨大的错误是因为他们的行为是通过他们对待薪酬的手段和没有战略的战略来驱动的。CSFB 以高昂的价格迅速收购 DLJ 公司是为了获得他们的垃圾债团队，却没有计划如何特别地将这些明星职员整合进新的结构中来。在并购一发起时，为了留住这些关键 DLJ 员工，他们被给予了奖金保证，却没有考虑到这对其他 CSFB 投行家们产生什么影响，那些为公司拼命工作的人却没有得到这种保证。根本就没有计划来处理由并购导致的员工冗余，也没有任何想法去思考一个新的部门或企业名字该如何被协商。结果，几千名员工跳槽，正像 DLJ 执委会高管敏锐观察到的那样，"CSFB 在没有开展尽职调查的情况下完成这笔交易，没有任何计划，也没有任何深思熟虑……他们只是把我们的名字收入囊中并出售了我们的大楼。这到底传递出什么样的讯息呢？如果你要疏离这些人们的话，为什么要购买一个以人为主的生意呢？"（Serwer，2001）。CSFB 没有想到的还有，有着相似雇佣策略的华尔街其他投行，一旦 DLJ 员工的签约到期，就会引诱这些前任 DLJ 雇员。

托马斯·道格拉斯巧妙地捕捉到了这种衰败现象，当时我们正在讨论投行——在人员和业务持续不断的起伏变动中——是否为股东创造价值，并作出可持续的商业决策。

（扩大规模和裁员）这是华尔街组织的方式。如果要我讨论这些事情，我希望考虑一下这种论点，如果你像砍

掉资源和其他这种东西一样行动或者反应的话会对你的股东更好。但与华尔街做法相反的是，为什么实际上可能希望拥有一个稳定的人力资源计划？在制造业，你努力维持稳定的原因在于你不得不把人招进来，你不得不培训他们，你在设定流程，这个流程在一切顺利的时候是做得最好的。如果你想招进一些新人，你需要有大把的时间来培训他们，这样他们才不会在投入工作时给你带来任何质量问题……你保持着这个流程的稳定性，通过确保周边的这些小环节，零件制造这部分，你的供应商们……这些都要被正确地协作起来，一切保持着良好和稳定……不要突然一个冒进，因为这会损害你的质量的。而在华尔街，你总是在这些地方来来回回到处游荡。在这种环境里能有多少注意力被放在质量管控上呢，你赔掉的真的比你认为的还要多吗？你知道的，你以为自己是在负责任，是在为股东做最好的事情，但那是真的吗？或者真的因为华尔街的存在可以让你在冲击之下免遭破产吗？——你当然可以首先跳到其他业务中从而挣很多钱——但是你是否可以赚得更多呢，如果你在适当的位置有着切实的办事流程，如果你可以有条不紊地进行转变，拥有合适的人并付给他们相应的薪酬？如果J·P·摩根决定明天就开展某一项大生意，他们决定他们需要进入，你知道的，明天或者后天，我是很希望成为他们为这个任务所招进的那个人的。他们愿意付给我很多钱，因为我会说现在我还不知道要不要加入，

第六章 流动的生命，薪酬体系和金融市场的制造

对吧？这就是你能够获得如此巨额工资的原因。于是当你加入了这家企业，然后他们发现，这实际上不应该是我们的生意，但我已经拿到了合同，他们也会付给我 1 亿美元……我们在会议中总是谈论着这样的事情。或者你知道某个人最近刚被停职或最终被解雇，这个人即将退休，这是因为一些企业曾经觉得无论出于什么原因，他们都有必要进入这个业务，而事实上，他们没有。但是你知道的，他们已经花很大的代价签约了这个人，于是他们不得不付给他钱。现在在华尔街，这种现象时常发生。

道格拉斯指出正是华尔街这种谋求私利的贪婪文化危害了股东价值。我们无数次看到华尔街打着股东价值的旗号，而它的具体实践却恰恰**伤害**了这一目标，这一目标似乎仅仅在牛市的语境下，在一个即刻的、短期的时间线上才能达成。在某种意义上，道格拉斯解释道，华尔街没有质量管控，也没有长期的计划，这造成的结果是他们总在持续地赔钱。与此同时，因为他们止损得如此迅速，总是企图成为新业务中的第一个进入者，创造新的市场，他们也偶有意外收获。问题的关键在于他们对于新进入一个业务的战略"就像昨天一样"，只是付给那些高级管理人才过高的薪水和惊人的奖金结构，为了立刻吸引来这些管理人才。华尔街在吸引这些高级管理人员毫不犹豫地"跳槽"的方式只有"不惜任何代价与这个人签约"。这种充斥着贪婪与渴望变化的环境，甚至连中期计划都没有，制造了持

续的绝望时刻。这种仓促的、掠夺性的战略所带来的后果是多元的。在很多案例中，很多投行想进入的业务最终不仅被证明是评价过高，而且投行也没能证明吸纳进来的管理人才工资合理来促进员工的努力。因此这些投行不仅背负着数年、数百万美元的合同需要支付，而且还带来了持续的裁员需求。华尔街这种贪婪文化可以说是一种自我阻挠。

这里有必要认识到，投行贯彻他们没有计划的战略的首要途径是通过他们的员工——通过他们员工的可替代性和他们在补偿员工方面的手段。投资银行践行他们的战略和文化认同就是通过他们在薪酬和招聘方面的手段来实现的。只要这些可替换的员工们能够持续流动，投行就可以实现在狭小的空间里的转弯调整，可以使得"航向修正如此迅速"，因为唯一需要转变的"东西"只有人——他们完全理解（在某些案例里甚至是欢迎）这种不稳定性，这是双向的缺乏义务与承诺的表现[9]。薪酬固然是投行衡量员工业绩的核心：它是员工为之奋斗的原因，界定了交易员和投行家们的价值；它是投行家能够留住他们想要的员工或者让谁走人的手段；它也是投行保持业务灵活性的方式，通过招聘的可替代性和他们自己对不安全性的接受和认可。当然它也对投行的企业客户造成危害，因为投行家们始终存在着压力和激励，在牛市时尽可能地寻找更多的生意，因为薪酬结构本身就设定了从哪里获得、能取得多少，什么时候收获。投行对待生意的方式与他们对待招聘的方式如出一辙，这样美国企业不过是成为了他们短期交易

第六章 流动的生命，薪酬体系和金融市场的制造 | 453

和费用支付的场所而已。安迪·凯斯勒，曾在华尔街做过研究分析师，他解释道，"华尔街只是一个薪酬制度安排……他们名义上的存在只是为了将他们的收入拿出一半用来支付薪酬。这也是他们容易如此频繁陷入麻烦的原因——这只是一场关于产生收入的游戏，因为玩家们知道他们将会拿回一半来"（McDonald，2005）。投行家们意识到这些交易收入直接变成薪酬重新回到了他们手中。在这种情境下，天空都看起来无限宽广，因为对"绩效工资"没有任何限定。就像《经济学人》（Economist，2001）的一篇文章详细阐述的这一观点："那些达成交易的投行家们同样希望获得个人的收益……一般来说，员工只分享他们'利润中心'和投行的利益而不承担损失。如果事情做错了，总会有另一家投行可以跳槽。"投行家们没有任何要求来为这些丑闻或糟糕的交易承担责任，因为他们的薪酬与实际的投资或客户业绩没有任何关系（Roane，2005）。"经纪商在你买进卖出的时候就赚得了收入。基本上这些都不与他们的客户做得如何有任何关联，"艾伦·约翰逊观察到，他是约翰逊事务所（Johnson Associates）的董事长，他向华尔街企业建言薪酬的问题。"也许它应该是这样的，但事实上还不是"（Roane，2005）。薪酬和业绩之间的断裂（或者说，华尔街奖金和这种激励制度带来的破坏之间的关联）没有什么时候比 2007 年更加严重了，这一年华尔街的投行家们几乎又一次拿到破纪录的奖金额度（329 亿美元）。而此时，抵押信贷市场却濒临崩溃，证券行业中的股东们损失高达 740 亿美元,全球经济危机开始蔓延(Harper 2007;New York State Comptroller, 2009)。

危机制造:投资银行文化的社会性后果

华尔街大多数日常价值和实践——由华尔街的薪酬结果、工作不安全性、"没有战略的战略"、以与市场同步为自豪的身份认同——这些因素导致了一种公司文化,肆无忌惮的利己是其一般化的规范。在这种文化环境中,投行家们始终感受着裁员和剧烈部门变动的持续威胁,从而有动力去寻找最高的薪酬并接受高风险高收益的社会契约。然而,这种华尔街环境,不仅造就了高度不稳定的组织,而且还把投行家们转变成薪酬贩子。华尔街企业的组织文化创造出一种针对商业、美国企业的手段,并持续地为金融市场泡沫的形成与破碎奠定基础。在一个充满工作不安全性和以短期绩效为驱动的薪酬制度的环境中,投行家们受到这种驱使,希望从当下的实践中获得最大的产出,最终导致抵押了未来。于是,华尔街帮助制造了市场泡沫,同时也给自己带来负面影响:当金融泡沫破裂的时候,华尔街业务变动甚至更加剧烈。在最近发生的空前的次贷危机裁员中被解聘的一位我之前的受访者曾说过,"在今年第三轮的裁员中,每个人都疯了,整层楼都被裁掉了。"

在这一小节中,我将经济繁荣与衰退之间的联系解读成同一种文化实践相关联的结果,而不是自然的经济周期和节奏。创造繁荣的金融文化同样也用这种方式为衰退埋下伏笔。我认

第六章 流动的生命，薪酬体系和金融市场的制造

为这种现象并非预先注定的，而是由投行家们在一种高度受限的环境中所创造出来的日常选择的结局。我将这种下沉与衰退（既包含牛市期间，也包括牛市之后）的理论化过程提取成一个只是关于"修正"、市场异常性或者甚至是一种独特和自发现象的问题。在我看来，华尔街的泡沫和破裂是相互构建的：华尔街规范性的日常实践创造了泡沫，同时也预示并最终制造了"不可避免"的衰退。不只是精心制造了牛市和熊市，繁荣的策略也为衰退的阶段奠定了基调。至少在20世纪的晚期，华尔街经常利用崩溃的环境来刺激政府支持金融利益，例如财政紧缩方案和政府的放松管制，首先是为了"向下探底"，然后为下一个市场泡沫（和随之而来的萧条）创造条件。

我首先援引约翰·卡尔顿的话，他对华尔街周期性循环的招聘政策的见解使我能够对华尔街在制造金融市场危机中的角色有着更多的批判性思考：

> 华尔街发生的事情总是周而复始的。现在就是一个向上的循环，招聘了很多人。如果过几年是一个下行循环，那它就会颠覆自己，除了不招聘之外——是指从名校招聘几十个大学毕业生，但数量减少50%。可能一夜之间就裁掉这么多。而在同一时刻，所有的企业都是这样做的。每个人都会被招聘，于是每个人都会被裁掉。你不得不具备"身在厨房就要耐得住热"的能力。你不得不作出反应……

为了超越这种经济周期论的解释，即自由市场的"趋势"就是自发和自动地上下波动，通过向受访者询问特殊的市场周期是否存在历史性差异，我将历史的视角引入进来。

何：在过去的十年中，这种工作环境中的变化大多是周期性的吗？或者你认为这20年里过去和现在存在明显的差异吗？

卡尔顿：我认为这里存在一种行业变化和周期性变化。行业变化在（金融服务）这个行业中尤甚……人们发现公司需要变得更大有更多的资本才有实力竞争。你知道的，所罗门在对等合并中接管了美邦银行，接着又被旅行家集团接管，而旅行家集团后来又与花旗银行合并。因此这个行业趋势之一就是变得更大。同时，这里也存在一种相反现象：人们又在回转。那些对大规模不满意的人们就成立精品店（较小规模的投行）。于是，你就看到了这种循环，叫做市场周期。当我1985年加入时，我差不点就去了瑞士信贷第一波士顿公司，那里的一个人说，"好吧，你在1985年过来。其中一个问题是我们已经有过一个很好的周期了，你此刻进入可能正好位于周期的顶部。"他说的是对的，但他说得有点早了。这个周期的顶部直到1987年才结束。在1987年的时候发生了一场衰败，经济下滑。事实上，1988年并不是很糟糕的一年。但是到了

第六章 流动的生命，薪酬体系和金融市场的制造 | 457

1989、1990、1991 年，就变成一场灾难。就是那时，华尔街裁掉了 20% 的员工。当时，我是一个中级人员，有着 4—5 年的工作经验。但我不得不忍受 3 年里在中级的职级上经历业务中痛苦的变化。接下来，基本上从 1992 年开始，市场出现了强有力的向上攀升。

除了强调他在 1990 年代初（事实上也是一场持续的循环）关于变化的"痛苦"经历，我希望将注意力放在他同事的理解和担忧卡尔顿加入瑞士信贷第一波士顿是处在"周期顶部"的时刻。他是如何知道 1985 年已经临近顶点了呢？换句话说，他是如何得知 1980 年代中期的繁荣是不可持续的，这种知识的社会影响又是什么呢？

非常有意思的是，除了我访谈的最年轻和最缺乏经验的华尔街人外，大多数受访者都假定在 1990 年代末，华尔街会到达一个周期的峰值，一场大规模的崩溃即将来临。暂且不议他们为什么会预期或怀疑将有一场崩盘来临这一关键问题，他们这样承认并不意味着这些投行或投行家变得更加谨慎，例如，通过限制交易股价过高的"风险性"股票，停止为他们自己的贡献索取一个不可持续的估价，或者不再继续他们自己过度透支的生活方式。"新经济"和网络公司关于一场无限繁荣的话语显然为它们提供了背景，并导致一些人开始相信在可预见的未来中，繁荣依然会持续（谁会忘掉 1999 年关于道琼斯平均指数达到 36000 点的预测？）[10]，但在大多数情况下，很多华尔街人意识到"终结"就在眼前——然而他们却几乎没做什么来改变市场交易中的疯狂行为。一般而言，尽管很多投行家意识到他们应该未雨绸缪，但他们依然抱着一种弄潮的心态，直到大浪吞噬他们。

　　我希望将注意力集中在这种看似矛盾的现象上：到底是什么原因，华尔街人又是如何会预测到这样一场危机，然而他们却依然选择维持这种有助于产生危机的价值观和实践呢？为什么危机会首先被预测出来，为什么这种对萧条的预测没有导致关于工作不安全性的自发性恐慌呢？难道工作不安全性是这样一种规范，认为崩盘只不过是比平时稍微大一些的颠簸而已？这又会对美国企业和人们的生活造成什么影响呢？正像卡尔顿的评价所暗示的那样，投行家们的暂时性，他们感知自己的工作和金融繁荣的有限时间周期的方式，都为观察他们日常的组织行为提供了一扇重要的窗口。我在前面几章曾经阐述过，投行家们时常认为他们的工作是非常不安全的，就像他们任何时候都有可能被裁员一样。考虑下托马斯·道格拉斯对投行招聘和解雇的描述："机会来了的时候，企业就开始招聘目之所及的任何一个人。MBA 和在校生们成群结队希望能够登上这班车。他们所看到的就是他们将赚得的数百万美元。于是就可以在 30 岁退休了，你知道吗？接下来，'轰隆隆'，一切都开始垮掉了。他们开始裁掉每一个人。"雷切尔·阿夫塔恩狄立安是花旗集团投行部门的经理，强调说华尔街的工作不安全性就像"你背后的犁一样，总是在赶着你"。她说，投行"总是在有钱的时候过度花销,而一旦没钱了就立刻裁员,在这点上,他们已经臭名昭著"。投行家们不只是感到他们的职场环境如此短暂,他们同样也通过奖金为核心的薪酬制度来为他们的工作不安全性讨价还价[11]。于是,具有重要意义的是,他们的挣扎,我敢说是一种针对工作不安全性的抵制,发生在薪酬这片领域当中。

我在华尔街的受访者和朋友们时常将他们的工作策略描述成只要斧子不落下就尽可能长地坚持下去:尽量多地达成交易,增加交易经验,在股市上涨的时候,项目比较容易卖给企业。他们经常会说他们自己"在好时候结束之前尽可能长地利用这股浪潮。"如果他们能够成功度过市场的高峰与低谷并得到晋升的话,他们希望在下一轮裁员到来之前从新职位当中尽可能赚最多的钱(职位越高,奖金池中分享的份额越多)。那些侥幸逃过很多次巅峰和低谷的人通常要么已经赚得很多的钱来为失业做好缓冲,要么也正通过这种方式赚取更多。克里斯汀·张是信孚银行的副总裁,她就对自己的职业策略进行了评价:

何:那么,你能看到自己在这个行业中的未来吗?

张:是的,大约一直到可以预见的未来,除非一些事情发生了强迫我从这里出去。这个行业非常不稳定。我想很多人对此的处理方法就是你只要尽可能长地坚持住。在牛市的时候,你坚持住了,当它崩溃的时候,你应该停下来,重新评估一下,找到你生命中是否有什么是你想要做的,一些可能更让你满意的事情。现在你正在赚钱,你正在等候。

何:你认为一般而言,大多数人都对这份职业很满意,很高兴吗?

张:并不必然。很多人会说,在华尔街你要小心一点,因为很容易就将你陷进金钱里,这时你会发现自己没有能力做其他的了。无论你在这儿是否高兴,我想这是真的。不管人们是否喜欢这份工作,一旦他们开始每年可以赚到100万美元,即使他们不喜欢这份工作,也很难说,"我会去做一些其他的事情,每年挣25万美元。"他们无法跨越这一步。我会说也许一半的人喜欢这份工作而另一半人不喜欢。那一半不喜欢的人某种程度被陷进去了。他们只是按照薪酬建立了一种生活方式,他们不愿放弃这种生活方式,或者他们无法忍受挣得更少这种想法。

约瑟·蔡是帝杰证券投行部的经理,也有着相似的职业策略:

何:现在我们谈到了工作安全问题,由于华尔街是一种非常动态的行业,这里总是在变化,新的产品总是不断被推向"前台",在华尔街是否存在一种工作不安全性呢?

蔡:我是这么认为的。我在这工作的时间有限,自从

第六章 流动的生命，薪酬体系和金融市场的制造 | 461

我进入这个市场，还没有经历过大的衰退。但是，这确实发生过。在亚洲，我之所以会提到亚洲的原因在于我知道，曾经在1993或1994年，好像是1994年，发生过一次大衰退，在那儿的很多投行，如高盛、美林，都裁掉了一半的员工，因为那里差不多没有市场了。理想情况是他们把员工调回来，但你是不想身处其中的，因此我觉得这里是非常不安全的。我有点开玩笑地去想这件事，因为以我现在所在的地方，在我生命中，一旦我丢掉了工作，我想我能找到一些出路的。但是我现在的做法是我希望尽可能长地把握住这波行情，直到好时候过去，同时我也意识到如果确实存在市场衰退，我的工作就不安全了。我很可能失业。但是，这只是离开法律界的一个取舍。法律行业是非常安全的工作。

大多数在"前台"工作的受访者们都感受到了过大的压力，迫使他们在还不算晚的时候抓住交易的机会来增加奖金，他们也很自信如果他们被裁掉了的话，也能够在华尔街找到工作。莫妮卡·崔的话代表了大多数华尔街人对待即将到来的失业所采取的特殊方法：

何：有意思的是工作不安全性不仅存在于其他工作中，同样在华尔街也有。他们反应如此迅速。有时有点太快了。你对于这种工作不安全性有什么看法呢？

崔：当然了，但是我也在这种环境中成长。（莫妮卡自毕业后在华尔街工作了 8 年。）每个人都知道的。当你其中的一个同事被裁掉的时候真的非常非常令人悲伤。我们在 10 月份裁掉了很多人，美林做的。基本上，我的意思是，我们把秘书们裁掉了。我们谈论的不只是那些专业人才。我们很多不同级别的不同人都被裁掉。"前台"接待员被炒了。他们都哭了。这些人不是有技能的人……我并不担心这个，因为我打算尽可能的利用这里的一切。如果我足够幸运没有被裁，那真是太好了。如果被裁了呢，你猜怎么着？我已经挣了很多钱，我有很多经验，我可以利用这些经验做很多不同的事情。

在这样一个充斥着用薪酬来与工作的不安定谈判的环境中，华尔街的绩效奖金制度"以物质形式激励着"投行家们互相竞争，从而获得更多的交易，带来更多的收入，寻找更具利润的业务，劝说更多的人投资到基金和股票市场中，诸如此类[12]。不仅是他们的奖金被直接与他们能为投行带来的交易数量和收入挂钩，而且他们的奖金通常被视为一种甘愿忍受工作风险的标志。于是毫不令人奇怪的是，由于时刻笼罩在被裁员的危险之中，投行家们会竭尽全力去为他们的企业客户达成更多交易和业务。正像高盛并购部门的经理，保罗·弗拉纳根解释的，投行家们的目标是"在短时间内从中获得你想要的"。他们这种行为对美国企业和那些他们声称支持的小投资者造成的后果非

第六章　流动的生命，薪酬体系和金融市场的制造

常严重，更不用说那些穷人了。受这种激励，华尔街投行家们总是不顾一切地从现状中尽可能多的"榨取"。鉴于奖金取决于投行家们带来和完成的交易的规模、金额和数量，同时考虑到他们的工作显然是短期的，可能会在任何时候被解雇，投行家们就被这种结构性力量迫使去达成尽可能多的交易，不管这些交易从长远的角度甚至是新自由主义的角度来衡量最终是否对企业"有好处"。因为投行家自己可能都不会在这家投行做多久，而且投行奉行的战略恰恰是没有战略，那么对贯彻执行的质疑显然连提都不会提。

我认为，正是投行这种特殊的文化、战略和世界观，才催生了如此的薪酬结构，同时混杂着工作不安全性，造成了（同时也被塑造着）一种权宜文化"泡沫"，这种对待人们和组织（包括他们自己和他们的公司）的策略主要依靠生产快速的、短期的回报。投行家们，意识到不仅他们自己的工作是暂时的，而且股票价格也不会永远上涨，因此总是急于建议、说服和劝诱这些企业尽可能达成更多交易，不管是收购其他企业和部门，还是将自己的企业出售给竞价者，不管是通过将股票抵押或者交易进行再融资来偿还债务，还是发行更多股票。这种尽量榨取当下的实践，其终点——也就是泡沫的破碎——不仅早已被假定和预料到，而且也被变为可能。在很多案例中，华尔街人预料到了他们针对企业甚至政府的行为能够很快引发市场萧条，因为他们的战略不是基于忠诚关系来建立有生产力的企业，而是依靠当时的市场狂热（这也是他们帮助打造的）所

能承受的限度尽可能多地出售。此外，我的很多受访者预料到的不只是一场危机，还有最后的紧急救助，其依据就是华尔街投行实在"大而不能倒"。这种假设显示出，与他们自由市场话语相反的是，投行们欢迎风险，这并不是因为他们成功地做好了对冲或者管理好了风险敞口。相反，当他们关注于即时性的利润之时，他们还依靠政府和全球经济的内在联系来承担风险。正像所罗门美邦一位债券交易员，彼得·费尔森塔尔解释的那样，政府和国际货币基金组织（IMF）是不会让他们崩盘的。"当事情进展顺利的时候，你会拿到所有的好处。如果你做得很差，你也不会欠任何人钱，因此你会尽可能多地去冒风险。"当然了，这些决策并不总是具有计算理性的：我在第7章会深入探讨，投行家们，特别是那些在繁荣时期大肆炫耀自己的高消费的，不仅推波助澜地引发了危机，也促使了自己的工作、生活方式和未来奖金的破灭。

投行家们这种短期的、毫不留情的交易方式和员工流动性的文化模式，在某种意义上，是"从工作当中"学来的，通过他们自己的经历和所处的特殊组织文化的具身性来吸取的。投行家们学会了冷酷地逼迫美国企业完成更多交易，并将他们自己对裁员和不安全性的敏感性转移给美国企业。在这种情境下，金融危机和萧条并不是一种自然周期，而是被日常实践和意识形态所建构的：对繁荣的策略导致了衰败。只有通过对投行企业文化进行地方性的文化分析，才能使我们理解投行家们是如何在将为他们的企业客户和股东的最大利益为行为基准的

第六章 流动的生命，薪酬体系和金融市场的制造

世界观下，调和他们短期的不顾一切的行为与他们普遍的世界观之间的关系，也就是，投行家们是如何将股东价值作为自己使命宣言的同时还能参与到对它的暗中破坏行动中。

虽然股东价值是华尔街的核心宣言，但投行的自我理解核心却是他们"就是"市场。在他们的模型中，市场被刻画为具有即时响应性并能够持续转变方向和策略的特点，这些投行们正是通过一种权宜多变的文化来建立自己对这个模型的认同。投行对市场趋势反应之迅速显示出他们对这个市场的绝对认同；他们的文化特异性就在于能够即刻连通市场。当然，正是由于他们在招聘上强调可替代性和他们对待薪酬的方式使得这些投行们能够实现这些关键的文化认同和战略。在第五章中，我阐述过，投行家不由自主地用"市场"来解释工作的不安全性，我将它视为他们将市场外部化的标志。当我意识到他们对待市场的手段同样也可以被解读成他们与市场有着认同和亲密关系的证据，证明了他们尝试实现并展现出他们在市场是什么方面的模式。尽管他们勾勒出的市场可以被视为赋予了市场以自发的特点（类似于韦伯关于铁笼的悖论，在这种情况下，核心行动者们建构着市场，同时自己也在被他们认为与己无关的产物所控制），但嵌入在他们市场模型中的却不是什么外部力量，因为很显然，地方性的文化价值和一种华尔街超级资本主义式对待时间的观点，正通过他们制度化的安排和他们的文化认同得以实现，而这些都被认为是市场即时性的表现。

而今，华尔街投行，作为金融市场的代言人，对美国企

业的日常实践产生了深远的影响。华尔街的金融价值，特别是他们对于暂时性的理解，这种理解鼓励员工流动并强加给企业衡量绩效的时间期限，这不仅促成了在美国企业中猖獗的裁员，而且还重组了企业，将他们从根据自己的产品和发展进程来运营的长期组织转变成唯华尔街是从的企业。在这样做的过程中，美国企业被"再社会化"了，与关于1990年代末繁荣时期的官方话语恰恰相反的是，金融市场被艾伦·格林斯潘和大多数华尔街人所追捧，但实际上并没有为生产性的增长提供动力，而是刺激了短期的、住房抵押的生产活动，这些导致了泡沫和萧条（Brenner，2002）。为了分析金融力量和它的影响是如何被贯彻的，我的研究目标不仅是分析和理解这种平行的"类民族志"（para-ethnographic）的知识和全球专家视野的基准点，同时也要理解对投行家们进行社会化和他们赖以建立自己世界观和实践的文化模型和机制。为了理解华尔街是如何灌输和传播它的影响力，我检视了华尔街每日的世俗文化实践：投行的组织结构、他们的市场身份（认同）和对暂时性的概念。论述全球都在推广的华尔街关于股东价值的理论模型和市场必然性创造了我们社会经济中的巨大转变，虽然十分引人注意，但这种分析是不完整的，它只是从上自下地具化了市场的神秘。投行的特殊企业文化促进了投行家行动模式的创立，而其中的方式被掩盖了，这种关于工作关系的特殊文化模式被设计成与他们正在强加的理想型市场同步。正是这些模式与效果之间的互动、相互构成与鸿沟非常具有启发性。虽然投行家们

第六章 流动的生命，薪酬体系和金融市场的制造 | 467

声称每个人都应该遵从股东价值宣言，但他们经常意识不到的是他们是按照他们自己体会到的方式来建立股东价值——通过他们自己，整个华尔街这个中央文化透镜——这种方式从长期来看实际上对股东价值是有害的。

并且，持续的裁员进一步巩固了投行认为自己就是市场的自我认同：在评价裁员方面，我的受访者们不断表示，"我们这是在盯住市场"。意思就是华尔街的员工、产品和战略只是随市场变化，因此，投行家们的阈限位置不只是暂时的，而且也会改善。华尔街投行家们对于员工流动性的经验，只是服务于强化他们伟大的勇气、效率和聪明，相对于那些平凡的员工而言，因为他们获得了丰厚的报酬，有着很好的社会网络，也始终被热捧着；虽然他们的不安全性和受限制性是经常的，但他们的不幸却被认为是暂时的[13]。于是，投行家们总是被裁员，他们太容易受到裁员的伤害，这些事实很讽刺地不仅促使他们推荐这种经历，将其作为一种针对美国企业的规训式"业绩强化"，同时也使得他们自己缺乏理解他人痛苦的能力。这些投行家们的裁员体验常常是一种具有补偿的方式，它具有规范性，它授权、挑战并能生产出他们自己作为市场先锋、最胜任和最聪明的资本家的身份。然而，裁员被主流观点持续地认为是抛弃和"不再被接受"（那些能够想得出来的在美国文化中关于不满的炼钢工人或中层经理的标志性景象），这种主流的概念化忽视了关于员工和职场的模式——在华尔街形成的——而这种模式具有很强的解释力。

我希望我研究市场的方法能够挑战人类学，并带来一场思想实验：如果我们在对市场这一概念的处理和想象中去除外在性或抽象性，那将是怎样的？考虑到"市场"在这么长的时间里总是被社会科学研究认为是一种理所当然的权力场所，如果将市场概念化和操作成只是一种日常和具身性的实践系统又会意味着什么呢？毕竟，它是通过投行的企业文化——他们对待员工的方法、工作不安全性、暂时性和薪酬制度——使得这些投行家们能够"像市场"一样行动，这是他们所拥护的并且正强加给其他人。

第七章
全球的危机与杠杆支配

在美国经济中占据主导地位的金融资本主义,它的世界影响依赖于这些声称并促进"全球性"的投行家们。在这本书的最后一章中,我将分析投行对待"全球性"的方法,与股东价值演进、超级资本主义的暂时性、没有战略的战略相结合,有助于全面理解华尔街的市场制造。他们对自己优秀的能力和金融产品的大肆宣扬,为他们的最新产品培育了狂热和充满信心的气氛,反过来也将它们在全球范围内扩散。要不受此影响是很难的,这些投行也受到自己在全球膨胀的影响(毕竟,因为他们将自己表达成聪明的和具有市场悟性的)。这种自信,伴随着"榨取当下"的制度性强制力,一起制造了一种杠杆的文化,他们在加倍下注于他们最新的、最有利可图的金融工具上。这种赌注泄露出他们文化环境中存在的相互抵牾的一面:他们意识到,在繁荣转变成危机之前,指数式杠杆的策略和对交易的固执追逐对攫取巨额短期利润而言是非常必要的,同时也存在着这样一种信念,相信他们自己的能力会比他

第七章 全球的危机与杠杆支配

们帮助制造的不稳定的行情更聪明更能持久。当我们领会到投行是如何将自己的希望和梦想投射到全球中,他们如何利用全球性来宣传和传播自己的产品,就明白了一种现象的原因和机制,那就是投行家们的日常实践不仅会创造创纪录的利润,同时也带来具有全球性多米诺骨牌效应的金融危机,甚至在一些案例中,这种危机都会威胁到华尔街自己的存在。

本章旨在展示具体技术、社会影响、投行家在促进全球化和全球宣言上的自我效能等因素在本地和全球之间的多重建构作用。我贯穿整篇民族志中的论点是以个人传记、制度文化和更大的社会变革之间不同尺度或领域内的分析相互渗透为前提的。在某种意义上,我聚焦于美国投行对企业变革、不平等以及美国的社会生活的历史建构作用和多重影响。在这种脉络下,投行家的惯习与投行地方性的制度文化占据了舞台的中心,它们既和股东革命、巅峰地位、精英网络、极度不安全感以及努力工作的(被认为是)精英治理文化相匹配,又被这些因素建构。另一方面,也正如我所指出的,这种特定的在美国土生土长的金融模型并不是一成不变的。华尔街是通过聪明、对历史和股东价值意识形态的利用、以及它"特有的"、通过裁员实现赋权的经验逐步取得了主导性的地位,而这种主导性的地位允许它在美国企业和大型金融市场中推广员工流动和金融不稳定的地方性模型,从而导致全球经济危机。联系本书对银行家性格和组织文化的分析,这一章说明了华尔街如何设想并利用全球化,极度夸大了华尔街的企业文化(尤其是员工流动和公司清算）以及疯狂旋转的金融市场间的联系，华尔街倾向于平稳时期的繁荣，不顾影响深远的灾难性的萧条。

　　我的分析中包含了全球化，同时阐明了投资银行的强大与脆弱。一方面，华尔街通过从股东革命到全球化的话语权的战略利用，不懈地推动金融主导的资本主义。正如投资银行运用自己的权势向企业巨头推销一样，华尔街也在散布着股东价值学说，为他们自身的全球金融影响力和技术创新歌功颂德。他们对全球化的利势，不仅帮助他们赋予并巩固投资银行的主导性及合法性，而且有利于广泛培养购买他们产品的习惯和对他们的意识形态的模仿，由此他们的影响范围得以巩固。在这种背景下，一个学术研究需要附加什么样的重任呢？如果"全球化趋势不可避免"的特有观点和全球金融一体化恰好是金融利益团体希望构建的观点，那么那些对反霸权项目感兴趣的学者仅仅关注华尔街的权力是没有任何意义的。

　　另一方面，它已经证明了即使对于看似最全球化和最有权势的行动者，全球化的野心也会内爆并引起内部矛盾。那些帮助华尔街形成和扩展支配性的特有做法（比如全球野心和营销，以及对交易的不懈追求）也为其不稳定性，甚至是灭亡创造了条件。华尔街的投行也不能免疫于他们天花乱坠的炒作：事实上，它们常常内化并逐渐使自己相信他们兜售的，创造巨大风险的内爆、损失、裁员，甚至是自己的破产，更不用提遍及全球的巨大连锁反应（我们已经看到华尔街在股东价值和牛市中的矛盾措施是如何为金融危机的爆发创造了舞台）。

第七章 全球的危机与杠杆支配

　　为了带入我对"在场"（Present）的分析，在开始研究投资银行的特定全球化和修辞技巧前，我想简要地以一次当代最严重的金融危机，即次级信贷崩溃中华尔街所扮演角色，开启本章。之所以这么做，是因为华尔街全球崩盘不仅总结了金融资本主义的支配性具体而言对美国和世界意味着什么，而且展示了华尔街通过全球炒作和公司文化制造经济危机的全过程。当然了，由于我在这篇民族志中的研究焦点是投行家和美国公司的关系，而这次全球危机显而易见很大程度上涉及华尔街（从对冲基金到债券交易员），我不打算宣称美国投资银行一手引发了系统性的金融危机，因为原因和涉及者是多方面的。不管怎样，我的调研确实指向了一个宽泛的、甚至是普通的金融惯习，这种从华尔街投资银行权力核心流传出的金融惯习已经显而易见地证明了华尔街的文化气质和一系列实践在最近的这场金融灾难中扮演了重要角色。

　　就像投资银行引发了1980年代的垃圾债券崩盘、储蓄和信贷危机、1990年代的新兴市场垮台、世纪之交的网络泡沫破灭和安然公司破产那样，相同（或者类似）的文化性实践也在次贷危机中火上浇油，随之而来的结果自然是，为华尔街最终的、惨痛的崩溃打下了基础。在这种情况下，不停地撞毁并复原的华尔街看起来好像是有不断改造世界的能力。尽管结构性的实践制造了华尔街的霸权，并且使得这些事件可被人们解释，或在一定程度上可被人们所预测，却是上文中提到的那些事件凸显了华尔街的权力（最终也是它的脆弱）取决于持续炒作、全球实力和能力的营销、从企业到住房的生产性资本重建。虽然这不是深入探讨融资和次级贷款崩溃广泛影响的地方，但我试图说明这个关于华尔街全球化途径的人类学调查是如何与理解实时性的金融危机息息相关的，这场实时性的危机正是通过这本民族志中描述的实践行为造成的。

在2007年夏天占据主流媒体报道的次贷危机，一年后逐渐演变成全球的金融危机，引发了创纪录的房屋赎回权丧失，惨烈的种族、阶级、性别和年龄歧视的抬头，物价猛涨，大规模失业，华尔街自身几近灭亡以及贯穿多个市场的、从全球股市到信贷供应的经济危机。虽然华尔街投行并不是唯一导致这次危机的人，但他们的角色是本质性的。据我的受访者所言，投资银行通过发行许多不同种类的证券建立了一个全球性的次级抵押贷款市场，这些证券包括高度结构化的、复杂的贷款支持债券，比如债务担保凭证（CDOs），还包括基于次级贷款的、更加神秘的信用违约掉期。他们向全世界投资者网络炒作和兜售这些金融产品——包括对冲基金、养老基金、主权基金、公司还有银行，富有的个人以及他们自己（实际上给这些投资者创造了一个新的市场）。正如财经记者们报道的那样："华尔街无处不在地兜售次级贷款"，"从香港的商人到欧洲小镇的镇长再到美国中西部领取养老金的人"，甚至是"北极圈的渔村"（Day，2008；Merle and Tse，2008）。这种做法是为了在全球范围内传播和分散风险，不仅通过遍布全球的各式各样投资者，还将住房抵押贷款切割为多重风险等级。

很少见的是，华尔街投行也直接帮助建立了消费者终端市场（我稍后会解释）。由于投行会从债权人那里购买抵押贷款并把它们证券化——组合为债券出售给投资者——银行也为零售贷款公司提供流动资金。一般认为，联邦抵押贷款机构可以为他们销售的证券化债券背后的抵押贷款作担保，而不同的是，华尔街投行购买并给证券打包，将他们变成未经监管、缺乏担保、贴上"私人标签"的住房贷款支持债券，这些债券一般是用高盛或贝尔斯登这种尊贵显赫又专业的名字所担保的。这就意味着华尔街没有评估借款人"风险"的动机。事实上，投行和直接的债券出借人故意歪曲次级贷款，尽可能多地卖给借款人（甚至是那些能够购买较低评级、"传统的"优质贷款的借款人）。他们因此从借款人那里收取更高手续费、未来再融资费（众所周知，一旦利息飙升，很多都不能支付），以及更高的报酬。这也导致了更高的证券费率，使得华尔街可以向吵嚷着追逐高回报的投资者天花乱坠地宣传，并且以一个更高的费用卖给他们[1]。投资银行运用自上而下的压力迫使抵押贷款公司（其中一些是被投行完全购买了的贷款公司）不断发行更多的次级贷款。华尔街设计了不断繁殖的、拥有一两年后暴涨的低优惠利率的可调整利率抵押贷款（ARMs）、只还息贷款和无需借款人收入证明的贷款，而所有的这些都使得华尔街可以把这些利率极高的债券作为最热门的新产品兜售给它的投资者。为了赢得投资者的信任，"信用评级机构被投行收买了，为他们的产品组合祈福，令投资者相信这些是可以放心购买

的"。（Olinger and Svaldi，2007）

投行的做法，不仅激发了掠夺性贷款发行贷款的浪潮，并且创造了一个基于投行的债券购买市场。受房价持续上涨、低利率和"再融资"新观点支持，掠夺性和不健全的贷款可以轻易通过一两年后更高的房价估值再融资，华尔街的投行也会合理化自己的行为。他们还声称，他们的聪明才智终于打破种族和阶级的壁垒，而这是传统的"红线标示"的银行家所不能完成的。商业银行没办法像投行一样利用全球实现证券化，他们简单、"缺乏新意"的传统贷款工具箱对此无能为力。这里再次用到了全球化的话语权：华尔街投行家们借助他们发明的"机会金融"创建了一个全球市场，并且通过增加房屋所有权，将那些遗漏在全球市场边缘的人纳入到全球市场中[2]。例如，克里·费希尔，先锋投资公司的一位美籍非洲裔男性董事总经理，用"做大馅饼"微妙地将华尔街的创造性和侵略性联系起来。通过关注最容易赚钱的方法，新华尔街挑战了和传统精英银行业务相联系的、复杂和排外的议定书，创造了一个新的"高收益"的信贷市场，并且因此为值得的人打通了金钱的康庄大道：

> 华尔街帮助提高经济效益，因为……他们摆脱掉了某种效率极低的中间人。这种低效的中间人是商业借贷的普通银行家们。他们（中间人）的价格和服务最终提取成本过高。美好的是——这也是高收益市场的一点好处——即

不论你的信用等级是什么,总有一个适合你的市场。可能你不具有最佳信用,但是因为华尔街就在那里为积极市场创造市场,你以一个相对较高的利率偿还(贷款),但它并不会像银行贷款那么高——好吧,坦白地讲,你甚至不能从众多银行里获得一份贷款*,所以它们之间很难比较。因此,资本市场使得"借钱"更加有效率,所以你只需要偿还资金成本,而这完全是应该的……没有人会拒绝用合理手段获得贷款……资本成本应该是企业盈利能力和现金流能力的函数。我们正在朝着这个方向努力。非常自私地从我的立场来看,它确实允许黑人、其他有色人种以及妇女有能力参与到这个市场中。

当然,随着次贷危机破坏的继续展开,华尔街关于扩大准入和"机会金融"的实验已经表明它自身更类似于一个怀着剥削穷人目的的短期利基市场,创建一个泡沫房地产市场以及把未来当作抵押。

当公司们产生创纪录的利润和红利时,抵押贷款像是一头华尔街的现金牛。"贴牌销售(private-lable)的次级债券市场从1995年的180亿美元增长到2005年将近5000亿美元"(Day,2008)。例如美林证券,"从2003年只有34亿美元的

---

*此处是说因为借款者信用等级过低,无法获得银行贷款,因此无法将投资银行的贷款与一般贷款相比。——译注

承销额的担保债务凭证（CDOs）市场中微不足道的参与者，成长为2004到2006年间发行了440亿美元支持证券的抵押贷款市场领导者"（Tully，2007）。受美林前首席执行官史丹利·奥尼尔的鼓励，负责市场和交易业务高级主管道·金姆将美林的抵押贷款支持证券投资额度"从2002年的10亿美元增加至2006年520亿美元"（Thomas，2008）。2005年华尔街的平均奖金是150160美元，比2004年增长了38.2个百分点，2006年华尔街的奖金又增加了另外33个百分点，这证明了之前牛市暴利的速度和程度，而这很大程度上受了次贷泡沫的刺激（New York State Comptroller，2009）。

一晃又是一年，"次贷危机已经成为华尔街版的卡特里娜飓风"（Tully，2007）。仅在2007年头九个月里，129927个金融岗位被裁，诸如花旗集团、美林证券、瑞银以及雷曼兄弟等投行眼睁睁看着他们绝大多数的股东价值蒸发掉，并且华尔街宣布有超过2500亿美元的损失和抵押贷款资产减记。（Hoffman，2008；Rose，2007；Tully，2007）。当然，最值得一提的是雷曼兄弟的破产，美林证券的几近破产和被收购，贝尔斯登的濒临破产和受到的紧急救助，它旗下的两个对冲基金大量投资次级债券，为华尔街的倒台拉开了序幕。对冲基金的经理们被指控欺诈和"未能警告投资者"按揭市场存在潜在崩溃的严重性（Barr，2008）。

更重要的是，"华尔街的王牌已经花了大量时间蒙蔽自己关于抵押贷款危机的深度"，"甚至当高评级基金已经崩溃（贝尔斯登对冲基金）的消息被印刷在报纸上，其他大型次贷减记的输家……仍然否定基金崩溃的事实"（Barr，2008）。与以往的危机和过失相比，华尔街投行往往被自己的聪明才智、炒作、交易狂潮和这一刻的时间性所欺骗。当然同时地，由于投资银行与顶级富豪、机构和政府建立的关系网络，它们常常能够相当快地从这些危机中恢复过来，通常只需要一年半，就像从网络泡沫到作为主要利润来源的住房贷款支持证券那样。在金融危机后不久，华尔街用"创新性的"金融产品包裹搜索和建立新的市场，这样一来它所遭受的疼痛就被缓冲了。在2008年初，从美林证券的道·金姆到花旗集团的托马斯·马海拉，这些次级贷款的投行主谋们，并没有被丑闻败坏名誉，相反他们继续作为华尔街上炙手可热的人物。常识的理解是他们具有通过直接剥削和高速增长创造全新的市场交易机遇的特殊能力；而这正是一种没有战略规划的现代主义策略文化，在这种文化中，与市场的同步性才是核心目标，而非智慧（Thomas，2008）。

在关于金融危机的文化分析中，我们有必要理解华尔街投行何以在某种程度上成为自己"产品"的牺牲品（从并购到全球次贷），这样做至少可以保证人类学家自己不会"相信华尔街信誓旦旦的炒作"。尽管臭名昭著的掠夺性贷款和象征机会平等的次级抵押贷款不会蒙蔽人类学家的头脑，但投资银行全球化的渠道和预示全球的能力却可能愚弄我们。不管怎么说，仔细勘察华尔街的全球化宣称，能够揭示特定营销技术在华尔街惯习制定过程中的重要作用。在我讨论本章结论部分的次贷危机之前,我将对华尔街全球化的路径展开一场全面的调查。

全球化的引诱

在我在华尔街为美国银行家信托公司工作的第一年可以被描述为全球化的引诱。当时我是一个潜在的雇员,因此我在参加的各种各样的招聘会上、新员工就职培训会上、以及吸引众多华尔街投行家的诸多小组讨论、会议和社会活动中,简直像被"全球化"的宣告和陈述轰炸了一样。资深投资银行家不断强调金融资本的无国界流动以及金融越来越全球化,因为华尔街投行家们创造了覆盖新领域的、复杂精妙的金融产品,还可以像他们进入并主导其他国家的金融市场一样创造新的市场。一个营销和招聘的小册子上,J·P·摩根断言:"我们像顾客的全球问题处理者一样行动,永不停歇的想法和见解无缝地在时空中流动。我们在全球市场中的经验将使顾客踏上一条无与伦比的通往洞察力与机遇的康庄大道"(J. P. Morgan, 1995, 中间插页)。在 1995 年年度报告中[3],当时美国最大的、最赚钱的一家投行美林证券,宣称它自己"作为卓越的金融管理和咨询公司,致力于全球领导力的独特定位和战略性承诺"(Merrill Lynch and Co., Inc., 1995:1)。在它 1994 年的年报中,它扬言:"我们全球化的视野和智慧使我们能够应对所有市场和地区的机遇与转变。我们跨越所有的地理边界,只为向顾客提供所需的服务"(Merrill Lynch and Co., Inc., 1994:中间插页）。

1996年8月，我和我的同事参加了信孚银行举办的培训项目，在那里我们学会了金融分析的基本工具。两个月的训练项目完成后，我们被邀请参加了一个盛大的异地培训会。我试图摆脱这三天的会议给我的印象，即投行是多么经常地呼吁全球化，这绝大程度上是因为这种行为与人类学的规范、以及我对华尔街应该是什么样的假设高度共鸣[4]。在首席执行官的开场白中，他描述了投资银行，尤其是信孚银行，并不是简单建立在"准全球化"基础上、拥有大量卫星环绕的单一中心性位置。相反，他们拥有许多"真正综合性"的场所。"它是流动的！"首席执行官骄傲地说。其他资深高级管理者概括地说明了将"全球化能力"和"本土关系"结合在一起的必要性，这里的"全球化"指的是金融技术、产品和来自纽约的资源，这里的"本土"指的是地理位置、居民、商业习俗、文化上的误解和设在"发展中市场"的分支机构。这样的一个前提将全球化（省略全球化坐落的地区）定义为移动技术，将本土（省略了该地区的可达性）定义为地区限制，这种观点不仅与社会科学的概念问题相似，同时将全球化授权为塑造世界的力量。因此，我就职培训时的经验证实了我对华尔街全球主义梦想的意见和恐惧。老实说，我既不理解信孚银行将总部设在纽约市是如何利用和理解全球化的细小差别，也不知道这些办公室和其他办公室有什么不同，更不用说与其他投行相比了。我离开这个任职培训会时，相信无缝化的全球实力和投资银行专家的专业知识，我完全没有定义过或结合来龙去脉思考过，"全球化"到底意味着什么？这种概念又是如何被付诸实践的？

在信孚银行的那段日子里，我处处都会遇到全球化的话题，上至首席执行官的演讲，下至新兴的市场发展趋势的小组讨论。每次强调全球化时，我总是忙于统计提到全球化的次数，试图将其作为投资银行权力的证据，结果我经常忽视了全球化的语境和偶然性因素。每当我听到华尔街在全世界拥有的办公室数量、员工的流动性和货币流动的自由、从圣保罗到上海的企业私有化并购交易数量，我担心华尔街日益增长的权力使世界按照它的想象演变。我理解全球化意味着渗透世界各国市场的能力以及以华尔街的标准规训这些市场，使世界有利于金融资本和跨国公司。我的大多数同事持有和我一样的华尔街全球化影响的信念，但是我认为全球化是霸权的一种负面的迹象，而我的同事经常把它当作一种荣誉勋章，一个强调自己属于某一特定公司的理由。作为员工，我们不断被告知我们多么全球化，然后我们相信了这点。我们的办公室不只是办公室，它们全球的办公室；我们并不仅仅了解市场，我们有进入全球市场的途径和能够开发所有市场的能力。

由于搜寻适当田野调查方法的最初困惑、就业的压力以及为今后的研究创设门路，我差点不再分析为什么全球化在投行的想象中占据一个如此重要且特殊的位置；为什么它是衡量投行商誉、经商之道和投行招揽员工的标准？我对一切说辞信以为真，而不是试图指出为什么信孚银行如此专注于全球化（更不用说我遇到的每个投行)。我和我的同事自然而然地用"全球化"这一单词单指信孚银行,泛指投资银行:"投资银行业是真正的全球化的,银行家信托公司是一个全球性的投资公司。"我们就像陈述事实一样无条件地说出这些话。

全球化的裂痕:名字的玄机

直到"更名事件"的发生,我才第一次开始注意到全球化的裂痕和语境的重要性。在我开始在信孚银行工作几个月后,他们宣布他们正在为银行的不同部门更改名字和首字母缩写。以前,大部分信孚银行的商业部门是以"全球"作为第一个描述词的(首字母"G"代表"Global",即"全球"),例如,"GIM"代表全球投资管理,"GIB"代表全球投资银行业务。但在高级管理人员的辩论中,既然全球化应该是一个已经被人所了解的特点,为什么每次他们都不得不提到它?因为"全球"(他们希望的)是不言自明的,他们应该简单地将"GIM"称作"IM"(投资管理),而不是命名为全球投资管理。同时,一些更有声望的华尔街投行并不在诸多商业名称中使用"全球"这个单词。这次更名很快成为我和我同事件很多笑话中的一个。在我们的 PowerPoint 演示文稿中,我们常常插入脚注说明:"全球,当然,你懂的",或者我们就要不停地把"全球"放在括号里。

这次改名事件提醒我注意全球化方案和主张总是不完善的过程,以及全球等级的政治,我接近全球化的途径单一性,还有在何种程度上信孚银行会坚持并试图建立它自己的全球化。我开始注意到信孚银行作为一个"全球投资银行"的不安全性。例如，金融媒体每年顶尖公司排行榜中（衡量的标准是各种行业完成交易和股票及债券发行的数量与大小）；在名单上顶部的投行被称为"华尔街投资银行领导集团"。信孚银行，曾是销售和贸易方面的投行领袖[5]，已经排名暴跌。只有在这种不安全的语境下，信孚银行才会强烈关注全球精英的意义。

1994年，当信孚银行被《商业周刊》、《华尔街日报》等许多金融媒体在封面嘲笑时，它在华尔街投行间的声誉开始动摇。经常出现"谁能信任银行家信托？"等一语双关的抱怨*（Holland, Himelstein and Schiller, 1995）。信孚银行曾是衍生品交易中最赚钱的银行之一[6]，它也被认为在构造和分配新金融工具上非常有企业家精神和技术革新力。但是在1993年，它获得成功的高峰期，外界发现信孚银行诈骗了许多客户，其中有宝洁公司。为了"降低利率浮动的风险"，信孚银行卖给它们昂贵的金融工具，但在实践中，这些工具有非常复杂的"隐藏的"说明，这些说明允许信孚银行而不是顾客在绝大多数货币条件下盈利。换句话说，信孚银行"狠狠敲了他们一笔"。结果是，这些公司损失了几百万的美元[7]。

当我到信孚银行时，它正处于从这个巨大的丑闻中恢复过

---

* "Who Can Trust Bankers Trust"中"Bankers Trust"的缩写与信孚银行英文简称同为"BT"。

来的中间阶段。公司已经聘任了一个新的首席执行官和大量管理变革顾问，公司也发起了一场挽救声誉和股价的运动。当我开始结合信孚银行想要恢复其昔日荣耀的战役般的语境，思考信孚银行采取的全球化途径时，我能更好地辨别对"全球"不同的描述版本和使用方法。我获得的一个启示是，投行的全球化主义并不是各处都一样。信孚银行的就职培训和不停指向全球化的实践也开始具有了更加复杂的意义。重新审视我在任职培训的观察，我意识到除了宣称信孚银行是一个"真正全球"公司外，另一个宏大要义是"建构关系"。当时，我并不明白为什么后者被如此公开强调（也不知道它跟全球化的设想有什么关系），因为我假设关系是华尔街赖以生存但竭力否认的干涉和束缚，就像大多数代表自由市场的机构一样。例如，信孚银行的高级管理者总是不停地讲"最难赢得的东西是关系"，"声誉和关系就是金钱"，"金钱是'客户驱动型'的"以及"如果你对顾客足够好，金钱从来不是问题"。这种对人与金钱间联系的强调，尤其是在绝大多数投行同时否认社会分配机构和市场责任的情况下，表明了投行认可关系网能够实现金钱累积的这一政策。在这桩丑闻之前，信孚银行以假设金融交易是如此抽象、如此交易导向而闻名遐迩（甚至是在华尔街），以至于它完全可以从形成客户和其他银行关系的复杂性中抽身而出。面对利润下降，信孚银行被迫意识到他们的财政依赖于机构性的联系，因此信孚银行的高管们开始代表客户发言，而不是抽象的市场交易机制。那次丑闻促使信孚银行承认社会网络的存在，这种承认可以相应地被理解为他们对抗权力跌落的努力谈判。

正如对关系的强调表明信孚银行无力继续宣称它的成功是建立在抽象的全球资本流动上，信孚银行不断进行的、宣称它是真正全球化的公司的项目，也揭示了其全球地位的脆弱。尽管这两个做法看起来自相矛盾（一个声称远离全球化、非本土市场目标，另一个传播全球化），但当你把这两种做法都视为一个充满丑闻和地位下降的投行的干预疗法时，会发觉这都是为合法性所做的喘息。最初，我曾无意中忽略了信孚银行对于关系的强调，因为这和我对华尔街全球实力和无缝性的假设不吻合。然而，信孚银行对全球扩张的过度强调暴露了它极大的绝望，这使得我可以将信孚银行的行为解读为是一套在投行内部权力关系错杂混乱的，甚至是相互矛盾的策略。我意识到每家银行有多种或特定的全球化方法。

在下一节中，我探讨了华尔街更为常见的全球化复杂方法和对全球化的利用。尽管我强调在民族志中强调全球化的背景和历史，但我也描画出在多个投行间的系统合作是如何创造出强大并富有支配性的全球化方法。为了使全球化复杂化，我将从以下两个角度分析。

全球市场——还是全球化营销？

为了探讨全球化在投行日常工作中如何被用到和实现，我询问了爱德华·兰多夫，美林证券公司风险控制业务的一位副总裁[8]，他向我揭示了为什么世界上主要的公司都需要"全球"投资银行：

> 如果你这些天将要做一个大的私有化改革，比如说，澳大利亚电信（Australia Telecom），你需要一个大型全球投资银行做这些。以澳大利亚电信为例，他们刚刚私有化，德国电信也是如此。我是指，大约有50到100亿美元的交易额。但是在澳大利亚或者德国没有足够的个体经济能够买下所有股票。电信公司计划发行价值80到100亿美元的股票，但在澳大利亚没有实力雄厚的人可以购买。所以你需要一个全球投资银行把它（股票）分配到世界各地的市场去交易，因此，他们（这些投行）将会来到美国说，看，我们拿到了澳大利亚电信的债务与股票的所有文件。

肯·胡，一位参与了通过向拉美政府们兜售债券"筹集"短期资本的J·P·摩根副总裁，进一步解释了维护和进入一个跨国投资者网络以便出售公司股票和债券的重要性[9]。"路演"是一个售卖客户股票和债券的投行基本活动方式。正如胡解释的："路演就是投行去到各大主要城市贩卖公司的故事，促使投资者购买股票或者证券"。为了执行一项交易，投行不得不"一直在路上"，他们从纽约、波士顿、芝加哥、休斯顿和洛杉矶飞往法兰克福、布宜诺斯艾利斯和伦敦，在高级酒店的舞厅里会见数以百计的潜在投资者，比如大型共同基金和养老基金管理者，然后大批向他们售卖股票或者债券。

投资银行承受着炒作和刺激"投资者的胃口"的压力。在此背景下，投资银行所指的全球化意味着通过召集各种关系和资源维持一个大型投资者交换性网络，在这里投资者会听从他们的建议，相信他们的故事，并且购买他们销售的产品。为了先声夺人地赢取政企客户的生意，或是为了说服其他机构信赖投行，并将委托费收入囊中，投行需要生产一种充分全球化的形象，用于顺畅地分配交易。因而，全球化不仅是一种遍布潜在投资者中的社交网络，更是"推销"的一部分，是一种为了率先赢得业务的市场营销方式。

例如，在1998年3月，我访谈刚在J·P·摩根工作几个月的大学毕业生安东尼·约翰逊时，我大吃一惊，他居然如此顺畅地就说出了过于夸张的"全球对话"。当我问他全球化投行是如何或是怎样影响全球经济时，他如此回答：

> 投行，即顶级投行，自身就是全球。我们在香港做着和在美国一样的事情。但好处是你可以提供全球战略建议，这意味着你可以和美国的（客户）谈论并购。我们可以和他们讨论斯里兰卡的并购。我们也可以和他们讨论科威特的并购。我认为你试图去做的就是，如果这家公司觉得跻身全球是有利可图的（实现全球化），那么你就需要一个岗位建议他们如何在世界范围内赢得市场份额。所

以，如果你认为这是对的，你就会希望有能力为你的客户寻求全球化的机遇。

对投行来说，其中一个全球化的目标和用途就是展现全球多个市场的咨询能力，特别是并购部门。约翰逊的解释中最令人称奇的是，尽管华尔街拥有进军全球的野心，斯里兰卡和科威特是美国投行尚未进入的两个地方[10]。从投行的世界观来看，那里不是适合进行投资活动的地方，因为那里几乎没有投行容身之处。既然这两处通常隐身于投行的世界地图中，那么约翰逊提及斯里兰卡和科威特的用意何在？

投行必须取信于潜在企业客户，因此他们强调（甚至经常夸大）无论身处何方都能为客户公司寻求最佳机遇的强烈意愿，以及无论他们的客户想要收购哪个公司，他们都有能力率先行动。约翰逊的意图是激发对投行的信心，所以他谈论如何精明强干、学识渊博才可以跟上现代企业并购的步伐。他的描述中用到了遥远而不太现实的地方（都是著名的没有银行的地方），强调Ｊ·Ｐ·摩根的并购业务是多么心甘情愿、精于此道、行动自如。约翰逊谈到的全球投行业务无缝对接的希望，已经变成了华尔街发起交易战略中的一部分。

当然，理解投行宣传和网络运营的大背景是非常重要的。晚期资本主义经济鼓励壮观的金融资本积累，而不是稳定的再生产，奖励为了财务计划而对劳动力撤资的行为，并且被品牌和形象的生产、销售和流动所驱动着[11]。这种"表面经济"

(economy of appearances)主要关注吸引或建构金融资本,而这取决于自发的"经济绩效和戏剧性的表现"以及"自觉制造的景象",这种景象是筹集投资资金的必要援助(Tsing,2000b:118)。在这种经济体中,华尔街贩卖全球的能力是赢得交易的关键。华尔街的全球营销技能使其能够执行短期的金融交易和重组,并说服投资者哄抬股票。银行在这方面的能力吸引了那些希望进入全球竞争上层梯队的企业客户。然而,这个经济体如此依赖于全球化的主张,炒作和实际目标之间的界限变得模糊。此外,投资银行在行动中体现出的全球性战略,往往是内容特定的,容易发生变化,并且持续不稳定。

全球的矛盾:同时身处此间与全球?

在投资银行,全球的意义往往在"空间上排他"和"四海皆是"之间摇摆不定。在1999年5月,我参加了一个高盛和SEO(教育机会保荐人)职业发展项目共同举办的招聘活动,SEO是一个致力于将名牌大学本科生中的有色人种学生安置到投行、资产管理和管理咨询岗位上的组织。在高盛纽约总部举行的演讲活动中,高盛的首席执行官亨利·保尔森讲解了金融服务业内的三种核心智慧,以及高盛为什么在当前环境下脱颖而出。他没有过多查看笔记或幻灯片,仿佛以前就已经演讲过许多次一样,他自信而惬意地演讲着。他的首要论点和核心观点是什么?全球化!"这是关于全球化的,"他说,"沃尔玛刚和加拿大最大的百货公司沃柯(Woolco)签署协议。我们生活在一个全球化的世界里；这是事实，随后将变得更加全球化。"他的第二个观点是："所有的全球化参与者，所有的领军企业（投行）都是美国企业。我们认为我们自己是全球化的企业。"他的第三个观点是："商业变革的步伐在加快；这种变革将被科技和联合企业引导。我们的生意将会变得越发强大。"

他随后开始详细解释高盛是如何因为自身的焦点、全球化和"人文文化"（culture of people）成为这种商业环境中的领袖。更引人注目的是，在随后的提问环节中，一个非裔美籍男大学生举手提问："高盛在非洲的计划是什么？高盛是否会在非洲经济成长过程中进行投资？"我坐在观众席的后排，心想，这简直是一个识别全球化潜在限度的绝佳问题。保尔森详细地回答：

> 我们不会进军南非以外的其他非洲国家或是制定相关战略。同样，我们也不需要进入俄罗斯。他们尚可等待。我们不需要进入每个新兴市场。我们需要进入那些拥有巨大且真实市场的国家，在那里我们的客户都是金融巨头、各大公司和富裕人士——指的是拥有五百万美元以上身价的人。在南非，我们是开拓者，我们率先离开（因为种族隔离）。曼德拉一出狱，我们就在那里。我们和非洲人国民大会（ANC）一起工作；我们培训他们。全球范围内，不只是南非，我们的战略是稳步增长。柏林墙倒塌后，我们没有去东欧或德国。但现在，我们在德国做的并

购比德意志银行（德国最大的银行）还要多。我们做中国业务。我喜欢印度。但我们无法同时全部处理。一旦我们获得了更好的交易，我们会继续前进（进入）。在欧洲和美国，人们知道高盛。在新兴市场，没有人知道高盛。所以我们需要通过绩效来展示实力。我们从事能够帮助资格认证的核心事务。我们关注一些亚洲最重要的家族。我们帮助将星空传媒（一个企业）出售给默多克。我们做了中国第一个大型私有化业务，中国电信。我们做的事情被中国人称为"一枝独秀"，现在我们有资格了。我们希望带去美式的忠诚正直。我们希望在当地人中建立一个强大的组织。所以我们必须聚焦；我们不能同时四处扩张。

非洲的问题迫使保尔森描述全球化对于高盛具体来说意味着什么。除了反复重申高盛的业务范围遍布全球并且在所有市场中都是专家，保尔森明确表示高盛不需要也不想进入全球的多个市场。他暗示全球化不是同时渗透所有空间，而是维持进入通道，如此一来高盛可以灵活处理——进入或撤离，随心所欲地精挑细选。保尔森的意见，"我们做中国业务；我喜欢印度"暗示着如果他想要进入印度，高盛可以直接"排兵布阵"进入。这里的全球化，不是一个累加性的战略；保尔森描绘的情形是一种选择，一种既灵活又聚焦的行动[12]。不仅在高盛的心中将全球化概念理解并运用为"灵活的能力"，许多其他投行也是这样理解的。

这次讨论中的口头交流表明，即使是那些毫无保留地宣称公司已经全球化的人也有特定的、试探性的、基于国家概念之上的全球化定义。为什么投行要宣称无处不在，甚至在那些他们没有进入或尚未进入的地区？当被紧逼时，需要特别明确地指出全球对于公司的战略而言意味着什么？尽管这个讨论帮助我了解全球在"接地气"地被理解过程中的复杂性，我却困惑于不同的全球概念是如何调和的，如果这里有的话。到底是什么样的社会背景允许全球同时被表述为"我们无处不在"和"我们只关心生产投资回报率的地方"？

构建全球在场与灵活性

1999年6月，我决定询问帕蒂·林，我的大学同学和主要受访者，希望她能帮我解答全球渴望的冲突与矛盾之处。"在华尔街上，全球意味着什么？""全球化就等于华尔街，是真的吗？"作为J·P·摩根结构性融资部[13]的副总裁，帕蒂从一个我习以为常的答案说起：许多投行（特别是那些她尊敬的投行，如J·P·摩根）是极度全球化的，因为他们有充分的经营规模和许多国家市场进入渠道。但是，她提醒我，真正全球化投行的差别是在本地特定地点中进行操作交易，即当地股票交易市场中的一个席位，但这些银行都不具备可操作的人力资源，因此只能使用纽约证券交易所来进行外国债券交易。

然后，出乎我的意料，她突然说："你只需要一个办公室便可自称全球化。我猜许多投行将它们自己称作全球化，即使它们在那个国家只有一个空办公室。"我惊掉了下巴。她继续解释，虽然这些空置的办公室里偶尔有工作人员，但他们拥有最少的资源，他们的运营是周期性的，取决于金融资本的繁荣和萧条。"有些银行就是不能步入正轨；他们开业，倒闭，开业，倒闭……他们不能从文化上适应。"她越解释，听起来越像所有银行——不仅仅是"一些银行"——都容易出现开业随后关闭办事处的现象。所有银行都有"空办公室综合征"。林承认，即使是"真正全球化"的摩根大通最近也因为亚洲金融危机裁掉了大部分亚洲营运人员。

我试图理解这项意外发现的新情况——所谓的全球化投资银行与空置的办公室——我问她，"等等，这样就凭借一个空的办公室，你们（投行）就依旧是全球化的？到底全球化意味着什么？"林强调说："全球化意味着你只要有一席之地即可；它可能是一个空的办公室。"她重申，全球化最关键的因素是"有一席之地"，而"一席之地"则通过办公室的存在而显著象征化。我重新审视过去，当我听到投行关于"全球影响力和全球能力"断言的时候，我只是以为这些是他们在银行业主导的符号。我并没有想过这些断言是一种最低限度的战略，使银行能够宣称覆盖全球，并产生全球化的信心。

为了进一步澄清华尔街"全球在场"的概念，我和其他受访者在这方面进行了更为尖锐的讨论。雷曼兄弟公司新兴市场分析师蕾娜·班纳特解释说，"这意味着在许多不同地点都要拥有办事处；但在很多特定时间内，你可能只拥有一个电话号码、传真号码或是一名接待员"。萨利·汉如此描述她的小型投行公司:"哦,我们总是说我们是全球化,因为我们在英国和澳大利亚有办事处,虽然只有两个人在那边。"虽然我的受访者不会向潜在的新成员或企业客户宣传说他们的办公室都空着,但他们倒也没有被事实尴尬到。

然后我开始重读年报,从这些新发现的角度去看,对于投行来说,全球化是什么意思。两份年报在描绘影响力和能力的用语上令人吃惊:"在美国之外的新兴市场中有一个明显的机遇,在那里我们应该能够利用公司的大量资产管理专家,利用全球影响力……我们致力于满足全球资产管理服务的需求,从而期望在不断增长的全球市场中捕捉到大量份额"(Morgan Stanley, Dean Witter, Discover & Co., 1997 : 27)。在1995年的年报中,美林证券表示,它的战略专注全球影响力和对当地市场的投入:"全球领导力需要复杂的跨境能力和在全球范围内特定当地市场的强大影响力……随着全球市场变得越来越相互依存,跨境交易在数量和重要性上均有所增长。全球霸主地位需要在世界范围内特定的当地市场中拥有强有力的跨界竞争力和影响力"(Merrill Lynch and Co., Inc., 1995 : 7—8)。这些对全球影响力描述的言外之意都隐藏在未来要求和可能性的说辞之下。与宣称的可进入任何特定地方相反,他们试图激发信心,相信他们有获取新业务的潜力,跨越国境成为全球领袖。或许"全球化"的要求不仅是关于投行的业务开展得多么广泛,更在于它是如何"利用"自身的影响力和能力的。

理解"利用在场"这个概念对于界定存在的多层意义是十分重要的,因为这个概念是华尔街理解和使用"全球化"的关键。"在场"(presence)这个词具体化了在场和缺席之间、身体和精神状态之间的张力与距离,也就是,尽管一个人没有身体在场,却依旧可以感觉到他的存在,或是尽管一个人身体在场,精神却并不在场。在场与缺席同时体现。在韦氏百科大词典中,前两条将存在定义为,"存在的状态或事实(正在、现存或发生在此时或当前的)与他人一起或在一个地方。"但是,进一步的定义却显示出了模棱两可:表现出轻松、泰然或自信的能力,特别是,个人在会面之前的行为举止或礼貌;个人外表或举止,特别是高贵并且令人印象深刻的那种;一种感觉到在场的神圣或超自然精神力量[14]。

华尔街实现全球化的方法可以从在场的多个概念层次进行理解:在场与缺席之间的张力,以及在一个地方存在和建构一种在那个地方存在的自信印象。换句话说,投资银行的全球主要战略之一是聚焦几个关键市场,同时建构它们确实在场或可以灵活存在于许多其他市场的感觉。因此,他们聚焦但缺乏扩张的能力,他们排他但关注全球性的事务。

为了执行这一战略,华尔街的投资银行在世界各地保留许多空置的办公室,相应地,他们将物质性的基础设施、人员和精力投放到少数地点去,如纽约,伦敦和东京。这种方法允许投资银行在资本投资场所中排他性地集中自身所有资源,同时空置的办公室可以确保一个切入点,一个微小的立足点和一个特定的全球化形象。这种灵活的安排并不承担维护全员齐全和可操作性基础设施的成本，特别是如果银行在那个区域没有任何积极业务。鉴于金融市场和金融机构的波动，空的办公室是一种能够促进流动性的不固定在场，尽管它转移了投资银行业务决策的特殊性和独特性的视线。严格来说，正是全球化的自吹自擂完善了（甚至是伪装）空置办事处的存在，这种战略允许投资银行制造某些东西在场的印象[15]。它作为华尔街空间实践的面具，掩盖了如何和什么是建构"全球在场"的局部性、不完整性，以及高压和朝生暮死的工作状态。"这提示我们需要批判性地看待全球化，它不只是一个简单的事实，而是一种希冀、一个战略和一个胜利主义的意识形态。这样的提示让我想起人类学家认为霸权不仅是艰苦工作，也有自吹自擂。但是，如果仅是将空置的办事处视为软弱的标志，视为华尔街声称与全球无缝对接的话语的漏洞，那将是太过肤浅的，就像是声称事实和华尔街所说的正好相反，在行动中他们仅有空置的办公室。将"我们在场"和"真实"能力的两种声明对立起来的分析创造了不适当的两者之间的对抗关系。华尔街一以贯之的对总市场覆盖率的坚持是空置的办公室话语与实践中的一部分，因为它们都是构建灵活的全球影响力的战略。只有通过强调他们拥有多少办公室，他们是如何无缝对接地响应客户的需求，无论是纽约还是马来西亚，他们才能做到（名副其实）不为在马来西亚的办公室招人。

"灵活的全球影响力"之所以是一种有效的策略的一个主

要的原因是，它模糊了实质性的"在场"和表面性在场或缺席之间的界限。正是通过利用真实与虚假之间难以捉摸的差别，投资银行才能够保持和吸引更多的业务。这种模糊性往往是他们全球触及力和潜力牵强附会表现出的必备要求[16]。因此，这些投资银行对于全球化的预测并不是"采用中性视角观察世界"，而是为了在要求财务灵活性的世界里实现特定的目标和地位、建构或推测规模或行为的独特方式（Tsing，2000b：120）。这种灵活性需要付出巨大的代价，甚至对弹冠相庆的投行家来说也是如此。投资银行必须立即回应新的业务要求的假设，直接把负担放到了投行家的肩膀上，因为对"空置办公室"的非常维护刚好证明他们缺乏实质性的支持。为了快速、灵活地对短期股市波动的预期作出反应，投资银行必须成为"流动性公司"，在这个意义上，他们需要不断地开设和关闭临时工居住的办公室，最终只服从于财务措施的成功。正如人类学家埃米丽·马丁已经观察到，新型工人和公司的概念，也被称为"你的公司"（You, Inc.），指的是一个地方的企业已经放弃成为长期性的社会组织的责任（Martin，1999）。投行家的笔记本电脑、手机和互联网就是灵活的、可周游列国的空置办事处，负责维护投资银行的全球形象和灵活的进入通道。[17]

全球野心和不稳定性

虽然全球化的主导性做法是（特别是在危机时期恢复他们实力时，会更加激进）强调灵活性的在场，保持进入和撤离的通道，这里还存在与这种实践策略不同的例子。认真对待多元全球主义的存在，拒绝将所有同质性的华尔街的全球实践整合到一个统一的全球影响力策略下，我将从一个主要投资银行脱离全球业务的灵活性策略开始探讨。这个例子表明，尽管华尔街的全球表现通常是通过宣言和公告描述的，这并不意味着他们总或是异常的表面、虚伪，或是精心制作的骗局，这种骗局一旦被揭开，将被视为单纯的姿态或彻底的谎言。对于一些投资银行来说，全球主义是一个会带来真正后果的、让他们深信不疑的意识形态和实践。

在1990年代末期的牛市周期，美林采取了广泛的全球扩张战略，甚至是饱和性的战略，最终却失败了。我主要关注它在1998年进入日本经纪业务的扩张，以及随后三年的撤离，来强调无处不在的全球化宣言是可能被认真对待的，但全球性的实践可能是危险的，更别提可能是毫无效果的。到2002年底，美林已经合并或出售了它全球收购的项目，为了筹划复苏而回到了华尔街备用的移动在场战略。

美林的策略必须放在牛市的巅峰这种不同寻常的背景下才能被理解，此时许多投行中充斥着保险资金和极其傲慢自大的情绪，许多最大的银行取得了机构和个人投资者发言人的地位，拥有巨大的权力。华尔街投资银行从市场民粹主义的话语权中获益颇丰，因为在这种管理体制下能够产生大笔投资资金，并加强其股东拥护者的地位。在顶级华尔街公司中，美林凭借它1990年代后期的在投资管理和零售经纪业务上的优势脱颖而出。与许多投资银行只关注企业客户不同，美林在历史上还强调其零售券商这一面，以此来培育投资机会，与中上层产阶级和富裕人士保持良好关系。因为它历史性的体制结构，从华尔街的角度而言，美林拥有较少的"进入门槛"：它能够在这种爆炸的市场上更好地把握日常投资者的资本积累。他们认为华尔街公司为了夺得这一不断增长的市场，可能会扩展到美国的"主要街道"上。美林开设了并非空置的办公室，在美国各地的富人区的主要街道上"一砖一瓦地建设"经纪商店，迎合（上）中产阶级需求，宣告制度性精英主义的终结[18]。这样的策略也让美林进一步和竞争对手区分开来，它们更关注普遍的全球可达性[19]。1998年，美林收购山一证券（Yamaichi Securities）及米德兰·沃尔文公司（Midland Walwyn），分别是日本和加拿大最大的经纪公司（Komansky，1998c）[20]。美林在日本开辟了33家公司，并攫取了"传说中的十万亿美元居民储蓄"，并说服个体"储户"通过购买美林的金融产品成为投资者（Bremner，2001；McMillan，2001）。

在1998年和CNN旗下的钱线栏目（MoneyLine）的采访中，当时的首席执行官大卫·曼斯基谈到了公司的全球扩张战略，就是当大多数的美国投资银行还在为亚洲金融危机和全球金融市场的不稳定性感到头晕、持续根据需要设立或关闭办事处的时候，美林推行"奠定全球化根基"的扩张战略（Komansky，1998c）。曼斯基的愿景是打造和全球化相匹配的"真实大小、规模和范围"的网络，实现"在全球市场和美国一样的本土化存在"（Komansky，1998b；1998a）。在 1998 年的一系列演讲中，温斯洛普·史密斯，美林国际（Merrill Lynch International）的前任主席，捍卫这项新措施，宣布其将长期致力于全球化："我们没有撤回，我们也不打算这么做……我们现在正处在一个金融服务的'终端游戏'中，这将产生拥有巨大的规模和范围的机构……积极参与世界各个主要市场。"然而其他公司不惜采取"被地理或产品所定义的利基战略（Niche Strategies）*，而美林致力于开展"有史以来金融服务公司所能承受的最庞大、最雄心勃勃的母国市场以外拓展计划"（W. Smith，1998c；1998b；1998a）。

美林的做法中最独特的是它强调坚持到底，给予长期全球扩张的资源承诺，并为许多本土化操作中奠定根基，而这需要大量直接投资。1999 年，美林的首席运营官里克·福斯肯说："无论是亚洲，拉丁美洲或中东，（我们）不能在危机出现时就打退堂鼓，然后（等危机结束再）空降回去，并指望能够获得市场参与者的信任和信心。"（Fuscone，1999）尽管牛市泡沫为这种非正统观念提供了庆祝空间，美林的决定仍然颇具争议，和华尔街支配性的全球化实践相反，这种实践具有毫无根基的灵活性，以至于华尔街的高管经常发现自己不得不证明公司全球扩展计划的合法性。

---

* 利基战略是指针对企业的优势细分出来的市场，这个市场具有盈利性，但尚未得到获取利益的基础，因而需要更加专业化的经营。——译注

美林很快就发现，在日本股市投资居民储蓄的做法并没有很好的转化[21]。由于文化复杂性、全球性过度膨胀，再加上股市萧条，2001年5月，2亿美元的初始启动成本和"三年内累计至少亏损两倍的累积成本"，美林开始宣布日本分公司倒闭和裁员（Bremner，2001）。到了次年年底，33个分公司中只有两个被留了下来，美林完成从整个冒险事业中"全面撤离"的计划，并且将日本业务与香港业务合并（Espig，2003：8）。美林的全球野心迅速消融在全球大规模撤离的广泛宣传中，同时首席执行官也发生了人事变动，相应地"驱逐了19名高级管理人员"及"清除了超过23000个工作岗位"——这几乎是美林员工总数的三分之一（Thomas，2003a）。新的首席执行官，史丹利·奥尼尔，着手进行重组计划，再次强调杠杆作用，而非大规模扩张，强调"守纪律的增长"，"核心竞争力"，"提高效率"，"灵活经营"，只会在规模起关键性作用的地方讲求全球化的规模（O'Neal：2002a；2002b）。这似乎和大卫·曼斯基形成了鲜明的对比，他承诺美林将会变成一个全球帝国性的建设，拥有"巨大的规模和范围"，在多个地方市场扎根。不过曼斯基很快成为"全球扩张战略的褪色符号"，他的做法导致奥尼尔必须如此努力的工作才能消除企业过度膨胀的影响（Thomas，2003b；W. Smith，1998b）。

奥尼尔立刻开始淡化曼斯基的愿景，试图带领公司走向相反的方向。在奥尼尔上台后的第一年，几乎在每个演讲中他都要阐述聚焦、速度和灵活。在2002年对美林员工的一次讲话中,奥尼尔说,"我们正在重新将美林定义为灵活的资产组合,能为客户和股东提供高效的机遇和巨大的经营杠杆作用。在每一个我们所选择的行业内,我们都能够迅速适应在不断变化的风景,并在新的发展诞生之际给予充分把握"(O'Neal,2002a:2002b)。这种公司战略和公众宣传的急剧调头也刚好说明了投资银行、大公司是如何实现快速移动的,因为他们情愿立即解雇并更换高级管理人员、实现部门重组并切换门路、承诺,甚至是价值观。到 2002 年,前首席执行官曼斯基在财经媒体界被广泛嘲笑,因为他在"全球化"上走得太远,甚至超过了限度[22]。

有趣的是,与这种大换血刚好巧合的是,我的 MBA 受访者,于 2002 年被招聘为美林投资银行经理的吉梅内斯·李注意到,美林投资银行部门,以前称为"企业及机构客户集团"(Corporate and Institutional Client Group,CICG),已经更名为"全球市场及投资银行"(Global Markets and Investment Banking,GMI);富裕人士的证券服务部,"美国及国际私人客户"(U. S. and International Private Client),现在被称为"全球私人客户"(Global Private Client,GPS)[23]。这里所传达的信息是明白无误的:美林在从全球普遍存在和根深蒂固的美梦中撤离的同时,已经回复到全球业务战略,改变核心业务的名称就是为了再次强调全球性,并且利用在场效用(Thomas,2003a)。

美林案例足以证明,华尔街的全球业务做法并不总是那么有战略性，他们经常把空置的办公室和全球化宣言结合起来，用无所不在的花言巧语掩盖缺席的事实。虽然这些方法一般都被投资银行熟练掌握，但一些华尔街公司还是不能对他们自己的推销和标签免疫：在场和缺席之间的平衡可以倒向一边，全球化的炒作可能引发实际的野心和过度扩张。这次事件展示了华尔街看似万无一失的全球影响力战略的缺陷和内爆，以及成功施行全球化战略的困难之处。全球宣言不是简单地谋求霸权的战术，他们可以成为具有危险结果的实际目标[24]。

在本章中，我避免采用"后视"的视角检验全球化，即简单审视结果中残留了什么，好像原因和动机已然理所当然的情况下所承受的一系列效果或影响。我反驳批评者"相信全球化炒作"的倾向，这种倾向违背了他们将全球化作为一系列事件建构出来的概念来理解的努力。在这方面，我已经证明了华尔街的全球部署是战略性的，并且基于各种宣言和表演。在需要持续变革的政治经济背景下，全球化往往需要更多营销能力和潜力，而非在空间和时间中的固定位置。与此同时，后期资本主义的理想是不断变化的。对美林来说，全球化已经变成了实现自身"真正"全球化的愿景，而这一愿景最终败给了过度扩张的物质束缚和金融资本无缝流动的全球化神话的急剧断裂。

次贷尾声

尽管（对于他人而言）次贷危机影响更加深远、更具有社会破坏性,投行却也同样"掉入"了自我炒作商机无限的抵押信贷担保证券引发的陷阱。最初,投行通过推销高度结构化债券的利润和"商誉",将次贷狂热推广、普及到各个渠道的投资者那里,投行认为他们自己需要进一步扩张、延伸次贷业务,以此向他们的华尔街同行们展示他们和市场脉搏高度同步,在后网络泡沫经济时代,他们所深度参与的市场注定是最有利可图的产品。因此,华尔街的大多数投资银行采取了不太可能的做法,他们不仅买回了高风险的住房贷款支持证券(这些证券都是他们为了资产负债表而向全球兜售的),而且他们还为了和顾客直接打交道而买入了现行抵押贷款公司。2006年5月,德意志银行收购了一家加利福尼亚的抵押贷款公司"教堂基金"(Chapel Funding),此后不久收购了另一家抵押贷款的鼻祖"IT抵押"(Mortgage IT),从而成为各个商业领域中的领导者,还"为了我们的证券化项目",去获取"稳定的产品来源"(即实际借款的原材料)(McCandless,2006)。2006年9月,美林宣布收购美国最大的次级住房贷款发起者"第一富兰克林"(First Franklin),它已经被命名为臭名昭著的最具欺骗性和掠夺性的从业者,还收购了一家网上抵押贷款公司"第一国度"(First Nation)。这么做的基本原理是想创造一个"全球化的抵押平台",从而实现抵押业务从批发到线上发起证券化并交易等各个领域内的"垂直整合"。接下来的一个月内,贝尔斯登公司(Bear Stearns)通过同意购买次级抵押贷款专家"安可信贷集团"(Encore Credit Corp),

巩固了自身"全国最大的住房抵押贷款承销商"地位,宣称"在次级贷款业务中拥有了大量股份"(Bruno, 2007; Basar, 2006)。怀抱着追赶竞争对手的希望,摩根士丹利在2006年8月宣布收购撒克逊资本(Saxon Capital),一家大型"非优质抵押贷款"服务商,以此"赶上已经有了大型综合性抵押贷款业务的竞争对手"(*Reuters.com*, 2006)。

  对华尔街而言,这些抵押贷款业务的扩张随后被证明是灾难性的。例如,在美林收购第一富兰克林的短短几个月后,美林宣布,它已经"在2007年上半年损失了1.11亿美元",金融分析师质疑美林最近一次"投入"次贷业务的"时机"(McLaughlin, 2007)。随后的结果表明,美林是被自身的次贷业务打击的最严重的一家投行。首席执行官史丹利·奥尼尔曾经着手实施一项雄心勃勃的计划,希望将"松弛而自满的"美林同时重新聚焦到高风险和高收益的战略和市场上,他在2007年底经历"243亿抵押贷款相关业务资产账面价值减记"后就已经丢掉了工作(Welsch and Craig, 2008; Wighton, 2007)。像他的前任曼斯基将"真实"的全球化计划扩张得太远一样,奥尼尔对市场灵活性的追求太过狂热,这本该使美林具有更多的机动性,可以推迟一些陷入最近的"新开发区内",但他将市场的即时性看得太重,即时性也是另一项华尔街核心的制度文化(当然也可以说,美林在收购实地的抵押贷款公司时，奥尼尔同时也将"真实的"全球化推得太远*）。当然，"投入"次贷行业，本身也象征着"高效能机遇"的巅峰之作，充分利用了最新、最热的增长趋势（O'Neal，2003）。

在这一连串的内爆中，瑞士最大的银行瑞银集团（UBS），可以作为一个华尔街正形成中的文化认同和实践的生动例子。在过去的几年中，瑞银"令人吃惊地在高风险抵押贷款证券中下了一个大赌注"，数值高达800亿，资产账面价值减记已经达到了370亿美元。为了表示抗议，"6000多名股东"挤入了瑞银在瑞士巴塞尔市的总部，对美国次贷危机中超过数百亿的损失发泄他们的愤怒，在他们看来，这是对谨慎和严谨的瑞士传统价值观的侮辱（Schwartz，2008）。然而，瑞银，特别是华尔街上的美国投资银行部，却在一种完全不同的担忧中运行着：作为华尔街内一家强大的全球投行，在大家都买进抵押贷款炒作时，它具有强烈的不安全感。"瑞银的高管（感觉）自己像是一个蓬勃发展领域内的落后者：这个市场就是抵押贷款市场。他们羡慕地看着如贝尔斯登和美林这样的竞争对手在这场狂热中赚大钱"（Schwartz，2008）。虽然瑞银没有买入抵押贷款公司，却买入了华尔街发行的、数量庞大的住房贷款支持证券，以此来证明自己暂时性的身份认同与最新的市场潮流相

---

* 这里的意思是，奥尼尔收购抵押贷款公司本是为了随大流，跟上市场的步伐，但正因为他收购了外国的公司，也从客观上构成了一种真实的全球化，尽管他本意并不在此。——译注

符,既是同竞争对手竞争,又是为了最终赢取华尔街投资银行的尊重。"在投资银行界,瑞银没有得到它应得的",投行业务的全球联合主管J·理查德·利曼如此说:"如果你问谁是行业前五名,我不确定我们的名字会不会出现在'信息不详'一栏中。"(Schwartz,2008)瑞银投行部总裁罗伯特·沃尔夫回忆道:"我们喜欢说我们在过手业务中,而不是持有业务……但我们偏离了那种哲学。"(Schwartz,2008)对瑞银、美林和大部分华尔街企业来说,我们看到了全球化野心、市场认同、抵押市场和投行的惯习是如何使其误入歧途的。

尽管华尔街在这场危机中所扮演的角色仍需要全面解释,较为明显的是,另一个基于这些次级贷款的、更加复杂的金融工具也在华尔街地位下降的过程中扮演了中心性的角色:信用违约掉期,同时,它也更为深入地证明了华尔街的企业文化。首先,简要说明:根据我以前的受访者,信用违约掉期是华尔街"股市分析高手们"制造的,是让那些恰恰购买了华尔街次级债券的特殊投资者们在市场崩溃时"对冲"这些高风险债券,达到两全其美——既拥有投资组合中高收益的债券,又能够防范它们。信用违约掉期在交易中被定位为缓和风险、确保收益的类保险产品,万一销售债券的金融机构或债券本身无法如期兑付或"违约",这些购买者可以收回部分或全部投资,这些金融工具进一步实现了华尔街利润的指数增长,并且创造了(另一个)建立在不稳定基础之上的数万亿美元的市场。重要的是,这些掉期合约并不是真正的保险单;实际上,由于他们完全不受监管，大部分华尔街投资银行不愿自寻烦恼，因而没有预留足以弥补大规模违约的资本准备金或抵押品。而且，如果投资银行（或像美亚保险这样努力变得像华尔街的机构）出售这些票据将导致投行自身破产，这些合同就将无效。这些互相建构的纸牌屋将会因此倒塌：高利益次级债券不可持续性地要求掠夺性的抵押贷款业务；这反过来唆使大规模违约和房屋抵押赎回权丧失，从而导致这些证券一文不值。支付信用违约掉期需要依靠这些被拖欠的次级债券，但与此同时投行手头仅有少量储备金，他们（如雷曼兄弟）在拖欠债款的情况下出售的掉期是毫无价值的。在市场崩溃之后，机构投资者也使用这些掉期来赌投资银行将违约，从而破坏投行自身偿付能力的信心。在这个复杂的金融交易网络中，弄清楚相对于衍生品而言什么才是隐藏的"真实"并没有那么重要，真正重要的是调查清楚那些机构到底是怎么想的，他们既兜售高风险次级债券，还销售对自己不利的无担保"保险"，创造了一个就连他们自己也无法破译的全球风险网络。

我们再一次看到了华尔街多层次的制度文化碰撞在一起的结果。华尔街的独特结构鼓励榨干当下，奉行无战略规划的战略（即全速扩张次级抵押贷款和毫无资本准备金就买进卖出信用违约掉期，致力于创造利润而非防范风险），造成了华尔街的金融建模、"保护"和预测全都失效的非常处境。此外，作为世界上最聪明的金融家，他们都协助建立和扩大了次级抵押贷款市场，并创建了影子信用违约掉期市场，使他们得以在风险控制的保护下进一步扩大自身接触面。从某种意义上说，他们在次贷和反向对冲基金上的投资彰显了他们的聪明才智，他们可以发明同时回避政府监管机构和愚弄本公司风险管理者的新型套购牟利资源，并且使其看起来像是要解决问题似的。许多投行家告诉我："我们比风险管理和审计的人聪明多了。"重要的是要记得，在大多数投资银行里，风险管理只是一个"中台"部门，而不是久负盛名、创造利润的"前台"；正因为如此，在彻底崩溃之前，结构性融资和住房贷款支持证券部门交易员和银行家因能从交易的两面都获利而被人崇拜。不同于传统意义上被看作是抑制盈利能力的风险管理人员，"前台"的银行家和交易员们能够将他们意义上的风险管理当作产品销售。他们声称通过商品化风险，销售这些产品并将其推广到全球，可以管理这些风险。当然，许多华尔街人开始相信他们实际上已经掌控了风险。雷曼兄弟的受访者告诉我，他不相信雷曼会破产，正因他认为通过购买衍生品"对冲"，公司面临的次贷问题被抵消了。雷曼兄弟宣布破产的前几周，他继续声称，或者说是希望雷曼是"市场中性的"，即它的风险平衡实际上为"零"。在他看来，即使这家公司跌入了市场的最深处，却依旧聪明得可以掌控所面临的风险。华尔街不断宣称自己聪明，却最终成为自我陈述的牺牲品。

这种"全球化"的意识，激发多个机构扩张这些市场和产品，助长了华尔街的霸权性，在实践中孕育了信心，并且削弱了投行自身力量或潜在的救援可能。投行对其全球霸主地位和风险分散技术的深信不疑，妨碍了他们预测危机特性或崩溃程度的可能性。在《60分钟》*关于信用违约掉期的一期节目中，记者史蒂夫·克拉夫特采访了前衍生品经纪商及证券律师弗兰克·帕特诺伊，询问这些金融工具在当前危机中所扮演的角色。帕特诺伊承认，正是华尔街自称了解但却并不了解的边注（side bet），放倒了整个金融体系。克拉夫特随后意识到，"所有华尔街的大公司都参与其中，如贝尔斯登，雷曼兄弟。像 AIG 一样的保险公司也投入进来。美林在这损失了大量的金钱。每家公司在这都损失惨重。他们应该是世界上最聪明的投资者。但他们却自讨苦吃。"帕特诺伊点点头，"他们全都自作自受。这场危机中最不可思议的事情是，他们自己按下了按钮，将自身炸得粉碎"（Kroft，2008）。

与此同时，我的受访者相信他们机构庞大的规模和全球化的实力不会放任他们失败；换句话说，他们将"全球"看作一种补贴、一种对抗自身杠杆实践的保险政策。一直以来，许多银行家、交易员和基金经理期望政府介入雷曼兄弟，就像他们"知道"贝尔斯登（Bear Stearns）、长期资本管理公司（Long—Term Capital Management），甚至连墨西哥等新兴市场中的华尔街投行都能被挽救。事实上，恰恰是华尔街叠盖并建构的全球互联网络，既产生了危机，又确保了救援：世界越

---

*《60分钟》（*60 Minutes*）是美国一个新闻杂志节目，由哥伦比亚广播公司（CBS）制作并播出。自 1968 年开始播出，迄今已播出逾 50 年。——译注

是深地被卷入到华尔街（从美国投资者到整个政府），华尔街就越有力量将全球当作人质。如此一来，全球化就像他们文化中的权宜之计一样，允许投资银行既预见金融萧条（促使他们在繁荣时期疯狂地销售），又继续他们的冒险实践，直到最后一刻。

反思次贷危机，改行为记者的前投行家阿比盖尔·霍夫曼，讲述了一个朋友的意见："这么多年来，我们一直被告知，银行家们之所以能够收到这么多薪酬是因为你比我们这些人更聪明。现在事实证明你压根就不聪明，我们全都因为你的愚蠢而饱经磨难。"（Hoffman, 2008）投资银行的"腐蚀性文化"是一个关键性的始作俑者，正是这种文化欺骗了社会边缘的美国人，使他们现在坐在"美国梦的断壁颓垣之中"，她指责投资银行，尤其是华尔街的"狂欢文化"，我已然阐明了这种文化对投资银行和银行家日常制度性实践的依赖（Hoffman, 2008）。《财富》杂志的特约编辑肖恩·塔利观察到：

> 在华尔街信贷危机的串联中有两件事情愈发凸显出来：它既是完全令人震惊的，又是完全可预测的。令人震惊是因为这个星球上薪酬最高的一群高管，他们被誉为商业中拥有最出色头脑的人，被学有专长的数学专家和计算机极客们支撑着，竟然因为建构在摇摇欲坠的次级贷款之上的奇异金融工具而丧失了数百亿美元。可预测

第七章　全球的危机与杠杆支配 | 513

是因为无论是垃圾债券、科技股，还是新兴市场债券，华尔街总是利用它们乘风破浪，直到它们彻底崩溃。由于服务费滚滚而来，一家又一家公司经不住诱惑，放纵自己竞相追逐不义之财，然后突然，因为无法预料的痉挛，全都缩回手来争取景气不错时预定的一大块丰厚利润（Tully，2007）。

将霍夫曼和塔利的观察结合起来，就是我的观点。正是投行家异常显赫的主体性——他们的精英履历、经验和等级表现——在低效率的美国企业和过时的金融技术中授权并合法化了自身的权威。深入到华尔街的组织文化之中可以看到，特定的性情是被建构出来的，所以投行鼓励银行家们投身于激烈的交易决策制定之中，并将市场应变能力视作他们优越性的标志。这些结构化的实践在缺乏面向未来战略规划的情况下就落实了，并且被股东价值的意识形态合理化，反过来又借力于持续的全球化吹捧、营销和杠杆操作，只是为了使投行实现增长和占据主导地位的目的。独特的金融意识形态和交易使得华尔街为首的金融繁荣得以实现，但累计的破碎承诺、衰败的股东价值和无法填补的资本空洞的重量最终导致了内爆。

我们终于煞费苦心地搞清楚，美国投行的实践具有全球性连锁反应，而这些金融实践既是被世界中的"真实"经济体创建的，又是被它们建构的。在这个华尔街占据主导地位的时代，金融——与企业轨迹、许多人的生计和显而易见的工作性质并不脱钩，而是密切相关——已经产生了高度不平等的新的世界秩序。2008年的全球金融危机是否足以震撼性地完全改变华尔街内外的权力关系，还有待进一步观察。

参考文献

1. Abolafia, Mitchel. 2001. *Making Markets: Opportunism and Restraint on Wall Street*. Cambridge, Mass.: Harvard University Press.
2. Allen, William. 1992. "Our Schizophrenic Conception of the Business Corporation."*Cardoso Law Review* 14, no. 2, 261–81.
3. Anderson, Jenny. 2006. "Wall Street's Women Face a Fork in the Road."*New York Times*, 6 August, www.nytimes.com (accessed 8 June 2008).
4. Anderson, Jenny, and Landon Thomas. 2004. "The Number Wall St. Crunches the Most."*New York Times*, 29 November, C1–2.
5. Aronowitz, Stanley, and William DiFazio. 1994. *The Jobless Future: Sci—Tech and the Dogma of Work*. Minneapolis: University of Minnesota Press.
6. Arrighi, Giovanni. 1996. *The Long Twentieth Century: Money, Power, and the Origins of Our Times*. London: Verso.
7. Baker, George, and George David Smith. 1998. *The New Financial Capitalists: Kohlberg Kravis Roberts and the Creation of Corporate Value*. Cambridge: Cambridge University Press.
8. Ball, Jeffrey. 2001. "Unmaking Mistake: Daimler's New Boss for Chrysler Orders Tough, Major Repairs."*Wall Street Journal*, 22 January, A1, A8.
9. Ball, Jeffrey, Joseph White, and Scott Miller. 2000."Megamerger No Road to Riches: The Dream Marriage of Daimler—Benz and Chrysler Is Experiencing a Few Nightmares That Could include Some Staff Cutting in the U.S."*Ottawa Citizen*, 28 October, D3.

10. Baran, Paul A., and Paul M. Sweezy. 1966. *Monopoly Capital: An Essay on the American Economic and Social Order*. New York: Monthly Review Press.
11. Barr, Colin. 2008."Crime and Delusion on Wall Street."*Fortune*, 19 June, www.cnnmoney.com (accessed 1 July 2008).
12. Basar, Shanny. 2006. "Bear Stearns Boosts Mortgage Business."*Financial News Online*, 11 October, www.efinancialnews.com (accessed 2 July 2008).
13. Baskin, Jonathan Barron, and Paul Miranti, Jr. 1997. *A History of Corporate Finance*. Cambridge: Cambridge University Press.
14. Bauman, Zygmunt. 1998. *Globalization: The Human Consequences*. New York: Columbia University Press.
15. Beniger, James. 1967."Smithies, Walzer, and Peretz Discuss the Five R's: Recruitment, ROTC, Ranking, Research, and Relationship."*Harvard Crimson*, 11 November, www.thecrimson.com (accessed 11 May 2007).
16. Benn, Melissa. 2001."Inner—City Scholar."*Guardian* (London), 3 February, www.guardian.co.uk (accessed 27 February 2007).
17. Bennett, Amanda. 1972."The Jobless Class of'72." *Harvard Crimson*, 16 December, www.thecrimson.com (accessed 11 May 2007).
18. Berle, Adolf A., and Gardiner C. Means. 1991. *The Modern Corporation and Private Property*. Revised edition. New Brunswick, N.J.: Transaction Publishers.
19. Berle, Adolf A., and Victoria J. Pederson. 1934. *Liquid Claims and National Wealth: An Exploratory Study in the Theory of Liquidity*. New York: Macmillan.
20. Blair, Margaret M. 1995. *Ownership and Control: Rethinking Corporate Governance for the Twenty—First Century*. Washington, D.C.: The Brookings Institute.
21. Bloomberg, and AP and Staff Reports. 2007."Shareholders Want 'Chrysler' Out of Name." *Tulsa World* (Okla.), 14 March, E1.
22. Boudreau, Abbie, David Fitzpatrick, and Scott Zamost. 2008. "Wall Street: Fall of the Fat Cats." *CNN.com*, 17 October, www.cnn.com (accessed 17 October 2008)
23. Bourdieu, Pierre. 1990. *Outline of a Theory of Practice*. Cambridge: Cambridge University Press.
24. Bourgois, Philippe. 1995. *In Search of Respect: Selling Crack in El Barrio*.

Cambridge: Cambridge University Press.
25. Bremner, Brian. 2001. "How Merrill Lost Its Way in Japan."*Business Week*, 12 November, www.businessweek.com (accessed 30 July 2004).
26. Brenner, Robert. 2002. *The Boom and the Bubble: The US in the World Economy*. London: Verso.
27. Brooks, John. 1987. *The Takeover Game*. New York: Truman Talley Books.
28. Browne, Dudley E. 1967."The Institutional Investor and the Corporation." *Commercial and Financial Chronicle*, 19 January, 11, 34.
29. Browne, Irene, and Joya Misra. 2003."The Intersection of Gender and Race in the Labor Market."*Annual Review of Sociology* 29, 487–513.
30. Bruno, Joe Bel. 2007."Bear Stearns Eyeing Subprime Purchases."*Boston.com*, 15 March, http://boston.com (accessed 30 July 2008).
31. Buenza, Daniel, and David Stark. 2005."How to Recognize Opportunities: Heterarchical Search in a Trading Room."*The Sociology of Financial Markets*, edited by K. Knorr Cetina and A. Preda, 2–20. Oxford: Oxford University Press.
32. Burawoy, Michael, Joseph A. Blum, Sheba George, Zsuzsa Gille, Teresa Gowan, Lynne Haney, Maren Klawiter, Steven H. Lopez, SeánO. Riain, and Millie Thayer. 2000. *Global Ethnography: Forces, Connections, and Imaginations in a Postmodern World*. Berkeley: University of California Press.
33. Burrough, Bryan, and John Helyar. 1990. *Barbarians at the Gate: The Fall of RJRNabisco*. New York: Harper and Row.
34. *Business Wire*. 1999."Goldman, Sachs & Company and Salomon Smith Barney's Eduardo Mestre Awarded Investment Dealers' Digest Bank and Banker of the Year."*Business Wire*, 21 January, www.businesswire.com (accessed 30 April 2008).
35. Caldeira, Teresa. 2000. *City of Walls: Crime, Segregation, and Citizenship in Sao Paulo*. Berkeley: University of California Press.
36. Callon, Michel. 1998."Introduction: The Embeddedness of Economic Markets in Economics."*The Laws of the Markets*, edited by M. Callon, 1–68. Oxford: Blackwell.
37. Carosso, Vincent P. 1970. *Investment Banking in America: A History*. Harvard

Studies in Business History 25. Cambridge, Mass.: Harvard University Press.

38. Carrier, James G. 1995. *Gifts and Commodities: Exchange and Western Capitalism since 1700*. London: Routledge.

39. ———, ed. 1997. *Meanings of the Market: The Free Market in Western Culture*. Oxford: Berg.

40. ———. 1998."Introduction."*Virtualism: A New Political Economy*, edited by James G. Carrier and Daniel Miller, 1–24. Oxford: Berg.

41. Carrier, James G., and Daniel Miller, eds. 1998. *Virtualism: A New Political Economy*.Oxford: Berg.

42. Certeau, Michel de. 1984. *The Practice of Everyday Life*. Berkeley: University of California Press.

43. Challenger, Grey & Christmas. 2009."Financial Cuts Breakdown 2008." Challenger, Grey & Christmas, 1 January, www.challengergrey.com (accessed 12 February 2009).

44. Chan, Kai. 2001."A Cacophony of Career Choices."*Daily Princetonian*, 13 February, www.dailyprincetonian.com (accessed 27 February 2007).

45. Chandler, Alfred D., Jr. 1977. *The Visible Hand: The Managerial Revolution in American Business*. Cambridge, Mass.: Harvard University Press.

46. Chernow, Ron. 1990. *The House of Morgan: An American Banking Dynasty and the Rise of Modern Finance*. New York: Atlantic Monthly Press.

47. Cimilluca, Dana, and Marcus Walker. 2007."DaimlerChrysler Split is Adviser's Second Payday."*Wall Street Journal Asia*, 17 May, 22.

48. Clark, Gordon. 2000. *Pension Fund Capitalism*. Oxford: Oxford University Press.

49. *CNN.Moneyline News Hour*. 2001."Dow Falls 80.03 to 10,796.65; NASDAQ Tumbles 74.40 to 2,146.20; Rise in Jobless Claims Unnerves Investors"(transcript), 3 May, www.cnn.com (accessed 28 May 2006).

50. Cowell, Alan. 2000."Unilever Plans Huge Cuts in Jobs, Plants, and Brands."*New York Times*, 23 February, C1, C4.

51. Craig, Susanne, Charles Gasparino, and Jathon Sapsford. 2001."Deals & Deal Makers: Wall Street Top Guns Face Layoffs, Too—Cuts Are Expanded from Lower

Levels." *Wall Street Journal*, 22 August, C1, C13.
52. Creed, Jesse. 2003."Students Face Weak Job Market despite Improvements."*Daily Princetonian*, 26 September, www.dailyprincetonian.com (accessed 27 February 2007).
53. Crossa, Veronica. 2005."Converting the 'Small Stories' into 'Big' Ones: A Response to Susan Smith's 'States, Markets and an Ethic of Care'."*Political Geography* 24, 29–34.
54. Dalton, George. 1961."Economic Theory and Primitive Society."*American Anthropologist* 63, no. 1, 1–25.
55. Day, Kathleen. 2008."Villains in the Mortgage Mess? Start at Wall Street. Keep Going."*Washington Post*, 1 June, B1, B4.
56. Dilley, Roy. 1992."Contesting Markets: A General Introduction to Market Ideology, Imagery, and Discourse."*Contesting Markets: Analyses of Ideology, Discourse, and Practice*, edited by R. Dilley, 1–36. Edinburgh: Edinburgh Press.
57. Diner, Steven. 1998. *A Very Different Age: Americans of the Progressive Era*. New York: Hill and Wang.
58. Disabatino, Jennifer. 2002."Report: Jobs Cuts in 2001 Reach Nearly 2 Million."cnn.com, 6 January, http://archives.cnn.com (accessed 24 May 2006).
59. Donaldson, Gordon. 1963. "Financial Goals: Management vs. Stockholders."*Harvard Business Review* 41, 116–29.
60. Drucker, Peter F. 1972. *Concept of the Corporation*. 2nd edition. New York: John Day Company.
61. Duboff, Josh. 2005. "Six College Students Create Job—Search Site."*Yale Daily News*, 11 February, www.yaledailynews.com (accessed 19 March 2007).
62. Dudley, Kathryn Marie. 1994. *The End of the Line: Lost Jobs, New Lives in Postindustrial America*. Chicago: University of Chicago Press.
63. Dyer, Richard. 1997. *White*. London: Routledge.
64. Easton, Alice. 2006. "Firms Lure Students with Extravagance."*Daily Princetonian*, 13 March, www.dailyprincetonian.com (accessed 27 February 2007).
65. *Economist*. 1998. "Blood on the Street." 10 October, 80.

66. ——. 2001."Living in Leaner Times." 4 August, 57–58.
67. ——. 2005. "Happy Days." 1 January, 54–55.
68. Eldridge, Earle, and Thor Valdmanis. 2001. "Daimler Could Sell Some Assets."*USA Today*, 31 January, 3B.
69. Engler, Steve. 2006. "Don't Let Job Frenzy Overwhelm Your Life."*Yale Daily News*, 18 October, www.yaledailynews.com (accessed 19 March 2007).
70. Espig, Peter. 2003. "The Bull and the Bear Market: Merrill Lynch's Entry into the Japanese Retail Securities Industry."*Chazen Web Journal of International Business*, 14 May, www.gsb.columbia.edu/chazenjournal, 1–11.
71. Faludi, Susan. 1992."The Reckoning."*The Gaga Years: The Rise and Fall of the Money Game, 1981–1991*, edited by B. Fromson, 285–305. New York: Citadel Press.
72. Fiorini, Phillip. 1995."Mobil Restructuring Pumps Shares."*USA Today*, 2 May, 3B.
73. Fischer, Michael. 2003. *Emergent Forms of Life and the Anthropological Voice*. Durham, N.C.: Duke University Press.
74. Foucault, Michel. 1980. *Power/Knowledge: Selected Interviews and Other Writings*. New York: Pantheon Books.
75. Fox, Justin. 2006."Why Wall Street Had a Record Year and You Didn't."*Fortune*, 26 February, 31.
76. Frank, Thomas. 2000. *One Market under God: Extreme Capitalism, Market Populism, and the End of Economic Democracy*. New York: Doubleday.
77. Fraser, Jill Andresky. 2001. *White—Collar Sweatshop: The Deterioration of Work and Its Rewards in Corporate America*. New York: W. W. Norton.
78. Fraser, Steve. 2004. *Every Man a Speculator: A History of Wall Street in American Life*. New York: HarperCollins Publishers.
79. Fuscone, Rick. 1999."Global Trends in Investment Banking." Speech delivered at Merrill Lynch Headquarters, 11 November, www.ml.com (accessed 5 August 2004).
80. Gibson—Graham, J. K. 1996. *The End of Capitalism (as We Knew It): A Feminist Critique of Political Economy*. Cambridge, Mass.: Blackwell.
81. Goede, Marieke de. 2005. *Virtue, Fortune, and Faith: A Genealogy of Finance*.

82. Borderlines 24. Minneapolis: University of Minnesota Press.
83. Goldman, Alan. 2006."Wall Street Bonuses Flood NYC's Economy."*Washington Post*, 19 December, www.washingtonpost.com (accessed 12 February 2009).
84. Gomstyn, Alice. 2008."Wall Street Braces for Huge Job Losses."*ABC News*, 16 September, http://abcnews.go.com (accessed 12 February 2009).
85. Gorham, John. 2001. "L.A. Story."*Forbes*, 5 March, 56.
86. Gotanda, Neil. 1996."A Critique of 'Our Constitution Is Color—Blind.'"*Critical Race Theory: The Key Writings That Formed the Movement*, edited by K. Crenshaw, N. Gotanda, G. Peller, and K. Thomas, 257–75. New York: New Press.
87. Graham—Felsen, Sam. 2003."Invest in Life, Not Your Wallet."*Harvard Crimson*, 27 October, www.thecrimson.com (accessed 27 February 2007).
88. Granovetter, Mark. 1985. "Economic Action and Social Structures: The Problem of Embeddedness."*American Journal of Sociology* 91, no 3, 481–510.
89. Granovetter, Mark, and Richard Swedberg, eds. 2001. *The Sociology of Economic Life*. Boulder, Colo.: Westview Press.
90. Gregory, Steven. 1998."Globalization and the 'Place' of Politics in Contemporary Theory: A Commentary."*City and Society* 10, no. 1, 47–64.
91. Grove, Andrew. 1999. *Only the Paranoid Survive: How to Exploit the Crisis Points That Challenge Every Company*. New York: Currency.
92. Gudeman, Stephen. 1986. *Economics as Culture: Models and Metaphors of Livelihood*. Boston: Routledge and Kegan Paul.
93. Gupta, Akhil, and James Ferguson. 1992."Beyond 'Culture': Space, Identity, and the Politics of Difference."*Cultural Anthropology* 7, no. 1, 6–23.
94. Gusterson, Hugh. 1997."Studying Up Revisited." polar: *Political and Legal Anthropology Review* 20, no. 1, 114–19.
95. Guyer, Jane, ed. 1995. Money Matters: *Instability, Values, and Social Payments in the Modern History of West African Communities*. Portsmouth: Heinemann.
96. ———. 2004. *Marginal Gains: Monetary Transactions in Atlantic Africa*. Chicago: University of Chicago Press.
97. Guyer, Nora. 2003."There Is More to Life Than I—Banking."*Harvard Crimson*, 28

April, www.thecrimson.com (accessed 27 February 2007).
98. Haar, Dan. 1998."Global Mergers Raise Doubts: Skeptics Wonder if Expected Gains Will Materialize."*Hartford Courant*, 10 May, A1.
99. Hall, Cailey. 2005."Wall Street: Paradise Found?"*Daily Princetonian*, 25 September, www.dailyprincetonian.com (accessed 27 February 2007).
100. Halldin, Bill, and Jonathan Blum. 2006."Merrill Lynch Announces Agreement to Acquire First Franklin from National City Corporation." Merrill Lynch Press Release, 5 September, www.ml.com (accessed 30 July 2008).
101. Harper, Christine. 2007."Wall Street Plans $38 Billion of Bonuses as Shareholders Lose."*Bloomberg.com*, 18 November, www.bloomberg.com (accessed 12 February 2009).
102. Harvard Crimson. 1953."Finance Industry Needs Graduates, Businessmen Say." 25 February, www.thecrimson.com (accessed 11 May 2007).
103. ———. 1957."Conference Stresses Greater Opportunities in Financial Fields." 15 February, www.thecrimson.com (accessed 11 May 2007).
104. ———. 1963."More Jobs Available to '63 College Grads." 21 May, www.thecrimson.com (accessed 11 May 2007).
105. ———. 1995."Career Forum Could Be Broader." 23 October, www.thecrimson.com (accessed 27 February 2007).
106. Harvey, David. 1999. *The Limits to Capital*. 2nd edition. London: Verso.
107. ———. 2005. *A Brief History of Neoliberalism*. Oxford: Oxford University Press.
108. Healey, Tim, and Assif Shameen. 2001."Submerging Markets."*Asiaweek*, 31 August, www.asiaweek.com (accessed 24 March 2006).
109. Henderson, Carter, and Albert Lasher. 1967. *20 Million Careless Capitalists*. Garden City, N.Y.: Doubleday.
110. Henn, Brian. 2001."Fewer Jobs in Financial Services Worry Class of '02."*Daily Princetonian*, 9 November, www.dailyprincetonian.com(accessed 27 February 2007).
111. Hertz, Ellen. 1998. *The Trading Crowd: An Ethnography of the Shanghai Stock Market*. Cambridge: Cambridge University Press.

112. Hiltzik, Michael. 2001."Giant Cable Deal; AT&T Returning to Basics."*Los Angeles Times*, 21 December, C1.
113. Hirschman, Albert O. 1997. *The Passions and the Interests: Political Arguments for Capitalism before Its Triumph*. 20th anniversary edition. Princeton, N.J.: Princeton University Press.
114. Ho, Margaret. 2003."Campus Recruiting Rates Inch Upward."*Harvard Crimson*, 26 September, www.thecrimson.com (accessed 27 February 2007).
115. Hochman, Dafna V. 1999."Recruiting Your Career."*Harvard Crimson*, 15 October, www.thecrimson.com (accessed 27 February 2007).
116. Hoffman, Abigail. 2008. "The Binge Culture of Banking Must Be Changed."*Financial Times*, 28 April, www.ft.com (accessed 1 July 2008).
117. Holland, Kelley, Linda Himelstein, and Zachary Schiller. 1995. "The Bankers Trust Tapes."*Business Week*, 16 October, 106–11.
118. Holmes, Douglas R., and George E. Marcus. 2005. "Cultures of Expertise and the Management of Globalization: Toward the Re—Functioning of Ethnography."*Global Assemblages: Technology, Politics, and Ethics as Anthropological Problems*, edited by A. Ong and S. J. Collier, 235–52. Malden, Mass.: Blackwell.
119. ——. 2006. "Fast Capitalism: Para—Ethnography and the Rise of the Symbolic Analyst."*Frontiers of Capital: Ethnographic Reflections on the New Economy*, edited by M. S. Fisher and G. Downey, 33–57. Durham, N.C.: Duke University Press.
120. Holson, Laura. 1998. "Advisers and Lawyers Stand to Get Richer in Auto Deal."*New York Times*, 8 May, D5.
121. Houser, Theodore. 1957. *Big Business and Human Values*. New York: McGraw—Hill.
122. Huber, H. Max. 2006. "Careers 'R Us: Online Recruiting Isn't Just for Aspiring Gordon Gekkos Anymore."*Harvard Crimson*, 5 October, www.thecrimson .com (accessed 27 February 2007).
123. Jackson, Rev. Jesse L., Sr., Jesse L. Jackson Jr., and Mary Gotschall. 1999. *It's*

about the Money! The Fourth Movement of the Freedom Symphony: How to Build Wealth, Get Access to Capital, and Achieve Your Financial Dreams. New York: Random House.

124. Jensen, Michael. 1976. *The Financiers: The World of the Great Wall Street Investment Banking Houses*. New York: Weybright and Talley.
125. Jones, Jacqueline. 1998. *American Work: Four Centuries of Black and White Labor*.New York: W. W. Norton.
126. J. P. Morgan. *Client Focus with a Global Perspective*. 1995. New York: J. P. Morgan.
127. Kantor, Rosebeth Moss. 1993. *Men and Women of the Corporation*. New York: Basic Books.
128. Karseras, Hugh. 2006. "Starting Out on the Right Foot."*Daily Princetonian*, 21 November, www.dailyprincetonian.com (accessed 27 February 2007).
129. Kaysen, Carl. 1957."The Social Significance of the Modern Corporation."*American Economic Review* 47, no. 2, 311–19.
130. Keller, John. 1996."AT&T Will Eliminate 40,000 Jobs and Take a Charge of $4 Billion."*Wall Street Journal*, 3 January, A3, A6.
131. Kelly, Kate. 2002. "Deals and Deal Makers: Well—Baked: With Its Business So Slow, Wall Shows Hunger for Any Deal." *Wall Street Journal*, 30 October, C1, C5.
132. Kim, Hoon—Jung. 2000. "So You Want to Work on Wall Street."*Harvard Crimson*, 25 September, www.thecrimson.com (accessed 27 February 2007).
133. Kirkpatrick, David. 2000. "Street Addict."*New York Magazine*, 24 April, www .nymag.com (accessed 27 February 2007).
134. Klein, Naomi. 2000. *No Logo*. New York: Picador.
135. Knorr Cetina, Karin, and Alex Preda, eds. 2005. *The Sociology of Financial Markets*. Oxford: Oxford University Press.
136. Knox, Noelle. 2002. "Finance Sector in Confusion."*USA Today*, 19 August, 3B.
137. Kolker, Robert. 2003. "Down and Out on Wall Street."*New York Magazine*, 10 March, www.nymag.com (accessed 24 March 2006).
138. Komansky, David. 1998a. "Building Value in the Securities Industry." Paper read

at the Merrill Lynch Banking and Financial Services Investor Conference, 14 September, New York City, www.ml.com (accessed 5 August 2004).
139. ———. 1998b. "Effectively Serving Clients in Diverse Markets." Paper read at Sanford J. Bernstein Investor Conference, 5 June, New York City, www.ml.com (accessed 5 August 2004).
140. ———. 1998c."Putting Down Global Roots." Interview by Lou Dobbs, *Moneyline News Hour*, 2 July, www.cnnmoney.com (accessed 5 August 2004).
141. Kroft, Steve. 2008. "Wall Street's Shadow Market."*60 Minutes*, 6 October, www.cbsnews.com (accessed 6 October 2008).
142. Landler, Mark. 1997. "Investing It: A Plodding Ma Bell and Her Precocious Child."*New York Times*, 13 April, F1, F7.
143. Lazonick, William, and Mary O'Sullivan. 1997. "Finance and Industrial Development: Part 1: The United States and the United Kingdom."*Financial History Review* 4, no. 1, 7–29.
144. ———. 2002."Maximizing Shareholder Value: A New Ideology."*Corporate Governance and Sustainable Prosperity*, edited by W. Lazonick and M. O'Sullivan, 11–35. New York: Palgrave.
145. Leach, Andrew. 2001."Merger Most Foul: As Daimler—Chrysler Veers into Another Crisis, Will It Join the 83 Per Cent of Corporate Tie—Ups That End in Failure?"*Mail on Sunday*, 21 January, 9.
146. Lerer, Justin D. 1997. "New Recruits."*Harvard Crimson*, 5 June, www.thecrimson.com (accessed 27 February 2007).
147. Levy, Leon. 2002. *The Mind of Wall Street: A Legendary Financier on the Perils of Greed and the Mysteries of the Market.* New York: Public Affairs.
148. Lewis, Michael. 1989. *Liar's Poker: Rising through the Wreckage on Wall Street.*New York: W. W. Norton.
149. ———. 1991. *The Money Culture.* New York: Penguin.
150. Lewis, William. 1999. "Year of the Mega—Deal for Wall Street Bankers: US M&A."*Financial Times*, 29 January, 2.
151. Leyshon, Andrew, and Nigel Thrift. 1997. *Money/Space: Geographies of Monetary*

Transformation. London: Routledge.
152. Lipin, Steven, and Brandon Mitchener. 1998. "Daimler—Chrysler Merger to Produce $3 Billion in Savings, Revenue Gains within 3 to 5 Years."*Wall Street Journal*, 8 May, A10.
153. Lipin, Steven, and Nikhil Deogun. 2000. "Deals & Deal Makers: Big Mergers of '90s Prove Disappointing to Shareholders: Poor Market Reaction Does Little to Slow Pace of Acquisitions."*Wall Street Journal*, 30 October, C1, C21.
154. LiPuma, Edward, and Benjamin Lee. 2004. *Financial Derivatives and the Globalization of Risk*. Durham, N.C.: Duke University Press.
155. Low, Janet. 1968. *Understanding the Stock Market: A Guide for Young Investors*. Boston: Little, Brown and Company.
156. Lynch, David. 1996. "AT&T Downsizes Estimate of Layoffs by 40%."*USA Today*, 15 March, B1.
157. Lynch, Stephen. 2004. "Index Face—Lift; Verizon In, AT&T Out as Dow Shuffles Lineup." *New York Post*, 2 April, 35.
158. MacKenzie, Donald. 2001."Physics and Finance: S—Terms and Modern Finance as a Topic for Science Studies."*Science, Technology, and Human Values* 26, no. 2, 115–44.
159. ——. 2006. An Engine, Not a Camera: *How Financial Models Shape Markets*. Cambridge, Mass.: mit Press.
160. Malinowski, Bronislaw. 1948. *Magic, Science, and Religion and Other Essays*. Prospect Heights: Waveland Press.
161. Mallaby, Sebastian. 2007. "Pain, Gain of Subprime Meltdown."*Oakland Tribune*, 16 August, www.insidebayarea.com (accessed 2 July 2008).
162. Marshall, John F., and M. E. Ellis. 1995. *Investment Banking and Brokerage*. Malden, Mass.: Blackwell.
163. Martin, Emily. 1994. Flexible Bodies: *Tracking Immunity in American Culture—From the Days of Polio to the Age of* aids. Boston: Beacon Press.
164. ——. 1997. "Anthropology and the Cultural Study of Science: From Citadels to String Figures."*Anthropological Locations: Boundaries and Grounds of a Field*

Science, edited by A. Gupta and James Ferguson, 131–46. Berkeley: University of California Press.
165. ———. 1999. "Flexible Survivors."Anthropology News 40, no.6, 5–7.
166. Mason, Edward. 1959."Introduction."*The Corporation in Modern Society*, edited by E. Mason, 1–24. Cambridge, Mass.: Harvard University Press.
167. Masters, Brooke. 1986."Harvard Graduates Buck National Trend."*Harvard Crimson*, 25 February, www.thecrimson.com (accessed 27 February 2007).
168. Maurer, Bill. 1999. "Forget Locke? From Proprietor to Risk—Bearer in New Logics of Finance."*Public Culture* 11, no. 2, 365–85.
169. ———. 2002."Repressed Futures: Financial Derivatives'Theological Unconscious."*Economy and* Society 31, no. 1, 15–36.
170. ———. 2005. *Mutual Life, Limited: Islamic Banking, Alternative Currencies, Lateral Reason*. Princeton, N.J.: Princeton University Press.
171. ———. 2006."The Anthropology of Money."*Annual Review of Anthropology* 35, 15–36.
172. McCandless, Jennifer. 2006."Deutsche Expands in Mortgages with Chapel."*Financial News Online*, 18 May, www.efinancialnews.com (accessed 2 July 2008).
173. McDonald, Duff. 2005."Please, Sir, I Want Some More: How Goldman Sachs Is Carving Up Its $11 Billion Money Pie."*New York Magazine*, 5 December, www.nymag.com (accessed 24 March 2006).
174. McGeehan, Patrick. 1998."Wall Streeters Are Preparing for Layoffs."*Wall Street Journal*, 9 October, C1.
175. ———. 2000."Make a Wish, It's Bonus Time on Wall Street."*New York Times*, 8 December, C1–2.
176. McLanahan, Sarah. 2003."Taking the Job Plunge: Stern Seniors Start Search."*Washington Square News*, 23 September, www.nyunews.com (accessed 27 February 2007).
177. McLaughlin, Tim. 2007."Merrill Lynch's Painful Lesson in Subprime."*Reuters.com*, 16 August, http://www.reuters.com (accessed 2 July 2008).

178. McLean, Bethany, and Peter Elkind. 2003. *The Smartest Guys in the Room: The Amazing Rise and Scandalous Fall of Enron*. New York: Portfolio.
179. McMichael, Philip. 1998."Development and Structural Adjustment."*Virtualism: A New Political Economy*, edited by James G. Carrier and Daniel Miller, 95– 116. Oxford: Berg.
180. McMillan, Alex Frew. 2001."Merrill Lynch Cuts Offices in Japan."CNN.*com*, 24 May, http://www.cnn.com (accessed 27 July 2004).
181. Mehta, Jal D. 1998. "Avoiding a Path to Nowhere."*Harvard Crimson*, 16 October, www.thecrimson.com (accessed 27 February 2007).
182. Merle, Renae, and Tomoeh Murakami Tse. 2008."Banks Reduce Bonuses Only Slightly."*Journal Gazette* (Fort Wayne, Ind.), 3 February, www.journalgazette.net (accessed 2 July 2008).
183. Merrill Lynch and Co., Inc. 1994. *Merrill Lynch Annual Report*. New York: Merrill Lynch and Co., Inc.
184. ———. 1995. *Merrill Lynch Annual Report*. New York: Merrill Lynch and Co., Inc.
185. Miley, Marissa. 2000."Career Fair Provides Exposure for Students and Companies."*Daily Pennsylvanian*, 9 October, www.dailypennsylvanian.com (accessed 27 February 2007).
186. Miller, Daniel. 1998. *A Theory of Shopping*. Ithaca, N.Y.: Cornell University Press.
187. ———. 2002."Turning Callon the Right Way Up."*Economy and Society* 31, no. 2, 218–33.
188. Miller, Glenn. 1968. "Corporate Financing in Today's Turbulent Markets." *Commercial and Financial Chronicle*, 25 April, 3, 26–28.
189. Miller, James. 1997."Sara Lee to Retreat from Manufacturing."*Wall Street Journal*, 16 September, A3, A10.
190. Milne, Richard. 2007."Sell Chrysler, Urge Daimler Shareholders."*Financial Times*, 5 April, 23.
191. Miyazaki, Hirokazu. 2003."The Temporalities of the Market."*American Anthropologist* 105, no. 2, 255–65.
192. ———. 2006. "Economy of Dreams: Hope in Global Capitalism and Its

Critique."*Cultural Anthropology* 21, no. 2, 147–72.
193. Miyazaki, Hirokazu, and Annelise Riles. 2005. "Failure as Endpoint."*Global Assemblages: Technology, Politics, and Ethics as Anthropological Problems*, edited by A. Ong and S. J. Collier, 320–31. Oxford: Blackwell.
194. Moeller, Tom. 2005. "Challenger Layoffs Up Again in October, Trend Lower."*Haver Analytics*, 7 November, www.haver.com (accessed 28 May 2006).
195. Morgan Stanley, Dean Witter, Discover and Co. 1997. *Morgan Stanley, Dean Witter, Discover & Co. Annual Report*. New York: Morgan Stanley, Dean Witter, Discover & Co.
196. Murray, Matt. 1998. "J. P. Morgan to Cut Nearly 5% of Staff through Layoffs, Attrition by Year End."*Wall Street Journal*, 9 November, A4.
197. Nader, Laura. 1972. "Up the Anthropologist—Perspectives Gained from Studying Up."*Reinventing Anthropology*, edited by D. Hymes, 284–311. New York: Pantheon Books.
198. Nelson, Julie A. 1998. "Abstraction, Reality, and the Gender of 'Economic Man'."*Virtualism: A New Political Economy*, edited by James. G. Carrier and Daniel Miller, 75–94. Oxford: Berg.
199. Newman, Katherine 1999. *Falling from Grace: Downward Mobility in the Age of Affluence*. Berkeley: University of California Press.
200. ——. 2000. *No Shame in My Game: The Working Poor in the Inner City*. New York: Vintage.
201. *New York Post.* 2006."Ka—ching." 11 December, www.nypost.com (accessed 31 January 2007).
202. New York State Comptroller. 2006a."Wall Street Bonuses Set New Record in 2005." 11 January, www.osc.state.ny.us (accessed 12 February 2009).
203. New York State Comptroller. 2006b."Wall Street Bonuses Set New Record." 19 December, www.osc.state.ny.us (accessed 12 February 2009).
204. New York State Comptroller. 2009. "New York City Securities Industry Bonuses." January 28, www.osc.state.ny.us (accessed 12 February 2009).
205. New York Stock Exchange. 1955. *The Public Speaks to the Exchange Community*.

New York: New York Stock Exchange.

206. *New York Times*. 1996. *The Downsizing of America*. New York: Times Books.
207. O'Boyle, Thomas F. 1999. *At Any Cost: Jack Welch, General Electric, and the Pursuit of Profit*. New York: Vintage.
208. Oldham, Jennifer. 1999. "A History of the Dow." *Los Angeles Times*, 30 March 1999, C6.
209. O'Leary, Christopher. 2003. "Poaching Season on CSFB?" *Investment Dealer's Digest*, 5 March, 12–13.
210. Olinger, David, and Aldo Svaldi. 2007. "The Subprime Lending Crisis: Origins and Consequences." *Denver Post* (Colo.), 2 December, A1, A18–19.
211. O'Neal, Stanley. 2002a. "Investor Confidence and the Financial Services Industry." Merrill Lynch Banking and Financial Services Conference, New York. 4 September, www.ml.com (accessed 5 August 2004).
212. ——. 2002b. "Merrill Lynch's Platform for Growth." Salomon Smith Barney Financial Services Conference, New York. 31 January, www.ml.com (accessed 5 August 2004).
213. ——. 2003. "Merrill Lynch: Investing for the Future." Salomon Smith Barney Financial Services Conference, New York. 29 January, www.ml.com (accessed 5 August 2004).
214. O'Sullivan, Mary. 2000. *Contests for Corporate Control: Corporate Governance and Economic Performance in the United States and Germany*. Oxford: Oxford University Press.
215. Ott, Julia. 2007. "When Wall Street Met Main Street: The Quest for an Investors' Democracy and the Emergence of the Retail Investor in the United States, 1890–1930." PhD diss., Yale University.
216. Passaro, Joanne. 1997. "'You Can't Take the Subway to the Field!': 'Village' Epistemologies in the Global Village." *Anthropological Locations: Boundaries and Grounds of a Field Science*, edited by A. Gupta and J. Ferguson, 147–62. Berkeley: University of California Press.
217. Pecora, Ferdinand. 1939. *Wall Street under Oath: The Story of Our Modern Money*

Changers. New York: Simon and Schuster.
218. Peterson, Devon. 2002."Careers at Princeton: The Allure and Drawbacks of Elite Jobs."*Daily Princetonian*, 16 October, www.dailyprincetonian.com (accessed 27 February 2007).
219. Pfeffer, Jeffrey. 1998. *The Human Equation: Building Profits by Putting People First*. Boston: Harvard Business School Press.
220. Polanyi, Karl. 1944. *The Great Transformation: the Political and Economic Origins of Our Time*. Boston: Beacon Press.
221. ——. 1957."The Economy as Instituted Process."*Trade and Market in the Early Empires*, edited by K. Polanyi, C. M. Arensberg, and H. W. Pearson, 243–69. Glencoe, Ill.: Free Press.
222. PR Newswire. 1998. "Breakthrough Deals of the Year Award Winner Announced."*PR Newswire*, 14 December, www.prnewswire.com (accessed 30 April 2008).
223. Pryor, Christina. 2006."Future I—bankers Face Grueling Interview Cycle."*Yale Daily News*, 1 November, www.yaledailynews.com (accessed 19 March 2007).
224. Rahim, Taufiq. 2003."Recruiting Insanity."*Daily Princetonian*, 15 October, www.dailyprincetonian.com (accessed 27 February 2007).
225. Rampell, Catherine. 2006."In the Nation's Financial Service."*Daily Princetonian*, 6 October, www.dailyprincetonian.com (accessed 27 February 2007).
226. Rappaport, Alfred. 1986. *Creating Shareholder Value: The New Standard for Business Performance*. New York: Free Press.
227. ——. 1998. *Creating Shareholder Value: A Guide for Managers and Investors*. 2nd edition. New York: Free Press.
228. Ravenscraft, David J., and F. M. Scherer. 1987. *Mergers, Sell—Offs, and Economic Efficiency*. Washington, D.C.: Brookings Institution.
229. Reich, Robert. 2000. *The Future of Success: Working and Living in the New Economy*. New York: Vintage Books.
230. Reilly, Katherine. 2003."Courage to Buck a System That Has Served Us So Well."*Daily Princetonian*, 23 April, www.dailyprincetonian.com (accessed 27

February 2007).
231. Reuters.com. 2006. "Morgan Stanley to Buy Mortgage Firm Saxon Capital." 9 August, http://www.reuters.com (accessed 2 July 2008).
232. Right, Jonathan. 2000."Banking on Future Success."*Daily Princetonian*, 12 April, www.dailyprincetonian.com (accessed 27 February 2007).
233. Rimer, Sara. 1996."A Hometown Feels Less Like Home."*New York Times*, 6 March, A1, A16–17.
234. Ritter, Scott. 1995."Mobil to Reduce Its Work Force by About 9.2%."*Wall Street Journal*, 2 May, A4.
235. Roane, Kit. 2005."Easy Street."*U.S. News and World Report*, 13 November, www.usnews.com (accessed 8 June 2007).
236. Roe, Mark. 1994. *Strong Managers, Weak Owners: The Political Roots of American Corporate Finance*. Princeton, N.J.: Princeton University Press.
237. Rosaldo, Renato. 1989. *Culture and Truth: The Remaking of Social Analysis*. Boston: Beacon Press.
238. Rose, Josee. 2007. "Street's Bonus Outlook Is Mixed."*Wall Street Journal*, 31 October, B5.
239. Roth, Louise Marie. 2003."Selling Women Short: A Research Note on Gender Differences in Compensation on Wall Street."*Social Forces* 82, no. 2, 783– 802.
240. Royster, Deirdre. 2003. *Race and the Invisible Hand: How White Networks Exclude Black Men from Blue—Collar Jobs*. Berkeley: University of California Press.
241. Rubalcava, Alex F. 2001. "Recruit This, McKinsey."*Harvard Crimson*, 26 November, www.thecrimson.com (accessed 27 February 2007).
242. Sahlins, Marshall. 1972. *Stone Age Economics*. New York: Aldine.
243. Sassen, Saskia. 1998. *Globalization and Its Discontents: Essays on the New Mobility of People and Money*. New York: New Press.
244. Schoenberger, Erica. 1997. *The Cultural Crisis of the Firm*. Cambridge, Mass.: Blackwell.
245. Schor, Juliet. 1991. *The Overworked American: The Unexpected Decline of Leisure*. New York: Basic Books.

246. Schrader, David. 1993. *The Corporation as Anomaly*. Cambridge: Cambridge University Press.
247. Schwartz, Nathaniel L. 1999."I—Banking Ire."*Harvard Crimson*, 7 May, www.thecrimson.com (accessed 27 February 2007).
248. Schwartz, Nelson. 2008."The Mortgage Bust Goes Global."*New York Times*, 6 April, BU1, 6.
249. Senger, Jeffrey. 1984. "A Stampede to the Work Place."*Harvard Crimson*, 7 June, www.thecrimson.com (accessed 11 May 2007).
250. Sennett, Richard. 1998. *The Corrosion of Character: The Personal Consequences of Work in the New Capitalism*. New York: W. W. Norton.
251. ——. 2006. *The Culture of the New Capitalism*. New Haven, Conn.: Yale University Press.
252. Serwer, Andy. 1999. "A Nation of Traders."*Fortune*, 11 October, 116–20.
253. ——. 2001."Swiss—American Bank Mergers—Which One Works?"*Fortune*, 5 February, 201–2.
254. Shapira, Ian. 1998."Companies Use Aggressive Tactics to Bolster Employee Recruitment."*Daily Princetonian*, 19 February, www.dailyprincetonian.com (accessed 27 February 2007).
255. Sherrill, Phillip W. 2004. "Working for the Man."*Harvard Crimson*, 30 September, www.thecrimson.com (accessed 27 February 2007).
256. Siegal, Dan. 2005. "Goldman Sachs CEO Shares Tale of Banking."*Daily Pennsylvanian*, 13 January, www.dailypennsylvanian.com (accessed 27 February 2007).
257. Siegel, Matthew L. 2003."Dress for Success: The I—Banker Has No Clothes."*Harvard Crimson*, 20 October, www.thecrimson.com (accessed 27 February 2007).
258. Sievwright, John P. 1998."Merrill Lynch's Strategy in Japan 1998." Speech given at the Japan Productivity Center for Socio—Economic Development, 18 November, Tokyo, http://www.ml.com (accessed 27 July 2004).
259. Simmel, Georg. 1990. *The Philosophy of Money*. Edited by D. Frisby. London:

Routledge.
260. ———. 1997a."Money in Modern Culture."*Simmel on Culture: Selected Writings*, edited by D. Frisby and M. Featherstone, 243–55. London: SAGE Publications.
261. ———. 1997b."On the Psychology of Money."*Simmel on Culture: Selected Writings*, edited by D. Frisby and M. Featherstone, 233–43. London: SAGE Publications.
262. Sklar, Martin J. 1987. *The Corporate Reconstruction of American Capitalism, 1890–1916: The Market, the Law, and Politics*. Cambridge: Cambridge University Press.
263. Slater, Don, and Fran Tonkiss. 2001. *Market Society*. Oxford: Polity Press.
264. Sloane, Leonard. 1995. "AT&T Dominates as Dow Climbs 25.65."*New York Times*, 21 September, D12.
265. Smith, Adam. 2000. *The Wealth of Nations*. New York: Random House.
266. Smith, George David, and David Dyer. 1996."The Rise and Transformation of the American Corporation."*The American Corporation Today*, edited by C. Kaysen, 28–73. New York: Oxford University Press.
267. Smith, Randall. 2001. "Morgan Stanley to Cut Bankers in First Layoffs since Attack."*Wall Street Journal*, 1 October, C1, C19.
268. Smith, Susan J. 2005."States, Markets and an Ethic of Care."*Political Geography* 24, 1–20.
269. Smith, Vicki. 2002. *Crossing the Great Divide: Worker Risk and Opportunity in the New Economy*. Ithaca, N.Y.: Cornell University Press.
270. Smith, Winthrop. 1998a. "The Asian Crisis: An Investment Opportunity?" Paper read at Asian Venture Forum, 12 November, www.ml.com (accessed 5 August 2004).
271. ———. 1998b."Expansion of Business into Global Markets." Speech delivered at the Richard Ivey School of Business, University of Western Ontario. 3 November, www.ml.com (accessed 5 August 2004).
272. ———. 1998c."Welcome to the Family of Merrill Lynch." Speech delivered at Merrill Lynch Japan Securities. 18 April, www.ml.com (accessed 5 August 2004).
273. Steinbery, Julie. 2006."Want to Do I—Banking with That English BA?"*Daily

Pennsylvanian, 4 October, www.dailypennsylvanian.com (accessed 27 February 2007).

274. Stewart, James. 1992. *Den of Thieves*. New York: Touchstone Book.
275. Stokes, Jeanie. 2000."Shareholders Dump Stock."*Rocky Mountain News* (Denver, Colo.), 26 October, 7B.
276. Strauss, Nathan C. 2006. "'Extreme Jobs' Threaten Sex Lives."*Harvard Crimson*, 14 December, www.thecrimson.com (accessed 27 February 2007).
277. Suleiman, Daniel M. 1998. "Beyond the Good and Evil at ocs."*Harvard Crimson*, 8 December, www.thecrimson.com (accessed 27 February 2007).
278. Tanenbaum, Jessica. 2005. "I—Banking for Dummies."*Yale Daily News*, 6 October, www.yaledailynews.com (accessed 19 March 2007).
279. Thomas, Landon. 2003a. "Dismantling a Wall Street Club."*New York Times*, 2 November, BU1, 11.
280. ———. 2003b. "Have Merrill's Bulls Been Led to Pasture?"*New York Times*, 5 January, BU1, 10.
281. ———. 2008. "What's $34 Billion on Wall St.? A Subprime Strategy Implodes But Some of Its Captains are Just Fine."*New York Times*, 27 January, BU1, 5.
282. Thornton, Emily. 2001. "Online Extra: Q&A with Merrill CEO David Komansky."Business Week, 12 November, www.businessweek.com (accessed 16 July 2008).
283. ———. 2002. "More Heads Will Roll."*Business Week*, 1 April, www.businessweek.com (accessed 27 October 2002).
284. ———. 2003."On Wall Street, 'Layoffs Aren't Over'."*Business Week Online*, 13 February, www.businessweek.com (accessed 24 March 2006).
285. ———. 2004a."Down Days for Investment Banks."*Business Week Online*, 23 September, www.businessweek.com (accessed 6 June 2006).
286. ———. 2004b. "Wall Street? Thanks, I'll Pass."*Business Week*, 18 October, www.business week.com (accessed 6 June 2006).
287. Thornton, Emily, Heather Timmons, Mara Der Hovanesian, Ben Elgin, and Pallavi Gogoi. 2001."Tearing Up the Street."*Business Week*, 26 March, 42–43.

288. Tong, Vinnee. 2006."$53.4M Bonus Shatters Wall Street Record."*The Eagle—Tribune* (North Andover, Mass.), 21 December, www.eagletribune.com (accessed 12 February 2009).
289. Traweek, Sharon. 1992. *Beamtimes and Lifetimes: The World of High Energy Physicists.* Cambridge, Mass.: Harvard University Press.
290. Tsing, Anna. 2000a."The Global Situation."*Cultural Anthropology* 15, no. 3, 327–60.
291. ———. 2000b."Inside the Economy of Appearances."*Public Culture* 12, no. 1, 115–44.
292. ———. 2005. *Friction: An Ethnography of Global Connection.* Princeton, N.J.: Princeton University Press.
293. Tully, Shawn. 2007. "Wall Street's Money Machine Breaks Down."*Fortune*, 12 November, www.cnnmoney.com (accessed 7 July 2008).
294. Urken, Nicole B., and May Habib. 2003. "Job Fair Caps off Career Week."*Harvard Crimson.* 10 October, www.thecrimson.com (accessed 27 February 2007).
295. Useem, Jerry. 2000. "New Ethics or No Ethics? Questionable Behavior is Silicon Valley's Next Big Thing."*Fortune*, 20 March, 82–86.
296. Useem, Michael. 1996. *Investor Capitalism: How Money Managers Are Changing the Face of Corporate America.* New York: Basic Books.
297. Vickers, Marcia, and Mike McNamee. 2002. "The Betrayed Investor."*Business Week*, 25 February, 104–15.
298. Waters, Richard. 1999. "Hungry for More: Man in the News Michael Armstrong."*Financial Times*, 24 April, 13.
299. Wellman, David. 1997. "Minstrel Shows, Affirmative Action Talk, and Angry White Men: Marking Racial Otherness in the 1990s."*Displacing Whiteness: Essays in Social and Cultural Criticism*, edited by R. Frankenburg, 311–31.Durham, N.C.: Duke University Press.
300. Welsch, Ed, and Susanne Craig. 2008."Top Merrill Officers Won't Get '07 Bonus; Brokerage Follows Bear's Example after Loan Debacle."*Wall Street* Journal, 31 January, C4.
301. Werner, Walter, and Steven T. Smith. 1990. *Wall Street.* New York: Columbia University Press.

302. White, Joseph, and Carol Hymowitz. 1997. "Broken Glass: Watershed Generation of Women Executives Is Rising to the Top."*Wall Street Journal*, 10 February, A1, A8.
303. Whitman, Marina. 1999. *New World, New Rules: The Changing Role of the American Corporation*. Boston: Harvard Business School Press.
304. Widman, Wendy. 2004. "Banking on Pain."*Harvard Crimson*, 15 April, www.thecrimson.com (accessed 27 February 2007).
305. Wighton, David. 2007. "Subprime Crisis Seals O'Neal's Fate at Merrill."*Financial Times*, 29 October, 19.
306. Wilentz, Amy. 1975. "The Class, Leaving."*Harvard Crimson*, 12 June, www.thecrimson.com (accessed 11 May 2007).
307. Williams, William Appleman. 1966. *The Contours of American History*. Chicago: Quadrangle Books.
308. Wilson, William Julius. 1997. *When Work Disappears: The World of the New Urban Poor*. New York: Vintage.
309. Wirzbicki, Alan E. 2000. "Senior Class Consciousness."*Harvard Crimson*, 29 September, www.thecrimson.com (accessed 27 February 2007).
310. Yanagisako, Sylvia. 1999. "The Cultural Production of Capitalist Accumulation." Paper read at the American Anthropological Association Ninety—eighth Annual Meeting, Chicago.
311. ———. 2002. *Producing Culture and Capital: Family Firms in Italy*. Princeton, N.J.: Princeton University Press.
312. Zaloom, Caitlin. 2006. *Out of the Pits: Traders and Technology from Chicago to London*. Chicago: University of Chicago Press.
313. Zelizer, Viviana. 1997. *The Social Meaning of Money*. Princeton, N.J.: Princeton University Press.
314. Zuckerman, Gregory, Randall Smith, and Susanne Craig. 2004. "Investors Hear a Takeover Wave."*Wall Street Journal*, 14 January, C1, C3.
315. Zuckerman, Laurence. 1995. "The Second Breakup of AT&T: The Computer Business; The Costly Marriage to NCR Becomes a Vision That Failed."*New York Times*, 21 September, D9.

英汉人名对照表

Alan Klima	艾伦·科利马
Anna Tsing	安娜·青
Cliff Wong	克里夫·黄
Dara Strolovitch	达拉·斯特洛维奇
David Valentine	大卫·瓦伦丁
George McKinney	乔治·麦金尼
Gloria Raheja	格洛丽亚·拉赫贾
Hoon Song	胡恩·宋
Ilana Gershon	伊兰娜·格尔森
Irene Jeng	艾琳·杰恩
Jane Guyer	简·盖耶
Jason Glenn	杰森·格伦
Jean Langford	珍·朗福德
Jessica Cattelino	杰西卡·卡特林诺

续表

Jigna Desai	季格娜·德赛
Jose Antonio Lucero	何塞·安东尼奥·卢塞罗
Julia Elyachar	朱莉娅·埃利亚查
Julie Chu	朱莉·朱
Karen—Sue Taussig	凯伦—苏·陶西格
Lorna Rhodes	罗娜·罗德
Mae Lee	梅·李
Melissa Fisher	梅丽莎·费希尔
Michael Fischer	迈克尔·费舍尔
Nicole Johnson	尼克尔·约翰逊
Paulla Ebron	保拉·布隆
Rachel Schurman	蕾切尔·舒尔曼
Raina Bennett	蕾娜·班纳特
Ranjini Obeyesekere	兰基尼·奥贝耶塞克雷
Rebecca Clay	丽贝卡·克莱
Roderick Ferguson	罗德里克·弗格森
Sarah Mc—Lanahan	萨拉·麦克拉纳罕
Shaden Tageldin	夏登·塔杰丁
Sylvia Yanagisako	西尔维娅·柳迫
Tom Boellstorff	汤姆·波尔斯托夫

续表

English	中文
William Beeman	威廉·比曼
Abigail Hoffman	阿比盖尔·霍夫曼
Adolf Berle	阿道夫·伯利
Ahmed Jamal	艾哈迈德·贾马尔
Ahmer Gupta	艾哈迈尔·古普塔
Alan Wirzbicki	艾伦·维兹比基
Albert Lasher	阿尔伯特·莱修
Alex Baker	亚历克斯·贝克
Alex Rubalcava	亚历克斯·鲁瓦尔卡瓦
Alfred Rappaport	阿尔弗雷德·拉巴波特
Alice Easton	爱丽丝·伊斯顿
Alison Lake	艾莉森·莱克
Amy Nordlander	艾米·马诺德
Andrea	安德里亚
Andrew Wong	安德鲁·黄
Andy Kessler	安迪·凯斯勒
Andy Serwer	苏安迪
Angel Lau	安吉尔·劳
Ann Anagnost	安·安娜诺斯特
Ann Harris	安·哈里斯

续表

Annelise Riles	安丽斯·瑞尔斯
Anthony Johnson	安东尼·约翰逊
August Ho—Chen	奥古斯特·何-陈
Ava Rostampour	阿瓦·罗斯塔姆
Beatrice Hastings—Spaine	比阿特丽丝·黑斯廷斯
Benjamin Hong	本杰明·洪
Bethany McLean	贝瑟妮·麦克林
Bianet Castellanos	班纳特·卡斯特利亚诺斯
Bill Hayes	比尔·海斯
Bill Maurer	比尔·毛雷尔
Bob Gibson	鲍勃·吉布森
Bronislaw Malinowski	布罗尼斯拉夫·马林诺夫斯基
Bryan Burrough	布瑞恩·巴罗
Carl Icahn	卡尔·依坎
Carl Kaysen	卡尔·凯森
Carla Harris	卡拉·哈里斯
Carol Greenhouse	卡罗尔·格林豪斯
Carol Zanca	卡罗尔·赞卡
Carolyn Rouse	卡洛琳·洛兹
Carter Henderson	卡特·亨德森

续表

Casey Woo	凯西·胡
Catherine Rampell	凯瑟琳·拉姆佩尔
Chanda Ho	钱达·何
Charlene Jackson	夏琳·杰克逊
Cherie Westmoreland	切利·威斯特摩兰
Cheryl Hicks	谢莉尔·希克斯
Chris Logan	克里斯·罗根
Christina Chia	克里斯蒂娜·贾
Christine Chang	克里斯汀·张
Cleburne Wolford	克利本·沃尔福德
Corey Fisher	克里·费希尔
Dafna Hochman	戴芬娜·霍克曼
David Chang	大卫·张
David Harvey	大卫·哈维
David Komansky	大卫·曼斯基
David Pyle	大卫·派勒
David Schrader	大卫·施拉德
Dennis Levine	丹尼斯·利文
Devon Peterson	德文·彼得森
Dodge	道奇

续表

Donald MacKenzie	唐纳德·麦肯齐
Donna	堂娜
Doug Baird	道格·贝尔德
Dow Kim	道·金姆
Dudley Browne	达德利·布朗恩
Dyer	戴尔
Edward Mason	爱德华·梅森
Edward Randolph	爱德华·兰多夫
Ellen Thorington	埃伦·索林顿
Emily Martin	埃米丽·马丁
Emily Thornton	埃米丽·桑顿
Erica Schoenberger	埃利卡·舒恩伯格
Eunice Lee	尤尼斯·李
Frances Chen	弗朗西斯·陈
Frank Partnoy	弗兰克·帕特诺伊
Fred Terrell	福瑞德·特勒尔
Gananath	加纳纳斯
Gardiner Means	加德纳·米恩斯
Gary Ashwill	盖里·埃什韦尔
George Baker	乔治·贝克

续表

George Henderson	乔治·亨德森
George Roberts	乔治·罗伯特
George Smith	乔治·史密斯
Gia Moron	吉亚·莫伦
Gillian Summers	吉莉安·萨默斯
Gina Thomas	吉娜·托马斯
Giovanni Arrighi	乔万尼·阿瑞吉
Gordon Clark	戈登·克拉克
Gordon Donaldson	戈登·唐纳森
Gordon Gekko	戈登·盖柯
Hank Paulson	汉克·保尔森
Harold Geneen	哈罗德·杰林
Heddye Ducree	赫戴·杜克雷
Hirokazu Miyazaki	宫崎広和
Hiromi Mizuno	水野裕美
Hoon—Jung Kim	金祯勋
Howard Morimoto	霍华德·森本
Hugh Gusterson	休·盖斯特森
Irene Jeng	艾琳·郑
Ivan Boesky	伊凡·博斯基

续表

J. Mehta	J·梅塔
Jack B. Grubman	杰克·格鲁曼
Jacob Carnoy	雅各布·卡努瓦
James Bare	詹姆斯·贝尔
James Dill	詹姆斯·迪尔
James Goldsmith	詹姆斯·戈德史密斯
James Stewart	詹姆斯·斯图尔特
Jane Chen	简·陈
Jason Kedd	杰森·珂
Jeff Chen	杰夫·陈
Jeffrey Senger	杰弗里·森杰
Jene Y.	耶那·Y
Jennifer Walker	詹妮弗·沃克
Jesse Jackson	杰西·杰克逊
Jide Zeitlin	加德·蔡特林
Jill Andresky Fraser	吉尔·安德斯基·弗雷泽
Jim Boon	吉姆·布恩
Jimenez Lee	吉梅内斯·李
Jiunn H.	何俊
Joan Chen	琼·陈

续表

Joannie Trinh	琼尼·郑
John Carlton	约翰·卡尔顿
John Helyar	约翰·赫利亚尔
John Ingham	约翰·英汉姆
John Mack	麦晋桁
Jonathan Right	乔纳森·赖特
Jordan Thompson	乔丹·汤普森
Joseph Tsai	约瑟·蔡
Josephine Lee	约瑟芬·李
Juergen Schrempp	尤尔根·施伦普
Julia Ott	茱莉亚·欧特
Julie Cooper	朱莉·库伯
Julio Muñoz	胡里奥·穆尼奥斯
Justin Graham	贾斯汀·格雷厄姆
Kale Fajardo	卡莱·法哈多
Kate Daviau	凯特·达维奥
Kate Miller	凯特·米勒
Katherine Newman	凯瑟琳·纽曼
Katherine Reilly	凯瑟琳·莱利
Kathryn Marie Dudley	凯瑟琳·玛丽·达德利

续表

Kay Warren	华里克
Keith Hahn	基斯·哈恩
Keith Mayes	基斯·梅斯
Ken Hu	肯·胡
Ken Moelis	肯·莫里斯
Ken Wissoker	肯·威斯克
Kendra Lin	肯德拉·林
Kevin Ferguson	凯文·弗格森
Kevin Hwa	凯文·华
Kevin Murphy	凯文·墨菲
Kim Chung	金姆·宗
Kimberly Thomas	金伯利·托马斯
Kristi	克里斯蒂
Lacey	莱西
Lacey Meadows	莱西·梅多斯
Larry Rosen	拉里·罗森
Lauren Leve	劳伦·列韦
Leon Levy	利昂·莱维
Levy	莱维
Lou George	卢·乔治

续表

Louis Walters	路易斯·沃尔特斯
Louise Marie Roth	路易斯·玛丽·罗斯
Maggie Craddock	麦琪·克拉多克
Malinda Fan	马林达·范
Malinda Lindquist	马林达·林德奎斯特
Maria	玛利亚
Marina Whitman	马里纳·惠特曼
Martha Tappen	玛莎·塔潘
Martin Siegel	马丁·西格尔
Matthew Siegel	马修·西格尔
Megan Mills	梅根·米尔斯
Michael Armstrong	迈克尔·阿姆斯特朗
Michael Douglas	迈克尔·道格拉斯
Michael Lewis	迈克尔·刘易斯
Michael Milken	迈克尔·米尔肯
Michael Williams	迈克尔·威廉姆斯
Michel de Certeau	米歇尔·德·塞托
Miguel Centeno	米格尔·森特诺
Mira Ho—Chen	米拉·何-陈
Monica Choi	莫妮卡·崔

续表

Nabby Armfield	奈比·阿姆菲尔德
Nell Painter	内尔·佩因特
Nicolas Bern	尼古拉斯·伯恩
O'Sullivan	奥沙利文
Obie McKenzie	欧比·麦肯齐
Oliver Stone	奥利弗·斯通
Patty Lin	帕蒂·林
Paul Archer	保罗·阿彻
Paul Baran	保罗·巴兰
Paul Flanagan	保罗·弗拉纳根
Paul Sweezy	保罗·斯维奇
Paula Wiley	保拉·威利
Peter Drucker	彼得·德鲁克
Peter Elkind	彼得·艾尔肯
Peter Felsenthal	彼得·费尔森塔尔
Peter Lucas	彼得·卢卡斯
Peter Magowan	彼得·马高文
Phillip Young	菲利普·杨
Rachel Aftandilian	雷切尔·阿夫塔恩狄立安
Ralph Ho	拉尔夫·何

续表

Randy Komisar	兰迪·柯米萨
Ravenscraft	拉温斯克雷夫
Regina Weber	里贾纳·韦伯
Rena Lederman	丽娜·莱德曼
Richard Gibb	理查德·吉布
Richard Pan	理查德·潘
Richard Sennett	理查德·塞内特
Robert Allen	罗伯特·艾伦
Robert E. Mercer	罗伯特·E·默瑟
Robert Hopkins	罗伯特·霍普金
Robert Kolker	罗伯特·考尔克
Roy Allen	罗伊·艾伦
Sally Gregory Kohlstedt	萨利·格雷戈里·科尔施泰特
Sally Han	萨利·汉
Samuel Chi	塞缪尔·齐
Samuel Roberts	塞缪尔·罗伯特
Sarah Kittery	萨拉·基特里
Scherer	谢勒尔
Scott Cleland	斯科特·克里兰
Scott Morgenson	斯科特·摩根森

续表

Shawn Tully	肖恩·塔利
Stan Clark	斯坦·克拉克
Stanley Aronowitz	斯坦利·阿罗诺维茨
Stanley O'Neal	斯坦利·奥尼尔
Steve Fraser	史蒂夫·弗雷泽
Steve Kroft	史蒂夫·克拉夫特
Steve Sceery	史蒂夫·斯奇瑞
Steven Smith	史蒂文·史密斯
Susan Faludi	苏珊·法鲁迪
Susan Laska	苏珊·洛什卡
Sylvie Bertrand	赛尔维·波特兰
Sylvia Yanagisako	西尔维娅·柳迫
T. Boone Pickens	T·布恩·皮肯斯
Taufiq Rahim	陶菲克·拉希姆
Teresa Caldeira	特丽莎·卡尔代拉
Terri Valois	特里·瓦卢亚
Theodore Houser	西奥多·豪泽
Thomas Douglass	托马斯·道格拉斯
Thomas Frank	托马斯·弗兰克
Tim Elfenbein	蒂姆·埃尔芬拜因

续表

Tom J. Hsieh	汤姆·J·谢
Tony Brown	托尼·布朗
Tony Monsanto	托尼·蒙桑图
Tracey Deutsch	特雷西·多伊奇
Vincanne Adams	文森·亚当
Walter Lippmann	沃尔特·李普曼
Walter Werner	沃尔特·维尔纳
Walther Rathenau	瓦尔特·拉特瑙
Wende Elizabeth Marshall	温德·伊丽莎白·马歇尔
Will Howard	威尔·霍华德
William Allen	威廉·艾伦
William DiFazio	威廉·迪法齐奥
William Z. Ripley	威廉·Z·雷普利

注　释

导　论

1. 在过去的三十年里，华尔街上的机构数量与种类、投资的受控资本规模都呈指数级上涨。自加入对冲基金业务开始，华尔街在业务的规模与范围上扩展迅速，由此华尔街的核心价值与方法不断扩散。（当然，华尔街，同时也是资本主义本身的暗喻，更是贪欲形成的危险文化，这样的比喻不胜枚举。）我的研究主要聚焦于投资银行和投行家们的世界观与商业实践。投行家们自称"资本主义车轮的润滑剂"，在证券市场、企业、投资者与大众传媒之间，发挥着桥梁作用，充当金融文化的经纪人。他们从根本上帮助改变了美国公司，因此研究他们的日常言论与活动，对于理解一个金融资本主导的世界的复杂性是非常必要的。
2. 从1990年代末期到现在，通信和媒体行业，像大多数行业一样，经历了并购狂潮、裁减员工的同时，制造了一个接一个的行业垄断者。例如，1994年，维亚康姆（Viacom）收购了百事达影视（Blockbuster Video）和派拉蒙影业（Paramount Pictures），1998年收购哥伦比亚广播公司（CBS）；AT&T在1998年收购电视通讯公司（Tele—Communications），1999年收购第一媒体集团（MediaOne Group）；2000年，美国在线（AOL）收购时代华纳（Time Warner），而后者刚刚收购了特纳广播公司（Turner Broadcasting）；1996年，世通公司（WorldCom）收购了MCI；而在2006年，南方贝尔（BellSouth）

与 AT&T 合并，等等。

3. 另外两个华尔街庆祝裁员的例子也富有启发性。Sara Lee 集团宣布对其业务进行重组，准备将大部门的生产能力外包出去，关闭或分拆多数的工厂和生产线，华尔街对这一新闻欢欣鼓舞："Sara Lee，这一生产消费品的集团披露了一项重大的重组计划，它将不再制造它所销售的名牌商品……因为在上一个财年中，它的税后费用远超 Sara Lee 10.1 亿美元的收入……所以看起来华尔街没有人喜欢 Sara Lee。上一个交易日，在通过裁并措施之后，Sara Lee 在纽交所的股价上涨 6 美元或 14%，收于接近 52 周高点的 48.5625 美元"。(J. Miller, 1997) 联合利华 (Unilever) 是一个欧洲的跨国集团，当它宣布它将通过裁员"效仿"更具有美国公司特色的最激进的重组时，华尔街"欢欣鼓舞"。它在公告中称，它将"执行一项严厉的公司削减计划，这一计划将在五年内裁员 25000 人，关闭 100 家工厂，放弃多达 75% 的产品……这一计划内容犀利、所涉广泛，令投资者惊诧，这反映了欧洲企业效仿美国大企业进行业务削减的趋势……今天的公告鼓舞了投资者"。(Cowell, 2000)

4. 华尔街银行家、金融分析师和企业管理者将人们的注意从这种矛盾中转移出去的策略，就是宣扬整个经济的低失业率数据，而不去关注大多数新创造的就业岗位都是临时的、兼职的、低薪酬以及无福利的。很多学者批评这种用高就业率辩护的方式，他们将这个工作的新时代表述成一个"后就业"时代，在其中，稳定的组织和长期的"事业"观念被丢弃了，它拥护的是日益泛滥的工作的不稳定、工资的不平等以及连续的工作和再培训（Reich, 2000; Sennet, 1998; V. Smith, 2002）。美国现在两个最大的雇主是沃尔玛集团（Wal—Mart Corporation）和万宝盛华临时人力服务公司（Manpower Temporary Services, Inc.），这表现了今天被创造出的"工作"的条件和种类。

5. 美国企业中大多数的稳定工作主要是给中产美国白人的，认识到这一点十分重要。尽管在过去的 20 年间，中产白人也经历了明显的工资和工作稳定性上的下降，但是更多体会这种向下流动的是有色人种和女性。不幸的是，现在存在着一种错误的倾向，它将白人中产阶级失去工作的原因归结于之前边缘化的群体为获得平等机会的抗争。正如大卫·韦尔曼（David Wellman）指出的，由于中产阶级白人男性经历过历史上对于工作机会的垄断，而将这种权力视为"公平"和"平等"，因此当社会朝向"事实上"的平等机会发展时，他们的特权相对下降就是毫不奇怪的了。而这一表述中缺位的则是基于对种族主义、性别歧视当然还有资本主义审视的批评（Wellman，1997）。

6. 这篇民族志与其说是对股东价值进行控诉，不如说是对那些以股东价值名义表达观点的人们的检视与评论。正如我将阐述的，定义并且构成了股东价值的东西在历史上是有赖于它所嵌入的制度与文化情境的。尽管在过去的 25 年中，股东价值象征着推动公司短期股价上扬的实践，但是它并不始终如此。我还会论证，许多由华尔街银行家以股东价值的名义推动的实践最终却走向了衰退。

7. 我从 Mitchel Abolafia 的具有开拓性的民族志研究中借鉴"做市"（making markets）这一术语，这一研究讨论了股票、债券和期货市场的交易员是如何嵌入进社会建构的制度中的（Abolafia，2001）。

8. 我使用 "美国企业"（corporate America）这一术语指的是总部在美国的大型上市，也包括那些在生产和服务提供方面跨国经营的企业（许多这样的企业在特拉华州注册，但是实体并不在那里，因为在那里注册可以享受到更优惠的企业税的待遇和更宽松的信息披露法规）。特别地，我使用"美国企业"来表达一种规范的商业价值与实践，它们在整个 20 世纪与美国文化进行广泛的对话中，逐渐形成并建构了现代企业的特质。然而有趣的是，美国企业越来越多地与美国法律和华尔街意识形态产生冲突。研究在过去的三十年里，华尔街是如何重构美国企业从而使其与华尔街的价值和实践相一致是本篇民族志的主题。在 20 世纪大多数时间里，上市公司被公司法定义为完全由股东"所有"且对股东负责的（股东可以是全球范围内的，尽管许多公司股份是被美国境内的机构投资者所有的）。但是在他们的日常实践中，大多数的员工和经理们是按照对超越于股东的多个利益相关者负责的态度，将企业作为长期的社会组织来管理运营。在这样的脉络下，我使用"美国企业"既指美国上市公司，也强调这些企业中这种特别的设想。"美国企业"是一个权变的、依赖于情境的、可被质疑的概念，它阐述了企业的本质——企业的定义、意义和目的。我将会论证华尔街已经将美国企业转变成一种突出其金融与法律形式的与以往不同的组织。

9. 我使用的"行动者网络"这一概念，来自于 Bruno Latour 和 Michel Callon 的工作，这一概念是一种对金融市场空间进行认知和具体化想象的方式，它从投行家、交易员、金融产品和技术等各种自然人行动者和非自然人行动者复杂的互动和市场的网络中建构出来的。

10. 我使用"美国资本主义"一词来阐述所有经济实践和价值的权变性（contingency）和文化特殊性。一般认为，美国资本主义照例混融在"西方资本主义"或全球资本主义之中，被理解成普遍的、理性的和自然的，并被视为资本主义发展的顶峰。我的观点是，资本主义行动总是通过复杂的、可被质疑的、具有地方性的独特文化品格、动机和随时间变化的实践建构起来的。通常认为，西方资本主义是规范的、非文化的，而"非西方"资本主义是文化习惯塑造的，被视为与西方资本主义不同的文化形式。在这篇民族志里，通过考察在 20 世纪晚期华尔街投资银行是如何获得权力并重塑美国企业文化的，我将展示美国资本主义的发展，并反对用静止的、非文化的方式理解金融和资本主义。这并不是说，金融主导的资本主义不具有广泛的全球影响力，而是指它产生于独特的产业之中，产生于一系列制度的世界观、主体性和实践之中，并在特定的时刻特定的条件之下扩展出去。我认为，恰恰是因其处于美国金融权力中心——华尔街投资银行，才成就了美国资本主义在全球范围内的认可、影响和统治地位。

11. 同时，不去将投资银行的做市均质化、总体性地等同于投资银行是非常重要的。市场无法被还原成它们具有支配力量的话语；市场比那更加地多元、难以驾驭且不可预测。类似地，具体的投资银行的日常工作和价值也并不总与居于支配地位的华尔街"市场需求"相一致。

12. 投资银行对主要的企业提供金融业务和交易方面的建议；他们并不去"零售"，即服务大众，服务由普罗大众组成的消费市场。他们与个人的互动是通过它们的私人财富管理部门进行的，服务的对象是"高净值客户"，也就是资产在 200 万到 500 万美元之间的人群。另一方面，商业银行才是大多数美国人熟悉的银行。他们有许多分支机构，吸收存款、维护账户，既对公司也对个人发放贷款。当然，证券业与商业和零售银行业务的分离是由于一系列的法规，这些法规在大萧条时通过，那个时候华尔街失去了信用，遭到了广泛的指责，只有通过与金融市场建立起法律上和社会上的距离，商业银行才能重建他们的业务。在 20 世纪中叶的大多数时间里，商业银行比投资银行享有更好的声誉。然而，自 1980 年代以来，随着华尔街金融价值开始上升并居于支配地位，商业银行再也没有获得与投资银行同样的文化声望,包括被认为是精英、有声誉的机构和金融市场中专业的发言人。商业银行家们同样也只有更低的薪酬。然而,由于在里根、老布什和克林顿时代的放松监管,许多商业银行通过扩张、并购等方式,成为了集投行、商行于一体的"混合"银行,如信孚银行、花旗集团、德意志银行和摩根大通,他们被允许混合两个世界里最好的部分:他们在资本市场的角色和专业性以及与零售市场的接触。

13. 当然,对华尔街投行和金融市场有利的、具体的法律政策的变化使得金融资本能够居于美国经济的支配地位。虽然主流的学术和大众话语都将这一规则的重构过程称为"放松管制",但是应当重点指出的是,除去放松和消除控制(放松管制的言外之意就是政府减少对市场的涉入),"自由市场"同样需要政府积极重新制定政策并亲身参与。正如卡尔·波兰尼早已指出的,自由市场是被勤勉地设计的,而不是自然法的有机表达(Polanyi, 1944)。

14. 在过去的几十年中,投行家们,特别是那些在著名投行工作讨的人,(被裁员后)很快就会被其他华尔街企业重新聘任回去,因为这些机构都经历过持续需求和裁员无常反复的招聘工作。即使某一金融板块经历了出人意料的长期萧条,华尔街的优势和威望也足以使商业银行和大多数企业乐意聘用这些"高能"的投行家们,因为他们表面上能够为美国企业的边缘部分带去高级金融的专业技术。在最近(2009年)的经济危机中,华尔街的投行家们,也许是30多年里第一次没有那么快地找到薪水相当的新工作,但他们也可以依靠原有的巨额奖金和储蓄来缓冲他们的转型。我的许多调查对象都收到了职位录取,但都因为薪水太低而拒绝了,这就意味着一个"巨额"奖金的时代很可能已经结束了。考虑到这个行业大规模的重组和华尔街的信用丧失(一定程度上),这次萧条是否会开启一个新时代,华尔街能否在未来几年中重建地位,投行家们是否不管什么转变都能经受住,这些都是未知的。

15. 1972年,人类学家Laura Nader(1972 : 289)第一次提出人类学家要去"学习"(studying up),去分析"殖民者的文化而非被殖民地的文化,权力的文化而非无权者的文化,富裕者的文化而非贫穷者的文化"。在她发出号召的二十五年后,人类学家Hugh Gusterson(1997 : 114)写到,"这些呼唤一种批判性的、被遣返的人类学……基本尚未实现"。必须要注意到,在过去的几十年中科学和技术的人类学在Sharon Traweek进军高能量物理实验室之后,已经长期面临

"学习"(Traweek, 1992)。然而,遗忘这段历史使人们忽视了人类学近些年的重大创新发明,注定了人类学将继续声称自己对研究强大者无能为力。正如Michael Fischer 指出的那样,"人类学家需要建立在竞争力上的合法性,而不是永远声称'第一次接触'(个人交流)"。

缺乏渠道也是部分原因。"人类学中罗杰和我综合征"(Roger and Me syndrome in ethnography)意味着人类学家无法穿越丰泽公司的前线(Fortress, Inc),"仅有少数打赌者愿意接受纳德(Nader)的挑战,在资本主义生产与分层的心脏机构中进行人类学调查"(Gusterson, 1997:115)。与此同时,人类学家正在拓展新的研究策略以获得研究入口,比如发明一整套经营、连接和技术,确保他们成为身居高位和手握特权者的合作研究者,而非仅仅只把他们当做访谈对象。详细内容请参见 Holmes and Marcus, 2006。

16. 尽管所有的访谈对象使用的都是假名,他们所在的投行却没有使用假名。例如,美国信孚银行(BT)就不是假名;这是我实际工作过的银行的名字。只有当银行家的身份难以保密时,我才会改变他们所在的华尔街机构的名字。重要的是,我的许多受访者已经不再在原来的银行工作了,许多银行在1990年代末已经合并或改变了它们的名字。

17. 业务部门,如私人银行、风险管理和投资管理雇佣我们为它们开展各种各样的研究。我们分析银行内部一个小组与对手相比拥有多少市场份额,记录一个小组如何才能更好地实现"政策和流程",简化小组的工作流程使得更加"紧张有序地运转"。项目通常持续几个月。

18. 尽管 1997 年 1 月已经宣布了裁员的消息,我直到 1997 年 6 月才离职,因为我的领导从公司的最高管理层争取到了史无前例的过渡时间。我用这一年剩下的时间撰写研究提案,为我的毕业论文的开题报告答辩,并且最终赢得了人文科学的项目批准。

19. 讽刺的是,正是因为我们整个组被裁员了,我的同事们都分散到多家主要投行内,碰巧巩固了我与华尔街更广泛的接触。

20. 标准的单地点每日浸入的田野工作方法可能不是全球金融机构调查中最具生产力的民族志资料收集方法,因此它也不应该成为田野工作的首要方法。考虑到最近 20 年内人们对什么构成"那片田野"的反思,以及对文化无国境化和空间的注意,人们越发认识到文化信息既有稳定、持久的特点,又有变革、脱节和移动的特点。

21. 我这个习语是从 Joanne Passaro 的文章，"'You Can't Take the subuay ti the Freld!'；'Village'Eprstemologies i the Global Vollage"这篇文章里引用过来的（Passaro，1997）。

22. Jackson 华尔街项目的任务是与华尔街的投行和 500 强企业联合，为那些服务不够完善的市场、没有充分发挥的优势以及没有分利用的资本市场提供一条"通往资本之路"。长期以来，Jackson 坚持，在解放了奴隶、破除种族隔离，以及争取到了全民投票权之后，人人有能力通向资本的核心是争取公民权运动的第四步（Jackson Sr.,Jackson Jr., and Gotschall，1999）。因此，并不令人惊讶的是，针对 Jackson 提出了以上三个策略，他们的兴趣仅仅是放在了一些提高多样性和多元化的表面工程之上了。

23. 在这次演讲中，还有一个印象深刻的地方，那就是 Jackson 发现华尔街投行和亚洲以及东欧的"新兴市场"有着千丝万缕的联系，而与哈林区（纽约北部有色人种较多的落后地区——译注）毫无关联这一鲜明的对比。他责问道，为什么华尔街以及那些机构投资人借了数十亿美元的短期贷款给亚洲四小龙的企业，但是就不愿意支持一下几个街区之外处于曼哈顿上城的美国小企业呢？

24. 当上扬的股市造就了狂热的市场以及大量的买家时，也同时侵蚀了股市的基础，企业的成长难以与股票的飞速上涨相匹配。

25. 大多数股东应该批评华尔街以及美国企业背离诚信的原则，并怀疑他们的各种托词，但是所谓的"背叛投资者"这一概念首先正是建立在股东价值最大化这一有问题的逻辑之上。尽管在中产阶级遭受严重损失的背景下，探讨投资者困境的原因是有吸引力的，但是这会淡化我们对社会福利削减以及金融衰退对（无股票的）穷人和弱势群体的影响的关注，从而难以深刻地审视股东价值的意识形态。

26. 比如，摩根士丹利与添惠公司的 1997 年合并后，无论是在华尔街还是缅因街（Main Street，泛指中小企业、平民阶层，与华尔街所代表的精英金融阶层和大型跨国公司相对应——译注），合并后的两家公司都没有实现预想的协同作战进行交叉销售。戴姆斯勒—奔驰在 1998 年收购克莱斯勒公司的行为也被外界广泛诟病为"整合不良"，并且两家公司的企业文化不相适应。而 AT&T 对电视通讯公司和美国第一媒体公司的收购不仅定价过高，在战略上也只是白费资金，因为在短短几年之后的 2002 年，电缆产业就被 AT&T 剥离给了康卡斯特公司（Lipin and Deogun，2000）。2004 年，AT&T 从道琼斯工业平均指数成分股中剔出，很大的原因就是在于过去的 15 年大量的失败并购之举（S. Lynch，2004）。

27. 我发现这一股东价值起源的故事几乎每一个我访谈的人都知道。这些神话被一种更大的叙事所强化、贯穿并成为其中一部分，这一叙事在那些生产经济学知识的机构中传承着：商科院校（那里培养了大多数的投行家）的经济学课程、财经新闻以及那些主流媒体。

28. 鉴于华尔街的世界观是基于股票市场的实践、金融学的价值观和原则的，并且在相当大的程度上贯穿于新古典主义的假设之中，比如所有权和财产、管理的世界观，尤其是那些二战后形成的世界观，是建立在公司的官僚主义实践基础上的，这些实践是一种长期的社会制度，并在很大程度上与凯恩斯主义、家长式统治、公司治理中"社会实体"概念相交叠。

29. 柳迪论述道："在民族志研究中，有的被试拥有充分的经济和文化资源，足以让他们自己的说辞备受重视、成为主导，这时候挑战在于如何让他们少说以便让其他人也能说话。"她以意大利资本主义家族企业的"正史"为例说明了这一点。这些正史是由企业的创始人们讲述的，她将这些正史"置于其他人讲述的故事更为宽广的语境下"。因此，"对个体生活和历史的批判性方法"是"对民族志再现的文化人类学反身性批评的一部分"（Yanagisako，2002：48）。柳迪分析了创始人的陈述、家族其他成员叙述的故事，甚至这些公司在本州记录在案的资料，得出了以上结论。

30. 这个术语我是从 Anna Tsing 的 *Friction*(2005) 一书中借用过来的，作为一本民族志研究，该书提供了深刻的人类学模型，以分析多样地方性与普适性之间的遭遇与互动。

31. 参见如 Carrier，1995；Granovetter，1985；J. Guyer，1995；Granovetter and Swedberg，2001；D. Miller，1998 以及 Zelizer，1997。

32. 这样的一个前提设定的基础是马克思主义关于货币、资本的神圣化及其对社会关系的影响，以及丰富的人类学和社会学关于市场关系从社会关系中"去嵌入"（以及同时发生的再嵌入）的相关研究。

33. 女权主义经济地理学家 J·K·Gibson—Graham 对于这种潜在的概念混淆提

出了警告，他们指出，极左观点对于资本主义的杂乱无章的批评帮助创造了一个"资本主义体系"，这一体系如此霸权以至于其不仅仅是无所不在的，而且成为了唯一可能的经济形式（Gibson—Graham，1996）。

34. 参见 Abolafia，2001；Buenza and Stark，2005；Goede，2005；Hertz，1998；Knorr Getina and Preda，2005；MacKenzie，2001；Maurer，2005；Miyazaki，2003 以及 Zaloom，2006。

35. 这样的例子数不胜数，有的企业在没有达到华尔街投行给出的季报预期时裁员，随着具有社区连带关系的地方性银行的消失，小额贷款变得越来越不可能，资金借贷只能来自于全国性的乃至国际化的大银行。

36. 参见 Tsing，2000a。

37. 我的调查对象常常被称为"宇宙主宰"，这是在备受学者和他们自己喜爱的畅销书《夜都迷情》(Bonfire of the Vanities) 里面 Tom Wolfe 描述华尔街基金交易员 Sherman McCoy 的词语。将 Robert Reich、Rosabeth Moss Kanter 和 Saskia Sassen 等人的描述总结一下，华尔街人是跑遍世界的"世界级"的知识工匠；他们是投资精英，是"新富阶级"；"他们是'符号分析师'中的贵族劳工，他们在各种高级公司的网状结构中穿梭，他们在跨越国界、去除地方性情境的环境中工作"；他们是"天上的工人……超然于那些地上的产业工人、正在成长壮大的服务业部门的工人"（Burawoy et al.，2000：3）。在这些表述中，华尔街的投行家都是超级能动者，能够整合全球的制度和"跨国资产阶级"的资源去依据他们的价值在他们的图景中再造世界。

第一章

1. 当然，这种观点也在华尔街之外流行，但我仍然会这样陈述，因为正如贝瑟妮·麦克林和彼得·艾尔肯的《房间里最精明的人》(2003，*The Smartest Guys in the Room*) 这本书中所描写的安然的高管和华尔街咨询师们，这些金融家们如此相信他们自己的才华，以至于他们因为短期股票价格上涨就创造出一种虚假的经济，实际上却欺骗了小投资者和他们自己的员工。这种聪明的文化在金融资本中被特别地宣告着、利用着、备受珍视，因为它能够创造出惊人的利润积累和实现全球主导地位。

2. 管理咨询被认为是一种专业的服务，咨询公司为美国企业在一些诸如何进入新业务领域，对现有部门进行流程改革、重组和裁员、外包等"战略"问题上提供咨询。这些项目会包含探索出如何提高企业的市场份额，如何退出某一业务，工作地点搬迁、对某一部门重新选址等问题。在那些名校，能够成为一些如麦肯锡、贝恩这样的顶级管理咨询公司的分析师，是除了投行以外最热门的职位，尽管没有那么有声望和能赚钱。事实就是证据，在哈佛和普林斯顿的校园里专题讨论会上最流行的讨论话题就是"投行还是管理咨询"，这不只催生了职业道路"选择"的狭窄化，同样也限制了毕业之后可以接受的工作岗位的范围。总是存在着关于是否要选择"投行或咨询"（更不用提事实上有数百的学生站在观众席里来聆听讲座，这一点都不夸张）的激烈争辩和主题讨论，这是一种特殊的文化现象。通常，由公司代表们组成的辩论团队（通常是上几届的学生）以两种职业选择的利弊进行比较，利用这一平台来进一步吸纳学生加入他们的"阵营"。讨论主题通常可以包括薪酬、"员工的才干"、工作时长，以及初级职员可以在美国企业中掌握的"战略性"责任。在《哈佛深红报》的一篇名为《拒绝通往其他无名之处》（Avoiding a Path to Nowhere）的评论文章中，其作者 J·梅塔，一名哈佛大学的在校学生，在某种意义上把大家的注意力引到这种怪现象和这种讨论的狭隘性上来。他写道，"投行和咨询，咨询和投行，投行对比咨询，一个哈佛大四学生的脑袋中还能有其他东西吗？"他继续写道，"我们陷入了一种恶性循环的怪圈之中，在这里那些最聪明的最有野心的人进入了那些最固化社会现状的领域——树立了一条不会通向其他无名之处的道路，而下一代那些同样聪明和充满活力的哈佛毕业生们必然只能跟随。"(Mehta, 1998)

3. 耶鲁出身的员工数量显著低于普林斯顿和哈佛。根据他们的招聘办公室，"30% 的耶鲁学生选择在非盈利部门工作，30% 继续深造，40% 的学生选择金融、咨询、出版、传媒、制造，甚至是酿造类的企业职位"（Tanenbaum, 2005）。根据一家研究所机构的调查显示，大约 20% 的耶鲁学生会进入金融行业工作，但在 2002 年由于金融衰退这个比例只有 13%(Pryor, 2006)。

4. 尽管在 2008 到 2009 学年，精英学校的招聘季有所延后，但华尔街银行例如 J·P·摩根和高盛仍然保留了他们的校园宣讲和持续的招聘活动，特别是暑期实习岗位。

5. 维兹比基建议"所有的大四学生应该组成一个联盟",因为如果"哈佛、耶鲁和斯坦福的大四学生都决定明天拒绝申请(华尔街)工作的话……其他企业将会立刻获得实质性的竞争优势……他们将可以告诉潜在的客户他们比被联合抵制的竞争对手多雇佣了两倍多的常青藤学校的经理"。他最后说:"这样尽可能地去敲诈他们的招聘者是不道德吗?我并不这样认为……正是这些企业对待我们的学业就像那是一件商品一样。那么,如果我们准备出售,我们也会选择以我们能够获得的最高价格。美国的学生们:我们失去的只是签约奖金,我们获得的将是整个世界。所有学校的未来咨询师,联合起来!"(Wirzbicki, 2000)。

6. 《说谎者的扑克牌》的读者或许可以回想起作者迈克尔·刘易斯(1989)在他二十几岁时被所罗门兄弟聘任,并立刻参与到数百万美元的交易中,即使没有任何经验知识仅仅因为他毕业于普林斯顿大学。

7. 投行家是男性被认为是理所当然的,尤其在高层职位中,这样的性别语言通常可以被用来指称一般意义的投行家。

第二章

1. 同样,当Casey Woo从哈佛毕业后获得一份令人垂涎职位——摩根士丹利的分析师,"他认为心力交瘁的本科生涯已经成功实现了价值。他有了一份炙手可热的工作,他已经拥有了哈佛式的生活方式,这意味着他肯定会在工作场所中如鱼得水。然而近一年后,他忍耐痛苦的能力进一步提高。'想象一下你同时选了6门课,所有的截止日期都在接下来的这几天中,并且教授们都站在你旁边,每个人都要求你多读几页书或是再多完成一套习题。'他说,'这就是这份工作的真实面貌。'"(Widman, 2004)

2. 从1994年到1996年,美国信孚银行深陷金融丑闻,它被控使用衍生品等金融产品欺诈宝洁等企业客户。不出所料,信孚银行在1990年创纪录的利润完全是通过金融衍生品建构出来的。正是在这种背景下,信孚银行的高级经理无比怀旧地大谈特谈重新恢复信孚银行的金融实力。

3. 虽然 Morimoto 从来不直接建议裁员，但节约成本间接地转化为类似的建议。这些做法在华尔街上非常典型：并购部的银行家往往根据股东价值设置节约成本的目标，这些目标达成之后才能使并购"有意义"。随后，就交由企业管理者在变革管理咨询顾问的帮助下去做实际性的"脏活"。

4. 这种极端的追求短期目标的投行企业文化（讽刺性地）干扰了通过裁员实现节约的计划。

5. 分析师的工作岗位不应当和"股票分析师"或"研究分析师"混淆，研究分析师是银行（而不是投资银行或企业金融）研究部门的高级职位。他们负责追踪特定行业内的所有公司，他们拥有和企业商量"买进、卖出或持有"的建议权。他们在 1990 年代末期臭名昭著，因为他们并不是以对公司的"客观"分析为基础发布买进卖出的建议的，而是为了帮助银行的投行部门的产生更多的交易和业务。投行家和研究分析师们都跨过了所谓的"中国长城"。

6. 2006 年 7 月计划中纽约市最低工资立法应该将最低工资设定为每小时 10 美元（在这几年逐渐增加之后）。年薪 55000 美元除以 50 个每周工作 110 小时，刚好每小时 10 美元。生活工资可以在以下网站查到：http://www.brennancenter.org

7. 这些直接引用都是我从田野笔记中编译出来的，这些田野笔记汇聚了许多分析师和经理们的声音，我一边观察他们"上班时"的样子，一边问他们"他们做什么"和"典型的一天是什么样子的"。因此，在这一部分中，尽管我逐字逐句记录了所有的引用，但我没有把这些引用归属到投行家个体身上。

8. 随着普通服务器的出现，多个用户可以同时接触这些文件，类似的管理本领变得越发无关紧要。

9. 例如 Fraser, 2001；Klein, 2000；Newman, 2000；Schor, 1991。

10. 华尔街的种族话语和美国主导性的种族话语所交叉，并被进一步支撑着——即无视肤色的后种族主义，这种理论假设没有歧视的贤能主义当道，人们只是"碰巧"成为某种肤色（Gotanda, 1996）。

11. 全国证券从业人士协会（NASP）声称的目标是"扩展女性和少数族裔在全国证券行业中的存在感和影响力"。以纽约市为基地，NASP 的使命是"提升职场优越性，促进新型商业机遇，并鼓励有色人种和女性在华尔街和社区中享有经济权力"（http://www.nasphq.org, accessed 1 March 2006）。

12. 因为这项活动是一个公开性的论坛，并且这些发言人都是行业内知名人士，因为我没有将他们匿名化处理，但我所有的受访者都经过匿名化处理。
13. SEO（教育机会保荐人）是一个针对高中和大学中被证券行业（大部分都是投行，也有资产管理、管理咨询、企业法和其他职业）所忽视人群的项目。通过 SEO，许多名牌大学（投行唯一招聘的地方）中的有色人种可以在大三的时候得到华尔街的实习机会，并且在大学毕业后可以得到投行分析师的工作。例如，摩根大通和高盛会通过 SEO 分配面试名额和招聘流程。我在华尔街认识的有色人种的年轻分析师大部分是通过 SEO 项目。
14. 并购被看作是"产品"，一种投行打包推销并出售的商品。
15. 但部门层次结构和种族及性别的分层并不总是平行的，他们也不总是明显或是清晰分隔的。例如，并购部门经常被看作是华尔街极端显赫的部门——尽管也有其他特征，但经常被别人想象成有色人种和女性更有机会茁壮成长的部门。于此同时，我强调"想象"这个词，因为只有少数女性和有色人种真的在并购部门工作，尽管"产品方面"的精英制度概念确实能够影响并购部门。
16. 这里有必要牢记产品领域有时也是具有社交排斥性的，例如，产品导向领域经常将女性视为欠缺技术才干的，因此认为她们和自己声称的专业和客观不符。
17. Deirdre Royster 研究了白人男性的工作关系网络是如何排斥黑人男性的，她研究中指出的要点是，黑人男性的社交网络通常局限于同事，但白人男性的社交网络则延伸扩展到同事和上司中。
18. "职业"女性经常开玩笑说，那些行政岗位的女性，就像"泽西女孩"一样，故意穿着高跟鞋和紧身衣去争取一位投行家老公，争取阶级流动的机会。她们看来，这种刻意的、"蹩脚"的女性气质反而象征着低阶层的孤注一掷和缺乏教养。
19. 那些被华尔街人从次级名牌大学中招聘而来的"后台"管理人员也有许多不同的挣扎，如试图"成功"进入"前台"——只向特定名牌大学毕业生开放的显赫阶层。尽管这些经历在华尔街并非个案（到处都有严密警戒职业化的界限，无论是法律、学术界还是到美国企业），投行就是这样一个根据种族、性别和阶级而层叠划分的空间，他们看起来要求各种各样的阶级下滑。

第三章

1. 在之后的篇章中，我探讨了华尔街投资银行的工作环境中的组织与机构文化，并与投行的变迁和日常文化环境中的行为模式相联系，以此来阐述华尔街投行是如何影响美国企业并起到示范作用的。为了写作一个更加令人信服的民族志，来论证华尔街投行家的日常惯习是如何形塑企业、裁员和金融市场危机的，我们在这里停顿一下，去用有些散漫但更加历史的方式去理解至关重要，比如股东价值革命，华尔街正是从中获得了最初的影响力。

2. 举例来说，Aronowitz 和 DiFazio 在 1994 年发表的文章，Bauman 在 1998 年、Bourgois 在 1995 年和 Wilson 在 1997 年发表的文章。

3. 在第六章和第七章，我阐述了投资银行目标假定中的裂痕与矛盾，投资银行假定"今天赚了很多钱"和创造股东价值是等价的。我认为不论意图如何，这样短视的目标结构实践最终会损害股东价值，进而与最初的目标背道而驰。

4. 简单地假设冷酷无情而又贪婪的投行家形象，或者假设一个反常的金融市场，会导致分析轨迹的错位，华尔街并没有享受裁员本身，也没有"在人类苦难的景象中自得其乐"。不如说，美国的商业价值在新经济时代中已经发生了彻底的转变，譬如"企业成长以及生产率的增加"这样的观念已经变为"正当地切断薪酬的增长并将这一部分移交给最高管理层和股东"。(Frank，2000：98)

5. 令人震惊的是，当我之后和一位在商学院的朋友谈起这一启示后，他实事求是地说道："嗯，这是你在商学院学到的第一件事情！"换句话说，这一假定（企业健康的表现就是高股价，公司＝股东）是商学院最为初级的意识形态导向。

6. 许多学者研究了大量企业的撤资、裁员以及新自由主义的行为，他们常常是在全球竞争、后工业化、反福利国家、自由市场的讨论以及实践的背景下，而不是在华尔街和收购运动背景下分析这种宏观变化的。

7. 这种类比让人想起了 Kathryn Marie Dudley(1994) 在她的民族志中的观点，她在《终点：失业、美国后工业社会的新生活》(*The End of the Line*) 一书中提到了"思想文化"(culture of the mind) 与 "技艺文化"(culture of the hand) 的对抗，前者贬低了后者，合理化了对蓝领工人的裁员，就像体力劳动者最初就不配"享有"中产阶级的待遇一样。虽然 Dudley 并不是针对中层经理，但是这就像过去华尔街合理化对经理的不合理待遇一样，在华尔街的想象中，这些经理是公司的篡位者和股东价值的不可靠的代理人，因而他们不值得在美国企业中拥有一席之地。

8. 需要注意的是，Gordon Gekko 在片中是一个大反派；华尔街有自己是个坏家伙的自我认同，就像扮演时尚革命中的"坏男孩"一样，是以男子气概十足的友谊为核心的。通过支持那些本应该受到批判的人的批评和讽刺，华尔街将歧视女性和英雄主义的等级制带了回来。我必须谢谢 Gary Ashwill 提醒了我注意这些事物间的联系。

9. 其他一些流行畅销的书名，比如 Connie Bruck 的《垃圾债券之王》, James Stewart 的《贼巢》, Tom Wolfe 的 *Bonfire of the Vanities*，John Helyar 的《门口的野蛮人》, Sarah Bartlett 的 The Money Machine, Po Bronson 的 Bombardiers 等。

10. 我的受访者不停地推荐我读迈克尔·刘易斯的《说谎者的扑克牌》一书，来深入了解 1980 年代时华尔街的氛围。《说谎者的扑克牌》一书在某种意义上是对 1980 年代华尔街歧视女性和美国企业、小银行、投资者操纵交易的批评讽刺，许多我的华尔街受访者将这本书看作是关于处在金融创新最前列的、具有超常智慧的"摇摆的混蛋"（big swinging dicks，指一流的交易员，dick 在口语中也指"男性生殖器"，译注）的滑稽和时髦的叙事，这些人在金钱、性和贪欲方面"有些过度"（Lewis, 1989）。当然，我认为，"摇摆的混蛋"表明了货币积累与性别主义的男子气概的表现相联系，甚至超过了男人赚钱依靠的是对女性身体的控制这一概念，解释了女性在性别和种族不平等的再生产与振兴中的从属地位是"获得报偿"的关键要素（P. 338）。换句话说，性别优势和不平等被看作是激发赚钱乐趣的事情；银行家和交易员中白人男性的成功是"性感"的且在等级制的社会环境中恰当地界定了男人的"性别特质"，在这一社会环境中，不平等的种族和性别关系唤起了性趣。财富上的成功与高度的男性化是分不开的，后者构造了并源自于（之后将其吸收）性别与种族的不平等。

11. 后工业社会的经济与主流话语通常描绘出一种向服务型经济体前进的图景，并通过同质的市场逻辑来解释向股票市场主导的演进与其必然性。假定这些变化仅仅是简单地取决于价格和生产力：比如，尽管"第三世界"的廉价劳动力无疑是解释美国去工业化的重要解释工具，但是在美国，要从生产基地撤资通常需要深思熟虑一番，并且往往是极其昂贵的，相比之下，继续投资和维持比完全搬迁或进入一个新的行业花费的更少，理解上述的事实是十分重要的。在我的工作中，我拒绝用这些假设来阐述社会经济的变化是日常投资决定的产物，同时这些变化也不仅仅只有工具的价值。我想华尔街的针对社会经济危机的"解决方案"，对"修复"社会经济中的问题来说并不是"必要的"，而是一种主张强大的金融利益的方法或策略。

12. David Harvey(2005：45)指出，1970年代纽约财政危机是一个转折，投行家集结在一起，反复传诵并推行着他们特有的价值观和议程，"来反对纽约的民选政府"。1975年，当一个"强大的投行家阴谋集团（由花旗银行的Walter Wriston领导）拒绝债务展期，将城市推入技术性破产"，纽约被迫接受了华尔街的救助条款，该条款提出重组城市的预算优先权，债券持有人应是最为优先的，从市工会到公立大学等"必要的社会服务"只能去争取剩下的资源。Harvey (2005：48)认为，"纽约财政危机的管理开创了在里根时代以及1980年代国际货币基金组织（IMF）的新自由主义的实践。一方面，它确立了处理金融机构的正直和债券持有人收益之间冲突时的原则，另一方面是公民的福祉，它被当作特权来看待。上述实践强调，政府的角色是创造一个良好的商业环境……而不是照看所有人"。纽约市在财政危机中的资本化过程，重新美化了城市机构，并且为华尔街的种种行为放行，为收购运动和股东价值革命准备了舞台和心态铺垫。与此同时，这种发展也迫使其他结构性的调整实践，大型金融机构大发横财，其代价是由"人民"来承担的财政紧缩的后果。

13. "财产权的视角"（property view）认为，公司董事会的唯一义务是为股东服务，而在"社会实体视角"中，公司董事既为作为一个长期的社会实体存在的公司服务，也为所有利益相关者服务。

14. 我使用"再管制"这一术语代替"放松管制"，是为了阐明有利于华尔街的"自由市场"和金融体系并不是简单的政府与法律的缺位，而是监管机构不仅故意忽略而且给予其特定的利益与意识形态特权。

15. 1960年代公司间的收购和集团化并没有导致大面积的裁员，最重要的理由是，公司是作为雇主和长效的社会机构的这一观点仍旧占据了主导。而且，新收购的公司本质上更像是一个自治的机构，并不是"并入"原来的公司。

16. 就像1990年代那样，1960年代的华尔街也在推广市场民粹主义和全民参与的概念。举个例子，一场规模宏大的撰写投资指南潮在市面上扩散开来，比如 T. A. Wise 和 E. O. Fortune 在 1962 年出版的 *The Insiders：AS Yockholder's Guide to wall Street*，Charles Rolo 和 George Nelson 在 1962 年出版的 *The Anatomy of Wall Street：A Guide for the Serous Investor*，以及 Janet Low 在 1968 年出版的 *Undertonding the Stock Marker：A Guide for the Young Investors*。

17. 1960 年代集团化运动的"无情"是"从现代的衡量标准来看的"，"尽管他们可以像胜利者那样剥离资产，但他们的企业遵循福利资本主义的规则，在员工的假期、健康福利、养老金、休息日、病假方面都恪守当时流行的标准……所有这些在'股东价值'统治下的世纪之交的年代是无法想象的。即便是卷入"无节制的"(go-go) 市场的大型机构投资者……也仍是凯恩斯主义的支持者（S. Fraser，2004：493）。

18. 正如 O' Sullivan (2000·172—73) 所观察到的："可是，人们不应该忘记，这种程度的交易（收购）导致了公司在创新上组织能力上不足，在很多情况下，这类问题是在之前股票市场扮演的中心和促进角色的集团化时代下产生的。因此，不恰当地将公司控制提升到与公司治理解决方案同样的地位上没有任何益处……相反，它是企业管理时尚的一个心甘情愿而又重要的帮凶……使得企业走了三十年的弯路。"

19. 对于华尔街来说，合并与收购是利润的持续来源：投行推销并购的方式是将其视为紧跟全球变化的必要手段。在投行的驱使下，一个不成功的合并可能可以与不同的公司"反合并"或"再合并"，无论哪种中介服务（又一次），都是由投行进行的。换句话说，投行不断出售各种合并与收购，取决于市场的趋势是什么，而不关注公司的长期成功或者公司的稳定。美林的并购专家 Ridge Kiang 认为，并购是一个"稳定的收入流，并不容易受到市场下行的影响"，因为对于银行来说，无论市场是上行还是下行的，一个公司都能通过企业的并购来"回应"。

20. 对于华尔街来说，"收购"包括在他们并购的种类之中。

21. 参见 Bryan Burrough 和 John Helyar 对 1980 年代早期 KKR 从默默无闻到华尔街的重量级选手的描述。(Burrough and Helyar，1990：140)

22. 收购中，新的投资者通过用借款购买大部分优秀的股票，将公司从公开募股公司转变为私人所有；然后他们通过出售某些资产，重组资产负债表来还清借款债务，之后再将公司重新转售到"公共的"股票市场之中，将股票发行的收益收入囊中。接着，那些收购设计师们，不需要投入多少时间和金钱甚至是努力，通过金融交易来操纵企业，通过"蒸发"这些企业获益数十亿美元。

23. 1980年代，德崇证券由于多个内幕交易的丑闻而破产。

24. 不足为奇的是，我们有的最主要的关于美国金融资本主导的例子就是大萧条前的J·P·摩根，那时最富有的1%的人拥有全国大多数的财富。就像Baker和Smith说的那样，收购运动之所以成功，不是因为它"解放了现金流"和提高了"被低估公司的股价"，而是因为它建立了一个新的财富积累的制度，即通过"更加苛刻的方式来剥削公司内的资源"(Baker and Smith, 1998：21-22)。事实上，1990年代晚期，美国的贫富差距已经重回大萧条时期的高度。如果实现金融资本主义的霸权就是目标的话，那么尽管收购浪潮总会跟随漫长的低谷，股东价值毕竟确实成功了。

25. 甚至不用提那种为了提升收益而通过短期的包装，但实际上是以牺牲长期增长为代价的臭名昭著的做法了。

26. "一个常常被提及的例子是Carl Icahn在1985年收购环球航空公司（TWA），当时削减了2亿美元的工资总额，比整个收购的溢价还要高……根据一个基于62例在1984到1986年间……恶意收购样本的研究，Sanjay Bhagat、Andrei Shleifer和Robert Vishny得出的结论是，裁员是十分常见的，可以解释10%—20%向股东支付的溢价的来源。"(O'Sullivan, 2000：169)

27. Cooper公开地指出，投行诱导企业让他们的资产负债表以及其他财务数字能够迎合华尔街的期望，甚至通过操纵的手段。当然，这种看重花哨的财务数据和复杂的数字包装，在创造股东价值上无法"实际"产生效率。

28. 斯坦福商学院组织行为学教授Jeffrey Pfeffer通过全面地审视企业裁员的不同影响，发现裁员"如果从中长期的角度来看，并不是一个一定能增加股票价格的方法，也不必然能够提供更高的利润或者产生组织的效率和生产力。借鉴《华尔街日报》一篇讨论裁员对股东价值影响的文章，Pfeffer指出，裁员后的企业一开始股价会有所上升，但是三分之二样本企业两年后的股价比没有裁员的同类型公司低5%—45%"，"超过一半的案例中，股价落后市场普遍水平17%—48%之间"。(Pfeffer, 1998：174)他认为裁员是明显"低效率"的做法，因为许多公司往往立刻就把已经裁掉的员工二次雇佣或作为合同工又带了回来。裁员就像是一种经济时尚的产物，而不是长期的计划或战略。这样，裁员同样也对员工绩效、生产力和组织记忆有负面影响也就一点也不奇怪了。

29. 与其他受访者不同，Fisher 是华尔街的买方，也就是说，是那些机构投资者和基金管理人，他们为自己和他们客户的投资组合购买大量证券，基于"卖方"投资银行的营销或"研究"，来决定要买些什么，投行着眼于为企业客户和大型机构投资群体推荐股票（要升级还是降级，或者创建一个股票的目标价格）。投行主要是卖方，而一部分投资银行也是买方，比如像摩根士丹利和美林这样的投资银行，还有一部分买方是专门从事管理大型投资组合的，比如像富达投资。不论他们是否是投行的一部分，基金经理同样是华尔街的一部分，并且有着许多相同的价值观与处理事务的优先级。

30. 然而，正如 Fisher 指出的那样，资深投行家和投资经理都认识到了华尔街的短视文化长期来看是不会产生股东价值的。"你知道，华尔街上可不全是傻子。他们知道这些企业三月份会提交报告，非常清楚他们盈利的高峰不会持续到圣诞节。"

第四章

1. 说得更清楚一点就是，尽管在一些语境下股东价值和新古典价值可以互换使用，但是对我而言，股东价值有着更为独特的意涵，它使得将企业转化为新古典的术语及取向，并与股票市场价值相连接变得十分必要。尽管为股东创造价值这一概念始终存在于美国的金融词汇中，然而，虽然这一概念今天是作为"股东价值运动"来理解的，但它涉及到晚至 20 世纪末很大程度上由华尔街推动的对美国企业的系统化重构。那些能够让我们想起股东价值运动的实践在 19 世纪末 20 世纪初也是存在的，那时华尔街的金融家与强盗贵族们控制着许多企业，但是那种控制并没有寻求一种股东价值的名义，那时的企业也还没有在美国社会中占据一个十分重要的位置。同时，现在股东价值的支持者一般会坚持公司治理中的"金融"地位，也就是说，他们认为股票市场应该对公司进行治理与约束。这一观点认为，上涨的股价等价于有效的公司治理，公司的控制权应该交由"市场"之手。

2. 在这一章，我主要关注叙事、历史、怀旧以及作为一种策略力量的华尔街幻想和世界观对于资本主义历史的分析和形塑的重要性。我同样强调，在20世纪的美国资本主义这一独特的案例中，理解资本主义叙事的建构与操纵至关重要，因为股东价值的叙事建构和策略及其对美国资本主义的影响在商业领域之外很大程度上被忽略了。

3. 选择男性人称代词"他"是经过了深思熟虑的，因为像亚当·斯密等古典经济学家理所当然地将其假想的企业家设定为男性形象。

4. 尽管普通的股东有时也能够从公司应当为了他们运营这一原则中获益，但是大部分个体股东没有像华尔街一样的技术和获取信息的能力，他们也无法把握股票市场跳动的脉搏。伴随着股票市场中"大量的"公共参与，与其所揭示的相比，个体股东能够从股东价值这一原则中获益这一事实其实隐瞒了更多东西。在一个公司最为关注股价的世界里，其中最大的受益者正是与股票市场及其管理者紧密相连的机构。

5. 然而，这并不是说新古典的、放任式的公平价值观念仅仅被华尔街拥护，就整个美国经济史而言，还有许多的群体因为各种原因也在提倡这种价值。我也没有假定华尔街早就预见到这一点，并为了推动20世纪晚期的股东价值革命而播下新古典主义的种子。

6. 当然，在1990年代空前绝后的牛市中，华尔街发现通过发行股票赚钱难以置信地利润丰厚。因为股票价格一直在上涨，各个公司都确信他们的股票一定会有人买，因为股价总是会涨到发行价之上。股票的购买者（既有机构投资者，也包括个人投资者）不断扩大着对股票的渴求，因而从股票市场上募资"套现"从来没有这样容易过。作为这些交易的中介并从中赚取利润的华尔街始终会从不断上涨的股市中获益，因为企业会寻求利用高股价进行收购、兼并和股票增发。

7. J·P·摩根公司主导了当时的资本市场，并帮助创造了（通过联合、兼并和筹资）众多20世纪主要的工业巨头：美国钢铁公司，通用电气、国际收割机公司和美国电话电报公司。

8. 一个被投资银行这样的企业控制的经济体或经济部门通常被称作一种"金融资本主义"（Chandler, 1977 : 9）。在20世纪早期，"最核心的180个投行家和经理们供职于 341 个金融类和其他企业的董事会，控制超过 250 亿美元的资源"（Carosso，1970：151—54）。因此这个时代被称为金融资本主义顶峰的时代、金融家强盗贵族和大托拉斯的时代也就毫不奇怪了。在他们进行企业合并的努力中获益的只有资金的债权方和财产受托人——也就是银行家他们自己。

9. 费迪南·佩科拉（Ferdinand Pecora）所作的《誓言下的华尔街》（Wall Street under Oath）一书记录了美国参议院银行和货币委员会在 1933—1934 年所作的佩科拉调查（一项在大萧条后为调查大萧条原因而针对华尔街的调查——译注），这一调查开启了罗斯福新政，这本书详细阐明了大萧条前华尔街的影响程度，并将华尔街称作"国家的危险"。作为主要的参议院调查员的佩科拉和众议院议员马兰（Marland）将引发并加剧大萧条的责任归咎于华尔街。在描绘到 J·P·摩根对美国金融和商业的控制时，佩科拉（1939）写道，"J·P·摩根公司和 Drexel 公司在 15 家大银行和托拉斯企业占有 20 个董事会席位，总资产高达 3811400000 美元……他们在 38 家工业企业里占有不少于 55 个董事会席位，总资产高达 6000000000 美元。把所有都算上，他们在 89 家公司里占有 126 个董事会席位，控制的总资产达 200 亿美元——这是在我们整个历史上私人之手所能达到的难以匹及的权力地位。根据罗恩·切尔诺（Ron Chernow）的叙述，在它的顶峰时，"J·P·摩根在 112 家企业中占有 79 个董事会席位，横跨金融、铁路、交通和公共设施领域"（Chernow，1990：152）。不管采用何种方式表现，投资银行巨大的影响是如此令人震惊。

10. 尽管我会批评将股票市场看作公司资本的基本来源这一观念，但是我并不是要贬低股价作为衡量公司表现的主要指标的重要性。如果股票价格下跌，公司就被认为是业绩欠佳；他们将失去投资者，通常就会着手进行暴风骤雨式的成本削减和重组。此外，今天大多数公司的高管薪酬与股票市场密切相关，这使得这两个领域及它们的价值更为紧密相连。

11. 正是具有"支配力的企业"的成长与发展，才"使得一个工业股票的市场兴起成为可能，而不是相反"（Lazonick and O'Sullivan，1997：10）。

12. 在这个时候，金融家群体被广泛认为是构成了"这个专有民主和生产者的政治经济中非生产阶级里最危险的部分。这些有钱人享用着并非他们生产的财富；他们的纸上资产代表着虚构的资本"（Ott' 2007：54）。此外，股份公司自身也没有捍卫其广泛的政治和文化合法性。

13. 直到大萧条后，美国证券交易委员会（SEC）成立并通过了一系列监管法律，股票市场操纵才开始被限制，证券发行才开始被监管，从而实现"保护"投资者。

14. 例如，正如我之前提到过的，在股票市场中被视为理所当然的流动性和可交换性是一种精心设计的实践，这一实践有赖于从有关财产和暂时性的地方性观念到复杂的机构、投资者和技术这一系列基础结构等的各个方面。

15. 参见例如 Bill Maurer 关于 Berle 和 Means 的讨论（Maurer, 1999）。

16. 在今天，Berle 和 Mean 在对新古典逻辑批判方面的开创性工作成为了股东价值革命的主要智力源泉，因为它被误读为给这一革命拓展了"历史"基础和经济合法性。例如，许多商业和经济学的学者常常在他们的研究中强调 Berle 和 Mean 的研究中对所有权和控制权之间紧张关系的观察，但他们并不去深究 Berle 和 Mean 相应的复杂的论证过程，而仅仅声称股东价值能够改变这一紧张关系。参见，例如，Baker and Smith, 1998；Roe, 1994；M. Useem, 1996。

17. 像大多数的商业共同体一样，Berle 和 Means 对潜在的管理权滥用十分谨慎。20 世纪中叶的商业扩张和商业帝国的建立，更不必说迅速发展的公司科层化，的的确确让这种担忧不是杞人忧天——股东积极分子批评管理层资本主义随时会进行剥削。尽管警告"公司寡头与公司掠夺的时代相伴而生"，Berle 和 Means 同时表示要提防美国产业改革成只为"不活跃又不负责任的证券所有者的利益"服务。

18. 因为我最为关心的股东价值被主流的发言人和拥护者赞成（华尔街投资银行和与之相对的"普通的"股东），我希望关注公司管理者的发言，他们的发言基于公司的"视角"和方向。我研究了二十世纪五六十年代公司的经理人和管理层所赞成的话语和表征，也包括一些学者的观点，这一时期公司处于它们发展的高峰，给美国历史带来了很大影响。我同时也意识到，"管理主义"的位置和价值，特别是对一个更加包容的福利资本主义的表述，已经极大地被工人和社会的抗争所形塑了。我对于"管理者价值"的阐释并不必然被所有的经理人所认同，尽管其中的大部分是我认为的他们世界观的主流。

19. Marina Whitman 从 Prakash Sethi 的 *Is the Good Corporation？ Social Responbylvty in a Global Economy* 一书中强调两种形式的资本主义组织的显著差异，并在其

对于社会经济的描述中体现出她的情感共鸣:"美国的大公司成为了带有公共目的的私人机构——事实上,带有多种公共目的。美国人把这些事情当成是理所当然的,即这些富有权势的机构能够满足这样的景象'一个财务上成功、经济上有效的公司是能够将盈利和社会责任结合在一起的;在提供稳定的、报酬丰厚的工作的同时创造巨大的利润;支持文化与艺术;鼓励员工融入到他们的共同体中;成为一个良好的公司公民'"(Whitman, 1999:2)。

20. 参见 Margaret Blair 有关银行和证券市场监管的讨论(Blair, 1995:29—30)。
21. Levy 指的是加利福尼亚州养老金基金经理在 2002 年因为投资美国国债被解雇。
22. 纽交所同样也检验了近来通过电视这一新媒介进行营销和广告宣传的成功与否。这一调查会问被调查者能否正确识别出纽交所的宣传口号"在美国商业中拥有你的股份"和"这个国家的市场"。结果发现,仅仅有 4%—5% 的人能够将这些口号与纽交所联系起来,而却有 63% 的人可以正确地将"它能浮起来"与宝洁公司相联系,将"享受清新一刻"与可口可乐公司联系起来。

第五章

1. 虽然"企业文化"在不同的华尔街投资银行间肯定是有差别的,我认为,由于许多华尔街的投行在新经济秩序中都有类似的结构位置,以及基本类同的组织安排和管理重点,他们的企业文化、经历以及角色已经广为传播。因为投行通过华尔街分享他们类似的社会经济世界观、对职位的描述和经历以及薪酬结构,这些共性超出一切,已经形塑了我对投行"企业文化"的概念化。
2. 当然,特别是在经济低迷的时候,许多投行家会在奖金发放之前被解雇,这样可以为那些剩下的人维持,甚至提高原本就过高了的奖金额度。
3. 他们的主要竞争对手是其他代理机构,比如总部在费城的莱特管理联合公司(Right Management Associates),纽约的斯特里克兰集团(Strickland Group)和艾尔斯集团(the Ayers Group)。莱特管理联合公司称自己为"世界领先的职业过渡和组织咨询公司",也就是说,除了再就业服务外,他们也做咨询、变革管理和企业重组等工作(www.right.com)。斯特里克兰集团则是"国际公认的高管培训、职业过渡和通信服务的领导者"(www.stricklandgroup.com)。

最后，艾尔斯集团专长于招聘服务、职业过渡和人力资源与技术咨询（www.ayers.com）。

4. 再就业服务机构里和我互动最多的就是哈里森职业服务公司，是信孚银行外包的为我们团队提供再就业服务的公司之一。因为当时信孚银行在金融服务机构中间寻找再就业服务的代理人，哈里森职业服务公司曼哈顿的主要办公室正位于华尔街和公园大道这一块。根据他们网站和各类小册子上的信息，这家公司的总部在新泽西州的伍德克利夫湖，是"全球领先的职业服务公司，专门从事职业介绍、职业发展、领导力的发展和培训"（www.lhh.com）。

5. 造成大萧条这场悲剧的主要原因之一，是商业银行将人们的存款和自己的自有资金都押在股票市场之中。大萧条之后，为了防止危机再次发生，制定了格拉斯—斯蒂格尔法案，成立了联邦存款保险公司（FDIC），将商业银行从证券商业活动中（即从投资银行中）分离出来，以此来保证人们的储蓄安全。

6. 在1997到1999年我实地考察期间，许多受访者以及那些我研究的见证人都记得，年轻的分析师和经理们都经历了那段扩大的美国股票市场繁荣，同时也经历了一场主要的市场低迷时期——"新兴市场"危机。尽管事实上"扩大的繁荣"(extended booms)带给他们的是长时间的不安全感（以及萧条），但我发现有必要将副总裁和董事总经理们纳入进来，他们已经经历过很多次不安全性的发作和数轮市场周期。

7. 我发现他的手风琴比喻十分引人注目，因为这表明了投行雇员人数的扩张和收缩，不仅是由于市场的周期，从整体上来看，还和他们一般意义上对待雇佣的方法有关。手风琴的拉和收不仅和曲子中单个高潮点有关，而且和乐器的演奏方式相关。

8. 当华尔街的投行家们表示或宣称他们"没得到什么报酬"时要特别注意，这一预期所依赖的前提对普通的企业经理而言实在令人称奇。投行家们的理解是，奖金应该根据数倍于工资的数额继续上升（比如说一年两倍，下一年到三倍这样）。

9. 英特尔（Intel）公司前任首席执行官安迪·葛洛夫曾写了一本职业建议的书，书名叫"只有偏执狂才能生存"，在书中他问道，"当公司再也没有他们一生的志业的时候，他们如何为员工提供一生的事业呢？"在这种情况下，"没有人欠你一个事业。你的事业就是你自己的事情。你就像一个独资企业家一样拥有你自己的事业"(Grove, 1999 : 6)。美国电话电报公司(AT&T)的一位管理人员的话被广为引用,那就是今日的职场"没有长期";甚至"职业"的概念也被"项目"和"工作领域"所取代。

10. 一个恰当的例子就是 2001 年,美国企业的裁员(就是 2000 年开始的股市崩盘之后)达到了史无前例的高度。再加上美国企业一直遵从短期股东价值,网络泡沫破灭带来的熊市和经济的大幅螺旋式下滑令所有之前的裁员时期都不值一提。从 2000 年到 2006 年,有关高达六位数裁员的头条新闻,有关企业"再也不怕"在假日前裁员的文章持续地描绘了这个就业实践的新时代。正如查林杰公司(Challenger, Grey and Christmas)的首席执行官约翰·查林杰在 2001 年 4 月对 CNN 记者丽莎·莱特说的那样,"我们在 2000 年目睹了 60 万人规模的裁员。今年的头四个月,我们已经裁员 572000 人。这个裁员规模是一个新纪录。这与我们任何时候见到的景象都不一样"(CNN, *Moneyline News Hour*, 2001)。因为查林杰公司从 1980 年代晚期起就开始跟踪裁员事项,他们发现 2001 年 1956876 人的裁员规模打破了所有之前的纪录(Disabatino, 2002)。2002、2003 和 2004 年也没有落后太远,分别裁员了 1431052 人、1236426 人和 1039176 人。从 2004 年起,这些惊人的数字伴随着周期性的"经济复苏",然而却依然让人失望。2005 年,就在华尔街和大企业们为一个强大的经济欢欣鼓舞的时候,查林杰公司宣称,截至年中,美国企业已经裁员了 50 多万人。

第六章

1. 有趣的是,尽管我提及的是华尔街对美国企业的影响,Douglass 的回答却总是围绕着华尔街投行家们是如何受害于他们公司的组织顺序的。
2. 从不错过每一次机会,并不等同于为他们自己的盈利水平做了一个最好的长期甚至中期的决策。
3. 为了使读者更好地理解这些数字,举个例子来说,从创纪录的华尔街利润和员工薪酬来看,2005 年超过了 2000 年,即使大多数美国企业还没有"恢复过来",纽约审计署宣布华尔街券商支付了创纪录的 257 亿美元的年终奖,如果奖金平均分配，那么每位员工将获得 150160 美元。这打破了在 2000 年创下的 195 亿美元的纪录。在 2006 年，这一纪录再次被刷新，奖金支出达到了 341 亿美元（纽约审计署，2009）。

4. Anthony Johnson 此处的逻辑在于，大多数顶级投行由于他们能够吸引到更多的申请者，所以可以侥幸支付给新员工们更低的基本工资。

5. 与 1998 年纽约市的大多数职工相比，"华尔街雇佣了 166000 名员工，占整个城市劳动力市场的比例略微高于 4.7%……（但是），却占了整个城市全部薪酬总额的 19% 之多"（Kirkpatrick，2000）。

6. Roth 争辩说，种族并不是决定薪酬的重要变量。我则反对这种观点，因为在这个样本中，只有七位有色人种的员工（一个是非裔美籍，六个是亚洲血统），这个样本实在太小，并不能得出这一结论。并且，Roth 将种族视为"白种/非白种这一二元对立"掩盖了有色人种之间以及白人女性和有色男性之间的差异。

7. 很多社会学研究指出"客户交往的实质和数量"是如何阻碍了女性和有色人种，并通过非正式的"内群体"，强化了"同性社交"的互动模式和排他性的"社会封闭"（social closure）。(Browne and Misra, 2003; Kantor, 1993; Roth, 2003)

8. 在投行里（就像其他地方一样），白人男性主导地位被传递给新一代投行家们，因为白人男性网络是最广泛而密切的；那些被吸纳进这些圈子中的人会被给予更多的机会，也包括更多的疑点利益（the benefit of the doubt）——也就是说，可以更多地包容与原谅那些年轻的白人男性（Royster, 2003：176—78）。由于社会地位能够帮助建构一个人的社交和职业网络，也可以使人获得接近客户、特殊部门和工作的机会——这些都反过来影响了他们的收入——华尔街对金钱精英制度（money meritocracy）的宣言再一次隐藏了权力实践。这种金钱精英制度使得那个能够掌控谁来获得表现机会、形塑精英业绩内涵的"看得见的手"变得看不见了。

9. 就像很多华尔街人所表现出的那样，投行做的是信息处理和连通的生意，为了与美国企业做生意，于是，他们就很少有"固定的"资本资产。考虑到员工是投行的主要资产，那么改变他们的战略/位置/收益率本质上就意味着改变这些员工，而不是去购买新的设备。这种变革的战略，就是吸收那些具有高盈利关系、知识和声望的员工，而排除出那些素质不再适合的职员。

10. 1999 年，金融记者 James Glassman 和经济学家 Kevin Hassett 发表了《道

指 36000：从即将到来的股市上涨中获利的新策略》(*Dow 36,000 : The New Strategy for Profiting from the Coming Riseof the Stock Market*)。这本书展现了 1990 年代末期的股市狂热，那时，基本上每一家金融新闻机构和每一位华尔街的分析师和发言人都会预言无限繁荣，由"美国巨型油轮"所驱动，这一词汇来自高盛执行官 Abby Joseph Cohen 在 1998 年证券行业协会会议上的主题演讲。

11. 当然，"绩效"的构成通常既不是股东价值，也不是公司生产力，而是达成的交易数量。

12. 因为我探讨的主要话题是在工作不安全性遍布的环境中的薪酬和激励制度，这种术语显然伴随着标准的理性经济人（homo economicus）叙事或甚至是理性选择理论的衍生，于是，在这种特殊的劳动力市场条件下，投行家们会被解读为文化意义上追逐利润的最佳理性行为。然而，我却提出警告，这种过分简化的假设认为"赚钱"的主题自动放置在超出文化研究的边界之外，这恰恰发出一种信号，在经济理性和文化特殊性之间能够推演出分歧。那些从规范意义上被称作是标准的经济行为和"理性选择"其实是文化的和偶然的，取决于也同时被特殊的社会制度和安排所建构。忽略金钱和激励制度并不能使得这种分析更加具有文化性。投行的企业文化并不能仅仅因为主要关乎赚钱就被认为是理性的一种实践；它关乎特殊而复杂的地方性文化的表达、期望和经验。

13. 就像我所指出的，2008 年到 2009 年之间的全球经济危机可能会很好地重塑投行家们对裁员的体验和理解。

第七章

1. 华盛顿邮报的 Kathleen Day（2008）指出，"大部分次级贷款的客户——即 61％ 的人，在 2006 年……有资格获得较便宜的普通贷款。"
2. 到 2006 年，家庭拥有率增长到近 70％，"出现了约 12 万个新屋主，约有一半是少数种族。美国梦实现了前所未有的扩张。"(Mallaby, 2007)
3. 公司年度报告会的观众主要包括股东、潜在客户，如世界 500 强企业，银行想要向他们对推广自己的服务，和咨询公司和信息服务公司，他们使用这些报告来编译信息并生成绩效图表，以及财经新闻媒体和国家监管机构，如美国证券交易委员会（SEC）。

4. 通过强调资本主义的全能性，许多文化研究理论家和社会科学家设想了一个资本主义总体性的世界。急于面对、描绘西方全球霸权的强大的冲击力，他们往往忽略了这种霸权主义在自我表现中政治化的权力负荷效应。讽刺的是，这些学术评论和批评的声音和华尔街全球资本主义必胜的话语极为相似，并且在大部分商业和金融文献中推广。

5. 销售和贸易部是投行的一个主要部门，负责向大型投资基金销售及分配证券，为机构投资者处理交易并获取佣金，以及为赚取利润而买卖各种股票和债券。

6. 衍生工具是一种金融工具或"债券，它的价值是由一些其他资产的价值导出的，称为标的资产。"（Marshall and Ellis, 1995 : 261）

7. 当然，在华尔街和美国企业内丑闻是家常便饭。然而，美国信孚银行的违法在投资银行和财富500强企业眼中是影响极坏的，原因如下。首先，在安然公司的案例中，华尔街的投资银行和大型企业高管往往行动一致，利用"市场机遇"，牺牲员工、公众或国家的利益。但在这件事里，美国信孚银行明显攻击了自己的客户。其次，受害者是宝洁，美国最强大的公司之一。第三，这种违法行为被录了下来。

8. 风险管理是投行中的一个部门，试图调和或"规避"投行技术、战略和货币方面带来的风险。例如，在货币政策方面，他们使用技术模型来衡量在某种情景组合下一家银行应该面对多少风险。虽然投行兜售（推销）他们的风险管理能力，但大部分投资银行却不听从自己的警告或建议，他们更加看重交易决策制定和展示市场先锋地位。

9. 金融经济学家主张，华尔街投资银行具有非常重要的功能，他们通过连通各大金融机构和投资者们，帮助筹集企业和政府所急需的资金。这种说法是很成问题的，因为对政府来说，大部分需要短期内募集的资金都主要依靠财政紧缩项目，对企业来说，股东们提供了大部分资本，并且不需要再投资到企业长期增长项目中。投资银行往往通过短期金融交易和业务"帮助"企业"成长"，而不是通过稳定的长期生产。

10. 这是华尔街的常识，一般来说投资银行只会在拥有"成熟金融的市场和大量企业的地方设置办公室"和"做交易"。投行家告诉我,除了美国,其他地方都是"欧洲、日本、香港和少数国家"。虽然在 2000 年以后,少数本土投行在科威特开设了办事处,但从没有任何一家华尔街投资银行的年度报告中列出在科威特或斯里兰卡的办公室里做过交易的事例。

11. 记者 Naomi Klein 写道,今日的公司是"在以'无负载'为目标的比赛中竞争",在这样的过程中,"运营自己的工厂,并对数以万计的全职长期雇员负责"是一个"笨重的拖累"(Klein,2000 : 4)。暴利源自于企业品牌在全球市场的扩散,但企业市场营销和"品牌管理"的开支也会成倍增长(Klein,2000 : 483)。

12. 从全球化速度的主导学术假设来公正客观地看待高盛的强调点,他们认为市场建设需要时间、焦点和本土关系。保尔森从国家层面谈到资本主义,将其看作是一种民族风格和标准的反射:"美国式综合性"必须依靠"稳步"增长和公认的绩效表现苦心经营,而不是像贪婪的全球资本主义一样。新自由主义全球化中隐含激情道德主义是华尔街的信仰和动机的重要组成部分。

13. 投资银行的结构性融资部负责设计各种金融工具,如为了开拓新的市场机遇,他们设计出了基于次级抵押贷款的创新债务工具。

14. 韦氏百科知识未删节字典,1997 年,参看"Precense"。

15. 另一个关于 Presence 的定义是基于 www.dictionary.com,获取于 2004 年 8 月 20 日。

16. Anna Tsing 同样认为,在"金融资本是资金积累的规则边缘"的那种环境和经济中(如最近的互联网泡沫或亚洲奇迹),资金积累策略的难点是"从那些仅仅在当前阶段表现不错的公司中挑选出具有长期生产潜力的公司"(Tsing,2000b : 127)。那些从事投机和资金积累的公司需要依靠炒作吸引资金;在这些投机实践中,竞争性的要求就是无法区分真实与虚假。

17. 维护这种特殊的潜在全球化可能导致巨大的人力和企业后果。埃米丽·马丁观察到:

> 由于机械规律性殷切地试图将流水线工人转变成灵活、不断变化的工人,先前基于稳定性和一致性上的价值观将会发生怎样的变化?……个人(现在)包括可实现的潜力和可履行的能力。由于这些潜力和能力被不断变化的环境要求所形塑,它们的内容——甚至是理解他们的角度——也在不断的变革。个人现在是一种灵活的资产组合;一个人现在是他或她这个资产组合的主人。

(Martin，1999)

将人看作潜力和能力的概念和华尔街的整体经营方针是并行不悖的。正如华尔街评估新工人的标准是看他们应对持续性变革（不顾变革的内容）的潜力和能力，华尔街也奖励那些对市场并购、裁员、迁移，以及扩大或缩小规模的趋势反应能力最灵敏的美国企业（也包括投行自身），而不顾内容本身。

18. 投资银行迎合企业和大型机构投资基金，"折扣券商"迎合"零售市场"（即中产和上层中产阶级个人投资者）。因为折扣或零售券商不仅声望较低，利润率也较低，因此他们的策略是经常通过互联网积累大量的客户群。由于例如"E—TRADE"公司（E—trade），宏达理财（Ameritrade）公司，以及嘉信理财（Charles Schwab）这样的券商在1990年代后期取得了难以置信的成功，美林也试图在全球范围内进入这个市场。

19. 虽然美林的全球扩张策略是在自我表述和财经媒体中最露骨的，但我也认为，摩根士丹利也多多少少被这种做法迷住了。例如，1997年，摩根士丹利——一个"贵族血统"的投资银行，并购了添惠公司——一家零售券商，企图扩大其服务范围（虽然在这个案例中，进入个人投资者市场比全球渗透计划更具有优先性）。

20. 在此期间，美林也"进军了加拿大、英国、西班牙、意大利、南非、澳大利亚、印度和印度尼西亚的并购/合资的企业风险投资业务。"(Sievwright, 1998)

21. 美林试图尝试被高管称为"全球/本土化策略"，他们不会简单地将美国的商业模式强加到日本并从纽约掌控业务，而是试图"慢慢灌输我们的（全球资本主义）价值观系统，并与他们的（日本）文化融合"(Komansky, 1998a)。当然，假设资本主义的价值观是全球化的、日本文化是本土化的，和假设他们总会同化到美国商业模式的假设是一样有问题的。

22. 甚至是David Komansky自己，在接受《商业银行》投资银行编辑埃米丽·桑顿的采访时，这样回答了"美林为什么需要一个戏剧性的重大调整"的问题："我回头看1990年代那10年中，我会说我们是有目的地开始了行动，现在回想起来，我们确实带动了企业全球化，扩展到了40个国家，并且将自身定位为全球最大的证券公司。在那一段时间里，我们收购了19个大大小小的公司，做出了一番成绩。一旦你像我们那样飞速成长、做出如此多的并

购，你就会迎来一段组织中毫无节制的时光，因此你必须要纠正你的资产组合。"（Thornton，2001）

23. 我在田野调查期间没有调查这个事件，因为它在2002年我离开田野之前尚未解决。吉梅内斯·李在路过时不经意地提醒了我这个名称变更故事的全球化意涵。

24. 补充一点，值得注意的是，根据一些商业期刊的说法，美林在日本的投资应该在2002年转亏为盈，因此这个项目是有利可图的。但是，华尔街的主导性概念如全球影响力、流动性和对短期利益的注重显然无法容忍哪怕只有几年的亏损。所以美林在2001年退出了，声称违背了自己长期性的全球利益。因此，从此事中可以看出，全球化的宣言中并不仅仅作为一种一次性的说辞，更是一种能够形塑公司看法和目标、强有力的意识形态。

Liquidated: An Ethnography of Wall Street
by Karen Ho
© 2009 by Duke University Press
Simplified Chinese edition copyright © 2018 EAST CHINA NORMAL
UNIVERSITY PRESS Ltd
All rights reserved.

上海市版权局著作权合同登记 图字：09-2014-254号